国家出版基金项目
NATIONAL PUBLICATION FOUNDATION
"十三五"国家重点图书
出版规划项目

中国濒危语言志 组委会

主 任

杜占元

执行主任

田立新

成 员

田联刚　许正明　刘　利　黄泰岩　于殿利

张浩明　刘　宏　周晓梅　周洪波　尹虎彬

中国语言资源保护工程

中国濒危语言志 编委会

总主编

曹志耘

主　编

孙宏开　黄　行　李大勤

委　员（音序）

丁石庆　黄成龙　李锦芳　王　锋　张定京

本书执行编委　李大勤

中国濒危语言志
少数民族语言系列

总主编 曹志耘
主编 孙宏开 黄 行 李大勤

西藏察隅达让语

宗晓哲 李大勤 宋 成 赵 雪 著

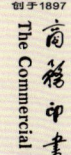
商务印书馆
The Commercial Press

图书在版编目（CIP）数据

西藏察隅达让语/宗晓哲等著.—北京：商务印书馆，2019
（中国濒危语言志）
ISBN 978-7-100-17524-1

Ⅰ.①西… Ⅱ.①宗… Ⅲ.①达让语—介绍—察隅县 Ⅳ.①H259

中国版本图书馆CIP数据核字（2019）第101225号

权利保留，侵权必究。

西藏察隅达让语

宗晓哲　李大勤　宋成　赵雪　著

出版发行：商务印书馆
地　　址：北京王府井大街36号
邮政编码：100710
印　　刷：北京雅昌艺术印刷有限公司
开　　本：787×1092　1/16　　印　张：18
版　　次：2019年6月第1版　　印　次：2019年6月北京第1次印刷
书　　号：ISBN 978-7-100-17524-1
定　　价：120.00元

察隅县达让僜人聚居地地形地貌　察隅县下察隅镇 /2016.8.20/ 宗晓哲 摄

达让僜人居住村新村寨门　察隅县下察隅镇 /2016.8.20/ 宗晓哲 摄

达让僜人居住的木屋　察隅县下察隅镇 /2016.8.23/ 宗晓哲 摄

李大勤教授（左一）与达让语发音人夏电夏（左二）　察隅县下察隅镇 /2016.7.13/ 宋成 摄

语法标注缩略语对照表

缩略语	英语	汉义
1sg	1st person singular	第一人称单数
2sg	2nd person singular	第二人称单数
3sg	3rd person singular	第三人称单数
1dl	1st person dual	第一人称双数
2dl	2nd person dual	第二人称双数
3dl	3rd person dual	第三人称双数
1pl	1st person plural	第一人称复数
2pl	2nd person plural	第二人称复数
3pl	3rd person plural	第三人称复数
ABL	ablative marker	向格标记
AGT	agentive marker	施事格标记
ALL	allative marker	从格标记
CAU	causative marker	使动标记
CMT	comitative marker	涉事格标记
COMPR	comparative marker	比较标记
CON	continuative	延续貌
CONJ	conjunctive marker	并列连接标记
CONJ	conjunctive marker	并列连接标记
DAT	dative marker	与事格标记
DEM	demonstrative pronoun	指示代词
DIR-aw	direction-away	离心趋向
DIR-rou	direction-round	往返趋向
DIR-to	direction-to	向心趋向
DUR	durative aspect	进行体

续 表

缩略语	英语	汉义
EMPH	emphatic	强调貌
EVID	evidential marker	示证标记
GEN	genitive marker	领属标记
IMM	imminent aspect	即行体
IMP	imperative marker	命令式标记
IMP	imperetive marker	意愿式标记
INCHO	inchoative aspect	起始体
INST	instrumental marker	工具格标记
INTER	interjection	感叹词
LOC	locative marker	处所标记
MER	merely past	方过体
NEG	negative marker	否定标记
NMLZ	nominalizer marker	名物化标记
OBJ	objective marker	对象格标记
OBL	oblique marker	斜格标记
PASS	passive	被动标记
PAT	patient marker	受事格标记
PFV	perfective aspect	完成体
PL	plural marker	复数标记
PRES	presentive aspect	现行体
PROH	prohibitive marker	禁止式标记
PROS	prospective aspect	将行体
PROX	proximate marker	近指及其标记
PRT	clause/sentence final particle	句尾语气词
QUES	question marker	疑问句标记
REFL	reflexive pronoun	反身代词
REL	relative clause	关系小句
REP	repetitive	多次重复貌
SEM	semelfative	单次持续貌
SIM	simultaneous action	同时进行的动作
TER	terminative	终结貌
TOP	topic marker	话题标记

序

我的老家在浙江金华。我在老家生活的年代是20世纪六七十年代。那时候人们白天黑夜地干，酷暑寒冬地干，但就是吃不饱饭。山上光秃秃的，地上光秃秃的，简直成了不毛之地。如今40年过去了，回到家乡，只见茂林修竹，清流激湍，芳草鲜美，落英缤纷，俨然人间仙境。进山的小路早已被草木掩没，没有刀斧开路，则寸步难行。

在我家附近的塔石乡，有一个叫"大坑"的畲族村子，坐落在一条山沟里，有50多人。畲族相传发源于广东潮州凤凰山，明代以来逐渐北迁，从广东到福建，从福建到浙江、江西、安徽等地。数百年来，畲族尽管不断迁徙，散落中国东南各地，然而始终保持着他们共同的语言——畲话。1981年，我在山东大学上学期间，曾经一个人跑到大坑去，拿着日本人编制的调查表记录他们的畲话。当时村里男女老少，基本上人人会讲畲话。但时至今日，很多人已不会讲或讲不好畲话了，25岁以下无一人会讲。照此发展下去，估计几十年后，大坑人沿袭千年之久的母语将彻底消亡。

自然环境的破坏可以修复，但语言的消亡无法挽回，不可再生。

根据联合国教科文组织的《世界濒危语言地图》（2018），在世界现存的约6700种语言中，有40%的语言濒临灭绝，平均每两个星期就有一种语言消亡。中国有130多种语言，其中有68种使用人口在万人以下，有48种使用人口在5000人以下，有25种使用人口不足1000人，有的语言只剩下十几个人甚至几个人会说了。汉语方言尽管使用人数众多，但许多小方言、方言岛也在迅速衰亡。即使是那些还在使用的大方言，其语言结构和表达功能也已大大萎缩，或多或少都变成"残缺"的语言了。

冥冥之中，我们成了见证历史的人。

然而，作为语言学工作者，绝不应该坐观潮起潮落。事实上，联合国教科文组织早在1993年就确定当年为"抢救濒危语言年"，同时启动"世界濒危语言计划"，连续发布"世界濒危语言地图"（联合国已确定2019年为"国际本土语言年"）。二十多年来，国际上先后成立了上百个抢救濒危语言的机构和基金会，各种规模和形式的濒危语言抢救保护项目在世界各地以及网络上展开。我国学者在20世纪90年代已开始关注濒危语言问题，自21世纪初以来，开展了多项濒危语言、方言调查研究课题，出版了一系列重要成果，例如孙宏开先生主持的"中国新发现语言研究丛书"、张振兴先生等主持的"中国濒危语言方言研究丛书"、鲍厚星先生主持的"濒危汉语方言研究丛书"（湖南卷）等。为了全面、及时抢救保存中国语言方言资源，教育部、国家语委于2015年启动了规模宏大的"中国语言资源保护工程"。在语保工程里，专门设立了濒危语言方言调查项目，迄今已调查76个濒危语言点和60个濒危汉语方言点。对于濒危语言方言点，除了一般调查点的基本调查内容以外，还要求对该语言或方言进行全面系统的调查，并编写濒危语言志书稿。随着工程的实施，语保工作者奔赴全国各地，帕米尔高原、喜马拉雅山区、藏彝走廊、滇缅边境、黑龙江畔、海南丛林都留下了他们的足迹和身影。一批批鲜活的田野调查语料、音视频数据和口头文化资源汇聚到中国语言资源库，一些从未被记录过的语言、方言在即将消亡前留下了它们的声音。

为了更好地利用这些珍贵的语言文化遗产，在教育部语言文字信息管理司的领导下，商务印书馆和中国语言资源保护研究中心组织申报了国家出版基金项目"中国濒危语言志"，并有幸获得批准。该项目计划在两年内按统一规格、以EP同步方式编写出版30卷志书，其中少数民族语言20卷，汉语方言10卷。自项目启动以来，语信司领导高度重视，亲自指导志书的编写出版工作，各位主编、执行编委以及北京语言大学、中国传媒大学的工作人员认真负责，严格把关，付出了大量心血，商务印书馆则配备了精兵强将以确保出版水准。这套丛书可以说是政府、学术界和出版社三方紧密合作的结果。在投入这么多资源、付出这么大努力之后，我们有理由期待一套传世精品的出现。

当然，艰辛和困难一言难尽，不足和遗憾也在所难免。让我们感到欣慰的是，在这些语言、方言即将隐入历史深处的时候，我们赶到了它们身边，倾听它们的声音，记录它们的风采。尽管我们无力回天，但已经尽了最大的努力，让时间去检验吧。

曹志耘

2018年10月

于浙江师范大学

目录

第一章 导论	1	
第一节 调查点概况	2	
第二节 达让语的系属	5	
第三节 达让语濒危状况	9	
第四节 达让语的研究概况	12	
第五节 调查说明	14	
一 调查简况	14	
二 主要发音人简况	15	

第二章　语音　　　　　17

第一节　声韵调系统　　　19
　　一　声母　　　　　　19
　　二　韵母　　　　　　24
　　三　声调　　　　　　26
　　四　音节　　　　　　27
第二节　音变　　　　　　29
　　一　连读变化　　　　29
　　二　脱落　　　　　　30
第三节　拼写符号　　　　32
　　一　字母表　　　　　32
　　二　声母表　　　　　32
　　三　韵母表　　　　　35
　　四　声调　　　　　　37

第三章　词汇　　　　　39

第一节　词汇特点　　　　41
　　一　音节数量特点　　41
　　二　单纯词与合成词　42
　　三　一词多义与同音词　42
　　四　反义词与同义词　43
第二节　构词法　　　　　44
　　一　单纯词　　　　　44
　　二　合成词　　　　　45
第三节　词汇的构成　　　49
　　一　藏语借词　　　　49
　　二　汉语借词　　　　52
第四节　民俗文化词　　　56
　　一　服装　　　　　　56

二 饮食	57	六 服饰饮食	70
三 饰物	59	七 身体医疗	71
四 生产生活用具	60	八 婚丧信仰	72
五 度量单位	60	九 人品称谓	73
六 隐语	60	十 农工商文	74
七 娱乐活动	61	十一 动作行为	75
		十二 性质状态	78
第四章 分类词表	**63**	十三 数量	80
		十四 代副介连词	81

第一节 《中国语言资源调查手册·民族语言（藏缅语族）》通用词　65

一 天文地理	65
二 时间方位	66
三 植物	67
四 动物	68
五 房舍器具	69

第二节 《中国语言资源调查手册·民族语言（藏缅语族）》扩展词　82

一 天文地理	82
二 时间方位	84
三 植物	84
四 动物	86
五 房舍器具	88

六 服饰饮食	91
七 身体医疗	92
八 婚葬信仰	95
九 人品称谓	96
十 农工商文	97
十一 动作行为	99
十二 性质状态	103
十三 数量	104
十四 代副介连词	105

第三节 其他词   106
- 一 天文地理   106
- 二 时间方位   106
- 三 植物   107
- 四 动物   108
- 五 房屋器具   108
- 六 服饰饮食   111
- 七 身体医疗   112
- 八 婚姻信仰   113
- 九 人品称谓   114
- 十 农工商文   114
- 十一 动作行为   115
- 十二 性质状态   116
- 十三 数量   117
- 十四 其他   117

第五章 语法   119

第一节 词类   120
- 一 名词   120
- 二 代词   124
- 三 数词   129
- 四 量词   134
- 五 动词   137
- 六 形容词   145

七	副词	148	二 单句	187
八	连词	153	三 复句	194
九	语气词	154		
十	感叹词	156	**第六章 语料**	**199**
十一	句法标记	156	第一节 语法例句	200
第二节	短语	175	第二节 话语材料	212
一	并列结构	175	一 歌谣	212
二	偏正结构	176	二 故事	213
三	主谓结构	179	三 讲述	261
四	述宾结构	180		
五	述补结构	181	**参考文献**	**266**
六	连谓结构	181	**调查手记**	**269**
第三节	句子	182		
一	句法成分	182	**后　记**	**272**

第一章 导论

第一节

调查点概况

僜人，又称僜巴，分布于西藏自治区林芝市察隅县西南部，多数居住在非法的麦克马洪线[①]目前印方实际控制一侧（下文简称"印方一侧"），中方实际控制一侧（下文简称"中方一侧"）的僜人人数相对较少，现约为2000人[②]。一些学者认为，格莱河流域的达让僜人跟丹巴江流域的义都珞巴族有着共同的渊源，可以将其视为从义都珞巴族分化出来的一个支系（江荻等，2013）。[③]但是不论哪种说法，目前都缺乏翔实的证据。

20世纪上半叶以前，达让僜人处于原始的刀耕火种的生活状态。20世纪60年代后，在政府的领导和指引下，达让僜人走出山林，开始农耕劳作。因无务农传统，达让僜人的农业发展程度不高，至今仍以种植鸡爪谷、玉米等简单作物为主要生存手段。

达让僜人的生活、生产与气候季节密切相关。他们在公历三月时开始播种玉米，九月到十一月可陆续采收玉米。三月至五月播种鸡爪谷，十月至十二月收获鸡爪谷。此外，在未采用年月日记录时间之前，达让僜人通常以植物的生长变化作为不同时间节点的标记，如桃花开的时候是春季，下雪的时候是冬季。达让僜人居住在海拔相对较低的山区中，属亚热带季风湿润区，气候温和，雨量充足。受气候影响，达让僜人只区分两个季节，即春季和冬季。

除基本的农业种植外，狩猎曾经是达让僜人肉食的主要来源。捕猎中，男女分工明确。男子负责猎取獐子、熊、豹等大中型猎物，妇女主要捕捉山鼠、麻雀等小型猎物。狩猎后，

[①] 麦克马洪线是英帝国主义为侵略中国西藏而单方面制造的所谓"中印东段边界线"。历届中国政府从未批准或承认该线。

[②] 据2010年人口普查数据、人口增长比例及当地数据推算。

[③] 义都珞巴族是指讲义都语的人群，分布在我国西藏自治区察隅县的丹巴江流域和额河流域，与格莱河流域的达让僜人相邻。

达让僜人会把猎取的兽头骨架保存下来，并将其与宰杀的牛头一起集中悬挂于住房的壁板上。这样做不仅具有纪念意义，也可视作猎手能力及财富的象征。狩猎曾为达让僜人带来丰厚的收益。

达让僜人的生产用具绝大多数都是自己制作的竹木用品，如炊具、储存工具等。此外，他们还会用竹子制作特殊的溜索，便于穿行于山林之间。达让僜人中有少数人能对铁和银进行加工。其中，银的原料主要来自相邻地区交换所得的银币。当收集的银币达到一定数量时，经过熔炼锤打，可以铸成妇女的首饰、挎包上的饰品等。

纺织是达让僜人妇女重要的家庭副业。纺织的原料最初是一种野生大麻，这种大麻后来也可进行移栽或人工种植。每年秋季，达让僜人都会将大麻剥皮、捶打煮晒，最后取其白色纤维搓成麻线，制成绳索或织成麻布。据了解，一个能干的妇女一天可以织出宽半米、长四米的麻布。

达让僜人的社会，男性拥有绝对的权威。该族群在20世纪上半叶仍实行一夫多妻制，进入社会主义社会后，改为一夫一妻制。在以前，女子的婚事完全由父母做主或由兄弟商量决定。一般情况下女子都会绝对服从。婚礼当天，男方主要准备肉食之类的东西，女方则负责给亲朋好友发请帖，同时准备婚礼所用的酒和食物等。结婚当日，亲戚朋友欢聚在新郎家，载歌载舞祝福这对新人。

除婚礼外，达让僜人的丧葬也有着严格的规范。人去世后第三天，开始举行出殡仪式。出殡时，遗体抬至专门的灵亭，并在灵亭中放置逝者生前使用过的刀、衣服、首饰等物品。如果逝者生前拥有较高的地位，灵亭中还需要悬挂牛头。遗体从灵亭抬出后，将被运往火葬场进行火化。火化时，逝者的头必须朝向东南方向，这是河谷中太阳升起的方向，具有重新获得生命的寓意。

达让僜人的服饰也具有其独特之处。平时劳作时穿的衣服由白色麻布制成，男性衣服为白色麻布长衣，女性衣服上身为白色麻布短衣，下身为白色麻布筒裙。这种服饰宽松透气、吸汗耐磨，比较适合繁重的体力劳动。当遇到重大活动时，达让僜人必须着正式服装。男子一般头缠黑色或白色头帕，上身穿无领无袖的多色坎肩，腰缠布带，身上斜挎砍刀、熊皮布袋或弓箭等；女子则需佩戴特有的银抹额（额头）、银质耳鼓（耳朵）、银项链（脖子）等饰品；上着紧身胸衣，腰部袒露，下着多色长短两层的筒裙，男女均赤足。现在，年轻的达让僜人多数穿着现代人的服装，只有在重大活动或文艺表演时才会穿着传统服饰。

达让僜人信仰万物有灵的原始宗教。他们认为每一种事物都存在与之相应的鬼灵。这些鬼灵是一种不祥的征兆，任何凶祸灾害都是鬼在作祟。张江华（1989）认为，达让僜人这一宗教信仰主要是由达让僜人低下的生产力水平决定的。由于他们的物质生活水平相对较低，科学知识较为匮乏，便产生了以大自然崇拜和鬼魂崇拜为主要内容的原始宗教。民主改革后,随着经济的发展以及科学知识的普及,达让僜人的这一信仰在较大程度上被削弱了。但原始宗教在社会生活的某些方面依然留有残余。

以前,达让僜人还有很多祭祀活动。例如,达让僜人有一个叫 dɯ^{35} 的祖先祭祀活动。祭祀当天,人们载歌载舞,进行杀牛、扔标枪、扔石头、背石头跳高、穿针跳舞等比赛,其中杀牛比赛是最受重视的。为了准备这一隆重的祭祀节日,达让僜人每家每户都会忙碌十多天。可以说,这个祭祀活动是达让僜人一年中最重要的节日。不过,随着现代化进程的加速,达让僜人原有的活动都逐渐消失了。

第二节

达让语的系属

僜人有两个族群，各有自称。其中一部分人自称为 da³¹raŋ³⁵（达让）；另一部分人自称为 kɯ³¹man³⁵（格曼）。此外，达让僜人跟周边其他族群有着密切的历史联系，因此相互之间的自称和他称也十分复杂。表1-1为调查中收集到的各类自称与他称：

表1-1　达让僜人与周边族群的自称与他称

	达让僜人称呼	格曼僜人称呼	义都珞巴族称呼	阿萨姆人称呼
达让僜人	da³¹raŋ³⁵	tɕi³¹moŋ³⁵	ta³¹ran³⁵	D. digaru E. tɕi³¹ka⁵⁵lu⁵⁵mi³¹ɕi⁵⁵mi³¹
格曼僜人	tɕau⁵³	kɯ³¹man³⁵	mi³¹ɕu⁵⁵	D. midzu
义都珞巴族	A. dju⁵⁵ B. dju⁵⁵ta³¹aŋ⁵² C. ɖai⁵³	A. min³¹dau⁵⁵ B. hu⁵³	i⁵³du⁵⁵	E. ɕi³¹ko³⁵ta⁵⁵mi³¹ɕi⁵⁵mi³¹
扎人	tɕa³¹kheŋ⁵⁵	tɕa³¹kreŋ³⁵		
藏族	F. la³¹ma⁵⁵ G. mei³¹ma⁵⁵ŋ³¹	F. dɯ³¹luŋ³⁵ G. hai³⁵huɹ⁵⁵	F. a³¹mi⁵³ G. pu⁵³ H. mi³⁵si³¹pu⁵³	

A. 中方一侧达让僜人的他称。B. 印方一侧达让僜人的他称。C. 达让僜人他称的统称。D. 国外文献记载的他称。E. 本书调查的他称。F. 称呼察隅本地藏族。G. 称呼高原地带藏族。H. 称呼拉萨等地藏族。

据江荻等（2013），表1-1中C的称谓dɑi⁵³（代）不仅仅是达让僜人对义都珞巴族的他称，实际上更是一个统称，达让僜人认为自己也是"代"。因此，有文献把达让僜人、义都珞巴族和格曼僜人统称为"dɑi⁵³bɑ⁵⁵me³⁵（代巴玫）"，其中bɑ⁵⁵有"家族、姓氏"的意思，me³⁵有"人"的意思。在本次调查中，我们也对该说法进行了求证。调查发现，达让僜人对这一说法持认同态度。不过，可惜的是，在我们的调查对象中没有人能够说清"代"的具体含义和来源。

据以往文献记载，西方学界将达让僜人、义都珞巴族与格曼僜人统称为Mishmi（米什米），并将其语言细分为三种方言，即居住于丹巴河谷地区（Dibang valley）的人们所说的Idu、居住在洛希特河谷（Lohit valley）地区的人们所说的Digaru，以及自称为格曼僜人所说的Miju。

中方一侧的达让僜人主要分布于西藏林芝市察隅县的上、下察隅镇。由于分布集中、使用人数较少等原因，该地区的达让语不存在方言与土语的差别。印方一侧也居住着会说达让语的僜人。我们发现只有印度学者Sastry Garimella和Devi Prasada所撰写的 *Mishmi Grammar* 中对该区域达让语进行过较为全面的描写。据文中所述，中印两侧的达让语确实存在一定程度的差异，且该差异主要体现在语音上。[①] 部分相关情况如下表1-2所示：

表1-2 *Mishmi Grammar*中关于达让语的音系记录

辅音					
p	ph	b	m	w	
t	th	d	n	l	
k	kh	g	ŋ		h
tɕ	tɕh	dʑ			
s		z	j	r	
元音									
i	ɨ	u	e	ẽ	o	õ	ɑ	ɑ̃	
声调				
33		35	31	353

由上表可见，*Mishmi Grammar*列出的达让语（下文简称为"M达让语"，对中方一侧的达让语直接称为"达让语"）基本辅音音位共22个，元音音位共9个，其中鼻化元音4个；声调共4个，除平调、升调、降调外，还有一个较为特殊的升降调。

[①] 鉴于学术界对M达让语的研究资料相对有限，因此，我们只能对两方语言进行粗略的比较，至于具体存在哪些系统性的差异以及造成差异的原因都有待于进一步的调查与研究。

与M达让语相比，达让语的语音系统相对复杂。首先，达让语的辅音明显多于M达让语。达让语单辅音共计34个，而M达让语辅音仅有22个。其次，二者在音位组合方式上也不尽相同。其中达让语共有11种音节结构，而M达让语则只有9种。最后，在声调方面，M达让语声调偏低，没有高平调与高降调，而达让语的声调则偏高，音高值可达到5度。不过除语音差异外，二者在语音上也存在着系统性的对应。例如，二者辅音发音部位分布一致，元音都具有较为突出的鼻音特征，声调的音高趋势也基本相同等。

达让语归属于藏缅语已属定论，但具体划归为哪一分支，学界中还存在不同说法。Benedict（1972）将藏缅语划分为七个分支，即藏-卡瑙里、巴兴-瓦龙、阿博尔-米里-达夫拉、克钦、缅-傈僳、博多-加罗、库基-那加语。其中达让语被划归为阿博尔-米里-达夫拉一支。20世纪90年代，Matisoff对该分类做出了进一步修订，并将分类修改为卡玛儒潘语支、喜马拉雅语支、羌语支、景颇-怒-卢依语支、傈僳（彝）-缅-纳西语支、克伦语支、白语支，其中达让语属于卡玛儒潘语支中的阿博尔-米里-达夫拉语组。与以上两位学者不同，Thurgood和LaPolla（2003）主编的《汉藏语概论》中对达让语系属提出了新观点。该书也将藏缅语划分为七个语支：彝-缅语支、藏语支、萨尔语支、库基-钦-那嘎语支、戎语支、克伦语支、其他语言语支。不过，书中对达让语语言地位的态度并不肯定，将其纳入"其他语言语支"之中，认为达让语具体所属语支尚未确定。

对于达让语的归属问题，孙宏开（1994）则提出了更为明确的说法，他曾对跨喜马拉雅的藏缅语族语言分类问题进行过详尽的论述，并用图表做了明晰的说明，具体情况如下图所示：

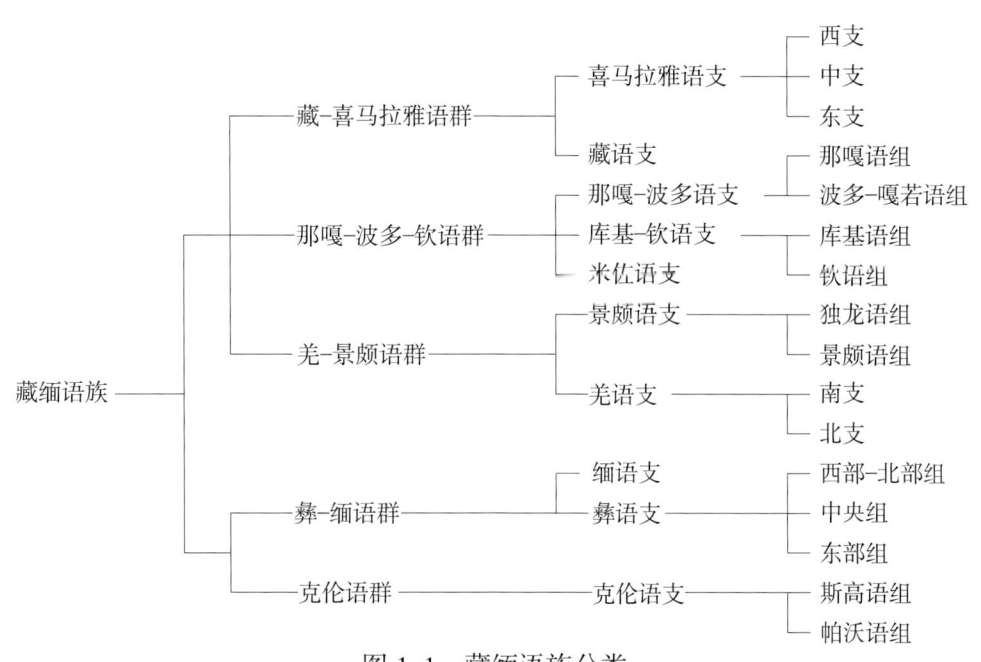

图1-1 藏缅语族分类

江荻（2013）在前人的基础上，对达让语的系属归类进行了更为详尽的描述。该书重点论述了达让语藏缅语特征，指出达让语中出现了大量首音节之准音节形式，即第一节读得很轻、较短，而且基本都是低降调。达让语这一特征与藏缅语其他语言的演化发展极其相似，因此可将其归为藏缅语系。

根据前人的分类体系，再加之实地调查，在此我们同意孙宏开先生与江荻教授的观点，认为达让语实属于藏缅语族的景颇语支。达让语与景颇语语言特点的对比可列为下表：

表1-3　达让语与景颇语语言特点对比

	达让语	景颇语
语音特点	有58个声母，包括34个单辅音声母和25个复辅音声母。韵母39个，包括6个单元音，9个复合元音和24个带辅音韵尾的韵母。塞音韵尾共3个，分别为k、ʔ、l；鼻音韵尾共3个，分别为m、n、ŋ。达让语是一种声调语言，共有4种声调，即高平调55、高降调53、中升调35和低降调31	有40个声母，88个韵母塞音韵尾共4个，即p、t、k、ʔ。景颇语是一种声调语言，共有4种声调，即高平调55、低降调31、中平调33、高降调51
词汇特点	词汇以双音节和多音节为主，有弱化音节，词根复合法是其丰富词汇的重要手段	词汇中，有些词同藏语支同源，有些词同缅、彝语支同源。双音节的单纯词较多，前一音节往往弱化
语法特点	以助词和语序为主要语法表达手段，辅有少量屈折形态。基本语序为主-宾-谓，当名词、代词作修饰语时，需放置于中心词的前面，形容词、数量词作修饰语时，需放置于中心词后面。此外，达让语是一种话题较为突出的语言，其句子结构一般为"话题＋评述"的句法模式	有形态变化，但少于藏语支，多于缅、彝语支；量词较少，名词计个体单位时一般不用量词；句尾词相当丰富，通过屈折变化综合体现谓语的"式""人称""数""方向"等语法意义。此外，景颇语的一般句式为"话题＋述题"，属话题突出型语言

第三节

达让语濒危状况

达让语使用的分布地区与达让僜人的居住地一致。就目前来看，达让僜人的居住地主要分布在吉玉（巨玉）村、次巴村、德门村、自更村、下尼村、巴安通、新村、沙琼村以及嘎尧村等村落。其居住的社会环境主要以藏族为主，此外还包括汉族、格曼僜人、义都珞巴族以及一种讲扎话的族群[①]。

根据 *Ethnologue* 第17版的数据，达让语使用人口为34 850人。其中印方一侧有34 000人，中方一侧有850人。该数据主要基于20世纪90年代的调查结果估算而来。就我们目前的调查结果来看，中方一侧达让语的使用人数应该在2000人左右。

大部分达让僜人在日常生活中均使用达让语作为交际语言。无论是在同村的亲戚邻里之间，还是在不同村的僜人之间，达让语都得到了较为广泛的使用。此外，达让僜人对达让语也持有较为积极的态度。本次调查显示，讲达让语的僜人普遍生活在多语环境中，除达让语之外，大部分人都会讲其他语言，比如藏语康方言、汉语、格曼语、扎话等，但是这些语言目前都没有能够取代达让语的迹象。在我们的调查中，70%以上的受访者更愿意在日常生活中使用达让语，90%以上的被调查者希望达让语具有更加广泛的使用范围，比如出现书写用的拼音符号、出版达让语的书面作品，等等。

不过值得注意的是，达让语的使用活力存在区域上的分野。在达让僜人聚居较多的村落中，达让语保留程度较好，使用频率较高。在与藏族人混居的村落中，达让语的重要性则让位于藏语康方言甚至是扎话。在这些地方，达让语往往只在族群内部通行，甚至仅在家庭内部使用，而在公共场合则主要使用藏语康方言或扎话。可以说，在这些地方，达让

---

① 该族群被当地人称为扎人，民族识别为藏族。

语经常会受周边语言的影响,语言接触程度较高。

以联合国教科文组织发布的语言活力评估为标准[①],达让语的濒危状况可描述为:代际之间的语言方面,属传承不安全型,即该语言被大部分孩子在局部领域使用;使用该语言比例方面,属肯定濒危型,即大多数人讲该种语言;现存语域的使用趋势方面,属非常有限的领域,即该语言仅仅被用于非常有限的领域,并且仅发挥少数几个功能;新领域和媒体的回应方面,属不活跃型,即该语言不被用于任何新领域;用于语言教育和学习材料方面,属级别0,即没有文字可供社区学习。由此可见,达让语除"代际之间相传"一项指标濒危程度较低外,其他几项指标均属于高度濒危级别(包括实际使用人口数量)。综合评估,我们认为达让语应大致属于严重濒危语言。

案例分析

由于达让语的使用场合和使用人口都极其有限,且因语言环境、地理环境等方面的不同,不同村落中达让语的生存状况和濒危程度也不尽相同。以下我们将具体对比下察隅镇新村与上察隅镇体育村达让语的使用情况。

1.严重濒危但在当地范围内相对安全——新村

新村位于察隅县下察隅镇,其周边语言主要为汉语、藏语康方言和格曼语。村中所有僜人都可以较为熟练地掌握达让语,其中青少年使用者的词汇中存在较多汉语借词,部分使用频率较低的词语也已不再出现。村子中大部分男性都属于双语者或多语者,能同时掌握藏语、汉语普通话和达让语,其中藏语与达让语熟练程度相当,汉语水平相对较差;而女性由于不常外出,一般只会讲达让语。

达让语在村落中使用频率很高,不仅应用于家族内部,也应用于不同家庭之间、广播通知等公众场合。村民对达让语的使用态度较为积极,有较强的认同感。更有意思的是,有些从外地迁居至村子里的汉族人也可以熟练使用达让语。他们认为,掌握达让语便于与达让僜人互相交流,可以更好地融入当地的生活。

2.严重濒危并受到其他语言侵蚀——体育村

体育村位于上察隅镇,村内通行语言主要为藏语和汉语。达让语的使用范围极其有限,一般只应用于家庭成员内部交流,正式场合则不使用。使用者多为中老年人,而青少年和儿童使用的频率相对较低。

通过粗略统计,我们发现,在他们所说的达让语中,大部分词语都借自藏语,少部分

---

① 依据联合国教科文组织发布的《语言活力与语言濒危》,语言评估的活力要素共6个:即代际之间的语言传承;使用一种语言的绝对人口;总人口中使用该语言的比例;现存语言使用领域的趋势;新领域和媒体的回应;用于语言教育和学习材料的数量。

借自汉语，达让语的固有词反而相当少见。比如数词（如三、五）、称谓词（如继父、继母、舅舅）、人体部位（如乳房、鼻子、耳朵）、家养动物（如兔子、骡子）等词汇都已经开始使用藏语借词，部分现代用具的名称则主要借用汉语（如电视、摩托、手机）。不过不同语言间的接触主要体现在词汇方面，目前几乎没有影响到语法结构和语音系统。

通过两个村落之间的对比，我们发现，有些通行区域虽然使用人口数量较少，但在小范围内具有一定的语言活力，相对安全；而有些通行区域则在使用人口、使用频率、适用范围等方面都存在着逐步消减的倾向。

第四节

达让语的研究概况

1837年出版的《孟加拉亚洲社会研究》(*Journal of the Asiatic Society of Bengal*)第6卷中，Brown的文章《印度-中国语言比较》对27种语言进行了比较，其中包括达让语。该文认为达让语是米什米（Mishmi）语的一种，叫作Darong或者Digaru Mishimi，另外两种是Maiyi/Mdi Mishimi，Meme Mishimi（Mishimi现在写法为Mishmi）。不过，文章对达让语的描述极为简单，全文中只有几句话，只涉及少许词汇。此外，Brown还指出达让语有几个特别难发的辅音，这与我们的调查结果相吻合。

约20年后，Robinson发表了《米什米人的语言》一文。该文中对僜语进行了较为细致的描写。与前人一样，Robinson也把Mishmi分为三组，即义都语、达让语和格曼语。但是在这篇文章里，Robinson只介绍了达让语和格曼语的部分语法现象。他指出，该语言的名词缺乏数范畴，主格和受事格主要依赖语序加以表达，指人名词的性别由不同词汇表示，但是家畜等动物用添加统称名（可能相当于现在的类别名）表示，如 *majari karu* 表"公猫"，*ma jari tassi* 表"母猫"；形容词没有数、性、格的区分，后置于名词作修饰语；代词没有性别区分，指示代词有远指、近指的区别；动词有三个时态，现在时、过去时、未来时，但没有数变化和人称一致范畴。此外，文章还简单叙述了动词表达的语气附加词、少量虚词，以及副词等。

此后还有少量研究文献涉及达让语，如《孟加拉描写民族学》《印度语言样本》《印度语言调查》等。《孟加拉描写民族学》(*Descriptive Ethnology of Bengal*)一书于1872年在加尔各答出版，1973年在重印时改名为《印度东部部落史》(*Tribal History of Eastern India*)。该书全面描述了包括达让、义都在内的多个语言族群，还列出了少量的达让语的基本词汇。Sir George Campbell在1874年出版的《印度语言样本》，也提供了一些描写达让语的信息。

《印度语言调查》是一部重要的语言著作。尽管该书对达让语的描述都是基于前人的调查资料，但对前人成果给予了详细评述，因此影响很大。例如，作者在论述米什米（语组）所包含几个语言时，说道："义都方言显然与达让米什米方言紧密关联。Sir George Campbell发表的标准词和短语表是仅有的让我们了解这个方言的材料，但有一些印错的地方，尚不足以作为语法纲要的基础。"

从研究区域来看，国外文献仅对印方一侧的达让语进行了描写，对中方一侧的达让语并没有提及。1950年到1955年，中国科学院语言研究所少数民族语文研究组先后对西南、中南、西北一些省区的民族语言进行了初步调查。调查过程中，学者们发现中方一侧也存在达让语这种语言。1976年，孙宏开先生在西藏察隅县对达让语展开了较为全面的调查，该研究成果最终纳入了《门巴、珞巴、僜人的语言》一书。该书"达让僜语"部分从语音、词汇、语法三方面对达让语进行了翔实的描写。这也是当时大陆学术界最早对达让语进行详尽描述的文献，该文献为进一步研究达让语奠定了坚实的基础。

2000年，江荻和李大勤受孙宏开先生主持的"中国新发现语言研究"项目组的委托，前往察隅县对达让语进行了更为详尽的调查描写，其研究成果《达让语研究》（江荻、李大勤、孙宏开 2013）一书由民族出版社出版。书中提出达让语属于藏缅语族景颇语支，语言特征与周边格曼语、义都语有相似之处。该书从语音、词汇、语法、语言系属等角度全面细致地描述了达让语的本体特征。语音上，语音系统与景颇语族语言比较接近，整体上语音系统呈现简单的状态；词汇上，达让语具有丰富的一个半音节词汇，这一特点又跟南亚语孟高棉语族语言相近；句法上，语法标记较多，具有较为丰富的体词性和谓词性标记。该书是作者在实地语言调查的基础上撰写的，对达让语的语言现状也有详尽的描述，为进一步展开达让语的研究提供了翔实可靠的材料。

第五节

调查说明

一 调查简况

（一）基本信息

1. 2001年，江荻、李大勤在察隅县上、下察隅镇进行了为期三个月的田野调查。

2. 2014—2016年，中国传媒大学李大勤团队分三次在察隅县上、下察隅镇进行了总计120多个工作日的田野调查。课题为中国语言资源保护工程专项任务·民族语言调查·西藏察隅达让语（课题编号YB1624A104）。下文所说的调查内容、被调查人选择、语料获取手段、基本调查过程说明等均指此阶段田野调查。

（二）调查内容

1. 语保工程调查手册（藏缅语族）。

2. 民俗文化词。

3. 长篇语料。

（三）被调查人选择

为了尽可能保证语言调查资料的准确性，我们所选用的主要发音人为：

1. 50岁以上；

2. 在当地出生、长大；

3. 父母、配偶均为当地人；

4. 未在外地常住；

5. 具有较强的语言组织和表达能力；

6. 熟悉本民族文化。

此外，为避免个人口音问题，我们对老男、老女、青男、青女四位发音人进行了基本词汇调查，以确保音系的正确性及语料的信度与效度。我们最终选择音视频的发音人是新村达让僜人夏电夏先生。

（四）语料获取手段

1. 非介入式调查

由发音人独自、完整地讲述故事，讲述过程中调查人不予以介入，主要通过旁听的方式获取语言资料。该语料采集方法由于事先未经准备，因此获取的语料最能真实反映出说话者的语言能力和语言面貌，是一种真实、可靠的语言材料。

2. 翻译

由调查团队事先准备好语料，内容主要为藏区故事和其他耳熟能详的寓言，随后再请发音人以民族语进行转述。这种方法的主要弊端在于搜集而来的语料不够自然，发音人为了刻意表达句子内容，有时会出现生造词或语序改变等问题。

（五）基本调查过程说明

2014年暑假，在李大勤教授的带领下，团队第一次深入到察隅县上、下察隅镇，对达让语进行了较为全面的预调查；2015年暑假，团队再次到达下察隅镇，在以往工作的基础上展开了达让语语保摄录的前期工作，基本完成了语保工程要求的纸笔记录部分。2016年暑假，我们第三次抵达下察隅镇，在这次调查中我们再次核对了语保工程要求的纸笔记录的部分，同时认真完成了音视频的摄录工作。除此之外，我们又对达让语语料进行了的大规模搜集工作。通过对新村、沙琼村等核心僜人村落的走访调查，我们最终确定了长篇语料的发音人巴布龙，并展开了为时一个月的语料收集工作。

2017年，在语保工程项目子课题结题的基础上，我们完成了达让语濒危语言志的初稿；2018年，我们进一步细化了相关语言现象的分析与描写，同时，还对长篇语料进行了转写，增补了相关词汇，完成了濒危语言志的语料补充、核对工作。

二 主要发音人简况

（一）夏电夏

男，小学文化，农民，1964年12月生于下察隅镇新村。1976年至1977年就读于下察隅小学，1987年任新村副主任，1993年任察隅县政协委员，1995年任新村村主任，1998年5月任西藏自治区政协委员，1998年10月任林芝市政协委员。熟练掌握达让语、藏语以及汉语普通话。配偶为下察隅镇自更村人，会说达让语、藏语和普通话。

父亲为下察隅镇新村人，母语为达让语，也可以熟练使用格曼语、藏语和汉语普通话。母亲为下察隅镇新村人，母语为达让语，可流利使用藏语。

（二）巴布龙

男，小学文化，农民，1966年12月生于沙琼村。1974年至1980年就读于下察隅小学，1980年至1983年就读于察隅县中学，随后在家务农。母语为达让语，熟练掌握藏语及汉语普通话。配偶为下察隅沙琼村人，会说达让语、藏语。

父亲为下察隅镇沙琼村人，母语是达让语，可以熟练掌握格曼语、藏语和汉语普通话。母亲为下察隅镇沙琼村人，母语是达让语，也可熟练使用藏语。

第二章 语音

达让语的语音系统与分布在我国云南西部和缅甸北部的景颇语支诸语言十分类似。本章从声韵调系统、音节结构以及语流音变等方面对达让语的语音系统展开了较为全面的描写与分析，旨在明确达让语的语音特点，为全面展开达让语的共时描写和历史比较奠定基础。

达让语的语音系统有两个特点值得注意：一是不同音位的分布频率有极大的差别，有的音位广泛出现于各种词中，有的音位出现的词极少，甚至只出现在孤立词中；二是音位系统不稳定，某些音位存在自由变体，一音两读现象比较明显。

第一节

声韵调系统

一 声母

达让语共有34个单辅音声母，如下表所示：

表2-1 达让语单辅音声母系统

		双唇	齿龈	卷舌	硬腭前	硬腭	软腭	声门音
塞音	不送气	p	t				k	
	送气	ph	th				kh	
	浊	b	d				g	
塞擦音	不送气		ts	tʂ	tɕ			
	送气		tsh	tʂh	tɕh			
	浊		dz	dʐ	dʑ			
鼻音	清	m̥	n̥				ŋ̊	
	浊	m	n			ɲ	ŋ	
颤音			r					
擦音		f	s			ɕ		h
边近音			l					
边擦音			ɬ					
近音		w				j		

声母说明

第一，从单辅音声母整体来看，整个系统对称、整齐。其中塞音和塞擦音分不送气清音、送气清音和不送气浊音。擦音只有清音，没有浊音。

第二，鼻音声母有 m、n、ȵ、ŋ 四个，同时还存在与之相对的清鼻音 m̥、n̥、ŋ̊。鼻音 m、n、ŋ 可自成音节，也可以清化后自成音节，但是清化鼻音不能充当声母，这种现象在达让语中比较突出。

第三，唇齿擦音声母 f 是借用汉语词而产生的新声母，如 fen⁵⁵（分）、fa⁵⁵（法）等。

第四，浊塞音与浊塞擦音在实际发音时经常和同部位的鼻音成阻，形成鼻冠音。鼻冠音只出现首音节中。带鼻冠音的浊塞音和浊塞擦音与不带鼻冠音的浊塞音和浊塞擦音不构成音位对立，不用来区分意义。因此，我们没有将其归纳为音位，而是将其看为自由变体形式。例如：

ga⁵⁵ho⁵³   ŋga⁵⁵ho⁵³   缝

djau⁵³   ndjau⁵³   绿豆

第五，腭化现象十分明显。双唇音、齿龈音、软腭音都存在腭化现象。例如：pj、mj、dj、tj、thj、kj、khj、lj。具体举例详见复辅音。

第六，充当声母的软腭塞音和声门音有时候有唇化现象，如 kw、hw；还有极少数情况下边近音也会发生唇化现象，如 lw。

第七，边擦音 ɬ 有时与复辅音 hl- 交替出现。本系统仅将 ɬ 列入音位，而 hl 实际上出现的频率很低。

第八，塞擦音 tʂ、tʂh、dʐ 出现频率非常低，多出现在邻近语言的借词当中，比如藏语借词 tʂoŋ⁵⁵tʂoŋ⁵⁵（雁）。

以下为单辅音声母举例：

p： pa³¹ŋ⁵³ 脖子   pa³⁵ 斧头

     ta³¹pi⁵⁵ 沙子   ta³¹pɯ⁵⁵ 花

ph： pha³¹pɯm³⁵ 膝盖   pha⁵⁵dzi⁵³ 香蕉

     pha³¹rai³⁵ 零乱   gu³⁵tjim³⁵phɯŋ⁵³ 棉帽

b： ba⁵³ 做~工   bo³¹ta⁵⁵ 老虎

     bu³¹rwa³⁵ 雷   bei⁵⁵jau⁵⁵ 草木灰

m： ma³¹tɕi⁵⁵kha³¹ljau⁵⁵ 水田   miŋ⁵⁵ 尖

     kɯ⁵⁵ŋ⁵³me⁵³ 整天   ma³¹tɕi⁵⁵tɯ⁵⁵rɯŋ⁵⁵ 江

m̥： m̥⁵⁵ja³⁵ 玩   ta³³m̥⁵⁵ 狗熊

     m̥⁵⁵ma⁵⁵ 休息   ta³¹ma³⁵a³¹m̥⁵⁵ 熬药

t： tɯm⁵⁵ɕi⁵⁵ha⁵⁵rɯŋ⁵³ 天气　　　　　ta³¹hwi³⁵ 虹
　　tɯm⁵⁵hui⁵⁵ 晴天　　　　　　　　tɯ⁵⁵wi⁵⁵ 湖

th： thu⁵⁵wu⁵³ 涝　　　　　　　　　tha³¹pru³⁵ 雾
　　tha⁵³ma³¹n̪u³⁵ja³⁵ 做饭　　　　tha⁵³ 吃

d： di⁵⁵pi³¹ 坐起来　　　　　　　　dɯ³¹waŋ³⁵ 香烟
　　doŋ⁵³ka⁵⁵raŋ⁵³ 锣鼓　　　　　na³¹dei⁵⁵ 鼻涕

n： na⁵⁵mɯn³¹tshau⁵³ 炭　　　　　na³¹mɯn⁵⁵ 火
　　na⁵⁵mɯn⁵³khre³¹ 火柴　　　　na⁵⁵tjoŋ⁵³ 饿

ŋ̥： a³¹tja⁵³ŋ̥⁵⁵ 今天　　　　　　ŋ̥⁵⁵nɯɯ⁵³ 香
　　ka³¹ɕa⁵⁵ŋ̥⁵³ 可怜　　　　　　ŋ̥⁵⁵ja⁵⁵ 昼夜

k： ka³¹ljau⁵⁵ta³¹khrɯ⁵³ 田埂　　　ka³¹pe⁵⁵baŋ⁵³ 棉花
　　kɯ³¹nɯŋ⁵⁵ha⁵⁵tjo⁵³ 年初　　ka³¹pui³⁵nɯŋ⁵³ 明年

kh： khu³¹lai⁵³khau⁵³ 灰尘　　　　kha³¹dun⁵⁵ 星星
　　khi⁵⁵pu³¹tɕhoŋ⁵³ 豇豆　　　 kha³¹leŋ³⁵ 大门

g： goŋ⁵⁵a⁵⁵ba⁵³ 周围　　　　　　gu³¹ɕa⁵³ 蒜
　　ge⁵⁵ta³¹pun³⁵ 米饭　　　　　gum⁵³ 孵小鸡

ŋ： ŋ³¹ki⁵⁵ma³¹ko⁵⁵ 家具　　　　kwau⁵³ŋ³⁵ 狗窝
　　ta⁵⁵pu⁵⁵ta³¹ŋa⁵³ 带鱼　　　 ŋ⁵³ha⁵⁵la⁵⁵ 楼下

ŋ̥： ŋ̥³⁵ 给　　　　　　　　　　　pa³¹ŋ̥⁵³ 脖子
　　la³¹nɯŋ⁵⁵ŋ̥³⁵ 拍马屁

ts： tsai⁵⁵a³¹tɯŋ³⁵koŋ³⁵ 毕业　　kru⁵⁵tsau⁵³ 头顶
　　kha³¹tsum⁵³gin⁵³ 围裙　　　tseŋ⁵³ 淹

tsh： tshe³⁵ta³¹kwi⁵³ 梳子　　　　tsheŋ⁵⁵phre⁵³ 渗
　　kɯ³¹tshu⁵⁵ 一会儿　　　　　tshoŋ⁵⁵wun⁵⁵ 跳蚤

tʂh： tʂhuŋ⁵⁵ 腐烂　　　　　　　　ta³¹tʂhe⁵³ 筛子
　　tim³⁵tʂhau⁵³ 呛　　　　　　 ta³¹tʂha³⁵n̪a⁵³ 麻线

dz： a³¹dza⁵⁵bum³⁵ 政府　　　　 dzoŋ⁵⁵a⁵⁵lai⁵³ 着凉
　　a³¹dzen⁵⁵ 手镯　　　　　　　ka³¹poŋ⁵⁵dzo⁵³ 花边

tɕ： tɯ³¹tɕa⁵³n̪oŋ⁵⁵ 右边　　　　tɕi⁵³a³¹wa⁵⁵ 锈
　　tɕim³¹tɕi⁵⁵ 剪子　　　　　　ma³¹tɕi⁵³ 水

tɕh： tɕhi⁵⁵ 蛰蜂~　　　　　　　　pu³¹tɕha³⁵ 火镰
　　pu⁵⁵tɕhoŋ⁵³ 四季豆　　　　　kɯ³¹tɕhin⁵³ 贪心

dʐ：	ta⁵⁵na⁵³dʐa³⁵ 茶叶		dʑim³¹sen⁵⁵ 椿树
	ka³¹dʑi³⁵ka⁵⁵ljo⁵³ 婴儿		a³¹dʑim⁵⁵tuɯ⁵⁵me⁵⁵ 老天爷
ɳ：	ha⁵⁵ɳa⁵³pum⁵⁵ 鼻子		ɳaŋ³⁵ka³¹thu³⁵ 看病
	khuɯ³¹ɳim³⁵ 鞋子		ɳa⁵⁵bleŋ⁵⁵ 芝麻
tʂ：	puɯ³¹tʂau⁵⁵ 辣椒		kuɯ⁵⁵tʂau⁵³ 发愁
	tʂi³⁵ 骡		ki³¹tʂeŋ⁵⁵ 一千
dʐ：	ma³¹dʐun⁵³ 韭菜		dʐoŋ³¹lu⁵³ 篮子
	a³¹dʐen⁵³ 墙板		da³¹dʐi³⁵din³⁵ 撑
s：	sai⁵⁵tu⁵⁵ja⁵⁵me³⁵ 磁铁		su⁵³pi³¹ 蒸
	sai⁵³ka³⁵ 自行车		a⁵⁵su⁵⁵n̩³¹ 明天
ɕ：	ɕi⁵³re⁵⁵ka⁵⁵tjo⁵³ 坝		ɕim⁵⁵lum⁵⁵ 什么时候
	ɕim⁵⁵mlã³⁵ 什么地方		ɕa³¹a⁵⁵ɕa⁵³ho³¹ 起来
h：	ha⁵⁵joŋ⁵⁵ko⁵⁵ 以前		ha³¹kjaŋ³⁵ 上
	ha³¹kun⁵⁵ 高粱		ha⁵⁵la⁵³ 下
l：	luɯŋ⁵³po³¹ 进去		luɯ⁵⁵muɯn⁵⁵ 尾巴
	lum⁵³koɲ⁵⁵ 里面		tuɯ³¹leŋ³⁵ 馄饨
ɫ：	ɫai⁵⁵nuɯŋ⁵³ 臭		ɫai⁵³ju⁵⁵ 大肠
	ɫai³⁵koŋ³⁵ 剔骨头		kuɯ³¹ken⁵³ 肝
r：	a⁵⁵rum⁵³ma³¹seŋ⁵³ 杉树		ko⁵⁵ruɯn⁵⁵ 蚊子
	ruɯn⁵⁵ɕoŋ³⁵ 旱		ta³¹rau⁵⁵ 藤
w：	tshoŋ⁵⁵wuɯn⁵⁵ 跳蚤		thu⁵⁵wu⁵³ 涝
	we⁵⁵lum⁵⁵ 时候		tuɯ⁵⁵wi⁵⁵ 湖
j：	thjuɯ⁵⁵ja⁵³ 山		buɯi⁵⁵jau⁵⁵ 灰
	ha⁵⁵joŋ⁵⁵ko⁵⁵ 以前		ja⁵⁵ 夜晚
f：	fen⁵⁵ 分		fa⁵⁵ 法

达让语共25个复辅音声母，即：pr、pl、pj、plj、phr、phl、br、bl、mr、ml、mj、kr、kl、kj、khr、khl、khj、gr、gl、thr、hr、tj、thj、dj、lj。

从历史发展过程看，达让语的复辅音声母大多来源于多个音节的合并。各种不同的音节合并促使了复辅音声母的形成。而且有些复辅音声母出现的可能性极小，即使出现了也多跟其他形式交替出现。由此可见，这些复辅音声母本身是极不稳定的，它们并不是单辅音的简单合并。例如，bu³¹rwa³⁵（龙）也可以说成brwa³⁵，khluɯ⁵⁵（蟑螂）也可以说成khuɯ³¹luɯ⁵³。

以下为复辅音声母举例：

pr： ta³¹pra⁵⁵ 河岸　　　　　　　　kɯ³¹pra³⁵ 南瓜
　　 kɯ³¹prai⁵³ 麻雀　　　　　　　kɯ³¹prau⁵³ 蜘蛛

pl： a³¹plɯ⁵⁵a⁵⁵ 闪电　　　　　　　ta³¹plo⁵³ 床单
　　 plɯn⁵³ȵoŋ⁵⁵ 后面　　　　　　ti⁵⁵plum⁵⁵ta³¹tɕoŋ³⁵ 凳子

pj： pja⁵³ 鸟　　　　　　　　　　pjɯ⁵³ 跑
　　 pjoŋ⁵⁵ 直　　　　　　　　　 ha³¹pjin⁵³ 横

plj： plju⁵⁵ 青冈栎

phr： tʂhu⁵³phraŋ⁵⁵ 松脂　　　　　tsheŋ⁵⁵phre⁵³ 渗~透
　　　phri⁵³ 磨刀石　　　　　　　ta⁵⁵pun⁵³phru⁵³ 硬饭

phl： phlaŋ⁵³leŋ⁵⁵ 岩石　　　　　　phlaŋ³⁵ 石头
　　　ta³¹kwo⁵³kɯ³¹phlɯn³⁵ 书包　 phlaŋ⁵³tjau⁵⁵pu⁵³ 砂锅

br： bɯ⁵⁵lum⁵⁵bra⁵⁵ 眼珠　　　　　na³¹bra⁵⁵ 岳父
　　 ɕɯ⁵⁵brɯn³¹ 咽气　　　　　　braŋ³⁵kɯ⁵⁵tje⁵³ 细

bl： ȵa⁵⁵bleŋ⁵⁵ 芝麻　　　　　　　blum⁵³ma³¹ 瞎子
　　 blai⁵⁵ 眼泪　　　　　　　　 blum⁵⁵ma³¹ 闭

mr： ka⁵⁵noŋ⁵³mrum³⁵ 傍晚　　　　nuŋ⁵³mro⁵⁵ka³¹n⁵⁵ 兄弟俩
　　 a³¹men³⁵mrum³⁵ 暴风雨　　　ka⁵⁵noŋ⁵³mrum³⁵ 傍晚

ml： mla³⁵a³¹tun⁵⁵ 地震　　　　　 mla³⁵liŋ⁵³kau⁵⁵ 山地
　　 mlõ⁵³ 阴茎　　　　　　　　　mla³¹djaŋ⁵³ 平地

mj： a³¹mju⁵³ 晚　　　　　　　　　ta³¹mja⁵⁵ 豹子
　　 ta³¹mja⁵⁵ma³¹glu⁵⁵ 后脑　　 khɯm⁵⁵mjoŋ⁵⁵ 生气

kr： lja⁵³kre⁵⁵ 翘　　　　　　　　ka³¹tɕi⁵⁵kru³⁵ 母老鼠
　　 ha³¹krɿ⁵⁵ 仙人掌　　　　　　kɯu⁵⁵ka³¹ri³⁵ 公驴

kl： mlo⁵⁵klai⁵³ 精液　　　　　　　klai⁵³a³¹poŋ³⁵ 土墙
　　 klei⁵⁵ka⁵³ 掰　　　　　　　　klei⁵³tum⁵⁵tu³¹luŋ³⁵ 面糊

kj： ha³¹kjaŋ³⁵ 上　　　　　　　　kje⁵³kau⁵⁵ 大米
　　 ka⁵⁵pɯ⁵³kjaŋ³⁵ 秋天　　　　 tu³¹kjɯ⁵³ 左撇子

khr： a³¹khru⁵³kha⁵⁵ljau⁵⁵ 旱地　　ta³¹khrun⁵⁵ 棍子
　　　kha⁵⁵leŋ⁵³ta³¹khru⁵³ 门槛儿　pu⁵³ka³¹khre⁵⁵ 锅烟子

khl： khlai⁵³kɯ⁵⁵lo⁵⁵ 地陷　　　　 khlai⁵³ŋ³⁵ 砖瓦房
　　　khlau⁵³pɯ⁵⁵ 菊花　　　　　 groŋ⁵³khlai³⁵ 脚气

khj：khjuɯ⁵⁵ɑ⁵⁵ 亮

gr：buɯ³¹ljuɯ⁵⁵groŋ³⁵ 猪蹄　　　　　　groŋ³⁵ 蹄子
　　ɕuɯ⁵³tuɯ³¹gro⁵³ 喉咙　　　　　　grai⁵⁵ 缺口

gl：glei⁵³tuɯm⁵⁵ 面粉　　　　　　glai⁵³ha⁵⁵lja⁵⁵ja³⁵kuɯ³⁵luɯ⁵³ 屎壳郎
　　hɑ³¹gluɯn⁵³ 发抖　　　　　　gluɯm⁵³ 拜菩萨

thr：thro⁵³ 蜡烛

hr：hɑ⁵⁵luɯ⁵⁵tɑ³¹hro⁵³ 十六　　　hruɯ³⁵ 酸
　　tɑ³¹hruɯ⁵³tɑ³¹plo⁵³ 席子　　　tɑ³¹hro⁵³ 六

tj：ɑ³¹tjɑ⁵⁵ 现在　　　　　　　　tjuɯ⁵³ 鸡
　　tjiŋ³⁵ 边儿　　　　　　　　　ɑ³¹tje⁵³ 小拇指

thj：ɑ⁵⁵thje⁵³ 冰雹　　　　　　　thjuɯ⁵⁵ja⁵³ 山
　　pjoŋ⁵⁵thjo⁵⁵ 准确　　　　　　ruɯ³¹thja⁵⁵ 磨

dj：djau⁵³ 绿豆　　　　　　　　djoŋ⁵⁵ 起床
　　djuɯŋ⁵³ 肥　　　　　　　　　djɑ⁵⁵ 远

lj：kuɯ³¹lju⁵⁵ 黄豆　　　　　　　hɑ⁵⁵lje⁵³ 鱼鳞
　　buɯ³¹ljuɯ⁵³ 猪　　　　　　　tɑ³¹ljau³⁵ 苍蝇

二　韵母

达让语中韵母根据构成音素的多寡及类型可以分为三类，一是单元音韵母，二是带辅音韵尾的韵母，三是复合元音韵母。单元音韵母有六个，分别是 i、ɑ、o、ɯ、u、e。

单元音韵母的语音特点主要有以下几个方面：

第一，ɑ 受声母和韵尾的影响，在语流中具有多个变体，主要有 ɑ、a、ʌ。本文选取了典型变体 ɑ 作为音位。此外，在达让语中，元音音位的分布极不平衡。词汇中将近一半以上的音节中都含有 ɑ 音位。ɑ 还可以独立成为音节，但其他元音自成音节的情况相对较少。

第二，元音 e 不带辅音韵尾时，有复元音化的倾向，音值接近 ei。

第三，元音 o 的音质略微偏低，单独作韵母时有复元音化的倾向，接近 ou。

第四，部分词元音音位有鼻化现象，如 ɑ、o 等元音。但不稳定，故本系统不设单独的鼻化元音音位。

第五，i 有四个音位变体，分别为 i、ɨ、ɿ、ʅ。当元音 i 自身鼻化或出现在声母 s、t、k 后，有时会读成 ɨ；元音 ɿ 只能跟舌尖前塞擦音相拼；元音 ʅ 只能跟舌尖后塞擦音相拼。鉴于未发现 i、ɨ、ɿ、ʅ 区分意义的现象，我们将其归纳为一个音位 i。

第六，鼻音韵尾，特别是软腭鼻音韵尾有时与其前的元音融合为鼻化元音，但是规律性不强。

达让语中共有三类复合韵母，分别为复合元音韵母、鼻音韵尾韵母和其他辅音韵尾韵母。其中鼻音韵尾数量最多，其他韵尾数量较少，有些韵尾只有一两个例词。

以下为各类韵母举例：

（一）单元音韵母

a： a⁵⁵ 小　　　　　　　　　　　　ma³¹a⁵⁵ 晾
　　a⁵⁵pu⁵⁵ 长辈　　　　　　　　　tɕa⁵⁵pa⁵⁵ 土匪

i： ti⁵⁵min⁵⁵ 锁　　　　　　　　　i⁵⁵ja³¹ 住
　　ni⁵⁵ 奶汁　　　　　　　　　　pi⁵⁵tu⁵⁵ 肥皂

e： tɕe⁵³ 削皮　　　　　　　　　　we⁵⁵poŋ⁵⁵ 附近
　　the³¹nu⁵⁵ 嘴唇　　　　　　　　be⁵⁵e⁵⁵ 慢~走

u： bu⁵⁵ho⁵³ 化脓　　　　　　　　ɕu⁵⁵rau⁵⁵ 命
　　gu⁵³ 草木灰　　　　　　　　　ju⁵³ljo⁵⁵ 白酒

o： bo⁵³ 去　　　　　　　　　　　ho⁵³ 打
　　khro⁵³ 哭　　　　　　　　　　ljo⁵⁵ 白

ɯ： brɯ⁵⁵ 朵花~　　　　　　　　　dɯ³⁵ 多
　　dɯ³¹ka³⁵ 浑~水　　　　　　　　gɯ³⁵ 帽子

（二）带鼻音韵尾的韵母

om： ha³¹bom⁵⁵ 熏~肉　　　　　　pom⁵⁵djɯ⁵⁵ 球形

am： tɕa⁵⁵tham⁵⁵ 橘子　　　　　　am³⁵ 云

um： ta³¹ bum⁵⁵ 填~土

im： a³¹lim⁵⁵ 路　　　　　　　　（ta³¹ma⁵⁵）nim⁵⁵ 敷~药

ɛm： brɛm⁵⁵ 堆·类　　　　　　　　blɛm⁵⁵bra⁵⁵ 眼珠

ɯm： ta³¹pɯm⁵⁵ 虫总称　　　　　　tɯm⁵⁵ 天~地

an： jan⁵⁵ 疹子　　　　　　　　　ma³dzan⁵⁵ 抻~面

ɯn： kha³¹dɯn⁵⁵ 星星　　　　　　pa³¹wɯn⁵⁵ 银子

un： ta³¹kun⁵⁵ 菌子　　　　　　　kun⁵⁵ 卷~袖子

in： ti⁵⁵min⁵⁵ 锁　　　　　　　　bin³⁵ 截水

en： bra⁵⁵pren⁵⁵ 夹子　　　　　　ha³¹ren⁵⁵ 紫

aŋ： ka³¹pe⁵⁵baŋ⁵⁵ 棉花　　　　　haŋ³⁵ 我

oŋ： hoŋ⁵⁵ra⁵⁵ 生~肉　　　　　　joŋ⁵⁵ 最

uŋ：ka³¹duŋ⁵³ 穷   bluɯ⁵⁵ 蟋蟀

uŋ：a³¹n̠uŋ⁵⁵ 亲属   kruŋ⁵³ 轮子

iŋ：ɕiŋ⁵⁵a³¹ 哮喘   diŋ⁵⁵su⁵⁵ 板牙

eŋ：deŋ³⁵ 站~立   ga⁵³peŋ⁵³ 裂开

（三）带其他辅音韵尾的韵母

oʔ：ta³¹koʔ⁵³ 渣滓   woʔ⁵³ 锄

uʔ：djuʔ⁵³ 雕刻   ha³¹tjuʔ⁵³ 遮云~月

iʔ：ɕiʔ⁵⁵kuʔ⁵⁵ 玻璃   riʔ⁵⁵ 停止

aʔ：tɯ³¹kaʔ⁵³ 芥子   saʔ⁵³khem⁵⁵ 抽筋

ak：gwak³⁵ 道士

uk：hwuk⁵⁵ 剔~牙   buk⁵³hɯn⁵⁵ 看一下

el：el³⁵ 撬

（四）复合元音韵母

ai：glai⁵³ 背~柴   ha³dai⁵⁵ 压~石

au：hau⁵⁵ 揣~袖   jan⁵⁵tɕhau⁵⁵ 铲子

aɯ：kwaɯ⁵³ 狗   kɯ³¹hraɯ⁵³ 肋骨

ei：mei⁵³ 整个   lei⁵⁵ 鳌

ou：plou⁵³ 铺~床   ɕou⁵⁵ 骰子

ui：gui⁵⁵ 连枷   ja³¹ta³¹kui⁵⁵ 卷~布

ɯu：ɕɯu⁵³a³¹ 喘气   thɯu⁵³ 咬

ui：lui⁵³phui⁵³ 逃走   bui⁵⁵jau⁵⁵ 灰

uɯ：ɕuɯ⁵³preŋ⁵⁵ 力气   djuɯ⁵³ 扎针~

三 声调

总体来说，达让语是一种声调语言，每个音节都有固定的声调。该语言的声调共分为四种，即高平调55，高降调53，中升调35和低降调31。达让语的声调基本稳定，但在有些音节中，声调并不起区别意义的作用。这种情况一般表现为高平调（55）与高降调（53）之间的替换。例如：ha³¹ruŋ⁵³（风）还可以读作ha³¹ruŋ⁵⁵，ma³¹tɕi⁵⁵thun⁵⁵（凉水）还可以读作ma³¹tɕi⁵⁵thun⁵³等。各声调举例如下：

高平调（55）

ha⁵⁵lo⁵⁵ 月亮   tshe⁵⁵ 淋

a³¹plu⁵⁵a⁵⁵ 闪电   tum⁵⁵hui⁵⁵ 晴

ta³¹pruɯ⁵⁵ 冰

高降调（53）

pɑɯ⁵³ 撒~种子

groŋ⁵³tioŋ⁵⁵ 蹄

thɑ⁵³tim³⁵ 食品

中升调（35）

na³⁵ 叶子

khɯ³¹jim³⁵ 梨

ta³¹ka³⁵ 花生

低降调（31）

a³¹pluɯ⁵⁵a⁵⁵ 闪电

ka³¹ra³⁵ 雨

a³¹rwai⁵⁵ 雪

wɑ⁵⁵ 抠~鼻垢

luɯŋ⁵³ 落下太阳~

kru⁵³kɑ⁵³ 头盖骨

kɯ³¹n⁵³ 天

khɑ³¹ji³⁵ 卖

thuɯŋ³⁵ 头发

hɑ³¹dʑiŋ³⁵ 生姜

thɑ³¹pru³⁵ 雾

kɯ³¹tje⁵³doŋ³⁵ 差点儿

pɯ³¹jim⁵⁵ 随便

达让语单音节词的声调分布极不平衡。单音节词声调通常为高平调（55），如：ruɯ⁵⁵（太阳）、ja⁵⁵（夜晚）、hwɯ⁵⁵（竹子）、ge⁵⁵（稻草）等。出现频率次高的声调为高降调（53），如：glei⁵³（小麦）、bɯm⁵³（阴天）、liŋ⁵³（下午）。单音节词中一般不出现低降调（31）。

在达让语双音节词中，起始声调通常为低降调。据数据分析，在调查的1102个双音节词中，以低降调为首音节的词共有674个，占了双音节总数量的60%以上。江荻等（2013）提出达让语这个声调模式是南亚地区的各种语言和藏缅语族景颇语支语言的普遍特征。此外，在达让语双音节词中，后一音节通常为高调音节，如高平调（55）或高降调（53）。调查结果显示，双音节声调模式为31-55的词占据双音节词语总数的36%，声调模式为31-53的词占28%，而声调模式为31-35的词语则只占5%。在达让语三音节及以上的词中，起始音节仍然以低降调起始为主。江荻等（2013）的统计显示，以低降调为首音节的音节在三音节词中占38%以上。

四 音节

达让语有多种音节结构，其中大部分音节都由"辅音加元音"或"辅音加元音加辅音韵尾"这两种方式构成。除此之外，元音、辅音、元音加辅音韵尾均可独自构成一个音节。不过值得注意的是，塞音韵尾与鼻辅音之间存在分布不均衡的现象，主要表现为"元音＋鼻辅音韵尾"既可以独自构成音节也可以与单辅音、复辅音组合后构成音节，而"元音＋塞音韵尾"只能与单辅音组合后构成音节，并且数量极少。以下为各类音节的举例说明：

元音	a³¹tja⁵⁵ 现在
元音 + 元音	ei⁵³ 诶
元音 + 鼻辅音韵尾	am³⁵ 云
辅音	a⁵⁵tja⁵³ŋ̥³¹ 今天
辅音 + 元音	ka³¹poŋ⁵⁵ȵoŋ⁵⁵ 旁边
辅音 + 辅音 + 元音	mla³⁵ 地方
辅音 + 元音 + 鼻辅音韵尾	tseŋ⁵³ 淹
辅音 + 辅音 + 元音 + 鼻辅音韵尾	kraŋ⁵⁵ 窟窿
辅音 + 元音 + 元音	pɯi⁵⁵da³⁵ 非常
辅音 + 辅音 + 元音 + 元音	ta⁵⁵klai⁵³ 垃圾
辅音 + 元音 + 塞音韵尾	gwak⁵³ 道士

第二节

音 变

达让语的语流音变主要有连读变化和脱落两种。

一 连读变化

（一）辅音声母ɬ有时在语流中读成hl。例如：

kɯ³¹ɬai⁵³	kɯ³¹hlai⁵³	指甲
kɯ⁵⁵ɬen⁵³	kɯ⁵⁵hlen⁵³	肠子
ɬai⁵³	hlai⁵³	挽~袖子
ɬai⁵⁵	hlai⁵⁵ja³¹	吹口哨

（二）塞音声母变读

塞音声母也发生不送气到送气的变读，但总体上这类变读出现频率较低。例如：

pja⁵³kla⁵⁵	pja⁵³khla⁵⁵	乌鸦
ta³¹ka³⁵	ta³¹kha³⁵	花生
tsoŋ⁵⁵	tshoŋ⁵⁵	葱
kɯ³¹pra³⁵	khɯ³¹pra³⁵	麻雀

（三）合音现象

在达让语中，当两个音节连读时会发生连读音变的现象。该现象通常表现为相邻的词中，前一个词的末尾是辅音，后一个词的开头是元音，此时词末辅音可以和词首元音连读，中间没有停顿。例如：

ka³¹ɕa⁵⁵n̥⁵³　a⁵⁵ → ka³¹ɕa⁵⁵n̥⁵³na⁵⁵
讨厌　　　　PRT

ta³¹mim⁵³　a⁵⁵ → ta³¹mim⁵³ma⁵⁵
猴子　　　　小

tson⁵⁵　ɑ⁵⁵ → tson⁵⁵nɑ⁵⁵
葱　　　小

(四) 弱化

语流中，有些音节的韵母会发生弱化，其发音往往因为弱化而变得模糊，并向央元音靠拢。弱化音节通常发生在首音节中，且弱化韵母不带有辅音韵尾，一般为 ɑ-ə 的弱化。例如：

bo³¹ta⁵⁵	bə³¹ta⁵⁵	老虎
hɑ⁵⁵joŋ⁵⁵	hə⁵⁵joŋ⁵⁵	之前
tɑ³¹ma³⁵	tə³¹ma³⁵	药
hɑ³¹ruɯŋ⁵³	hə³¹ruɯŋ⁵³	风

(五) 声调变化

（1）53＋31 → 35＋31

tiŋ⁵³　ma³¹la⁵⁵ → tiŋ³⁵　ma³¹la⁵⁵
衣服　晒　　　　衣服　晒

ma³¹tɕi⁵³　kɯ³¹tje⁵³ → ma³¹tɕi³⁵　kɯ³¹tje⁵³
水　　　小　　　　　水　　　小

ma³¹seŋ⁵³　ha³¹kjaŋ³⁵ → ma³¹seŋ³⁵　ha³¹kjaŋ³⁵
树　　　上　　　　　树　　　上

（2）53＋55 → 55＋55

ma³¹tɕi⁵³　tɯ⁵⁵ruɯŋ⁵⁵ → ma³¹tɕi⁵⁵　tɯ⁵⁵ruɯŋ⁵⁵
水　　　大　　　　　水　　　大

tshu⁵³　ka⁵⁵n̥oŋ⁵⁵ → tshu⁵⁵　ka⁵⁵n̥oŋ⁵⁵
松树　对面　　　　松树　对面

kɯ⁵⁵jɯ⁵³　dɯ⁵⁵ruɯŋ⁵⁵ → kɯ⁵⁵jɯ⁵⁵　dɯ⁵⁵ruɯŋ⁵⁵
蚂蚁　大　　　　　蚂蚁　大

在达让语中，当两个音节连读时，为发音方便音节声调通常会发生改变。不过，达让语中整个声调模式受到次要音节制约，连续变调不明显。这也说明达让语的声调虽然已经基本稳定，但是尚未完全成熟。

二　脱落

(一) 辅音脱落

达让语中辅音脱落现象较为常见，一般发生于首音节，韵母为 ɑ，声调为低降调。几乎所有这样的音节声母 h- 都可脱落。例如：

ha³¹di⁵⁵　　　　　　　a³¹di⁵⁵　　　　　故事

ha³¹joŋ⁵⁵	a³¹joŋ⁵⁵	之前
ha³¹po⁵⁵	a³¹po⁵⁵	肺
ha³¹tjo⁵³	a³¹tjo⁵³	手
ha³¹kau³⁵	a³¹kau³⁵	爬
ha⁵⁵jo⁵⁵	a³¹jo⁵⁵	掺~水

但也有个别特殊情况，如ha³¹lo⁵⁵不可读成a³¹lo⁵⁵。

（二）元音脱落

元音脱落一般发生在弱读音节中。当元音脱落后，这类词的音节结构会发生改变，从单辅音多音节词变为复辅音单音节词，音节数量减少。达让语中弱读音节中的元音ɯ易出现脱落现象。例如：

khɯ³¹lai⁵⁵	khlai⁵⁵	地
khɯ³¹lou³⁵	khlou⁵⁵	大方
kɯ⁵⁵lju⁵³	klju⁵³	豆子
kɯ⁵⁵lo⁵⁵ta³¹bren⁵³	klo⁵⁵ta³¹bren⁵³	五花肉
kɯ³¹ru⁵³	kru⁵³	头
bɯ³¹ru⁵⁵	bru⁵⁵	腮帮子
bɯ³¹ljɯ⁵³	bljɯ⁵³	猪
bɯ³¹ru⁵⁵	bru⁵⁵	仇人
bɯ³¹ren³⁵	bren⁵⁵	敌人
la⁵³hɯ³¹lau⁵³	la⁵³hlau⁵³	谎言

（三）唇化特征脱落

hw-在实际语流中，唇化现象有时并不明显，于是形成了hw-与h-的变读。例如：

ta³¹hwi⁵⁵	ta³¹hi⁵⁵	虹
pa³¹hwã⁵⁵	pa³¹hã⁵⁵	癞蛤蟆
pa³¹lju⁵³hwa³⁵	pa³¹lju⁵³ha³⁵	燕子
hwɯ⁵⁵	hɯ⁵⁵	竹子
pu⁵³hwaŋ³⁵	pu⁵³haŋ³⁵	岩洞
ta³¹hwi⁵³	ta³¹hi⁵³	教~书

rw-在实际语流中有时也会转化为非唇化音r-。例如：

bɯ³¹rwa³⁵	bɯ³¹ra³⁵	雷
a⁵⁵rwi⁵³	a⁵⁵ri⁵³	雪
rwo⁵³	ro⁵³	抓~小偷
kwo⁵⁵rwa⁵³	kwo⁵⁵ra⁵³	壳

第三节

拼写符号

为无语言记录符号的语言制作拼写符号，有利于母语者记录语料，同时也便于日后语言研究的进一步深入。

1. 制定过程中，达让语字母表的名称依照《汉语拼音方案》的读音，字母的手写字体依照拉丁字母的一般书写习惯。

2. 达让语书写以词为单位拼写。

3. 人名地名拼写规则、大写规则、移行规则等，依照《汉语拼音正词法基本规则》。

一 字母表

Aa　Bb　Cc　Dd　Ee　Ff　Gg　Hh　Ii　Jj
Kk　Ll　Mm　Nn　Oo　Pp　Qq　Rr　Ss　Tt
Uu　Vv　Ww　Xx　Yy　Zz

二 声母表

（一）单辅音声母

达让语单辅音声母拼写符号及与国际音标的对译举例如下：

表2-2　达让语单声母拼写符号与国际音标对照表

国际音标	拼写符号	例词拼写	例词音标
p	b	pià 鸟	pja^{53}
ph	p	pláng 石头	$phlaŋ^{35}$
b	nb	nbeèm 阴	bum^{53}

续表

国际音标	拼写符号	例词拼写	例词音标
t	d	díng 边	tjiŋ^{35}
th	t	tà 吃	tha^{53}
d	nd	ndiàu 绿豆	djau^{53}
k	g	kará 雨	ka^{31}ra^{35}
kh	k	ka'ī 做生意	kha^{31}ji^{55}
g	ng	ngeèm 孵小鸡	gɯm^{53}
ŋ	ng	lìng 下午	liŋ^{53}
ŋ̊	hng	pachng 脖子	pa^{31}ŋ̊^{53}
ts	z	zèŋ 淹	tseŋ^{53}
tsh	c	cēng 淋	tsheŋ^{55}
dz	nz	nzòng 冷	dzoŋ^{53}
tɕ	j	jín 肚脐	tɕin^{35}
tɕh	q	qì 蛰	tɕhi^{53}
dʑ	nj	njím 真	dʑim^{35}
ɲ	ny	nyā 脸	ɲa^{55}
tʂ	zh	zhí 骡子	tʂi^{35}
tʂh	ch	cheēng 腐烂	tʂhɯŋ^{55}
dʐ	nzh	ta'nzhí 高	ta^{31}dʐi^{35}
f	f	fàn'ì 翻译	fan^{55}ji^{53}
s	s	seém 芋头	sɯm^{35}
ɕ	x	ɕī 爪子	ɕi^{55}
r	r	reēn 太阳	rɯn^{55}
h	h	zhōŋhuá 中华	tʂoŋ^{55}xua^{35}
m	m	majì 水	ma^{31}tɕi^{53}
m̥	hm	dahm 狗熊	ta^{31}m̥^{55}
n	n	ná 叶子	na^{35}
n̥	hn	hn 天	n̥^{53}

国际音标	拼写符号	例词拼写	例词音标
ɬ	hl	hlài 挽	ɬai⁵³
l	l	lìng 下午	liŋ⁵³
w	w	wēleēm 时候	we⁵⁵luɯm⁵⁵

（二）复辅音声母

达让语复辅音声母拼写符号及与国际音标的对译举例如下：

表 2-3　达让语复声母拼写符号与国际音标对照表

国际音标	拼写符号	例词拼写	例词音标
pr	br	tabrā 河岸	ta³¹pra⁵⁵
pl	bl	tablò 床单	ta³¹plo⁵³
phr	pr	prì 磨刀石	phri⁵³
phl	pl	pláng 石头	phlaŋ³⁵
br	nbr	nanbrā 岳父	na³¹bra⁵⁵
bl	nbl	nblāi 眼泪	blai⁵⁵
mr	mr	kānòŋmreém 傍晚	ka⁵⁵noŋ⁵³mruɯm³⁵
ml	ml	mladiàŋ 平地	mla³¹djaŋ⁵³
kr	gr	liàgrē 翅	lja⁵³kre⁵⁵
kl	gl	glēikà 掰	klei⁵⁵ka⁵³
khr	kr	takreēn 棍子	ta³¹khruɯn⁵⁵
khl	kl	klàupeē 菊花	khlau⁵³puɯ⁵⁵
gr	ngr	ngrāi 缺口	grai⁵⁵
gl	ngl	ngleèm 拜菩萨	gluɯm⁵³
thr	tr	trò 蜡烛	thro⁵³
hr	hr	hreé 酸	hruɯ³⁵

辅音说明：

1.达让语辅音有清浊之分，浊音的拼写符号通过在相应清辅音前加 n 来表示，如 b-nb。

2. 达让语中存在半元音 j、w，为避免混淆，本方案中分别用元音 i、u 对其进行表示。在音节中，当半元音 j、w 与元音 i、u 同时存在时，采取省略的策略，只保留一个元音。例如：fan⁵⁵ji⁵³（翻译），其拼音需写成fān'ì；kha³¹ji⁵⁵（做生意），需写成kɑ'ī。

3. 当两个音节相连出现混淆时，为避免这种情况，需在两个音节之间添加隔音符号'，如kha³¹ji⁵⁵（做生意），其拼音需写成kɑ'ī；ta³¹dʐi³⁵（高），需写成tɑ'nzhí。

三　韵母表

（一）单元音韵母

达让语共有单元音6个，其拼写符号及例词如下表所示：

表2-4　达让语单元音韵母拼写符号与国际音标对照表

国际音标	拼写符号（小写）	例词拼写	例词音标
ɑ	a	ā小	ɑ⁵⁵
o	o	hò打	ho⁵³
u	u	gù草木灰	gu⁵³
e	e	jè削皮	tɕe⁵³
ɯ	ee	ndeé多	dɯ³⁵
i	i	nī奶汁	ni⁵⁵

（二）复元音韵母

达让语共有复元音韵母9个，其拼写符号及例词如下表所示：

表2-5　达让语复元音韵母拼写符号与国际音标对照表

国际音标	拼写符号（小写）	例词拼写	例词音标
ai	ai	nglài背~柴	glai⁵³
ɑu	ɑu	hɑ̄u揣~袖	hɑu⁵⁵
ɑɯ	aee	kuàee狗	kwɑɯ⁵³
ei	ei	lēi鳌	lei⁵⁵
ou	ou	xōu骰子	ɕou⁵⁵
ui	ui	ngūi连枷	gui⁵⁵
ɯu	eeu	ceèu虱子	tshɯu⁵³
ɯi	eei	leèipeēi逃走	lɯi⁵³phɯi⁵⁵
uɯ	uee	ɕueèprēng力气	ɕuɯ⁵³preŋ⁵⁵

（三）带鼻音韵尾的韵母

达让语共有复元音韵母17个，其拼写符号及例词如下表所示：

表2-6 达让语带鼻音韵尾的韵母拼写符号与国际音标对照表

国际音标	拼写符号	例词拼写	例词音标
ɑm	am	ám 云	am^{35}
om	om	habōm 熏~肉	$ha^{31}bom^{55}$
um	um	tabūm 填~土	$ta^{31}bum^{55}$
im	im	nīm 敷~药	nim^{55}
em	em	brēm 堆~粪	$brem^{55}$
ɯm	eem	teēm 天~地	$tɯm^{55}$
ɑn	an	iān 疹子	jan^{55}
ɯn	een	kadeēn 星星	$kha^{31}dɯn^{55}$
un	un	kūn 卷~袖子	kun^{55}
in	in	bín 截水	bin^{35}
en	en	harēn 紫	$ha^{31}ren^{55}$
ɑŋ	ang	háng 我	$haŋ^{35}$
oŋ	ong	iōng 最~小	$joŋ^{55}$
ɯŋ	eeng	bleēng 蟋蟀	$blɯŋ^{55}$
uŋ	ung	krùng 轮子	$kruŋ^{53}$
iŋ	ing	dīngsū 板牙	$diŋ^{55}su^{55}$
eŋ	eng	déng 站~立	$deŋ^{35}$

（四）带其他辅音韵尾的韵母

达让语共有塞音韵尾韵母共6个，其拼写符号及对应例词如下表所示：

表2-7 达让语带塞音韵尾的韵母拼写符号与国际音标对照表

国际音标	拼写符号	例词拼写	例词音标
ɑʔ	ak	teekàk 芥子	$tɯ^{31}kaʔ^{53}$
oʔ	ok	uòk 锄	$woʔ^{53}$

续 表

国际音标	拼写符号	例词拼写	例词音标
uʔ	uk	ndiùk 雕刻	dju⁷⁵³
ɑk	ɑkk	guákk 道士	gwɑk³⁵
ɯk	eekk	hueēkk 剔～牙	hwɯk⁵⁵
iʔ	ik	tapìk 沙子	tɑ³¹piʔ⁵³

韵母说明：

达让语塞音韵尾韵母分别为ʔ和k，由于韵尾ʔ是由k弱化而来，故本拼音方案用kk表示韵尾k，k表示韵尾ʔ。

四　声调

达让语共有四个声调：高平调（55）、高升调（35）、高降调（53）和低降调（31），前三个声调分别用"‐""ˊ""ˋ"来表示，低降调没有表示符号。达让语的声调标在主要元音上，元音ɯ的声调标在后一个元音上。辅音单独成音节时不标调。

表2-8　达让语声调符号表

声调	一声	二声	三声	四声
调值	55	35	31	53
符号	-	ˊ	无	ˋ
例词	hueēkk 剔～牙	hán 我	xeèuɑ 喘气	nglài 背～柴
国际音标	hwɯk⁵⁵	hɑŋ³⁵	ɕɯɑ⁵³ɑ³¹	glai⁵³

第三章 词汇

相较于汉语、藏语来说，达让语的词汇总量相对较小。其构词方式主要以基本词汇中的单音节词或双音节词为词根，然后在其基础上采用合成法构成新词。

从词汇的类别上看，不同词类在达让语词汇中所占比重不平衡。其中名词所占比重最大，约占词汇的一半以上，动词、形容词、副词、量词等词类次之。达让语词汇中虚词数量较少，但使用频率很高，在语法意义的表达上起到了极为重要的作用。

达让语的本族语词汇由两个子系统构成：基本词汇和一般词汇。基本词汇中的词为本语言社团全体成员所共有，使用频率高，生命力强，主要反映了自然界和农耕生活中的基本概念。一般词汇大都通过合成法或借词产生，通过与孙宏开（1980）、江荻等（2013）所调查的词汇对比，我们发现近几年来达让语产生了一定数量的新词。这些词充分反映了达让僜人社会生活所发生的变化。以下我们将详细描述达让语词汇系统的特点。

第一节

词汇特点

一 音节数量特点

在达让语词汇系统中，大部分词都为双音节词，其次为单音节词，三音节或三音节以上的词非常少。据统计，在目前我们调查的词中，单音节词约占词汇的30.34%；双音节词约占54.45%；三音节及以上的词约占15.21%。

单音节词举例如下：

mlã^{35} 地方   ɑ^{53} 下~蛋

ɑ^{35} 云   sɑɯ^{53} 褥子

双音节词举例如下：

tɑ^{31}nɑ^{35} 蔬菜   hɑ^{55}lje^{53} 鱼鳞

tɑ^{31}tɯm^{55} 面儿   nɑ^{55}go^{53} 缝衣针

多音节词举例如下：

tɯ^{31}lu^{35}mɑ^{55}thɯɯ^{53} 上游 → tɯ^{31}lu^{35} + mɑ^{55}thɯɯ^{53}
                       河   上方

tɯ^{31}lu^{35}mɑ^{31}noŋ^{35} 下游 → tɯ^{31}lu^{35} + mɑ^{31}noŋ^{35}
                       河   下方

ɑ^{55}rwai^{53}tɑ^{31}krɯ^{53} 雪山 → ɑ^{55}rwai^{53} + tɑ^{31}krɯ^{53}
                 雪   山

tɑ^{31}krɯ^{53}bom^{55} 山脚 → tɑ^{31}krɯ^{53} + bom^{55}
               山   底

tɑ^{31}krɯ^{53}phjɯ^{55} 山峰 → tɑ^{31}krɯ^{53} + phjɯ^{55}
               山   刃

tɑ³¹kruɪ⁵³tɑ³¹boŋ³⁵ 山腰 → tɑ³¹kruɪ⁵³ + tɑ³¹boŋ³⁵
　　　　　　　　　　　　　　　山　　　　　腰

二　单纯词与合成词

在达让语词汇中，单音节或双音节词多为单纯词，即只有一个语素构成的词；多音节词基本是合成词，但也存在例外现象，如：tuɪ³¹raŋ³⁵tsa⁵³（漂流）、juɪ⁵³tuɪ³¹puɪi³⁵（故意）、kuɪ³¹tjuɪ⁵³tioŋ³⁵（差点儿）、tɑ³¹phlɑ⁵³tɑ³¹khruɪn⁵⁵（筷子）等。

达让语的词汇由单纯词和合成词组成。合成词的结构类型主要有复合与附加两种。在达让语基本词汇中，附加式合成词占绝大多数，但这种结构方式几乎失去了构造新词的能力。在一般词汇中，合成词主要为复合词，尤其是在近期构成新词的过程中，复合几乎是最主要的构成方式。

三　一词多义与同音词

相对于汉语这类语言来说，达让语中的一词多义现象是相当明显的。一词多义是指一个词以原义为基础随后产生出多种与之相关联的新义。这可以从两个方面来看。首先，从词语所指对象来看，达让语中一个词可以用于指称多种事物。如名词tɑ³¹tɕoŋ³⁵既可以指称桌子、茶几、橱子、椅子、凳子，还可以指称书架、床、床板、床铺、轿子等其他事物。其次，从意义概括的范围来说，达让语中单个词意义范围很广，以kuɪ³¹pruɪn³⁵为例，该形容词既可表示"勇敢、勇猛、强大、顽强、刚强"的意思，同时也可以表示"凶恶、凶猛"等意义。

除此之外，达让语中同音词现象也比较突出。同音词是指语音形式相同，而意义不完全相同的词。例如，达让语中tɑ³¹ɕa⁵⁵至少可以处理为两个词的同音形式，该语音形式既可以表示"流氓"，又可以表示"记号"。同音异义词有时还表示词性的不同。例如：

nuɪŋ⁵³：闻、味道

tɑ³¹pɑuɪ⁵⁵：老、老人

plɑ³¹：盐、咸

此外，达让语中，一词多义和同音词有时还会交织在一起。例如：

tɑ³¹rɑuɪ⁵⁵：藤、荆藤；嫂子、弟媳

tjɑ⁵⁵：爷爷、外祖父；插

tjuɪ⁵⁵：盖子；夹、盖、砍、卖、剪、裁；像

wɑ⁵⁵：伤口、伤；挖、挠、扒

一词多义现象是达让语发展的必然结果。多义化是达让僜人进一步认知世界的简便、

有效的途径。由于该手段优于造词、构词和借词等手段，方便记忆，因此，达让语出现了较多的一词多义现象。达让语中的多义词主要通过引申的方式产生，即在基本义的基础上通过推演发展来产生新的意义。例如：

tɑ⁵³khɯ⁵³lɑ³⁵ 影子→tɑ⁵³khɯ⁵³lɑ³⁵ 镜子

ji³⁵ 换→ji³⁵ 变

mɑ³¹seŋ⁵⁵ 树→mɑ³¹seŋ⁵⁵ 柴火

ɳɑ⁵⁵ 脸→ɳɑ⁵⁵ 正面

四 反义词与同义词

达让语中还有一定数量的反义词。例如：

kɑ³¹ri³⁵ 公的	tɑ³¹pi⁷⁵³ 母的
kɑ³¹lɯŋ⁵³ 长的	kɯ³¹tjoŋ⁵³ 短的
dɯ⁵⁵rɯŋ⁵⁵ 大的	kɯ⁵⁵tje⁵³ 小的
tɯ³¹kjɯ⁵³ɳoŋ⁵⁵ 左面	tɯ³¹tɕɑ⁵³ɳoŋ⁵⁵ 右面
ɑ³¹kjɯ⁵¹ 活的	ɕi⁵⁵ 死的
kɑ³¹lɯŋ⁵³ 高	bɯ³¹re³⁵ 低
djɑ⁵⁵ 远	gɑ⁵³ɑ⁵⁵ 近

达让语中很多反义词是由"正向词＋否定词"这种形式构成的，单独造词的情况则相对较少。例如：

rɯm⁵⁵ 深	rɯm⁵⁵jim⁵³ 浅
brɑ⁵⁵ 好	brɑ⁵⁵jim⁵⁵ 坏
tɑ³¹tjoŋ⁵³ 难	tɑ³¹tjoŋ⁵³jim³¹ 容易
waŋ⁵³ 清闲	waŋ⁵³jim³¹ 忙

不同于反义词，达让语中的同义词非常少。在同义场中，同义词的分布非常稀疏。

除此之外，我们发现在达让语中只存在性质类形容词，几乎没有状态类形容词。我们认为，这种现象和该语言的发展程度相关：达让僜人的语言尚处于语言发展的初级阶段。这种推论可以从汉语的演变过程中得以证实。郭锡良（2008）就曾指出，甲骨刻辞中只有12个单音节的性质形容词（幽、黄、黑、白、赤、大、小、多、少、新、旧、高），没有状态形容词。汉语的发展主要表现在形容词的两个方面：首先是产生了一类新的状态形容词，其次是性质形容词也由意义局限很窄的12个词扩为意义范围十分广泛的225个。

第二节

构词法

从词的构成角度看，达让语词汇可分成单纯词和合成词。合成词按组合方式可分为复合式和附加式。复合式有联合型、偏正型、动宾型以及主谓型四种结构类型。附加式由词根加词缀构成。

一 单纯词

达让语单纯词可分为单音节词、双音节词和多音节词三类。其中动词单纯词主要为单音节词，名词单纯词主要为双音节词，多音节单纯词则相对较少。

（一）单音节单纯词

单音节单纯词通常为核心词汇，使用时间长，具有较强的构词能力。达让语中单音节单纯词主要以动词为主，也有少量名词。例如：

thɯu^{53}	咬	du^{55}	抽~烟
tu^{55}	吸	tshu^{53}	松树
ka^{35}	张~嘴	tjiŋ^{35}	边儿
ȵaŋ^{35}	病了	mlã^{35}	地方
lu^{53}	尌	ŋ̍^{53}	白天
tjɯ^{55}	夹	ja^{55}	夜晚

（二）双音节单纯词

双音节单纯词中两个音节本身都没有意义或已经找不到各音节与整个单纯词词义上的联系。双音节单纯词首音节一般会出现弱化，成为所谓的词头。但也有不弱化的现象，只是例词较少。例如：

ha^{31}ruŋ^{55}	风	pin^{55}tɕa^{55}	机器

bo³¹tɑ⁵⁵	老虎	luɯŋ⁵⁵pluɯm⁵⁵	荡秋千
tɑ³¹sɑɯ⁵³	草	kɑ⁵⁵raŋ⁵⁵	鼓
mɑ³¹seŋ⁵³	树	tɑ⁵³buɯm⁵⁵	加

（三）多音节单纯词

多音节单纯词主要为动词、连词或介词，不过这类词数量很少，且没有形式标记，往往很难判断其具体的词类归属。例如：

tɑ³¹n̻i⁵⁵tɑ³¹n̻ĩ⁵³	挂	hɑ⁵⁵ljɯ³¹tju⁵³	撒娇
we⁵⁵ljɯ³¹ɑ³¹ko⁵⁵	之后	hɑ³¹pin⁵⁵hɑ³¹tjo⁵³	互相

二 合成词

达让语中合成词都是多音节的，以双音节词居多。根据其构成方式可分为复合式合成词和附加式合成词。

（一）复合式

达让语词汇复合方式可细分为联合型、偏正型、动宾型以及主谓型。

1. 联合结构

达让语中一般只有名词语素可以构成联合型复合词，词义大多是两个语素意义相加，也有个别词词义与构成语素语义相关。

me³⁵jaŋ⁵⁵ + wɑ³¹wɑ⁵⁵ 妻子　丈夫	夫妻	kwɑɯ⁵³ + tɑ³¹pruɯ³⁵ 狗　狼	豺狗
khɑ³¹dju³⁵ + khɑ³¹tuɯŋ⁵⁵ 角落　结尾	偏僻	kɯ⁵⁵ɬen⁵³ + hɑ³¹po⁵³ 肝　肺	内脏
mɑ⁵³ + bɑ³⁵ 母亲　父亲	父母	me³⁵ + kɯ⁵⁵nɯŋ⁵³ 人　年	岁数

2. 偏正结构

偏正结构由中心语素加修饰语素构成，构词后词性一般与核心语素词性相同。此类构词法能产性强，达让语中绝大部分复合词都是通过这种方式形成的。依据构成语素的词性可分为以下几类：

第一类，修饰语素与中心语素均为名词性的，修饰语素位于中心语素之前。例如：

mɑ³¹tɕi⁵⁵ + ɑ⁵⁵kwi⁵³ 水　沟儿	水沟儿	mɑ³¹tʂɑu⁵³ + brum⁵³ 牛　圈	牛圈
tɑ³¹suɯ⁵³ + mɑ³¹kum⁵⁵ 草　棚子	草棚	mɑ³¹seŋ⁵⁵ + tɑ³¹kɑu⁵³ 木　槽	木槽

ta³¹kwo⁵³ + kɯ³¹phlɯn³⁵　　书包　　　　　ta³¹tɕu³⁵ + ta⁵⁵kwo⁵³　　秤钩
书　　包　　　　　　　　　　　　秤　　钩

第二类，修饰语素为形容词性，中心语素为名词性，修饰语素位于中心语素之后。例如：

ɑ³¹tjo⁵⁵ + tɯ³¹kjɯ⁵³　　左手　　　　　ma³¹tɕi⁵⁵ + tɯ⁵⁵rɯŋ⁵⁵　　江
手　　左边的　　　　　　　　　　水　　大

ɑ³¹prɯŋ⁵³ + tɯ³¹bõ³⁵　　中指　　　　　ma³¹tɕi⁵⁵ + dɯŋ³⁵　　清水
手指　　中间的　　　　　　　　　　水　　清的

khɯ⁵⁵lai³¹ + ɕi⁵³　　红土　　　　　me⁵³ + tɯ³¹rɯŋ⁵⁵　　胖子
土　　红　　　　　　　　　　　　人　　大

第三类，修饰语素为动词性，中心语素为名词性，修饰语位于中心语素之前。例如：

kha³¹ji⁵⁵ + plɯm⁵³　　商店
做买卖　　屋子

ŋ⁵³ + plɯm⁵³　　卧室
睡　　房子

3. 动宾结构

达让语中由动宾结构构成的合成词，整体上主要为动词。例如：

ma³¹tɕi⁵⁵ + lɯŋ⁵³　　潜水　　　　　ta⁵⁵na³⁵ + wu⁵⁵　　摘菜
水　　进入　　　　　　　　　　　菜　　摘

kru⁵⁵ + gɯŋ⁵³　　低头　　　　　kru⁵⁵ + klɯm³⁵　　磕头
头　　低下　　　　　　　　　　头　　磕

ɑ³¹tjo⁵⁵ + ro⁵³　　握手　　　　　ɑ³¹lim³⁵ + tɕhi⁵³　　赶路
手　　握　　　　　　　　　　　路　　走

由动宾结构构成的合成词与短语之间具有模糊性，二者易于混淆。但与短语相比，该类复合词内部语素具有凝固性，不能分开和随意替换，而短语内部的词和词之间是离散的，可以分离和自由替换。例如：

*haŋ³⁵ + kru⁵⁵ + gɯŋ⁵³　　低下我的头　　*ta⁵⁵na³⁵ + pra⁵⁵ + wu⁵⁵　　摘新鲜的菜
我　　头　　低下　　　　　　　　菜　　新鲜　　摘

*tɕe⁵⁵ + ɑ³¹tjo⁵⁵ + ro⁵³　　握他的手　　*ma³¹tɕi⁵⁵ + dɯŋ³⁵ + lɯŋ⁵³　　潜入清水
他的　　手　　握　　　　　　　　水　　清　　进入

4. 主谓结构

这种类型的结构构词能力不强，由该形式构成的合成词多为动词。例如：

ɑ³¹rwai⁵⁵ + lja⁵³　　下雪　　　　　mla³⁵ɑ³¹ + tɯn⁵⁵　　地震
雪　　下　　　　　　　　　　　　地　　震

| ha³¹rwai⁵³ + bluɯm⁵³ | 出血 | kru⁵⁵ + naŋ³⁵ | 头疼 |
| 血　　　流 | | 头　　疼 | |

（二）附加式

达让语中派生词词缀数量很少，其中大部分为后缀，少量是前缀，没有中缀。从词的构成结构来看，达让语更倾向于分析性的语言。因而，与景颇语、嘉戎语、普米语等藏缅语相比，达让语形态构词法发达程度相对较低，词的形态变化相对较少。

从语法功能的角度来看，达让语的词缀可分为两种，即屈折词缀（derivational affix）和派生词缀（inflectional affix）。屈折词缀是指为表达句法关系而附加的词缀，派生词缀则是指给词根添加意义并产生新词的词缀。以下表3-1、表3-2分别为屈折词缀和派生词缀的具体类别及其相关例词。

表3-1　达让语屈折词缀类别

屈折词缀类别	屈折词缀	例词	
名词后缀	ja³¹	ruɯn⁵⁵pa³¹ɕim³¹blai⁵³ 吞月亮	ruɯn⁵⁵pa³¹ɕim³¹blai⁵³ja³¹ 月食
	jim⁵⁵	kɯ⁵⁵sa⁵³ka³¹ 知道	kɯ⁵⁵sa⁵³ka³¹jim⁵³ 生人
	ho³¹	tjiŋ³⁵ 肥	tjiŋ³⁵ho³¹ 肥的
动词后缀	a⁵⁵	gwak 巫师	gwak⁵³a⁵⁵ 作法
复数后缀	tɕu³¹	me³⁵ 人	me³⁵tɕuɯ³⁵ 人们

说明：

1. 达让语的屈折词缀数量很少且全部为后缀。其中除复数后缀tɕu³¹构词能力较强外，其他屈折词缀构词能力都十分有限。

2. 名词化词缀ja³¹、jim⁵⁵添加在动词或动词短语之后，ho³¹添加在形容词或形容词短语之后构成新的名词性词语。江荻等（2013）指出，ja³¹还存在其他变体，分别为ka³¹和ŋa³¹。例如：

　　ka³¹：kha³¹ji³⁵ka³¹　　做生意的人　　　　　　ŋa³¹：huɯ³¹ tjuɯŋ⁵³ŋa³¹　见证者

3. jim⁵⁵主要充当否定标记，但在个别情况下也可以作为名词化标记使用，作名词标记时仍带有否定义。

表3-2 达让语派生词缀类别

派生词缀类别	派生词缀	例词	
表示"小"	-ɑ⁵⁵	tɕu⁵³ 鸡	tɕu⁵³ɑ⁵⁵ 小鸡
表示"职业"	-ja³¹me³⁵	phlaŋ³⁵tɕu⁵³ 砸石头	phlaŋ³⁵tɕu⁵³ja³⁵me³⁵ 石匠
表示"雌性"	-ta³¹pi⁵³	mɑ⁵⁵tʂɑu⁵³ 牛	mɑ⁵⁵tʂɑu⁵³ta³¹pi⁵³ 母牛
表示"雌性"	-kru	mɑ³¹tɕu⁵³ 鹿	mɑ³¹tɕu⁵³kru³⁵ 母鹿
表示"雄性"	-ka³¹ri³⁵	bɯ³¹lju⁵⁵ 猪	bɯ³¹lju⁵⁵ka³¹ri³⁵ 公猪
表示"女性"	-me⁵⁵ja³¹ɑ⁵⁵	gwak⁵⁵ 巫师	gwak⁵⁵me⁵⁵ja³¹ɑ⁵⁵ 巫婆
表示"方向"	-mju⁵⁵	ha⁵⁵n̥ɑ⁵⁵ 在……前	ha⁵⁵n̥ɑ⁵⁵mju⁵⁵ 前面
表示"方向"	-n̥oŋ⁵⁵	plɯn⁵³ 在……后	plɯn⁵³n̥oŋ⁵⁵ 后面
表示"顺序"	-ko⁵⁵	kɑ³¹n⁵⁵ 二	kɑ³¹n⁵⁵ko⁵⁵ 第二
表示"顺序"	bɯ³⁵-	kɑ³¹n⁵⁵ 二	bɯ³⁵kɑ³¹n⁵⁵ 第二

说明：

1.与屈折词缀相比，达让语的派生词缀构词能力相对较强。

2.达让语中有的派生词缀是由实词虚化而来的，尚未演化成典型词缀，仍处于实词和前缀之间，是一种半实半虚的语素，戴庆厦先生（2012）称之为"半词缀"。例如，词缀-ɑ⁵⁵原义为"孩子"，词缀-me⁵⁵ja³¹ɑ⁵⁵原义为"女人"，后分别演变成表示"小"和"女性"的词缀。

3. 达让语中，除后缀-ja³¹me³⁵（表职业）外，其他派生词后缀只能改变词干语义，不具备改变词性的作用。

4. 达让语中表示"顺序"的词缀有两个，一个为前缀bɯ³⁵-，一个为后缀-ko⁵⁵。这二者在达让语中可随意交替使用，使用频率相差不大。

5. 后缀-ɑ⁵⁵还存在变体ɑ⁵⁵ɑ³⁵。例如："小山"可以说成ta³¹krɯ³⁵ɑ⁵⁵，也可说成ta³¹krɯ³⁵ɑ⁵⁵ɑ³⁵。

6. 表"女性"的还有一个类词缀-jaŋ⁵⁵。例如：

ɑ⁵⁵	孩子	ɑ⁵⁵jaŋ⁵⁵/³¹	女儿
me⁵⁵	人	me⁵⁵jaŋ⁵⁵/³¹	妻子

第三节

词汇的构成

几年来达让语中出现了大量的借词，许多新名词的使用频率日趋增高。达让语的借词主要有两种来源：一是藏语借词，二是汉语借词。

一 藏语借词

达让僜人与藏族人之间交流频繁，关系密切，这种关系直接体现于词汇之中。通过与现代藏语书面语词汇的对比，我们发现达让语中存在大量的藏语借词，这些借词不仅涉及生活、文化等多个方面，同时也包括人体部位、天文地理等多种类别的基本词汇。其中有些词语甚至连达让僜人自己也难以分辨到底是来自藏语词汇还是达让语词汇。以下我们将分类列举一些藏语借词。

（一）关于天文地理的藏语借词　例如：

$ta^{31}prɯ^{55}$	冰	$a^{55}thje^{53}$	冰雹
$a^{31}lim^{35}$	路野外的~	$kraŋ^{55}$	小的窟窿

（二）关于时间的藏语借词　例如：

$a^{31}tja^{55}$	现在	$ha^{55}joŋ^{55}kʉ^{55}$	以前十年~
$u^{31}mjoŋ^{33}ko^{31}$	以后1年~	$a^{31}sɯŋ^{53}me^{55}$	一辈子
$a^{31}tja^{53}nɯŋ^{53}$	今年	$a^{55}su^{53}n̥^{31}$	明天
$ha^{55}no^{53}n̥^{31}$	后天	$tɯ^{55}nei^{53}n̥^{31}$	大后天

（三）关于动植物的藏语借词　例如：

$me^{53}pɯm^{35}ta^{31}ka^{35}$	核桃	$tsoŋ^{55}$	葱
$u^{31}ɕa^{53}$	蒜	pja^{53}	鸟儿统称
$ta^{31}pɯm^{55}$	虫子统称	$pa^{31}hwã^{55}$	癞蛤蟆
$tʂi^{35}$	骡		

（四）关于房舍器具的藏语借词　例如：

a³¹khu⁵³ŋ³⁵	茅屋	ku³¹tʂa⁵⁵	窗 旧式的
gɯm³⁵	柜子 统称	du³¹waŋ³⁵	香烟
ta³¹pɯm⁵⁵	旱烟	gɯm³⁵	箱子 总称
ta³¹kwo³⁵gɯm³⁵	皮箱	lu⁵⁵	电灯
ba⁵⁵dzau³⁵	照相	ba⁵⁵	相片
ba⁵⁵	图画	the⁵⁵	印章 统称
koŋ⁵⁵wa⁵⁵	领子		

（五）关于身体医疗的藏语借词　例如：

ha⁵⁵ȵa⁵³pɯm⁵⁵	鼻子	kru⁵³na³⁵	耳朵
na³¹dei⁵⁵	鼻涕 统称	ȵi⁵³pɯm⁵⁵	乳房 女性的
ha⁵⁵ȵa⁵³kraŋ⁵⁵	鼻孔	ha⁵⁵ȵa⁵³gɯm⁵⁵	鼻梁
ha³¹ȵa⁵³m⁵⁵	鼻毛	kwo⁵³	皮肤
ri³¹boŋ³⁵	骨头	diŋ⁵³so³¹	齿龈
ȵi⁵³to⁵³	乳头 女性的	ma⁵⁵lau⁵³	疮 总称
mlo⁵⁵klai⁵³	精液	ȵaŋ³⁵	病了
ȵi⁵³tɕi⁵³	乳汁	dzoŋ⁵⁵a⁵⁵lai⁵³	着凉
na³¹go⁵³thau⁵⁵	打针	ɕi⁵⁵	死 统称
ȵi⁵⁵ma³¹raŋ⁵³	断奶		
se⁵³tju³¹	自杀		

（六）关于人品称谓的藏语借词　例如：

me³⁵	人	me³⁵tɕu³⁵	别人 这是～的
me³⁵tɕu³⁵	人家	me³⁵tɕu³⁵	人们
ba³⁵	父亲 叙称	ma⁵³	母亲 叙称
a³¹ba³⁵	爸爸 呼称	a⁵⁵ma⁵³	妈妈 呼称
ba⁵³a⁵⁵	继父 叙称	ma⁵³a⁵⁵	继母 叙称
a⁵⁵ma³¹a⁵⁵	叔母 呼称	a³¹kau⁵⁵	舅舅 呼称
a⁵⁵pu⁵³	哥哥 呼称	ma³¹wa³⁵	丈夫 叙称
a³¹mɯŋ⁵⁵	名字		

（七）关于动作行为的藏语借词　例如：

du⁵⁵	抽～烟	kha³¹ljau⁵⁵ba⁵³	干活儿 统称
nɯŋ⁵³	闻	kɯm⁵⁵	蹲～下

di⁵⁵	坐~下	du⁵³	跳
kru⁵⁵dĩ³⁵	抬头	kru⁵⁵gɯm⁵⁵	低头
a³¹khin⁵³	靠~在椅子上	thai⁵³	毒~死
tjɯ⁵⁵	裁~衣服	tjo⁵³	织~毛线
me³⁵se⁵³	杀人	thu⁵³	打结
se⁵³	杀~鱼	la⁵⁵da⁵³	回答
tsɑi⁵⁵	算~数	tsɑi⁵⁵	数~数

（八）关于性质状态的藏语借词　例如：

ka³¹lɯŋ⁵³	长线~	kɯ³¹tjoŋ⁵³	短线~
dɯŋ³⁵	清水~	ȵaŋ³⁵	疼摔~了
ka⁵³	咸菜~	ka⁵³	苦
bu⁵³	凸	kɯ³¹lo⁵⁵	凹
ȵa⁵⁵	正	khoŋ⁵⁵	足分量~
rã³⁵	长时间~	kɯ³¹tjoŋ⁵³	短时间~
pɯ⁵⁵rɯm⁵⁵	糖总称		

（九）关于数量词的藏语借词　例如：

ka³¹sɯm³⁵	三	ma³¹ŋa³⁵	五
na³⁵	面一~镜子		

（十）关于政治、文化的藏语借词①　例如：

mja³¹aŋ⁵⁵	人民	tɕa³¹khau⁵³	国家
li⁵⁵tɕi⁵³	干部	oŋ⁵⁵tɕha⁵⁵	权利
sa⁵⁵dʑi⁵⁵	革命	si⁵⁵tɕoŋ⁵³	政府
maŋ⁵⁵tshoŋ⁵⁵	群众	tshoŋ⁵⁵ti⁵⁵tsu⁵⁵	开会
tsha⁵⁵pa⁵⁵	报纸	la⁵⁵	菩萨
rɯ³¹lu⁵⁵	主义	ka⁵⁵ma⁵⁵	上分
tɕiŋ⁵⁵tʂɯ⁵³toŋ⁵³	解放	tɕa⁵⁵pa⁵⁵	土匪
tham⁵⁵tɕha⁵³	意见	tɯ⁵⁵ma⁵⁵	抵押
ta³¹ne⁵⁵	管理	dzoŋ³⁵	学习~文化

达让语中的藏语借词大部分都为名词，主要用于指称事物的名称。这些借用名词虽

---

① 本书中政治、文化的藏语借词摘录于江荻等（2013），由于我们的调查未涉及此方面的内容，而该内容又具有一定的典型性，故摘录于此。

涉及达让僜人生活的方方面面，但是却没有关于服饰和婚丧信仰的借词。这与我们调查中观察到的现象是相吻合的：达让僜人在服饰方面主要穿着本族服饰，较好地保留了自身的风俗习惯。在宗教信仰上，达让僜人虽地处藏区，却未受到藏传佛教的影响，依旧崇拜自然和鬼神。不过，随着科学观念的普及，达让僜人自身的原始宗教观也开始逐渐淡薄了。

出乎意料的是，在以上列出的藏语借词中，除了一般词汇外，还涵盖了"冰、路、人、爸爸、妈妈、皮子、皮"等基本词汇。这些词的发音同古藏语发音特点极为相似，但是由于目前可用资料非常有限，我们还不能考证这些词汇的出现路径或具体借入时间。除此之外，江荻等（2013）曾指出，有些词在达让语中原本也有自己的词汇形式，后因族群接触和语言借用，最终形成了双语局面，造成两种词汇形式共存的现象。例如：

达让语	藏语	
groŋ^{53}wi^{35}ja^{31}	kun^{55}tsi^{53}	裹腿
ta^{31}tɕu^{55}	tɕu^{55}tsɑi^{55}	椅子
ua^{31}roŋ^{55}ta^{31}plo^{53}	ga^{35}	鞍子
sai^{53}ha^{31}rum^{35}	ma^{31}roŋ^{55}so^{55}	马嚼子
ta^{31}kaŋ^{55}	koŋ^{35}ra^{53}	稗子
tha^{35}khla^{53}	ɕi/^{55}ku^{55}	玻璃

达让语的藏语借词除名词外，还有动词、性质形容词和数量词。不过，所有的借词都属于实词类，且仅限于这四类。副词、介词、连词、语气词等虚词则都为达让语固有词汇。

藏语借词进入达让语词汇中，也可充当构词语素构成合成词。第一种是藏语语素与藏语语素组合，比如ta^{31}kwo^{55}（皮）与gum^{35}（箱）组合，构成合成词ta^{31}kwo^{55}gum^{35}（皮箱）。第二种是藏语语素与达让语素组合，比如me^{35}（人）与tɕu^{55}（达让语复数标记）构成合成词me^{35}tɕu^{55}（人们）。除此之外，有些藏语借词还进入了语法层面，出现了词类活用的现象。例如，ba^{55}原义为"图画"，后来也有了"画画"的意义。

二 汉语借词

达让语中的汉语借词通常都是新近借入的。从内容来看，达让语中的汉语借词主要是政治、交通、科技以及一些新生事物；从词类来看，汉语借词基本都为名词类词语，也有少数动词。以下是我们收集到的部分汉语借词：

tai^{35}feŋ^{55}	台风	noŋ^{35}li^{31}	农历
ʂui^{31}ni^{55}	水泥	tsoŋ^{55}tɕhu^{55}	中秋
tʂuan^{55}	砖	tsu^{35}ɕi^{55}	除夕

ua⁵⁵	瓦	jin⁵⁵li³¹	阴历
mei³⁵ju⁵⁵	煤油	jaŋ³⁵li³¹	阳历
tṣe⁵⁵je⁵⁵	正月	ɕiŋ⁵⁵tɕhi⁵⁵tjan⁵⁵	星期天
tṣhu⁵⁵ji⁵⁵	大年初一	tṣhɯŋ⁵⁵	城
jan⁵⁵ɕau⁵⁵	元宵节	mei³⁵hwa⁵⁵	梅花
qiŋ⁵⁵miŋ³⁵	清明	mu³¹dan⁵⁵	牡丹
dwan⁵⁵u⁵⁵	端午	li³¹zi⁵⁵	李子
bai⁵⁵ṣu⁵⁵	柏树	ju³¹zi⁵⁵	柚子
liu⁵⁵ṣu⁵⁵	柳树	ṣi³¹zi⁵⁵	柿子
he³⁵hwa⁵⁵	荷花	po³¹tshai⁵⁵	菠菜
ɕiŋ⁵³	杏	lwo³¹po⁵⁵	萝卜
ṣi³¹lju⁵⁵	石榴	kɯ⁵⁵tsi⁵⁵	鸽子
ɕaŋ⁵⁵tshai⁵³	香菜	tɕi³¹y³⁵	鲤鱼
uo⁵⁵sen⁵⁵	莴笋	y³⁵phjau⁵⁵	鱼漂
ɕi⁵⁵qie⁵⁵	喜鹊	y³⁵sai⁵⁵	鱼鳃
tshan³⁵	蚕	tɕi³¹y³⁵	鲫鱼
nuan³¹piŋ³⁵	暖水瓶	tṣo⁵⁵thi⁵⁵	抽屉
tṣhi⁵⁵tsi⁵⁵	尺子	ljan³¹pɯn³⁵	脸盆
ṣou³¹tɕuan⁵⁵	手绢	ɕi³¹ji⁵⁵fɯn⁵⁵	洗衣粉
mjan³¹thjau⁵⁵	面条	wa³¹tsi⁵⁵	袜子
tɕau³¹tsi⁵⁵	饺子	pau⁵⁵tsi⁵⁵	包子
tɕaŋ³¹ju⁵⁵	酱油	tshu⁵³	醋
u³⁵miŋ³⁵tṣi³¹	无名指	ṣi³⁵tṣi³¹	食指
ɕan⁵⁵	癣	thaŋ³¹jau⁵⁵	汤药
mau³¹pi⁵⁵	毛笔	mo⁵³	墨
jan⁵⁵	砚	tjau³¹ṣɯŋ⁵⁵	跳绳
tɕan⁵⁵tsi⁵⁵	毽子	ta³¹hu⁵⁵lu⁵⁵	打呼噜
tui³¹pu⁵⁵tɕhi⁵⁵	对不起		

达让僜人可以明确区分汉语借词与本族词汇。这一方面是由于汉语词与藏语词的借入时间不同，藏语词借入时间相对较早，汉语借词出现较晚。另一方面，由于汉语借词大部分表达的是新出现事物，此前达让僜人从未接触过这些事物。但也存在例外情况，如"飞机"在达让语中本就有相应的表达，即tɯm⁵⁵ka³¹rai⁵⁵。

达让语的汉语借词除了名词性词语外，还有部分动词，如"对不起、责怪、报恩"等。这些借词可以在一定程度上反映出达让僜人的价值观以及思维方式。例如，达让语中不存在"对不起"的表达方式，达让僜人之间一般不会用"对不起"相互道歉。与此相似，达让语在指称某些事物的不同部分时，出现了达让词语和汉语借词互补使用的情况。例如：

表3-3 达让词语与汉语借词互补现象举隅

事物名称	不同部位的名词	词汇来源
手指	a³¹tjuɯ⁵⁵ 大拇指	达让固有词
	a³¹pruŋ⁵³tu³¹bõ³⁵ 中指	达让固有词
	a³¹tje⁵³ 小拇指	达让固有词
	u³⁵miŋ³⁵ 无名指	汉语借词
	ʂi³⁵tʂi³¹ 食指	汉语借词
鱼	ta⁵⁵ŋa⁵³ta³¹luŋ⁵⁵ 鱼鳍	达让固有词
	ta⁵⁵ŋa⁵³lje⁵⁵ 鱼刺	达让固有词
	ta⁵⁵ŋa⁵³ma⁵⁵na³¹ 鱼子	达让固有词
	y³⁵sai⁵⁵ 鱼鳃	汉语借词
蛋	kɯ³¹rwa⁵³ 蛋壳	达让固有词
	ma⁵⁵jin⁵³ 蛋黄	达让固有词
	ta³¹tɕhiŋ⁵⁵ 蛋清	汉语借词
学校	kwo⁵⁵tʂa⁵³rɯ⁵⁵a⁵⁵a⁵⁵ 小学	达让固有词
	tʂoŋ⁵⁵ɕe³⁵ 中学	汉语借词
	ta⁵³ɕe³⁵ 大学	汉语借词

汉语借词也具有一定的构词能力，有些借词甚至可降级为语素与达让语素共同构成合成词。例如，mu³¹tan⁵⁵ta³¹po⁵⁵（牡丹花）就是由汉语借词语素mu³¹tan⁵⁵（牡丹）与达让语素ta³¹po⁵⁵（花）共同构成。不过，并非所有的汉语借词都能降级为语素并用以构成新词，如bai³¹ʂu⁵³（柏树）、mei³⁵hwa⁵⁵（梅花）等。

达让语中也有固有词和汉语借词同时存在的现象。例如：

| kɯ³¹tseŋ⁵³ | thoŋ⁵⁵thoŋ⁵⁵ | 桶 |
| ta³¹brɯ⁵⁵ | kwai⁵⁵tsi³¹ | 筷子 |

be⁵⁵la⁵⁵	pa⁵⁵tsi³¹	盘子
ta³¹ruɯŋ⁵³	koŋ⁵⁵tshi⁵⁵	尺
khi⁵³ta³¹ka³⁵	hwa⁵⁵seŋ⁵⁵	花生
tɕa³¹wɯn⁵⁵	wɯn⁵⁵	碗
ta³¹ko⁵⁵ta³¹prɯ⁵⁵	kan⁵⁵pi³¹	钢笔
ma⁵⁵tse³¹	tɕo³⁵tsai⁵³	韭菜
phu³⁵ndu	tɕhe⁵⁵tsi⁵⁵	茄子

达让语的汉语借词不仅丰富了其词汇系统，同时对其语音系统也带来一定的影响：伴随着汉语借词的进入，达让语中也引入了 f、tʂ、ʂ 等声母和 y 韵母。

除汉语和藏语的借词外，江荻等（2013）指出，达让语还存在极个别来自印度语言的借词及一些来源不明的借词，如 ba⁵⁵tɕi⁵³（手表）、ka⁵⁵re⁵³（汽车）、ta³⁵（电话），等等。

第四节

民俗文化词

词汇中民俗文化词是族群文化的重要载体，是族群民俗事项的折射。对这些词语的记录和分析，有利于透视丰富多彩的族群核心文化，分析族群文化的多样性。

一 服装

tɑu^{55}　长筒裙

图1　长筒裙　察隅县新村/2016.8.23/宗晓哲 摄

达让僜人女子下着筒裙，由布带扎结而成。筒裙分两层，内层较长，至膝盖以下，外层较短，仅及臀部。长裙由黑布制成，短裙由横条彩布制成，裙角用几何图案加以装饰。穿着长筒裙时，有时还会用彩带扎裹腿，以防蚊虫叮咬。

tiŋ⁵³ha³¹kjaŋ³⁵　女上衣

图 2　女上衣　察隅县新村 /2016.8.23/ 宗晓哲 摄

达让僜人女人上着无袖短衣，衣服短而瘦小，长度及胸，遮不住腰，小臂和腰部裸露在外。女士上衣以黑色为主，加以彩色条纹图案，其背后用毛球装饰。

二　饮食

tɑ⁵⁵puɯn⁵³phuɯn³⁵　（接待贵宾的）手抓饭

图 3　手抓饭　察隅县新村 /2016.8.30/ 宗晓哲 摄

僜人手抓饭的主要原料是米饭和鸡肉，再搭配上十多种香料和佐料，经一两个小时精心烹制而成。食用时，将手抓饭和切成大块的鸡肉盛放在新鲜的芭蕉叶上，配上特制辣椒和鸡爪谷酒。以前，手抓饭曾是僜人用以庆祝节日或招待客人的最高礼节，后来随着旅游业的发展，越来越多的人开始享用手抓饭。

ljaŋ³⁵waŋ³⁵　鸡爪谷

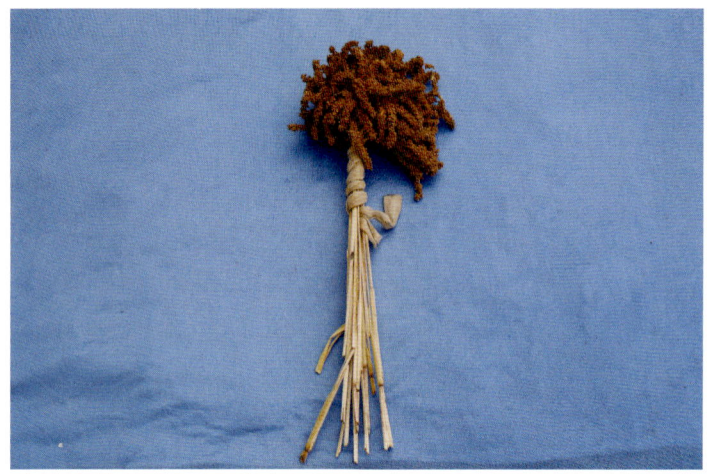

图 4　鸡爪谷　察隅县新村 /2016.8.30/ 宗晓哲 摄

西藏鸡爪谷多分布在海拔2500米以下的暖湿地带，包括察隅、墨脱、错那、波密、吉隆、林芝、定结、聂拉木等县的低谷地区。鸡爪谷穗部呈爪状，种子珠形，红褐色。僜人曾以鸡爪谷为主食，或将其酿酒用于招待客人饮用。

dɯ⁵⁵roŋ⁵³bi⁵³　鸡爪谷粽子

图 5　鸡爪谷粽子　察隅县新村 /2016.8.23/ 宗晓哲 摄

鸡爪谷粽子是达让僜人喜爱的食物之一。将鸡爪谷碾碎后与糯米混合，外用竹叶或苇叶等包裹，蒸煮后即可食用。鸡爪谷粽子可单独食用，也可蘸白糖一起食用，味道甘甜。

三　饰物

na³⁵brɑ⁵³puɯi³¹　耳鼓

图 6　耳鼓　察隅县新村 /2016.8.23/ 宋成　摄

耳鼓是达让僜人最具特色的女士饰物之一，约为手掌大，形状似喇叭。耳鼓一般由银子制成，经多次熔炼、锤打而成。耳鼓较大一侧刻有简单花纹。由于其佩戴不够方便，所以佩戴者多为老年女性，而年轻女性则不常佩戴。

kuɯ³¹buɯŋ⁵³　额饰

图 7　额饰　察隅县新村 /2016.8.23/ 沈栋梁　摄

额饰由银子制成，椭圆形，佩戴时在脑后用一条银带紧扣银片两端，形成整个头部装饰。额饰上刻有简单花纹，其中以祥云、花朵居多。现在，达让僜人女性平时不常佩戴额饰，只有在重大节日或接见重要客人时才会佩戴。

四 生产生活用具

僜人的生产生活工具绝大多数为自制的木器或竹器，有些木碗做工精美，甚至已经成为当地纪念品之一。此外，他们还会用竹子制作溜索，用于横渡江河。以前溜索几乎是每个男性僜人都会掌握的技能，但现在已不常见了。僜人中也有少数人可以对铁进行加工，但不会冶炼和铸造。他们从相邻地区换来铁后，通常将其打造成男士佩刀，不仅可以砍伐东西，同时也是身份的象征。

五 度量单位

达让人在使用现代计量之前，最初主要用身体部位来丈量尺寸，即以人的手、足等部位作为长度的单位。由于人的手、足大小不一，在商品交换中容易遇到困难，所以后来又辅之以物体作为测量单位。随着科技进步，达让人已逐步采用现代的计量方法，其中部分计量单位词语来自藏语和汉语借词，如 $tɕa^{31}ma^{55}$（斤）借于藏语，$koŋ^{55}tʂhi^{55}$（公尺）借于汉语。

$liŋ^{53}$	庹 两臂伸展开后的长度
$ke^{31}tseŋ^{55}pre^{53}ke^{31}$	半庹 中指尖到心口长度
$ha^{31}ka^{55}ke^{31}$	大柞 中指尖到拇指尖长度
$ke^{53}then^{53}ke^{31}$	小柞 食指尖到拇指尖长度
m^{55}	肘 中指尖到肘长度
$bu^{53}ke^{31}$	拳宽 握拳后两边宽度
$a^{55}mja^{53}kɯ^{31}$	四指宽
$tɯ^{31}seŋ^{55}kɯ^{31}$	三指宽
$tɯ^{31}lin^{55}kɯ^{31}$	两指宽
kha^{53}	步
$dɯm^{35}$	斗

六 隐语

达让语的隐语与其他语言的隐语具有不同之处，它不是因为社会禁忌、避讳等原因而产生的，而完全是因为狩猎民族信奉原始宗教、信奉神灵而产生的。为了避免山神获悉他们的打猎行踪，达让人逐渐另创一套猎人之间的词汇进行交流。下面是部分日常用语与隐语的对照词汇。

日常词汇	隐语词汇	
ma³¹seŋ⁵⁵ma⁵⁵la⁵³	ta³¹tʂoŋ⁵⁵kle⁵⁵	砍柴
ma³¹tɕi⁵³din³⁵ja³¹	ta³¹kwo³⁵ma³¹koŋ⁵⁵ja	提水
phlaŋ⁵⁵ha⁵⁵la⁵⁵	a³¹seŋ⁵³ha⁵⁵la⁵⁵	大岩石
lja⁵⁵ke³⁵	ta⁵⁵ɕa⁵³kɯ³¹tɯm⁵⁵	回去
bo⁵⁵ɕa⁵³	ta⁵⁵ɕa³⁵ke³⁵	出发
liŋ⁵³a⁵⁵	ta³¹tjau⁵³ma³¹	天黑
pja⁵³	kɯ³¹pru⁵⁵	鸟
ma³¹rin⁵³	ta³¹tɕin³⁵hwren⁵³	四不像
ha⁵⁵min³⁵	ta³¹ɕi⁵³	山羊
ta³¹kɯŋ⁵⁵	ta³¹ploŋ⁵⁵	野牛
ma³¹tsɯm³⁵	ta³¹phjɯ⁵⁵lu⁵⁵	麂子
ta³¹hoŋ⁵⁵	ta³¹dʐaŋ³⁵laŋ⁵³	狗熊
ta⁵⁵min⁵³	ma³¹kro⁵³	猴子
ma³¹tsau⁵³	tɯ³¹ploŋ³⁵	牛
ma³¹tɕu⁵³	tɯ³¹pe⁵³	水
ta³¹ra⁵⁵	ta³¹sai⁵³	刀
ma³¹ro⁵⁵	gɯ³¹ro⁵⁵	说
tɯ³¹kɯ⁵⁵	ta³¹we⁵³	话
tha⁵³	ma³¹tɕau³⁵	吃
ɕiɯ⁵⁵	ta³¹si⁵⁵	什么
no⁵³	moŋ⁵⁵	睡
ka³¹ra⁵³	ma³¹tiɯm³⁵	雨
tɕhi⁵⁵	ta³¹ɕaŋ³⁵	走~路

七 娱乐活动

达让僜人是一个能歌善舞的民族，以前，达让僜人在闲暇时会开展多种娱乐活动，如对歌、跳舞、斗牛、杀牛、摔跤、穿针、射箭、扔标枪等，内容丰富，极具民族特色。但是，随着社会的进步与发展，这些别具特色的娱乐活动也逐渐消失了。据我们的发音人夏屯夏介绍，以前达让语中记录娱乐活动的词语可达到20至30个，而现在还在使用的词仅有以下四个了。

ha⁵⁵ma⁵⁵ka⁵⁵	砍牛脖子比赛
phla³⁵klai⁵³tɯ³¹ha⁵⁵ma⁵⁵ga³⁵ja³⁵	背篓里面装满石头跳舞
phla³⁵tjoŋ⁵³ha⁵⁵ma⁵⁵ja³¹	扔石头比赛
toŋ⁵³	敲锣比赛人

第四章 分类词表

说明：

1. 本章收录《中国语言资源调查手册·民族语言（藏缅语族）》"调查表"中"叁词汇"的词条，标记"（无）"的词条不收录。第一节为通用词，是语保工程调查中汉语方言与少数民族语言共有的调查词表。第二节为扩展词，是专家学者根据各个语族的实际情况制定的调查词表。这两节皆分为如下14类：

一	天文地理	六	服饰饮食	十一	动作行为
二	时间方位	七	身体医疗	十二	性质状态
三	植物	八	婚丧信仰	十三	数量
四	动物	九	人品称谓	十四	代副介连词
五	房舍器具	十	农工商文		

2. 第三节为其他词，收录语保手册之外的词。此外，有部分词汇来自于江荻等（2013）的著作之中，由于这些词能够充分体现达让僜人的风俗文化，具有一定的民族学价值，故收录其中。

3. 本章记音为宽式记音，声调部分未标记实际音值。音变规律请参照第二章中"音变"一节。

第一节

《中国语言资源调查手册·民族语言（藏缅语族）》通用词

一 天文地理

太阳~下山了 rɯn⁵⁵
月亮~出来了 ha⁵⁵lo⁵⁵
星星 kha³¹dɯn⁵⁵
云 am³⁵
风 ha³¹rɯŋ⁵³
闪电名词 a³¹plɯ⁵⁵a⁵⁵
雷 bu³¹rwa³⁵
雨 ka³¹ra³⁵
下雨 ka³¹ra³⁵ma³¹ɲa⁵³
淋衣服被雨~湿了 tsheŋ⁵⁵
晒~粮食 ma³¹la⁵⁵
雪 a³¹rwai⁵⁵
冰 ta³¹prɯ⁵⁵
冰雹 a⁵⁵thje⁵³
霜 ba³⁵dʑi⁵⁵
雾 tha³¹pru³⁵

露 ɕi⁵³lɯ³¹ma³⁵
虹统称 ta³¹hwi³⁵
日食 rɯn⁵⁵pa³¹ɕim³¹blai⁵³ja³¹
月食 ha⁵⁵lo⁵⁵pa³¹ɕim³¹plai⁵³ja³¹
晴天~ tɯm⁵⁵hui⁵⁵
阴天~ bɯm⁵³
旱天~ rɯn⁵⁵ɕoŋ³⁵
天亮 tsho³⁵ho³¹
水田 ma³¹tɕi⁵⁵kha³¹ljau⁵⁵
旱地浇不上水的耕地 a³¹khru⁵³kha⁵⁵ljau⁵⁵
田埂 ka³¹ljau⁵⁵ta³¹khrɯ⁵³
路野外的 a³¹lim³⁵
山 thjɯ⁵⁵ja⁵³
山谷 thjɯ⁵⁵ja⁵⁵a³¹kwi⁵³
江大的河 ma³¹tɕi⁵⁵tɯ⁵⁵rɯŋ⁵⁵
溪小的河 ma³¹tɕi⁵³kɯ³¹tje⁵³
水沟儿较小的水道 ma³¹tɕi⁵⁵a⁵⁵kwi⁵³
湖 tɯ⁵⁵wi⁵⁵
洪水 ma³¹tɕi⁵³bo⁵³a³¹

淹被水～了 tseŋ⁵³

河岸 tɑ³¹prɑ⁵⁵

坝拦河修筑拦水的 ɕi⁵³re⁵⁵kɑ⁵⁵tjo⁵³

地震 mlɑ³⁵ɑ³¹tɯn⁵⁵

窟窿小的 krɑŋ⁵⁵

缝儿统称 gɑ⁵⁵ho⁵³

石头统称 phlɑŋ³⁵

土统称 khɯ³¹lɑi³⁵

泥湿的 tɯ³¹rui³⁵

沙子 tɑ³¹pi⁵⁵

煤 tɑ³¹lɑ⁵³lin⁵⁵nɑ⁵⁵mɯn⁵³tshɑɯ³¹

炭木炭 nɑ⁵⁵mɯn³¹tshɑɯ⁵³

灰烧成的 bɯi⁵⁵jɑu⁵⁵

灰尘桌面上的 khɯ³¹lɑi⁵³khɑu⁵³

火 nɑ³¹mɯn⁵⁵

烟烧火形成的 nɑ⁵⁵mɯn⁵³khɑu⁵³

失火 nɑ⁵⁵mɯn⁵³hɑ⁵⁵lɯi⁵³

水 mɑ³¹tɕi⁵³

凉水 mɑ³¹tɕi⁵³thɯn⁵⁵

热水如洗脸的热水，不是指喝的开水 mɑ³¹tɕi⁵⁵tɑi⁵⁵

开水喝的 mɑ³¹tɕi⁵⁵tɑi⁵⁵

磁铁 sɑi⁵⁵tu⁵⁵jɑ⁵⁵me³⁵

二　时间方位

时候吃饭的～ we⁵⁵lɯm⁵⁵

什么时候 ɕim⁵⁵lɯm⁵⁵

现在 ɑ³¹tjɑ⁵⁵

以前十年～ hɑ⁵⁵joŋ⁵⁵ko⁵⁵

以后十年～ ɑ³¹mjoŋ⁵³ko³¹

一辈子 ɑ³¹sɯŋ⁵³me⁵⁵

今年 ɑ³¹tjɑ⁵³nɯŋ⁵³

明年 kɑ³¹pɯi³⁵nɯŋ⁵³

后年 hɑ⁵⁵nu⁵³nɯŋ⁵³

去年 pɯi⁵⁵jɑ³¹hɑ⁵⁵nɯŋ⁵³

前年 tɑ³¹pɯi⁵⁵jɑ³¹hɑ⁵⁵nɯŋ⁵³

往年过去的年份 hɑ⁵⁵joŋ⁵⁵kɯ⁵⁵nɯŋ⁵³

年初 kɯ³¹nɯŋ⁵⁵hɑ⁵⁵tjo⁵³

年底 kɯ³¹nɯŋ⁵⁵hɑ⁵⁵jɑu⁵³

今天 ɑ⁵⁵tjɑ⁵³n̥³¹

明天 ɑ⁵⁵su⁵³n̥³¹

后天 hɑ⁵⁵no⁵³n̥³¹

大后天 tɯ⁵⁵nei⁵³n̥³¹

昨天 pu⁵⁵liŋ⁵³n̥³¹

前天 tɑ⁵⁵pɯ⁵⁵liŋ⁵³n̥³¹

大前天 tɑ⁵⁵tɑ⁵⁵pɯ⁵⁵liŋ⁵³n̥³¹

整天 kɯ⁵⁵n̥⁵³me⁵³

每天 n̥⁵³lɑ⁵³mɯŋ³¹

早晨 ɑ³¹nɑ⁵³

上午 ɑ³¹nɑ⁵³

中午 n̥⁵³thɯ³¹boŋ³⁵

下午 liŋ⁵³

傍晚 kɑ⁵⁵noŋ⁵³mrum³⁵

白天 n̥⁵³

夜晚与白天相对，统称 jɑ⁵⁵

半夜 jɑ⁵³tɯ³¹boŋ³⁵

地方 mlɑ̃³⁵

什么地方 ɕim⁵⁵mlɑ̃³⁵

家里 n³¹kin⁵³

上面从～滚下来 hɑ³¹kjɑŋ³⁵n̥oŋ⁵⁵

下面从～爬上去 hɑ³¹lɑ⁵³n̥oŋ⁵⁵

左边 tɯ³¹kjɯ⁵³n̥oŋ⁵⁵

右边 tɯ³¹tɕɑ⁵³n̥oŋ⁵⁵

中间排队排在～ tɯ³¹boŋ³⁵

前面排队排在～ hɑ⁵⁵n̥ɑ⁵⁵n̥oŋ⁵⁵

后面排队排在～ pluɯ⁵³ȵoŋ⁵⁵

末尾排队排在～ ma³¹mju⁵³tjiŋ⁵⁵

对面 ka⁵⁵ȵoŋ⁵⁵

面前 ha⁵⁵joŋ⁵⁵

背后 pluɯ⁵³ȵoŋ⁵⁵

里面躲在～ lɯm⁵³koŋ⁵⁵

外面衣服晒在～ a⁵⁵baŋ⁵³ȵoŋ⁵⁵

旁边 ka³¹poŋ⁵⁵ȵoŋ⁵⁵

上碗在桌子～ ha³¹kjaŋ³⁵

下凳子在桌子～ ha⁵⁵la⁵³

边儿桌子的～ tjiŋ³⁵

角儿桌子的～ ma³¹la⁵³

上去他～了 ha³¹tjo⁵⁵po⁵³

下来他～了 ha⁵⁵jau⁵³ha⁵⁵na³¹

进去他～了 lɯŋ⁵³po³¹

出来他～了 ha⁵⁵na⁵⁵na⁵⁵

出去他～了 pɯ⁵⁵na⁵⁵po³¹

回来他～了 ha⁵⁵na⁵⁵na⁵⁵po³¹

起来天冷～了 ɕa³¹a⁵⁵ɕa⁵³ho³¹

三 植物

树 ma³¹seŋ⁵³

木头 ma³¹seŋ⁵³poŋ³⁵

松树统称 tshu⁵³

杉树 a⁵⁵rɯm⁵³mɯ³¹seŋ⁵³

竹子统称 hwɯ⁵⁵

笋 hwɯ⁵⁵ta³¹poŋ³⁵

叶子 na³⁵

花 ta³¹pɯ⁵⁵

花蕾花骨朵 ta³¹pɯ⁵⁵to⁵³

草 ta³¹sau⁵³

藤 ta³¹rau⁵⁵

刺名词 ta³¹nɯm⁵⁵

水果 ma³¹seŋ³⁵ɕi⁵³

桃子 am⁵³ɕi³¹

梨 khɯ³¹jim³⁵

核桃 me⁵³pɯm³⁵ta³¹ka³⁵

甘蔗 a⁵⁵rwi⁵³

木耳 ta⁵⁵kɯn⁵³ta³¹tʂi⁵⁵

蘑菇野生的 ta³¹kwɯn⁵⁵

稻子指植物 ge⁵⁵

稻谷指籽实（脱粒后是大米）ge⁵⁵

稻草脱粒后的 ge⁵⁵

小麦指植物 glei⁵³

麦秸脱粒后的 glei⁵³roŋ⁵⁵

谷子指植物（籽实脱粒后是小米）jo⁵³

高粱指植物 ha³¹kɯn⁵⁵

玉米指成株的植物 na³¹bo³⁵

棉花指植物 ka³¹pe⁵⁵baŋ⁵³

芝麻 na⁵⁵bleŋ⁵⁵

向日葵指植物 rɯn⁵⁵ta³¹rui⁵³

豌豆 na⁵⁵blei⁵³

花生指果实 ta³¹ka³⁵

黄豆 kɯ³¹lju⁵⁵

绿豆 djau⁵³

豇豆长条形的 khi⁵⁵pɯ³¹tɕhoŋ⁵³

大白菜东北· kha³¹tɕɯŋ⁵⁵

包心菜卷心菜，圆白菜，球形的 ta⁵⁵na⁵³pɯm⁵⁵

芹菜 ta⁵⁵na⁵³neŋ⁵⁵

韭菜 ma³¹dʐun⁵³

葱 tsoŋ⁵⁵

蒜 gu³¹ɕa⁵³

姜 ha³¹dzin³⁵

洋葱 khi⁵⁵tʂoŋ⁵⁵

辣椒 统称 pɯ³¹tʂɑu⁵⁵

茄子 统称 ta⁵⁵nɑ⁵³ta⁵⁵po⁵³kɯ³¹jo⁵³

西红柿 tu⁵⁵lu⁵⁵ɕi⁵³

黄瓜 ma³¹gen³⁵

南瓜 kɯ³¹pra³⁵

红薯 统称 gi³¹hoŋ⁵⁵

马铃薯 ɑ³¹lu³⁵

芋头 sɯm³⁵

四 动物

老虎 bo³¹ta⁵⁵

猴子 ta³¹mim⁵³

蛇 统称 ta³¹bu⁵⁵

老鼠 家里的 ka³¹tɕi⁵⁵

蝙蝠 ka³¹pɯm⁵³

鸟儿 飞鸟，统称 pja⁵³

麻雀 kɯ³¹prai⁵³

乌鸦 pja⁵³kla⁵⁵

翅膀 鸟的，统称 ta³¹loŋ⁵⁵

爪子 鸟的，统称 ɕi⁵⁵

尾巴 lɯ⁵⁵mɯn⁵³

窝 鸟的 ɑ³¹jɯ⁵⁵

虫子 统称 ta³¹pɯm⁵⁵

蝴蝶 统称 kɯ³¹pju⁵³lju⁵⁵

蜻蜓 统称 ta³¹tɕɯ⁵⁵

蜜蜂 ta³¹wa⁵⁵

蜂蜜 ta³¹wa⁵⁵hui⁵⁵

知了 统称 ɑ³¹roŋ³⁵

蚂蚁 kɯ⁵⁵jɯ⁵³

蚯蚓 ta³¹dʑi³⁵

蜘蛛 会结网的 kɯ³¹prau⁵³

蚊子 统称 ko⁵⁵rɯm⁵⁵

苍蝇 统称 ta³¹ljau³⁵

跳蚤 咬人的 tshoŋ⁵⁵wɯn⁵⁵

虱子 tshɯ⁵³

鱼 ta⁵⁵ŋɑ⁵³

甲鱼 du³¹la⁵⁵

鳞 鱼的 ha⁵⁵lje⁵³

虾 统称 ɑ⁵⁵groŋ⁵³

青蛙 统称 da⁵⁵pɑ⁵³

癞蛤蟆 表皮多疙瘩 pɑ³¹hwa⁵⁵

马 ma³¹roŋ⁵⁵

驴 krau⁵⁵

牛 ma⁵⁵tʂau⁵³

公牛 统称 ma⁵⁵tʂau⁵³ka³¹ri³⁵

母牛 统称 ma⁵⁵tʂau⁵³ta³¹piʔ⁵³

放牛 ma⁵⁵tʂau⁵³ɑ⁵⁵ku⁵³

羊 kɯ⁵⁵tɕi⁵³

猪 bɯ³¹ljɯ⁵³

种猪 配种用的公猪 bɯ³¹ljɯ⁵⁵ta³¹ple⁵⁵

公猪 成年的，已阉 bɯ³¹ljɯ⁵⁵ka³¹ri³⁵

母猪 成年的，未阉的 bɯ³¹ljɯ⁵⁵ta³¹piʔ⁵³

猪崽 bɯ³¹ljɯ⁵⁵ɑ⁵⁵

猪圈 bɯ³¹ljɯ⁵⁵prɯm⁵³

养猪 bɯ³¹ljɯ⁵⁵me³⁵ja³⁵

猫 ma⁵⁵dʑa⁵³rai⁵⁵

公猫 ma⁵⁵dʑa⁵³rai⁵⁵ka³¹ri³⁵

母猫 ma⁵⁵dʑa⁵³rai⁵⁵ta³¹piʔ⁵³

狗 统称 kwɯ⁵³

公狗 kwɯ⁵³ka³¹ri³⁵

母狗 kwɯ⁵³ta³¹piʔ⁵³

叫 狗～ wɯn⁵⁵

兔子 ri³¹goŋ⁵⁵

鸡 tju⁵³

公鸡成年的，未阉的 tju⁵³ta³¹la³⁵

母鸡已下过蛋的 tju⁵³ta³¹pi²⁵³

叫公鸡~（即打鸣儿）rɯŋ⁵⁵

下鸡~蛋 a⁵³

孵~小鸡 gum⁵³

鸭 ma³¹tɕi⁵⁵tju⁵³

鹅 ma³¹tɕi⁵⁵tju⁵³

阉~公猪 sẽ⁵⁵ȵi⁵³

阉~母猪 sẽ⁵⁵ȵi⁵³

喂~猪 proŋ³⁵ja³⁵

杀猪统称 bɯ³¹ljɯ⁵³se⁵³

杀~鱼 se⁵³

五 房舍器具

村庄一个~ ma³¹tjɯŋ⁵⁵

街道 ma³¹tjen⁵⁵a³¹lum³⁵

盖房子 ŋ³⁵ta³¹rɯ³⁵

房子整座的，不包括院子 ŋ³⁵

屋子房子里分隔而成的，统称 ŋ³¹kin⁵³

卧室 ŋ⁵³plum⁵³

茅屋茅草等盖的 a³¹khu⁵³ŋ³⁵

厨房 ta³¹pum⁵³ŋ³⁵

灶统称 kwum⁵³

锅统称 pu⁵³

饭锅煮饭的 ta³¹pum³⁵pu⁵³

菜锅炒菜的 ta³¹na³⁵pu⁵³

厕所旧式的，统称 ta³¹khru⁵³ŋ³⁵

檩左右方向的 ta³¹li³⁵

柱子 ta³¹m³⁵

大门 kha³¹leŋ³⁵

门槛儿 kha⁵⁵leŋ⁵³ta³¹khru⁵³

窗旧式的 kɯ³¹tʂa⁵⁵

梯子可移动的 ta⁵⁵proŋ⁵³djoŋ³⁵

扫帚统称 ma⁵⁵tjoŋ⁵³a³¹pau⁵⁵

扫地 ma³¹tjoŋ³⁵a⁵⁵pau⁵³

垃圾 ta⁵⁵klai⁵³

家具统称 ŋ³¹ki⁵⁵ma³¹ko⁵⁵

东西我的~ ta³¹prɯ⁵³

炕土、砖砌的，睡觉用 m⁵³plum⁵⁵ta³¹tɕoŋ³⁵

床木制的，睡觉用 m⁵³plum⁵⁵ta³¹tɕoŋ³⁵

枕头 ta³¹khuŋ³⁵

被子 kɯ⁵⁵ja⁵³ka³¹dzʅ⁵⁵

棉絮 ka³¹pe⁵⁵baŋ⁵⁵

床单 ta³¹plo⁵³

褥子 sɑɯ⁵³

席子 ta³¹hrɯ⁵³ta³¹plo⁵³

桌子统称 ta³¹tɕoŋ³⁵

柜子统称 gɯŋ³⁵

椅子统称 ta³¹tɕoŋ³⁵

凳子统称 ti⁵⁵plum⁵⁵ta³¹tɕoŋ³⁵

菜刀 ta³¹na³⁵ta³¹ra⁵⁵

瓢舀水的 ta³¹wu⁵³

缸 tɯ³¹kaŋ⁵⁵

坛子装酒的~ tɯ³¹kaŋ⁵⁵

瓶子装酒的~ tje⁵³kɯ⁵⁵lje⁵⁵

盖子杯子的~ tjɯ⁵³

碗统称 wum⁵⁵

筷子 ta³¹pla⁵⁵ta³¹khren⁵⁵

汤匙 ta³¹bla⁵³

柴火统称 ma³¹seŋ⁵³

火柴 na⁵⁵mum⁵³khre³¹

锁 ti⁵⁵min⁵⁵

钥匙 ti⁵⁵min⁵⁵ta³¹tjɯ⁵⁵

洗脸水 ȵa⁵⁵ma⁵⁵num⁵³ja⁵⁵ma³¹tɕi⁵³

毛巾洗脸用 gɯm³¹sɑ⁵⁵

肥皂洗衣服用 pi⁵⁵tu⁵⁵

梳子旧式的,不是篦子 tshe³⁵tɑ³¹kwi⁵³

缝衣针 nɑ⁵⁵go⁵³

剪子 tɕim³¹tɕi⁵⁵

蜡烛 thɯ⁵⁵ro⁵³

手电筒 nɑ⁵⁵mɯn⁵³ɑ³¹plɯ⁵⁵

雨伞挡雨的,统称 roŋ⁵⁵gɯ³⁵

自行车 sɑi⁵³kɑ³⁵

六 服饰饮食

衣服统称 tiŋ⁵³

穿~衣服 tiŋ³⁵jɑ³⁵

脱~衣服 rwɯn⁵³jɑ³⁵

系~鞋带 tjin³⁵jɑ³⁵

衬衫 tiŋ⁵³tʂɯ⁵³

毛衣 tiŋ⁵³tɑ³¹pu⁵³

棉衣 tiŋ⁵³lɯ³¹koŋ⁵⁵

袖子 tɑ³¹waŋ⁵⁵

口袋衣服上的 kɯ³¹phlẽ³⁵

裤子 pɯ⁵⁵rɑ⁵³hɑ³¹

短裤外穿的 ɳɑ⁵⁵bɯm⁵⁵kɯ⁵⁵tjoŋ³¹

裤腿 ɳɑ⁵⁵bɯm⁵⁵tɑ³¹waŋ⁵⁵

帽子统称 gɯ³⁵

鞋子 khɯ³¹ɲim³⁵

围巾 hɑ⁵⁵wɯ⁵⁵jɑ³¹kɯm³¹sɑ⁵⁵

围裙 khɑ³¹tsɯm⁵³gin⁵³

扣子 thɯ⁵⁵me⁵³

扣~扣子 ɑ⁵⁵thɯ⁵³

戒指 ɑ⁵⁵tjin⁵³tɕhin⁵³

手镯 ɑ³¹dzen⁵⁵

理发 thɯ³⁵tɕe³¹jɑ³⁵

梳头 thɯŋ⁵⁵so³⁵jɑ³⁵

米饭 ge⁵⁵tɑ³¹pɯn³⁵

稀饭用米熬的,统称 tɯ³¹leŋ³⁵

面粉麦子磨的,统称 glei⁵³tɯm⁵⁵

面儿玉米~,辣椒~ tɑ³¹tɯm⁵⁵

馒头无馅的,统称 ɑ³¹lu³⁵

馄饨 tɯ³¹leŋ³⁵

馅儿 ɕɑɯ³⁵jɑ⁵³tɑ³¹prɯn⁵³

豆浆 kɯ⁵⁵lju⁵³tɕi⁵³

豆腐脑 kɯ⁵⁵lj⁵³tʂhɯŋ⁵⁵

粽子 tɑ⁵⁵pen⁵³pi³¹

菜吃饭时吃的,统称 tɑ³¹nɑ³⁵

干菜统称 tɑ⁵⁵nɑ⁵³ɕoŋ³⁵

豆腐 kɯ⁵⁵lju⁵³tʂɯŋ⁵⁵

猪血当菜 bɯ³¹lju⁵⁵hɑ⁵⁵rwai⁵³

猪蹄当菜 bɯ³¹lju⁵⁵groŋ³⁵

猪舌头当菜 bɯ³¹lju⁵⁵tɯ³¹liŋ⁵³nɑ³⁵

猪肝当菜 bɯ³¹lju⁵⁵kɯ⁵⁵ɬɯn⁵⁵

下水猪牛羊的内脏 lɯm³¹koŋ⁵⁵tɑ³¹prɯn⁵³

鸡蛋 tju⁵³mɑ⁵⁵nɑ⁵³

猪油 bɯ³¹lju⁵³so⁵³

香油 ȵɑŋ⁵⁵plɯm⁵⁵tɑ³¹so⁵³

盐名词 plɑ³⁵

香烟 dɯ³¹waŋ³⁵

旱烟 dɯ³¹waŋ³⁵

白酒 ju⁵⁵ɑ³¹rɑ³¹

黄酒 ju⁵⁵ljo⁵³

江米酒酒酿,醪糟 ju⁵⁵tɑ³¹seŋ³¹

茶叶 tɑ⁵⁵nɑ⁵³dzɑ³⁵

沏~茶 pɯŋ³⁵jɑ³⁵

做饭统称 thɑ⁵³mɑ³¹ɳu³⁵jɑ³⁵

炒菜统称,和做饭相对 tɑ³¹nɑ³⁵hɑ³¹tjoŋ³⁵jɑ³⁵

煮~带壳的鸡蛋 su⁵³ja³⁵
炸~油条 hɑ³¹tjoŋ³⁵ja³⁵
蒸~鱼 su⁵³pi³¹
揉~面做馒头等 ɑ³¹kɑ³⁵
擀~面,~皮儿 lje⁵³
吃早饭 ɑ³¹nɑ³⁵tɑ³¹puɯ³⁵thɑ⁵³jɑ³⁵
吃午饭 n̥⁵³tɑ³¹põ³⁵tɑ³¹puɯ³⁵thɑ⁵³jɑ³⁵
吃晚饭 liŋ⁵³tɑ³¹puɯ³⁵thɑ⁵³jɑ³⁵
吃~饭 thɑ⁵³
喝~酒 tim³⁵
喝~茶 tim³⁵
抽~烟 du⁵⁵
盛~饭 hwɯ⁵⁵
夹用筷子~菜 tjɯ⁵⁵
斟~酒 lu⁵³
渴口~ thɯ⁵⁵roŋ⁵³kɑ³⁵ɕoŋ³⁵
饿肚子~ nɑ⁵⁵tjoŋ⁵³
噎吃饭~着了 thɑ³¹nũ³⁵

七　身体医疗

头人的,统称 kru⁵⁵
头发 thuɯŋ³⁵
辫子 thuɯŋ³⁵pluɯ⁵⁵
旋 thɯ⁵⁵wi⁵⁵
额头 mɑ³¹plã³⁵
相貌 plo⁵³nɑ⁵⁵
脸洗~ n̥ɑ⁵⁵
眼睛 bɯ⁵⁵lɯm⁵⁵
眼珠统称 bɯ⁵⁵lɯm⁵⁵brɑ⁵⁵
眼泪哭的时候流出来的 blɑi⁵⁵
眉毛 bɯ⁵⁵lɯm⁵³m⁵⁵
耳朵 kru⁵³nɑ³⁵

鼻子 hɑ⁵⁵n̥ɑ⁵³pum⁵⁵
鼻涕统称 nɑ³¹dei⁵⁵
擤~鼻涕 sɯ³⁵jɑ³⁵
嘴巴人的,统称 thɯ⁵⁵rum⁵³bum³⁵
嘴唇 thɯ⁵⁵nu⁵⁵
口水~流出来 ɑ³¹thei⁵³
舌头 thɯ³¹liŋ⁵³nɑ³⁵
牙齿 lã³⁵
下巴 tjɯ³¹tjɑ⁵³
胡子嘴周围的 thɯ³¹rum⁵⁵m⁵⁵
脖子 pɑ³¹ŋ⁵³
喉咙 ɕɯ⁵³tɯ³¹gro⁵³
肩膀 thɯ⁵⁵ljiŋ⁵³pɑ³⁵
胳膊 ɑ³¹pru³⁵
手方言只指手：他的~摔断了 ɑ³¹tjo⁵³
左手 ɑ³¹tjo⁵⁵tɯ³¹kjɯ⁵³
右手 ɑ³¹tjo⁵⁵tɯ³¹tɕɑ⁵³
拳头 ɑ³¹tjo⁵³pu⁵⁵
手指 ɑ³¹pruŋ³⁵
大拇指 ɑ³¹tjuɯ⁵⁵
中指 ɑ³¹pruŋ⁵³tɯ³¹bõ³⁵
小拇指 ɑ³¹tje⁵³
指甲 ɑ⁵⁵łum⁵³
腿 groŋ⁵⁵
脚方言指包括小腿：他的~压断了 ɣroŋ⁵⁵pɑ⁵⁵
膝盖指部位 phɑ³¹pum³⁵
背名词 hɑ⁵⁵roŋ⁵³plum⁵³
肚子腹部 kɯ⁵⁵jiŋ⁵⁵
肚脐 tɕin³⁵
乳房女性的 n̥i⁵³pum⁵⁵
屁股 kɯ³¹sɑ⁵³pum⁵⁵
肛门 kɯ³¹sɑ⁵³jɑ⁵⁵

阴茎 成人的 mlõ⁵³

女阴 成人的 ha⁵⁵tjau⁵³

肏 动词 ha⁵⁵kla⁵³

精液 mlo⁵⁵klai⁵³

来月经 kha³¹tʂum⁵⁵ɕa⁵³

拉屎 klai⁵³ljɯ⁵³

撒尿 kɯ³¹tɕɯŋ⁵⁵

放屁 kɯ³¹prai⁵³

病了 ȵaŋ³⁵

着凉 dzoŋ⁵⁵a⁵⁵lai⁵³

咳嗽 do⁵⁵a⁵⁵

发烧 tai⁵⁵ja⁵⁵

发抖 ha³¹lglɯm⁵³

肚子疼 kɯ⁵⁵jiŋ⁵⁵ȵa³⁵

拉肚子 kɯ⁵⁵jiŋ⁵⁵i⁵³

中暑 tai⁵⁵su³¹ple⁵³

肿 bleŋ⁵⁵

化脓 bu⁵⁵dzaŋ⁵⁵

疤好了的 wa³¹poŋ⁵³

痣凸起的 kha⁵⁵pru⁵³khlai³⁵

疙瘩 蚊子咬后形成的 pleŋ⁵⁵ho³¹

狐臭 ka³¹ka⁵⁵nɯŋ⁵⁵

看病 ȵaŋ³⁵ka³¹thu³⁵

针灸 na⁵⁵ko⁵³ɕoŋ³⁵

打针 na³¹go⁵³thau⁵⁵

打吊针 ta³¹ma⁵³tʂhu³¹

吃药 统称 ta³¹ma³⁵tha⁵³

病轻了 ȵa³⁵khoŋ⁵⁵pra⁵⁵na⁵⁵ho³¹

八 婚丧信仰

说媒 sau³⁵ja³⁵

媒人 ka⁵⁵bei⁵³ja³⁵me³⁵

嫁妆 ta³¹ruŋ⁵³

结婚 统称 lju⁵⁵tha⁵³

娶妻子 男子~，动宾 me⁵⁵ja⁵⁵ka³¹tjau⁵³

出嫁 女子~ ma³¹wa³⁵ŋ³⁵po⁵³a³¹

新郎 kɯ⁵⁵mu⁵³

新娘子 me⁵⁵jaŋ⁵⁵

孕妇 a⁵³ha³¹pu⁵⁵

怀孕 a⁵³ha³¹pu⁵⁵

分娩 me⁵⁵ja⁵⁵

流产 a⁵⁵lja⁵³koŋ³⁵

双胞胎 a⁵⁵ta³¹tsa⁵⁵

坐月子 a⁵⁵tan⁵³ŋ³¹

吃奶 ni⁵⁵tjum³⁵

断奶 ni⁵⁵ma³¹raŋ⁵³

满月 ha⁵⁵lo⁵³kjin³¹

生日 统称 me⁵⁵ta³¹tjau⁵³

死 统称 ɕi⁵⁵

死 婉称，最常用的几种，指老人：他~了 ka³¹ma⁵³

自杀 se⁵³tju³¹

咽气 ɕur⁵⁵brun³¹

棺材 thuŋ⁵⁵kum³⁵

出殡 theŋ⁵⁵ha⁵⁵lɯi⁵³

坟墓 单个的，老人的 theŋ⁵⁵m⁵⁵so³¹

上坟 ka⁵⁵ra⁵³koŋ³⁵

老天爷 a³¹dzim⁵⁵tu⁵⁵me⁵⁵

观音 tu³¹joŋ³¹jaŋ⁵⁵

灶神 口头的叫法 dzeŋ⁵³

道士 gwak⁵³

算命 统称 a⁵⁵lai⁵³ma³¹ȵim⁵³

运气 gum⁵³

保佑 glum⁵³

九 人品称谓

人一个~ me³⁵

男人成年的，统称 ma⁵⁵wa³¹a⁵⁵

女人三四十岁已婚的，统称 me⁵⁵ja³¹a⁵⁵

单身汉 me⁵⁵jaŋ⁵⁵haŋ³¹

老姑娘 me⁵⁵ja³¹a³¹paŋ⁵⁵

婴儿 ka³¹dʑi³⁵ka⁵⁵ljo⁵³

小孩三四岁的，统称 a⁵⁵ka³¹ljo⁵³

男孩统称：外面有个~在哭 a⁵⁵ma⁵⁵wa³¹a⁵⁵

女孩统称：外面有个~在哭 a⁵⁵me⁵⁵ja³¹a⁵⁵

老人七八十岁的，统称 ta³¹pau⁵⁵

亲戚统称 a³¹ȵoŋ⁵³

朋友统称 tɯ⁵⁵mroŋ⁵⁵

邻居统称 ma³¹tjiŋ⁵³ham³⁵

客人 ka³¹rɯ³⁵

农民 kha³¹ljau⁵⁵ba⁵³ja³⁵me³⁵

商人 kha³¹ji⁵⁵ja³¹me³⁵

手艺人统称 miŋ⁵³tɯ⁵⁵ri⁵⁵

木匠 ma³¹seŋ⁵⁵ba⁵³ja³⁵me³⁵

裁缝 kha³¹tʂem⁵⁵ru⁵³ja³⁵me³⁵

理发师 thuŋ⁵⁵tɕɯ⁵³ja³⁵me³⁵

厨师 tha⁵³ma³¹ȵu⁵⁵ja³⁵me³⁵

师傅 ta⁵⁵hwi⁵³ja³⁵me³⁵

乞丐统称 tha⁵³ma⁵⁵nu³¹

妓女 me⁵⁵ja⁵⁵lɕŋ³⁵

流氓 ta³¹ɕa⁵⁵

贼 a⁵⁵kaɯ⁵³ja³⁵

瞎子统称 blɯm⁵³ma³¹

聋子统称 ka³¹pa⁵³

哑巴统称 ka³¹pa⁵³

瘸子统称 a³¹pe³⁵

疯子统称 ta³¹me³⁵ja³⁵

傻子统称 ka³¹pa³⁵a³¹tʂha⁵³

爷爷呼称，最通用的 tja⁵⁵

奶奶呼称，最通用的 ja⁵⁵

外祖父叙称 tja⁵⁵

外祖母叙称 ja⁵⁵

父母合称 ma⁵³ba³⁵

父亲叙称 ba³⁵

母亲叙称 ma⁵³

爸爸呼称，最通用的 a³¹ba³⁵

妈妈呼称，最通用的 a⁵⁵ma⁵³

继父叙称 ba⁵³a⁵⁵

继母叙称 ma⁵³a⁵⁵

岳父叙称 na³¹bra⁵⁵

岳母叙称 na³¹jau⁵³

公公叙称 bra⁵⁵

婆婆叙称 jau⁵³

伯父呼称，统称 ba⁵³pau⁵⁵

伯母呼称，统称 ma⁵³pau⁵⁵

叔父呼称，统称 a⁵⁵ba³¹a⁵⁵

排行最小的叔父呼称，如"幺叔" a⁵⁵ba³¹a⁵⁵a⁵⁵

叔母呼称，统称 a⁵⁵ma³¹a⁵⁵

姑呼称，统称 ma⁵³a⁵⁵

姑父呼称，统称 ba⁵⁵a⁵⁵

舅舅呼称 a³¹kau⁵⁵

舅妈呼称 a⁵⁵ma⁵³a⁵⁵

姨呼称，统称 a⁵⁵ma⁵³a⁵⁵

姨父呼称，统称 a⁵⁵ba⁵³a⁵⁵

弟兄合称 nɯŋ³¹mroŋ⁵⁵

姊妹合称 nɯŋ³¹mroŋ⁵⁵

哥哥呼称，统称 a⁵⁵pu⁵³

嫂子呼称，统称 ta³¹rau³⁵

弟弟 叙称 bra³¹mroŋ⁵⁵
弟媳 叙称 tɑ³¹rau³⁵
姐姐 呼称，统称 bi⁵⁵
姐夫 呼称 kɯ⁵⁵mu⁵³
妹妹 叙称 pɑ³¹thie³⁵
妹夫 叙称 kɯ⁵⁵mu⁵³
堂兄弟 叙称，统称 ba³⁵me⁵³bra⁵⁵mroŋ⁵⁵
表兄弟 叙称，统称 ma⁵³nɯm⁵³mroŋ⁵⁵
妯娌 弟兄妻子的合称 me⁵⁵jaŋ⁵⁵tɑ³¹rau³⁵
连襟 姊妹丈夫的关系，叙称 ma³¹wa³⁵tɑ³¹rau³⁵
儿子 叙称：我的~ ɑ⁵⁵ju⁵³wɑ³⁵
儿媳妇 叙称：我的~ ɑ⁵⁵n̠iŋ³⁵
女儿 叙称：我的~ ɑ³¹jaŋ⁵⁵
女婿 叙称：我的~ kɯ⁵⁵mu⁵³
孙子 儿子之子 ɑ³¹ji³⁵
重孙子 儿子之孙 me⁵⁵jaŋ⁵⁵ma³¹wɑ³⁵
侄子 弟兄之子 ɑ⁵⁵ju⁵³wɑ³⁵
外甥 姐妹之子 ha⁵⁵tju⁵³
外孙 女儿之子 ɑ³¹ji³⁵
夫妻 合称 me⁵⁵jaŋ⁵⁵ma³¹wɑ³⁵
丈夫 叙称，最通用的，非贬称：她的~ ma³¹wɑ³⁵
妻子 叙称，最通用的，非贬称：他的~ me⁵⁵jaŋ⁵⁵
名字 ɑ³¹mɯŋ⁵⁵
绰号 ɑ³¹mɯŋ⁵⁵nɯŋ⁵⁵

十　农工商文

干活儿 统称：在地里~ kha³¹ljau⁵⁵ba⁵³
事情 一件~ kɯ³¹nɯm³⁵
插秧 ge⁵⁵li³⁵
割稻 ge⁵⁵ni⁵³
种菜 tɑ³¹na³⁵li³⁵
犁 名词 kɑ⁵⁵ljaŋ⁵³

锄头 tɑ³¹ko⁵³
镰刀 dza³¹wa⁵⁵
把儿刀~ tjo⁵³
箩筐 tɑ³¹kra⁵⁵
筛子 统称 tɑ³¹tʂhɯ⁵³
簸箕 农具，有梁的 ba³¹ke⁵⁵
簸箕 簸米用 pe⁵³
轮子 旧式的，如独轮车上的 ga³¹re⁵⁵grɯŋ³⁵
碓 整体 loŋ³⁵
臼 loŋ³⁵
磨 名词 rɯ³¹thja⁵⁵
打工 ma⁵⁵noŋ⁵³
斧子 ba³⁵
钳子 sai⁵³tɑ³¹tjoŋ³⁵
锤子 ba⁵³tɑ³¹tjin³¹
钉子 sai⁵³tɑ³¹tʂau⁵³
绳子 kɑ³¹rwi⁵⁵
棍子 tɑ³¹khrɯn⁵⁵
做买卖 kha³¹ji⁵⁵
商店 kha³¹ji⁵⁵plɯm⁵³
饭馆 tɑ³¹pɯn⁵³ŋ³⁵
贵 po⁵³ɑ⁵⁵
便宜 lju⁵⁵ɑ⁵⁵
合算 khoŋ⁵⁵ja³⁵
折扣 ha⁵⁵tsa⁵³ja³⁵
亏本 ɑ³¹kha⁵⁵ɕa⁵³
钱 统称 pɑ³¹wɯn³⁵
硬币 pa⁵⁵wɯn⁵³kau⁵⁵
工钱 tɑ³¹rɯ⁷⁵³
路费 ɑ³¹lim³⁵tɑ³¹tja⁵³
赚 卖一斤能~一毛钱 tɕiŋ⁵⁵ŋa³¹
挣 打工~了一千块钱 tɕiŋ⁵⁵ŋa³¹

欠~他十块钱 a³¹wa⁵³

秤统称 ta³¹tɕu⁵³

称用杆秤~ tɕu⁵⁵ja³⁵

赶集 a³¹tei⁵⁵po⁵³ja³⁵

集市 a³¹tei⁵⁵

学校 ko⁵³tʂa³¹ruɯ⁵⁵

教室 ta⁵⁵hwi⁵³plum³¹ŋ³⁵

上学 ko⁵³tʂa³¹ruɯ⁵⁵po⁵³ja³⁵

放学 ko⁵³tʂa³¹ruɯ⁵⁵ha³¹pa⁵³

书包 ta³¹kwo⁵³kuɯ³¹phluɯn³⁵

本子 ta⁵⁵kwo⁵³pla⁵⁵

铅笔 ma³¹seŋ³⁵ta⁵⁵kwo⁵³ta³¹pruɯ⁵⁵

钢笔 ta⁵⁵kwo⁵³ta³¹pruɯ⁵⁵

圆珠笔 ta³¹kwo⁵³ta³¹pruɯ⁵⁵

信一封~ ta³¹kwo⁵⁵ha⁵⁵klai⁵³ta³¹kwo⁵⁵

唱歌 ta³¹ɕin³⁵ja³⁵

演戏 bei³⁵

锣鼓统称 doŋ⁵³ka⁵⁵raŋ⁵³

二胡 thu⁵⁵a³¹re⁵⁵

笛子 ɕu⁵⁵rwe⁵⁵

变魔术 men⁵⁵duɯn⁵⁵

讲故事 ha³¹ti⁵⁵

玩儿游玩：到城里~ m̥⁵⁵ja³⁵

串门儿 mẽ³⁵ŋ³¹po⁵³ja³⁵

走亲戚 a³¹n̥oŋ³⁵pʊ³¹ja³⁵

十一　动作行为

看~电视 hwen⁵³

听用耳朵~ tha³¹ruɯŋ⁵⁵

闻嗅：用鼻子~ nuɯŋ⁵³

吸~气 tu⁵⁵

睁~眼 plum⁵⁵hwuɯn⁵³

闭~眼 blum⁵⁵ma³¹

眨~眼 blum⁵⁵bluɯ³¹

张~嘴 ka³⁵

闭~嘴 ma³¹me⁵³

咬狗~人 thuɯɯ⁵³

嚼把肉~碎 tha³¹ma⁵³

咽~下去 blai⁵³

舔人用舌头~ ljo⁵³

含~在嘴里 ruɯm⁵³

亲嘴 bruɯ⁵³

吮吸用嘴唇聚拢吸取液体，如吃奶时 djim³⁵

吐上声，从嘴里吐出：把果核儿~掉 tjo⁵³

吐去声，呕吐：喝酒喝~了 me⁵³

打喷嚏 ha³¹n̥oŋ⁵⁵

拿用手把苹果~过来 ɕi³⁵

给他~我一个苹果 ŋ³⁵

摸~头 ba⁵³

伸~手 lin⁵⁵

挠~痒痒 wa⁵⁵

掐用拇指和食指的指甲~皮肉 wu⁵⁵re⁵³

拧~螺丝 rai⁵³

拧~毛巾 rai⁵³

捻用拇指和食指来回~碎 ha⁵⁵naŋ⁵³

掰把橘子~开，把馒头~开 klei⁵⁵ka⁵³

剥~花生 pluɯ²⁵³

撕把纸~了 pri⁵⁵

折把树枝~断 tju³⁵

拔~萝卜 ha³¹prau⁵⁵

摘~花 wu⁵⁵

站站立：~起来 den⁵³

倚斜靠：~在墙上 ma³¹nei⁵³

蹲~下 kuɯm⁵⁵

坐~下 di⁵⁵

跳青蛙~起来 dɯ⁵³

迈跨过高物：从门槛上~过去 kɑ³¹wɑŋ³⁵

踩脚~在牛粪上 sɑŋ⁵³

翘~腿 ljɑ⁵³kre⁵⁵

弯~腰 gɯm⁵⁵

挺~胸 kɯ⁵⁵lin⁵³

趴~着睡 plã⁵³

爬小孩在地上~ ɑ³¹kau⁵⁵

走慢慢儿~ tɕhi⁵³

跑慢慢儿走，别~ pjɯ⁵³

逃逃跑：小偷~走了 pjɯ⁵³tju⁵³

追追赶：~小偷 djiŋ⁵⁵

抓~小偷 rwo⁵³

抱把小孩~在怀里 gui⁵³

背~孩子 bɑ⁵⁵

搀~老人 ro⁵³hɑ³¹tjoŋ⁵⁵

推几个人一起~汽车 n̪ɯŋ⁵⁵

摔跌：小孩~倒了 ljɑ⁵³

撞人~到电线杆上 tjin⁵³

挡你~住我了，我看不见 kɑ⁵⁵tjo⁵³

躲躲藏：他~在床底下 mo⁵³

藏藏放，收藏：钱~在枕头下面 kɑ⁵⁵po⁵³

放把碗~在桌子上 tsho⁵³

摞把砖~起来 rɯn⁵⁵

埋~在地下 m⁵⁵

盖把茶杯~上 tjɯ⁵³

压用石头~住 hɑ³¹dai⁵⁵

摁用手指按：~图钉 n̪iŋ⁵⁵

捅用棍子~鸟窝 pluŋ⁵³

插把香~到香炉里 tjɑ⁵⁵

戳~个洞 lo⁵³

砍~树 tjɯ⁵³

剁把肉~碎做馅儿 ɑ³¹kuŋ⁵⁵

削~苹果 tɕe⁵³

裂木板~开了 gɑ⁵³

皱皮~起来 kɑ³¹rau³⁵

腐烂死鱼~了 tʂhɯŋ⁵⁵

擦用毛巾~手n̪oŋ⁵³

倒把碗里的剩饭~掉 lu⁵³

扔丢弃：这个东西坏了，~了它 ljɑ⁵³koŋ³⁵

扔投掷：比一比谁~得远 ljɑ⁵³

掉掉落，坠落：树上~下一个梨 hɑ³¹rwi⁵⁵

滴水~下来 dau⁵³

丢丢失：钥匙~了 kɑ³¹mɑ⁵³

找寻找：钥匙~到 mɑ⁵⁵lɑ⁵³

捡~到十块钱 kɑ³¹tɯ⁵³

提用手把篮子~起来 din³⁵

挑~担 tjɑŋ⁵⁵

扛káng，把锄头~在肩上 ɑ³¹pu⁵⁵

抬~轿 din³⁵

举~旗子 din³⁵

撑~伞 dɑ³¹dʐi³⁵din³⁵

撬把门~开 rɯ³⁵

挑挑选，选择：你自己~一个 kɑ⁵⁵the⁵³

收拾~东西 mɑ⁵⁵ru⁵³

挽~袖子 ɫai⁵³

涮把杯子~一下 tɯ³¹krei⁵³

洗~衣服 mɑ⁵⁵nɯm⁵³

捞~鱼 hau⁵³

拴~牛 kɑ⁵⁵rwi⁵³

捆~起来 tin³⁵

解~绳子 kɑ⁵⁵

挪~桌子 hɑ⁵⁵jɯ⁵⁵

端~碗 din³⁵
摔碗~碎了 lja⁵³
掺~水 hɑ⁵⁵jo⁵⁵
烧~柴 prɯ⁵³
拆~房子 hwrɑ⁵³
转~圈儿 gin⁵³
捶用拳头~ pu⁵⁵
打统称：他~了我一下 hwɯ⁵³
打架动手：两个人在~ hwɯ⁵³gɑ³⁵
休息 m̥⁵⁵mɑ⁵⁵
打哈欠 kɑ⁵⁵waŋ⁵³hɑ³¹jaŋ³⁵
打瞌睡 ŋ⁵³tɕim³⁵
睡他已经~了 ŋ⁵³
做梦 jɑ⁵⁵mu⁵³
起床 djoŋ⁵⁵
刷牙 lɑ⁵⁵mɯ⁵⁵nɯm⁵³
洗澡 mɑ⁵⁵num³¹tju³⁵
想思索：让我~一下 we⁵³
想想念：我很~他 we⁵³
打算我~开个店 mɑ³¹tjo⁵³
记得 tɑ³¹we⁵⁵tʂho⁵³
忘记 we⁵³mɑ³¹sɑ⁵³
怕害怕：你别~ rai⁵⁵
相信我~你 we⁵³lɯŋ⁵³di³¹
发愁 kɯ⁵⁵tʂau⁵³
小心过马路要~ pe⁵⁵e⁵⁵
喜欢~看电视 hɑ⁵⁵ljo⁵⁵
讨厌~这个人 hɑ³¹we⁵⁵ɑ³¹
舒服凉风吹来很~ ji⁵³prɑ⁵⁵
难受生理的 tju⁵³kɑ³¹
难过心理的 tju⁵³kɑ³¹n̻oŋ⁵⁵
高兴 hɑ⁵⁵ljo⁵⁵

生气 khum⁵⁵mjoŋ⁵⁵
后悔 hwa⁵³koŋ³⁵
忌妒 kɯ⁵⁵rɯ⁵⁵
害羞 hɑ⁵⁵lɯ⁵⁵
丢脸 nã⁵⁵hɑ³¹lɯ⁵⁵
欺负 tsem⁵⁵
装~病 je⁵³hɑ⁵⁵lɯk⁵⁵
疼~小孩儿 hɑ⁵⁵lju⁵³
要我~这个 noŋ⁵⁵ɑ⁵⁵
有我~一个孩子 ã⁵⁵
没有他~孩子 i⁵⁵jim⁵³
是我~老师 am⁵³
不是他~老师 ɕam⁵⁵
在他~家 i⁵⁵jɑ⁵⁵
不在他~家 i⁵⁵jim⁵³
知道我~这件事 kɯ⁵⁵sɑ⁵³ɑ⁵⁵
不知道我~这件事 kɯ⁵⁵sɑ⁵³jim³¹
懂我~英语 kɯ⁵⁵sɑ⁵³ɑ⁵⁵
不懂我~英语 kɯ⁵⁵sɑ⁵³jim³¹
会我~开车 kɯ⁵⁵sɑ⁵³ɑ⁵⁵
不会我~开车 kɯ⁵⁵sɑ⁵³jim³¹
认识我~他 kɯ⁵⁵sɑ⁵³ɑ⁵⁵
不认识我~他 kɯ⁵⁵sɑ⁵³jim³¹
行应答语 ɕɑ⁵³jɑ³⁵
不行应答语 ɕɑ⁵³jim³¹
肯~来 djɯŋ⁵³
应该~去 wɯ⁵⁵li⁵⁵tɯ³¹pɯi⁵³
可以~去 ɕɑ⁵³pɯ³¹tjɯn³⁵
说~话 mɑ³¹ro⁵⁵
话说~ tɯ³¹krɯ⁵⁵
聊天儿 mɑ⁵⁵ro⁵³hɑ⁵⁵wɑ⁵⁵m⁵⁵
叫~他一声儿 grɑ³⁵

吆喝 大声喊 gra³⁵

哭 小孩~ khro⁵³

骂 当面~人 khu⁵³

吵架 动嘴；两个人在~ khu⁵³ga³⁵

骗 ~人 la⁵³ha³¹lɯ⁷⁵³

哄 ~小孩 ma⁵⁵ne⁵³

撒谎 la⁵³ha³¹lɯ⁷⁵³

吹牛 la³¹ȵoŋ⁵⁵tju⁵³

拍马屁 la³¹nuŋ⁵⁵ŋ³⁵

开玩笑 la³¹roŋ⁵⁵ka³⁵

告诉 ~他 tɯ³¹tja⁵⁵

谢谢 致谢语 kho⁵³ta⁵⁵nju³¹

再见 告别语 pra⁵⁵ji⁵⁵tja⁵³

十二　性质状态

大 苹果~ dɯ⁵⁵rɯŋ⁵⁵

小 苹果~ kɯ⁵⁵tje⁵³

粗 绳子~ bɯ⁵⁵lim³¹klai⁵³

细 绳子~ braŋ³⁵kɯ⁵⁵tje⁵³

长 线~ ka³¹lɯŋ⁵³

短 线~ kɯ³¹tjoŋ⁵³

长 时间~ ra³⁵

短 时间~ kɯ³¹tjoŋ⁵³

宽 路~ djaŋ⁵³

宽敞 房子~ djaŋ⁵³

窄 路~ lu⁵⁵kin⁵³ta³¹

高 飞机飞得~ ta³¹dzi̱³⁵

低 鸟飞得~ bɯ³¹re³⁵

高 他比我~ ka³¹lɯŋ⁵³

矮 他比我~ kɯ³¹tjoŋ⁵³

远 路~ dja⁵⁵

近 路~ ga⁵³a⁵⁵

深 水~ rum⁵⁵

浅 水~ rum⁵⁵jim⁵³

清 水~ duŋ³⁵

浑 水~ du³¹ka³⁵

圆 gaŋ³¹wa⁵⁵da⁵³

扁 pla⁵³

方 ha⁵⁵reŋ⁵³

尖 miŋ⁵⁵

平 liŋ⁵³kau⁵⁵

肥 ~肉 sou⁵³

瘦 ~肉 tho⁷⁵³

肥 形容猪等动物 djɯŋ⁵³

胖 形容人 djɯŋ⁵³

瘦 形容人、动物 kau⁵³ɕoŋ³⁵

黑 黑板的颜色 ma⁷⁵³

白 雪的颜色 ljo⁵³

红 国旗的主颜色，统称 ɕi⁵³

黄 国旗上五星的颜色 min⁵³

蓝 蓝天的颜色 djɯŋ⁵⁵

绿 绿叶的颜色 tiŋ⁵³krai⁵⁵

紫 紫药水的颜色 ha³¹reŋ³⁵

灰 草木灰的颜色 lju⁵⁵hrau⁵⁵

多 东西~ dɯ³⁵

少 东西~ kɯ³¹tjɯ⁵³

重 担子~ wɯ⁵⁵

轻 担子~ a⁵⁵aŋ⁵³

直 线~ pjoŋ⁵⁵

陡 坡~，楼梯~ ha³¹tjo⁵³pjoŋ⁵⁵

弯 弯曲；这条路是~的 ka³¹wui³⁵

歪 帽子戴~了 ha⁵⁵ra⁵³

厚 木板~ ta³¹lɯ⁵³

薄 木板~ ba⁵³a⁵⁵

稠稀饭~ ta³¹luɯ⁵³

稀稀饭~ duɯŋ⁵⁵raŋ⁵⁵

密菜种得~ ta³¹luɯ⁵³

稀稀疏：菜种得~ ba⁵³a⁵⁵

亮指光线，明亮 khjɯ⁵⁵a⁵⁵

黑指光线，完全看不见 ka³¹noŋ⁵³

热天气 tai⁵⁵

暖和天气 leŋ³⁵

凉天气 seŋ⁵³

冷天气 dzoŋ⁵³

热水 ple⁵³

凉水 theŋ⁵⁵

干干燥：衣服晒~了 ɕoŋ³⁵

湿潮湿：衣服淋~了 tɕir⁵³

干净衣服~ ka³¹tjuɯ⁵³

脏肮脏，不干净，统称：衣服~ ka³¹puɯ⁵³

快锋利：刀子~ bre⁵³

钝刀~ ma³¹krai⁵³

快坐车比走路~ ka⁵⁵ro⁵³

慢走路比坐车~ be⁵³e⁵⁵

早来得~ ha⁵⁵joŋ⁵⁵

晚来~了 a³¹mju⁵³

晚天色~ liŋ⁵³a⁵⁵

松捆得~ ga⁵⁵

紧捆得~ ma³¹theŋ⁵⁵haŋ⁵³

容易这道题~ ta³¹tjoŋ⁵³jim³¹

难这道题~ ta³¹tjoŋ⁵⁵

新衣服~ mi⁵³en⁵⁵

旧衣服~ mei⁵³

老人~ ta³¹pauɯ⁵⁵

年轻人~ mi⁵³ha³¹pruŋ⁵³

软糖~ ɳiŋ⁵³m⁵⁵

硬骨头~ ma³¹thuɯŋ⁵⁵

烂肉煮得~ tʂheŋ⁵⁵

煳饭烧~了 gru⁵⁵

结实家具~ ma³¹thuɯŋ⁵⁵bra⁵³

破衣服~ bre⁵³

富他家很~ mo³¹hwa⁵³

穷他家很~ duɯŋ⁵³

忙最近很~ waŋ⁵³jim³¹

闲最近比较~ waŋ⁵³a³¹

累走路走得很~ ge⁵⁵a⁵⁵

疼摔~了 nan³⁵

痒皮肤~ ma³¹so⁵³

热闹看戏的地方很~ ha³¹tjiŋ³⁵tuɯm³¹ma⁵³

熟悉这个地方我很~ kɯ⁵⁵sa⁵³a⁵⁵

陌生这个地方我很~ kɯ³¹sa⁵³a³¹jim⁵⁵

味道尝尝~ nuɯŋ⁵³

气味闻闻~ ha⁵⁵ma⁵⁵

咸菜~ ka⁵³

淡菜~ pla³¹ɕau⁵⁵jim⁵³

酸 hruɯ³⁵

甜 ɕau⁵⁵

苦 ka⁵³

辣 thai⁵⁵

香 ŋ̍⁵⁵nuɯŋ⁵³

臭 ɬai⁵⁵nuɯŋ⁵³

馊饭~ tshuɯm³⁵koŋ³⁵

腥鱼~ ɬai⁵⁵nuɯŋ⁵³

好人~ bra⁵⁵

坏人~ ha⁵⁵pei⁵³

差东西质量~ ha⁵⁵pei⁵³da⁵³

对账算~了 ɕa⁵³ho³¹

错账算~了 ɕa⁵³ho³¹jim⁵³

漂亮形容年轻女性的长相：她很~ ta³¹groŋ⁵³

丑形容人的长相：猪八戒很~ ha⁵⁵pei⁵³

勤快 a³¹tjaŋ³⁵ho⁵³jim³¹

懒 a³¹tjaŋ³⁵

乖 ka³¹ɕa³⁵ŋ³¹tuɯ⁵⁵ka⁵³a⁵⁵

顽皮 ɕa⁵³ta³¹plɯ⁵⁵

老实 thɯ⁵⁵rɯ⁵⁵

傻痴呆 ka³¹pa⁵³

笨蠢 ka³¹pa³⁵a³¹tʂha⁵³

大方不吝啬 khɯ³¹lou³⁵

小气吝啬 khɯ⁵⁵n̠im⁵⁵

直爽性格~ ta³¹we⁵⁵pjoŋ³⁵

犟脾气~ pai⁵³pai⁵³la⁵⁵

十三　数量

一~二三四五……，下同 khɯn⁵³

二 ka³¹n⁵⁵

三 ka³¹sɯŋ³⁵

四 ka³¹prai⁵⁵

五 ma³¹ŋa³⁵

六 ta³¹hro⁵³

七 wen⁵³

八 lim³⁵

九 kɯn⁵⁵n̠iŋ⁵⁵

十 ha⁵⁵lɯŋ⁵⁵

二十无合音 ka⁵³n³¹ha⁵⁵lɯŋ⁵⁵

三十无合音 ka³¹sɯŋ⁵³ha⁵⁵lɯŋ⁵⁵

一百 ma³¹lum⁵⁵

一千 ri³¹tʂeŋ⁵⁵

一万 lau⁵³

一百零五 ma³¹lum⁵⁵ke³¹ma³¹ŋa³⁵

一百五十 ma³¹lum⁵⁵ke³¹ma³¹ŋa³⁵ha⁵⁵lɯŋ⁵⁵

第一~，第二 ha⁵⁵joŋ⁵⁵

几个你有~孩子？ kɯ³¹ta⁵⁵ke⁵³

俩你们~ ka³¹n⁵⁵

仨你们~ ka³¹sɯŋ³⁵

个一~人 kɯ³¹pa⁵³

头一~牛 djiŋ³⁵

头一~猪 djiŋ³⁵

只一~狗 djiŋ³⁵

只一~鸡 bom⁵⁵

条一~鱼 brɯ⁵⁵

条一~蛇 braŋ³⁵

领一~席子 na³⁵

双一~鞋 tɯ⁵⁵ru⁵⁵

把一~刀 pla⁵³

把一~锁 pom⁵⁵

根一~绳子 braŋ³⁵

支一~毛笔 brɯ⁵⁵

面一~镜子 na³⁵

块一~香皂 a³¹laŋ³⁵

辆一~车 pom⁵⁵

座一~房子 doŋ⁵⁵

座一~桥 khɯn⁵³

条一~河 djiŋ³⁵

条一~路 braŋ³⁵

棵一~树 brɯ⁵⁵

朵一~花 bra⁵⁵

颗一~珠子 brɯ⁵⁵

粒一~米 bra⁵⁵

顿一~饭 brɯ⁵⁵

剂一~中药 pɯn³⁵

块一~钱 braŋ³⁵

毛角：一~钱 pla⁵³

些一~东西 a³¹ple⁵⁵tja⁵³

会儿坐了一~ kɯ³¹tshɯ⁵⁵

趟去了一～ bɯ⁵³

十四 代副介连词

我～姓王 haŋ³⁵

你～也姓王 nuŋ³⁵

他～姓张 tɕe⁵⁵

我们不包括听话人：你们别去，～去 ŋ⁵⁵

咱们包括听话人：他们不去，～去吧 ŋ⁵⁵

你们～去 a³¹ne³⁵

他们～去 tɕe⁵⁵a³¹luŋ³⁵

大家～一起干 me³⁵a³¹luŋ³⁵

自己我～做的 nuŋ³⁵haŋ³⁵

别人这是～的 me³⁵tɕu³⁵

我爸～今年八十岁 haŋ³⁵ba³⁵

你爸～在家吗？nuŋ³⁵ba³⁵

他爸～去世了 tɕe⁵⁵ba³⁵

这个我要～，不要那个 je⁵⁵we⁵⁵

那个我要这个，不要～ a⁵⁵we⁵⁵je⁵⁵

哪个你要～杯子？ha⁵⁵nuŋ⁵³we⁵⁵

谁你找～？ɕa⁵⁵

这里在～，不在那里 e⁵⁵go⁵⁵

那里在这里，不在～ we⁵⁵go⁵⁵

哪里你到～去？ha⁵⁵nuŋ⁵³

这样事情是～的，不是那样的 a³¹li⁵⁵

那样事情是这样的，不是～的 wu³¹li⁵⁵

怎样什么样·你要～？kɯ³¹ta⁵³

这么～贵啊 e⁵⁵ta³¹thi⁵³

怎么这个字～写？kɯ³¹ta⁵³nuŋ³¹

什么这个是～字？ɕim⁵⁵

什么你找～？ɕim⁵⁵

为什么你～不去？ɕim⁵⁵kɯ³¹num³⁵

干什么你在～？ɕim⁵⁵ba⁵³di³¹

多少这个村有～人？kɯ³¹ta³⁵ge⁵³

很今天～热 pɯi⁵⁵da³⁵

非常比上条程度深：今天～热 pɯi⁵⁵da³⁵

更今天比昨天～热 lɯ⁵⁵joŋ⁵⁵

太这个东西～贵，买不起 pei⁵³

都大家～来了 ga³¹tɕu³⁵

一共～多少钱？a⁵⁵tum⁵³

一起我和你～去 a⁵⁵luŋ⁵³pa³¹a⁵⁵

只我～去过一趟 pɯ⁵⁵ke⁵³

刚这双鞋我穿着～好 ru⁵⁵a⁵⁵

刚我～到 a³¹tja⁵⁵

才你怎么～来啊？a³¹tja⁵⁵

经常我～去 ta³¹la⁵³

又他～来了 bɯ³⁵doŋ³⁵

还他～没回家 a³¹tja⁵⁵

再你明天～来 bɯ³⁵toŋ³⁵

也我～去；我～是老师 mu³¹

反正不用急，～还来得及 kɯ³¹ta⁵⁵la⁵⁵mu³¹

没有昨天我～去 i⁵⁵jim⁵³

不明天我～去 hwaŋ⁵³jim³¹

快天～亮了 ka⁵⁵ro⁵³

差点儿～摔倒了 kɯ³¹tje⁵³doŋ³⁵

故意～打破的 je⁵³tu³¹pɯi⁵⁵

随便～弄一下 pɯ³¹jim⁵⁵

白～跑一趟 po⁵³ra⁵⁵

肯定～是他干的 tu³¹pɯi⁵⁵

可能～是他干的 khun⁵⁵tjiŋ⁵³

一边～走，～说 ka³¹poŋ⁵⁵

和我～他都姓王 ma⁵⁵

对他～我很好 je⁵³

往～东走 ha³¹noŋ⁵³mjoŋ⁵³

替～他写信 ha³¹lju⁵⁵

如果～忙你就别来了 bum⁵³

不管～怎么劝他都不听 ko⁵⁵mu³¹

第二节

《中国语言资源调查手册·民族语言（藏缅语族）》扩展词

一 天文地理

天~地 tɯm⁵⁵
阳光 rɯn⁵⁵thɯ³¹broŋ³⁵
日出 rɯn⁵⁵bo⁵³
日落 rɯn⁵⁵djɯŋ⁵³
彗星 扫帚星 kha⁵⁵dɯn⁵⁵ta⁵⁵ɕin⁵³
光~线 thɯ³¹broŋ³⁵
影子 ta⁵³khɯ³¹la³⁵
刮风 ha⁵⁵rɯŋ⁵³
风声 风呼呼声 ha⁵⁵rɯŋ⁵³khra³¹
打雷 bu³¹rwa³⁵a⁵⁵
响雷 霹雳，名词 ma³¹thɯŋ⁵⁵bu³¹rwa³⁵
大雨 ka³ ra³⁵lu⁵³
小雨 ka³¹ra³⁵mɯ³¹n̪a⁵³
毛毛雨 ka³¹ra³⁵mrɯm⁵⁵
暴风雨 a³¹men³⁵mrɯm³⁵
雨声 ka³¹ra³⁵khra⁵³

下雪 a³¹rwai⁵⁵lja⁵³
雪崩 ta³¹gɯɯ⁵⁵tju⁵⁵
雪水 ta³¹gɯɯ⁵⁵ma³¹tɕi⁵³
结冰 ta³¹prɯ³⁵lja⁵³
融化 雪~了 jou³⁵
乌云 am³⁵ka³¹nũ⁵³
蒸汽 水蒸气 soŋ⁵³su⁵⁵
地 总称 mla³⁵
土地 khɯ³¹lai³⁵
坡地 ha³¹kɯm³⁵
荒地 a⁵⁵baŋ⁵³
山地 thɯi⁵⁵ja⁵⁵a³¹baŋ⁵³
平地 平坦的土地 mla³⁵liŋ⁵³kau⁵⁵
地界 田地的边界 mla⁵³ka³¹hjɯ⁵³
庄稼地 kha³¹ljau⁵⁵
沼泽地 n̪a³¹wa⁵⁵
坝子 山中的平地 liŋ⁵³kao⁵⁵ta³¹tɕoŋ³⁵
地陷 khlai⁵³kɯ⁵⁵lo⁵⁵

海大~ tɯ⁵⁵pɯŋ⁵⁵
田总称 kha³¹ljau⁵⁵
梯田 kha³¹ljau⁵⁵tjoŋ⁵³
田坎 kha³¹ljau⁵⁵ta³¹khrɯ⁵⁵
秧田 ge⁵⁵kha³¹ljau⁵⁵
小山 ta³¹krɯ³⁵a⁵⁵a³⁵
荒山 a³¹pɯŋ⁵⁵ha⁵⁵rɯŋ⁵⁵
雪山 a³¹rwai⁵⁵ta³¹krɯ⁵⁵
山顶 ta³¹krɯ⁵⁵ma³¹la³⁵
山峰 ta³¹krɯ⁵⁵phjɯ⁵⁵
山腰 ta³¹krɯ⁵⁵ta³¹boŋ³⁵
山脚 ta³¹krɯ⁵⁵bom³⁵
阴山 指山背阴一面 mlã⁵³ji⁵³
阳山 指山朝阳一面 mlã⁵³nɯŋ⁵⁵
岩洞 pu⁵³hwaŋ³⁵
岩石 phlaŋ⁵³leŋ⁵⁵
鹅卵石 phlaŋ³⁵
平原 mla³¹djaŋ⁵³
滑坡 ru⁵⁵kau⁵⁵
陡坡 ha³¹kum³⁵tjoŋ³⁵
悬崖 峭壁 ma³¹ro⁵³
石板 phlaŋ³¹pla⁵³
河水 tɯ³¹lu³⁵
上游 河的~ tɯ³¹lu³⁵ma⁵⁵thɯɯ⁵³
下游 河的~ tɯ³¹lu³⁵ma³¹noŋ³⁵
旋涡 河里的~ a⁵⁵we⁵³
泡沫 河里的~ tɯ³¹lim³⁵
泉水 thu⁵⁵wu⁵³
清水 与浊水相对 ma³¹tɕi⁵⁵duŋ³⁵
瀑布 ma³¹tɕi⁵⁵djum⁵³
草原 ta⁵⁵sɯɯ⁵³pa⁵⁵liŋ⁵³kau⁵⁵
沙漠 ta³¹pi⁵³pa⁵⁵

峡谷 a³¹gui⁵³
泥石流 ru⁵⁵po⁵³
地洞 pu⁵⁵hwaŋ⁵³kraŋ⁵⁵
洞口 pu⁵⁵hwaŋ⁵³kɯ⁵⁵lu⁵⁵
山路 thju³¹ja⁵⁵a³¹lim³⁵
岔路 a⁵⁵lim⁵³dza̠⁵⁵
大路 野外的 a³¹lim⁵³du³¹rɯŋ⁵⁵
小路 野外的 a³¹lim³⁵a⁵⁵a³⁵
公路 ka³¹rɯ³⁵a⁵³lim³⁵
桥统称 ta³¹proŋ⁵⁵
石桥 phlaŋ³⁵ta³¹proŋ⁵⁵
渡口 bun³⁵tju³¹plum⁵³
菜园 ta⁵⁵na⁵³kha³¹ljau⁵⁵
果园 ta⁵⁵ɕi⁵³kha³¹ljau⁵⁵
尘土 干燥的泥路上搅起的 khɯ⁵⁵lai⁵³khau⁵³
红土 khɯ⁵⁵lai³¹ɕi⁵³
粉末 tum⁵⁵
渣滓 榨油剩下的~ ta⁵⁵klai⁵³
煤渣 炭屑煤炭燃烧后余下的东西 ta⁵⁵ji³¹tʂhɯ⁵³ta⁵⁵klai⁵³
锅烟子 pu⁵³ka³¹khre⁵⁵
金 pɯ³¹dai⁵⁵
银 pa³¹wun³⁵
铜 pɯ⁵⁵rɯn⁵⁵
铁 sai⁵⁵
锈 名词 tɕi⁵³a³¹wa⁵⁵
生锈 动词 tɕi⁵³a³¹wa⁵⁵thau⁵³
钢 sai⁵⁵ta³¹lei⁵³
铝 tɕaŋ⁵³dui⁵⁵
铅 sai⁵⁵ɕin⁵⁵
玻璃 ta⁵³khla³⁵
硫黄 gun⁵³
火药 kha³¹re⁵⁵

硝做火药的～ dzi̱³¹tʂha⁵⁵

火光 na⁵⁵mɯn⁵³khjɯ⁵⁵

火焰 na⁵⁵mɯn⁵³ha³¹pla⁵³

火塘 ŋgu⁵³

打火石 ta⁵⁵lɯn⁵³dzoŋ³⁵

山火 a⁵⁵poŋ⁵⁵ka³¹rau⁵⁵

火把 na⁵⁵mɯn⁵³tɯ³¹koŋ³⁵

火星火塘里的 na³¹mɯn⁵³pei⁵⁵jau⁵⁵

火舌火苗 na³¹mɯn⁵³lju⁵⁵

火灾 na⁵⁵mɯn⁵³pɯ³¹ja³⁵

火铲 na⁵⁵mɯn⁵³ta³¹tjo⁵⁵

汽油 ljaŋ⁵³min⁵⁵

井水～ tɯ⁵⁵wi⁵⁵

温水 ma³¹tɕi⁵⁵leŋ³⁵

二　时间方位

春天 ka³¹thɯ⁵⁵

夏天 ka³¹thɯ⁵⁵

秋天 ka⁵⁵pɯ⁵³kjaŋ³⁵

冬天 ka⁵⁵pɯ⁵³kjaŋ³⁵

每年 nɯŋ⁵⁵la³¹mɯŋ⁵³

上半年 ha⁵³kja⁵⁵kɯ⁵⁵nɯŋ⁵⁵ka³¹kje⁵³

下半年 ha⁵⁵la⁵³kɯ⁵⁵nɯŋ⁵⁵ka³¹kje⁵³

二月 m̩⁵³ha⁵⁵lo⁵⁵

三月 thɯ⁵⁵na⁵³ha⁵⁵lo⁵⁵

四月 tha⁵⁵ha⁵⁵lo⁵⁵

五月 ɕi⁵⁵ha⁵⁵lo⁵⁵

六月 ta³¹dʑi³⁵ha⁵⁵lo⁵⁵

七月 pei⁵⁵ha⁵⁵lo⁵⁵

八月 tʂheŋ⁵⁵ha⁵⁵lo⁵⁵

九月 ma⁵³djin³⁵ha⁵⁵lo⁵⁵

十月 ta³¹graŋ³⁵ha⁵⁵lo⁵⁵

十一月 ma³¹oŋ³⁵ha⁵⁵lo⁵⁵

十二月 lim³¹ha⁵⁵lo⁵⁵

每月 ha⁵⁵lo⁵⁵la⁵³mɯŋ³¹

月初 ha⁵⁵lo⁵⁵ha³¹tjo⁵³

月底 ha⁵⁵lo⁵³ha³¹jao⁵³

昼夜指白天黑夜 n̥⁵⁵ja⁵⁵

半天 n̥⁵⁵tei⁵³ke⁵³

古时候 pɯi⁵⁵ja⁵⁵

东 rɯn⁵⁵po⁵³blɯm³¹

南 ma⁵³noŋ³⁵

西 rɯn⁵⁵leŋ⁵³blɯm³¹

北 ma⁵⁵thau⁵³

正面 ka⁵⁵n̥u⁵⁵

反面 kɯ³¹ɬai⁵³n̥u³¹

附近 ka⁵⁵a³¹ba⁵³

周围 goŋ⁵⁵a⁵⁵ba⁵³

对岸河的～ ɕi⁵³re⁵⁵

门上挂在～ kha³¹ɯŋ³⁵kjaŋ³⁵

楼上 tjõ³⁵ha³¹kjaŋ³⁵

楼下 ŋ⁵³ha⁵⁵la⁵³

角落墙的～ kha³¹dju³⁵

在……后 plɯn⁵³

在……前 ha⁵⁵ɲa⁵⁵

在……之间 tɯ³¹poŋ³⁵

三　植物

樟树 ta³¹tjin³⁵

桑树 thɯ⁵⁵roŋ⁵⁵

椿树 dzim³¹sen⁵⁵

棕树 ma³¹loŋ³⁵

冷杉一种树种 ha³¹tjo⁵³

漆树 ka⁵⁵ma⁵³

青冈栎 plju⁵⁵

树皮 ma³¹seŋ⁵⁵kwo⁵⁵

树枝 ma³¹seŋ⁵³ha⁵⁵rwo⁵³

树干 ma³¹seŋ⁵³ɕoŋ³⁵

树梢 ma³¹seŋ⁵⁵tɕi⁵⁵

根树~ ha⁵⁵rai⁵⁵

树浆 ma³¹seŋ⁵⁵tɕi⁵³

松球 tʂhu⁵³ɕi³¹

松针 tʂhu⁵³na³⁵

松脂 tʂhu⁵³phraŋ⁵⁵

松香 tʂhu⁵³phraŋ⁵⁵

松包松树枝头上的果实 tʂhu⁵³ɕi³¹

松明劈成细条的山松,可以点燃照明 tʂhu⁵³so⁷⁵³

火麻路边长的一种扎人的植物 ta³¹tʂha³⁵

桃核 me⁵³pɯm³⁵ta³¹ka³⁵

壳核桃~ kwo⁵⁵rwa⁵³

核儿枣~ lɯm⁵⁵

香蕉 pha⁵⁵dʑi⁵³

芭蕉 a⁵⁵la⁵³

无花果 ha³¹po⁵⁵ɕi⁵³

果皮统称 kwo⁵⁵rwa⁵⁵

果干晒干了的果实 ɕi⁵³ɕoŋ³⁵

葵花子未去壳的 rɯn⁵⁵ta³¹rwin⁵⁵bra⁵⁵

荆藤 ta³¹rau⁵³

瓜蔓 rau⁵³

艾草 khɯ⁵⁵lau⁵⁵

仙人掌 ha³¹kri⁵⁵

狗尾草 jo⁵³ta⁵⁵re⁵³

草根 ta³¹sɯk⁵³ha⁵⁵rai⁵⁵

青苔 mɯ⁵³pɯn⁵⁵

菊花 khlau⁵³pɯ⁵⁵

葵花 rɯn⁵⁵ta³¹rwin⁵⁵pɯ⁵⁵

桃花 am³⁵pɯ⁵⁵

花瓣 ta³¹pɯ⁵⁵na³⁵

花蕊 ta³¹pɯ⁵⁵thɯ³¹rɯŋ⁵³

芦苇 kha³¹lu³⁵

鸡棕菌 la⁵⁵pu⁵³tɕi⁵³

毒菇 ta⁵⁵kɯn⁵³thai⁵⁵

笋衣指笋的嫩壳 bra⁵³ta³¹poŋ³⁵kɯ⁵⁵ljo⁵³

瓜子西~ lɯm⁵⁵

籽菜~ ɕi⁵³

竹根 hwɯ⁵⁵ha⁵⁵rai⁵⁵

竹节 kɯ³¹haŋ⁵³

竹竿 hwɯ⁵⁵põ³⁵

篾条编篮子的~ lja⁵⁵ho⁵³

发芽 bla⁵³

结果 ɕi⁵³ɕɯr³¹

成熟 haŋ³⁵n⁵⁵

开花 pɯ⁵⁵a⁵⁵

吐须 ta³¹we³⁵

凋谢 khɯ³¹raŋ³⁵koŋ³⁵

粮食统称 ta³¹tha⁵³

种子 ta³¹plai⁵⁵

秧植物幼苗的统称 bla⁵³a⁵⁵

稻穗 ha³¹jɯ⁵³

抽穗 la⁵³a⁵⁵

大米脱粒后的 kje⁵³kau⁵³

小米脱粒后的 jo⁵³kau⁵⁵

红米 kje⁵³kau⁵⁵ɕi⁵⁵

秕谷 tɯ³¹pin⁵⁵

稗子 goŋ³¹ra⁵⁵

糠 ta³¹rwa⁵³

粟 jo⁵³

玉米苞玉米棒子 na⁵⁵boŋ⁵³ta³¹po⁵⁵

玉米秆 nɑ⁵⁵boŋ³⁵seŋ⁵⁵
玉米须 nɑ⁵⁵boŋ⁵³mɑ³¹kruɯn⁵⁵
青稞 kɑ⁵⁵tʂum⁵³
荞麦 tɯ³¹gɑ⁵³
苦荞 hɑ³¹brɑ⁵⁵
麦芒 kɑ⁵⁵tʂum⁵³lje⁵⁵
麦穗 hɑ³¹ju⁵³
麦茬 麦秆割过余下的部分 tjoŋ³⁵
荞花 tɯ³¹gɑ⁵³bɯ⁵⁵
荞壳 tɯ³¹gɑ⁵³pɯ³¹lju⁵³khru³⁵
豆子 统称 kɯ⁵⁵lju⁵⁵
豆秸 kɯ⁵⁵lju⁵³roŋ⁵⁵
豆芽 kɯ⁵⁵lju⁵³ku⁵³
四季豆 pɯ⁵⁵tɕhoŋ⁵³
豆苗 豆类的幼苗 pɯ⁵⁵tɕhoŋ⁵³ku⁵³
扁豆 tɯ⁵⁵pɯi⁵³kɯm⁵⁵
青菜 tɑ⁵⁵nɑ³¹nɯm⁵³
蕨菜 tɑ³¹tjɑ⁵³gu⁵³
卷心菜 所有菜心卷起来的菜的统称 tɑ⁵⁵nɑ⁵³pom⁵⁵
苦菜 nɑ⁵⁵kɑ⁵³
蒜苗 kɯ⁵⁵pɑ³¹blɑ⁵³
青椒 pɯ⁵⁵tʂɯ⁵³ɕoŋ³⁵
红椒 pɯ⁵⁵tʂɯ⁵³ɕoŋ³⁵
干辣椒 pɯ⁵⁵tʂɯ⁵³ɕoŋ³⁵
笋壳 tɑ⁵⁵poŋ⁵³ku³¹ljo⁵³
笋干 tɑ5poŋ⁵³ɕin⁵⁵
根茎 菜的~ hɑ⁵⁵rɑi⁵⁵

四　动物

野兽 hɑ³¹bɯŋ⁵⁵tɑ³¹bren⁵⁵
狮子 tɑ⁵⁵pɯi⁵³dɑŋ⁵⁵
豹 tɑ³¹mjɑ⁵⁵
狗熊 tɑ³¹m̥⁵⁵
熊掌 tɑ³¹m̥⁵³mɑ³¹tjo⁵⁵
熊胆 tɑ⁵⁵m̥⁵³thu⁵⁵muɯn⁵⁵
野猪 tɑ³¹me³⁵
豺狗 tɑ³¹pruɯ³⁵
鹿 总称 mɑ⁵⁵tɕu⁵³
鹿茸 mɑ³¹tɕu⁵³rɑu⁵⁵
麂子 mɑ³¹tʂum⁵⁵
狼 kwuɯ⁵³tɑ³¹pruɯ⁵⁵
黄鼠狼 kɑ³¹toŋ⁵⁵
水獭 hɑ³¹ruɯŋ³⁵
野牛 tɑ³¹geŋ⁵⁵
牦牛 tɕu⁵³lɑ³⁵
挤~牛奶 tɕhu⁵⁵jɑ³⁵
大象 tɑ⁵⁵me⁵³n⁵⁵
象牙 tɑ⁵⁵me⁵³n⁵⁵lɑ³⁵
象鼻 tɑ⁵⁵me⁵³n⁵⁵pɯ⁵⁵nei⁵⁵
松鼠 tɑ⁵⁵ni⁵³
啄木鸟 pjɑ⁵³klen⁵³
布谷鸟 hɑ⁵⁵wuɯ⁵³
斑鸠 pjɑ⁵³krɑu⁵⁵
燕子 pɑ⁵⁵lju⁵³hwɑ³⁵
野鸡 ɑ³¹puɯŋ⁵⁵pjɑ⁵³
老鹰 tɑ³¹dɑu⁵³
鹰爪 tɑ³¹dɑu⁵³ɕi⁵⁵
猫头鹰 kwã⁵³lu⁵³
孔雀 oŋ⁵⁵tju⁵³
鹦鹉 ken³¹ken⁵³
鹌鹑 tʂẽ³¹tʂen⁵⁵
鸟蛋 pjɑ⁵³ɑ³¹nɑ⁵³
鸟笼 pjɑ⁵³tɑ³¹pum⁵⁵
鱼鹰 鸬鹚 pjɑ⁵³kuɯŋ³⁵

麝 ta⁵⁵la⁵³

麝香 ta⁵⁵la³¹lu⁵³

毒蛇 ta³¹pu⁵³thai⁵³

蟒蛇 a⁵⁵tjɯ⁵³

水蛇 ma³¹tɕi⁵³ta³¹pu⁵⁵

菜花蛇 ta⁵⁵pu⁵³ʂo⁵³

蛇皮 ta⁵⁵pu⁵³ko⁵³

七寸 ha⁵⁵tjiŋ⁵³rɑ⁵⁵

蛇胆 ta⁵⁵pu⁵³thɯ⁵⁵mɯn⁵⁵

蛇洞 ta⁵⁵pu⁵³ma³¹lai⁵³

田鼠 ka³¹tɕi⁵⁵

母老鼠母的家鼠 ka³¹tɕi⁵⁵kru³⁵

壁虎 ka³¹tjaŋ³⁵

蜈蚣 a³¹djɯ⁵³tʂhaŋ⁵³

蝎子 a³¹djɯ⁵³tjiŋ³⁵

头虱 tshɯɯ⁵³

虮子虱卵 tshɯɯ⁵³ha³¹rɯ⁵⁵

蟑螂 khɯ⁵⁵lɯ⁵³

蝗虫蚱蜢 tɯ³¹gaŋ³⁵

螳螂 ta³¹ȵim⁵³ma³¹lu⁵⁵

蟋蟀蛐蛐 kɯ³¹blɯŋ⁵⁵

地蚕土壤里吃土豆、花生的虫子，色白状似蚕 ka³¹loŋ³⁵

蜂总称 ta⁵⁵pin⁵³ta³¹wa⁵⁵

蜂窝 ha⁵⁵kɯm⁵³pɯm⁵⁵

蜂王 ta⁵⁵pin⁵³tei⁵⁵ja⁵³

蜂蜡 ta⁵⁵pin⁵³thɯ⁵⁵ro³¹

飞蛾 kɯ⁵⁵pju⁵³ljo⁵⁵

萤火虫 a³¹rwa⁵⁵a³¹tɕha⁵³

白蚁 kɯ³¹jɯk⁵⁵ljo⁵³

蚁窝 kɯ³¹jɯ⁵⁵pɯm⁵⁵

蚁蛋 kɯ³¹jɯ⁵⁵a⁵⁵na⁵³

山蚂蟥 ka⁵⁵pɯi⁵³

牛虻 ta⁵⁵ju⁵³

臭虫 ha⁵⁵ba⁵³

毛毛虫 ta⁵⁵pɯm⁵³ma³¹dʐum⁵⁵

蛔虫肚子里的 ta³¹dzi³⁵

肉蛆 ta⁵⁵pɯm⁵³pi⁵³

屎蛆 ta⁵⁵pɯm⁵³pi⁵³

滚屎虫屎壳郎 glai⁵³ha⁵⁵lja⁵⁵ja³⁵kɯ³⁵lɯ⁵³

绿头蝇 ta⁵⁵ljao⁵³tiŋ⁵⁵

蜘蛛网 kɯ⁵⁵prau⁵³saŋ³⁵

织网蜘蛛~ sa³⁵tjin³⁵

乌龟 du³¹la⁵⁵

蜗牛 a³¹na⁵³tʂhi⁵⁵

蝌蚪 ɕoŋ⁵³pu³⁵

泥鳅 ta³¹ji³⁵

带鱼 ta⁵⁵pu⁵⁵ta³¹ŋa⁵³

鱼鳍鱼翅膀 ta⁵⁵ŋa⁵³ta³¹lɯŋ⁵⁵

鱼刺 ta⁵⁵ŋa⁵³lje⁵⁵

鱼子鱼卵 ta⁵⁵ŋa⁵³ma⁵⁵na³¹

鱼苗 ta⁵⁵ŋa⁵³a⁵⁵

鱼饵 ta⁵⁵ŋa⁵³ta³¹pɯm⁵⁵

剖鱼 ta⁵⁵ŋa⁵³ta³¹po³⁵ja³⁵

钓鱼竿 ta⁵⁵ŋa⁵³ta³¹pɯm³⁵

皮子总称 ta³¹ko⁵³

毛总称 m⁵⁵

羽毛 pja⁵³m⁵⁵

角动物身上长的 rau⁵⁵

蹄子统称 groŋ³⁵

发情动物~ be⁵³sau⁵⁵

产崽动物~ prau⁵³a⁵⁵

开膛剖开宰杀动物的腹部 ta³¹men⁵³

交尾 ma⁵⁵tho⁵³ga³⁵

蝉脱壳 kwo⁵⁵tɕou⁵³

水牛 ma³¹dʑi⁵³

黄牛 ma⁵⁵tʂau⁵³

公牛 阉过的 ma⁵⁵tʂau⁵³ka³¹ri³⁵

牛犊 ma⁵⁵tʂau⁵³a⁵⁵

牛角 ma⁵⁵tʂau⁵³rau⁵⁵

牛皮 ma⁵⁵tʂau⁵³ko⁵⁵

牛筋 ma⁵⁵tʂau⁵³sa⁵³

牛垂皮 黄牛颈项垂下的~ ma⁵⁵tʂau⁵³a⁵⁵ju⁵³

牛打架 ma⁵⁵tʂau⁵³ɲim³¹ka³⁵

牛反刍 ma⁵⁵tʂau⁵³kri⁵⁵ja³⁵

公马 ma³¹roŋ⁵³ka³¹ri³⁵

母马 ma³¹roŋ⁵³ta³¹pi⁵³

马驹 ma³¹roŋ⁵³a⁵⁵

绵羊 kɯ³¹joŋ³⁵

山羊 kɯ⁵⁵tɕi⁵⁵

公羊 kɯ⁵⁵tɕi⁵³ka³¹ri³⁵

母羊 kɯ³¹tɕi⁵³ta³¹pi⁵³

羊羔 kɯ⁵⁵tɕi⁵³a⁵⁵

羊毛 kɯ³¹tɕi⁵³m⁵⁵

羊皮 kɯ³¹tɕi⁵³ko⁵³

公驴 krau⁵⁵ka³¹ri³⁵

母驴 krau⁵⁵ta³¹pi⁵³

猎狗 ta³¹bren³⁵kwɯ⁵³

疯狗 kwɯ⁵³ta³¹me³⁵ja³⁵

狗窝 kwɯ⁵³ŋ³⁵

冠 鸡~ a³¹dzau³⁵

鸡崽 tju⁵³a⁵⁵

鸡爪 tju⁵³ɕi⁵⁵

鸡屎 tju⁵³klai⁵³

鸡胗 tju⁵³ha⁵⁵jin⁵⁵

蛋壳 kɯ³¹rwa⁵³

蛋黄 ma⁵⁵jin⁵³

嗉囊 鸟类食管后部用于暂存食物的膨大部分 ka⁵³tɯ³¹pa⁵³

脚蹼 鸭子的 groŋ⁵³tʂha⁵³

蜕皮 ha⁵⁵le³¹tɕju⁵³

叮 蚊子~ thaɯ⁵³

蜇 蜂子~ tɕhi⁵³

爬 虫子~ a³¹kau⁵⁵

叫 牛~ ruŋ⁵⁵

五　房舍器具

楼房 ŋ⁵³tjoŋ⁵³

木板房 ma³¹seŋ⁵⁵ŋ³⁵

砖瓦房 khlai⁵³ŋ³⁵

仓库 a⁵⁵ga⁵³

棚子 ma³¹kɯm⁵⁵

草棚 ta³¹sɯɯ⁵³ma³¹kɯm⁵⁵

屋檐 ŋ⁵³ka³¹pen⁵³

屋顶 bom³¹tjim⁵⁵

梁 a³¹tjiŋ⁵⁵

椽子 ta³¹li³⁵

立柱 房屋中间的主要支柱 ta³¹m³⁵

榫头 ma⁵⁵tho⁵³

门 kha³¹leŋ³⁵

门口 kha⁵⁵leŋ⁵³bom³⁵

闩门~ krɯ⁵⁵plɯm⁵³

篱笆 竹木条~ a³¹põ³⁵

栏杆 a³¹põ³⁵

桩子 ta³¹m³⁵

级 楼梯的~ ta³¹khrɯ⁵³

木料 ta⁵⁵hu⁵³

圆木 ta⁵⁵hu⁵³bom³⁵

板子 kɯ³¹de³⁵

墙板 a³¹dzen⁵³

木板 dʐɑ⁵³plɑ⁵³
天花板 pum⁵³tjim⁵⁵
门板 khɑ³¹leŋ⁵³dʐɑ³¹plɑ⁵³
墙壁 ɑ³¹tʂen⁵³
围墙 ɑ³¹põ³⁵ren⁵⁵
砌墙 ɑ³¹põ³⁵ren⁵⁵
土墙 klɑi⁵³ɑ³¹poŋ³⁵
石墙 phlɑŋ⁵³ɑ³¹poŋ³⁵
房间 ŋ⁵³pe⁵⁵
外间 ŋ⁵³kɑ³¹poŋ⁵⁵
里间 ŋ⁵³lum³¹kuŋ⁵⁵
箱子统称 gum³⁵
木箱 mɑ³¹seŋ⁵⁵gum³⁵
皮箱 tɑ³¹kwo³⁵gum³⁵
饭桌 tɑ³¹pun³⁵tɑ³¹tɕoŋ³⁵
小板凳 di⁵⁵plum³⁵tɑ³¹tɕoŋ³⁵
棕垫棕树纤维做的床垫 mɑ³¹loŋ³⁵tɑ³¹plo⁵³
电灯 lu⁵⁵
灯泡 lu⁵³brɑ⁵⁵
电线 lu⁵³tɑ³¹tjin⁵³
开关 kɑ⁵⁵tjo³¹plum⁵³
油灯 nɑ⁵⁵mun⁵³tje⁵⁵
盆洗脸~ mɑ³¹seŋ⁵⁵ku³¹le⁵⁵
镜子 tɑ³¹khlɑ³⁵
风箱 tɑ³¹hɑu⁵³
篮子 dʐoŋ³¹lu⁵³
背篓背小孩的~ tɑ³¹krɑ⁵⁵
袋子装粮食的~ tɑ³¹khi³⁵
麻袋 tɑ³¹khi³⁵
钩子挂东西用的 tɑ⁵⁵kwo⁵³
抹布 ȵu³⁵plum⁵³
蓑衣 mɑ³¹lo³⁵tiŋ⁵³

斗笠 gɯ⁵³lɯ³¹gɑ⁵³
雨衣 kɑ³¹ri³⁵tiŋ⁵³
吹火筒 muŋ³⁵jɑ³¹tɑ³¹wɑŋ⁵⁵
火钳 hɑ⁵⁵mun⁵³tɑ³¹tjoŋ³⁵
铁锅 tshɑu⁵⁵pu⁵³
铝锅 dʐɑŋ⁵⁵tei³¹pu⁵³
砂锅 phlɑŋ⁵³tjɑu⁵⁵pu⁵³
小锅 pu⁵³ɑ⁵⁵ɑ⁵⁵
锅盖 pu⁵³tjɯ³¹
三角架柴火灶的~ kwɯn⁵³
锅铲 tɑ³¹plɑ⁵³
刷子统称 ɑ⁵⁵pɯ³¹plum⁵⁵
锅刷 pu⁵³ȵoŋ⁵³
调羹 tɑ³¹plɑ⁵³
勺子盛汤、盛饭用的~统称 tɑ³¹wɯ⁵³
木勺子 mɑ³¹seŋ⁵⁵tɑ³¹plɑ⁵³
饭勺 tɑ³¹pun³⁵tɑ³¹plɑ⁵³
砧板 tɑ³¹koŋ⁵³kwɯn⁵³
饭碗 tɑ³¹pun⁵³hɑ⁵⁵lu⁵⁵
大碗 hɑ³¹lu³⁵tɯ⁵⁵ruŋ⁵⁵
小碗 hɑ³¹lu³⁵ɑ⁵³
木碗 mɑ³¹seŋ⁵⁵hɑ³¹lu⁵⁵
筷子筒 tɑ³¹plɑ⁵⁵tɑ³¹khrun⁵⁵
盘子大的 kɯ³¹le³⁵
碟子小的 hɑ³¹lu³⁵
刀总称 tɑ³¹rɑ⁵⁵
尖刀 tɑ³¹rɑ⁵³phjɯ⁵⁵
刀刃 tɑ³¹rɑ⁵³rɑ⁵⁵
缺口刀刃上坏掉缺少的一块 grɑi⁵⁵
刀面 tɑ⁵⁵rɑ⁵³blɑ⁵⁵
刀背 tɑ⁵⁵rɑ⁵³tɯ³¹kum⁵⁵
刀鞘 tɑ⁵⁵rɑ⁵³tɯ³¹bro⁵³

第四章 分类词表

89

柴刀 ma³¹seŋ³⁵tɯ³¹ja⁵⁵ta³¹ra⁵⁵
磨刀石 phri⁵³
杯子 统称 lu⁵⁵tʂa⁵⁵
酒杯 jo⁵⁵lu³¹tʂa⁵⁵
茶杯 ta⁵⁵na⁵³tɕa³⁵ha³¹lu³⁵
烧水壶 ta⁵⁵na³¹tɕa³⁵pu⁵³
臼窝 loŋ³⁵
碓杵 loŋ⁵⁵wen⁵⁵
工具 统称 ma³¹go⁵³
铁锤 sai⁵³ta³¹plaŋ³⁵
锯子 soŋ⁵⁵li⁵⁵
推刨 pɯi⁵⁵ljɯ⁵⁵
钻子 lo⁵³ja³⁵me³⁵
凿子 sai⁵³ta³¹ji⁵³
墨斗 thje⁵⁵
铁丝 sai⁵³roŋ⁵⁵
纺车 gre⁵⁵
织布机 ta³¹tjɯ⁵⁵
纺线 ȵaŋ⁵³m⁵³
梭子 ȵa⁵³poŋ³⁵
针眼 na⁵⁵go⁵³kra⁵⁵
顶针 na⁵⁵go⁵³ȵim⁵⁵blum⁵⁵
枪 ge⁵⁵ha⁵⁵rɯ⁵⁵
子弹 ta³¹ljaŋ⁵⁵
子弹头 ta³¹ljaŋ⁵³kɯ⁵⁵ru⁵⁵
子弹壳 ta³¹ljaŋ⁵³kwo⁵⁵rwa⁵³
土铳 火枪 thu⁵⁵pi⁵⁵kɯ⁵³ha³¹rɯ⁵⁵
炮 ge⁵⁵ha⁵⁵rɯ⁵⁵ta³¹ku⁵³
长矛 ta⁵⁵pa⁵³
弓箭 弓与箭的统称 a⁵⁵lai⁵³ta³¹pɯ⁵⁵
弓 a⁵⁵lai⁵³
箭 a⁵⁵lai⁵³pɯ⁵⁵

毒箭 thai⁵⁵pɯ⁵⁵
箭绳弦 a⁵⁵lai⁵³ta⁵⁵tjen⁵³
马鞭 ma³¹roŋ⁵⁵ta³¹tju³⁵
马鞍 ma³¹roŋ⁵⁵ga³⁵
脚蹬 马鞍上的~ sa⁵³blum³¹
缰绳 ma³¹roŋ⁵⁵ka³¹rui⁵⁵
箍 桶~, 名词 ta³¹ke⁵³
柴草 枝叶柴 ta⁵⁵saɯ⁵³pu⁵⁵ma⁵⁵mei³⁵
锉子 sa⁵⁵da⁵³
槌子 pa⁵³din³⁵
锥子 lo⁵³ja³⁵me³⁵
铃 打~ tɯ³¹poŋ⁵⁵
蒲团 ta⁵⁵saɯ⁵³ta³¹plaɯ⁵³
手表 rɯn⁵⁵ta⁵³rwin⁵³
眼镜 plum⁵⁵ta⁵³khɯ³¹la³⁵
扇子 ta³¹jiŋ⁵³
拐杖 ta³¹ȵĩ⁵⁵
筐子 用来筐虱子用的~ tshai³⁵ta³¹kwi⁵³
钱包 ta⁵⁵jin⁵³kɯ³¹phlum³⁵
大烟 罂粟 ga³¹nun⁵⁵
烟头 ɕi³⁵kɯ³¹re⁵⁵do⁵³kɯ⁵⁵ra⁵⁵
烟灰 ɕi⁵⁵kɯ³¹re⁵⁵pɯ⁵⁵jaɯ⁵⁵
烟斗 doŋ⁵⁵a⁵⁵bu⁵³
水烟筒 ka⁵⁵nun⁵³bra⁵⁵tjo⁵³
烟嘴 bra⁵⁵tjo⁵³ta³¹khrɯn⁵⁵
烟锅 bra⁵⁵tjo⁵³
水桶 ma³¹tɕi⁵⁵kɯ⁵⁵ljaŋ⁵³
刀架 放刀的木架 ta⁵⁵ra⁵³ta³¹kwo⁵³
刨花 ma³¹seŋ⁵⁵sɯk⁵³
锯末 ma³¹seŋ⁵⁵tum⁵⁵
筲箕 ɕoŋ⁵³kle³⁵
剃须刀 thu⁵⁵rui⁵³m⁵⁵rɯ³¹plum⁵³

棉被 kɑ³¹pe⁵⁵paŋ⁵⁵tɯm⁵³plau³⁵
被里 kha³¹tʂum⁵⁵lum⁵³koŋ⁵⁵
被面儿 kha³¹tʂum⁵⁵ha³¹kjaŋ³⁵
毯子 tɑ³¹plo⁵³
沉淀物澄清后沉在底层的东西 tɑ⁵⁵klai⁵³tɑ⁵⁵tɯŋ⁵³
大刀 tɑ³¹rɑ⁵⁵tɯ⁵⁵rɯŋ⁵⁵
小刀 tɑ⁵⁵rɑ⁵³ɑ⁵⁵
匕首 tɑ⁵⁵rɑ⁵³ɑ⁵⁵
火镰 pɯ³¹tɕha³⁵
炭火盆 nɑ⁵⁵mun⁵³tshɯɯ⁵³kle³⁵
瓶塞儿 tje⁵³kle⁵⁵tɑ⁵⁵sau⁵³
水碓 ma³¹tɕi⁵⁵loŋ³⁵
木臼 ma³¹seŋ³⁵loŋ³⁵
水碾 tɕe³¹ke⁵⁵
靠背椅~ ɑ⁵⁵khin⁵³plɯm⁵³tɑ³¹plo⁵³
飞机 tɯm⁵⁵kɑ³¹rai⁵⁵

六 服饰饮食

布总称 kha³¹dʐum⁵⁵
棉布 kɑ³¹pɯ⁵⁵kha³¹dʐum³⁵
麻布 tɑ³¹tʂha³⁵kha³¹dʐum³⁵
线总称 n̠ɑ⁵³
毛线 n̠ɑ⁵³tɑ³¹phin³⁵
棉线 kɑ³¹pɯɯ⁵⁵n̠ɑ⁵³
麻线 tɑ³¹tʂha³⁵n̠ɑ⁵³
线团 n̠ɑ⁵³tjiŋ⁵³
绸子 lɯ³¹tai⁵⁵
皮革 tɑ³¹kwo⁵³
皮袄 tɑ³¹kwo⁵⁵tiŋ⁵³
上衣 tiŋ⁵³ha³¹kiaŋ³⁵
内衣 tiŋ⁵³ha³¹lɑ⁵⁵
外衣 tiŋ⁵³ha³¹kjaŋ³⁵

单衣 tiŋ⁵³nɑ³¹pɑ⁵³
长袖 tɑ³¹waŋ⁵⁵kɑ³¹leŋ⁵³
短袖 tɑ³¹waŋ⁵⁵kɯ⁵⁵tjoŋ⁵³
扣眼 thɯɯ⁵⁵me⁵³graŋ⁵⁵
袖口 tɑ³¹waŋ⁵⁵ma³¹laŋ³⁵
裙子 thau⁵³
绣花名词 tɑ³¹bɯɯ⁵⁵lu⁵³
花边 kɑ³¹poŋ⁵⁵dzo⁵³
领子 koŋ⁵⁵wa⁵⁵
衣袋 tiŋ⁵³kɯ³¹phlẽ⁵³
内裤 lum⁵³koŋ⁵⁵nɑ⁵⁵pum⁵⁵
布鞋 kha³¹dʐem⁵⁵khɯ³¹n̠im³⁵
草鞋 tɑ³¹sau⁵³khɯ³¹n̠im³⁵
皮鞋 tɑ³¹kwo⁵⁵khɯ³¹n̠im³⁵
胶鞋 khɯ³¹n̠im³⁵
鞋带 khɯ³¹n̠im³⁵tɑ³¹tiŋ⁵³
草帽凉帽 tɑ⁵⁵sau⁵³gɯ³⁵
皮帽 tɑ³¹kwo⁵⁵gɯ³⁵
棉帽 gɯ³⁵tjim³⁵phun⁵³
手套 ɑ³¹tjo³⁵ɕim⁵³
腰带 ɑ³¹thɯ⁵⁵
带子统称 kɑ³¹rwi⁵⁵
头巾 kɯ⁵⁵pɯŋ⁵³
镯了·ɑ³¹dzen⁵⁵
耳环 sum³¹pui⁵³
项链 lai⁵⁵
珠子 lai⁵³bra⁵⁵
粉化妆用的 tɯm⁵⁵
食物总称 tha⁵³tjim³⁵
肉总称 tɑ³¹bren⁵³
肥肉 tɑ³¹bren⁵³so⁵³
瘦肉 tɑ³¹bren⁵³tho⁵³

肉皮指猪、牛、羊等可食用的~ ta³¹bren⁵³kwo⁵³
排骨 kɯ⁵⁵hrɯ⁵³
剔骨头 ɬai³⁵koŋ³⁵
腊肉 ta³¹pren³⁵ku⁵³
熏腊肉 ta³¹pren³⁵ku⁵³
五花肉 kɯ⁵⁵lo⁵⁵ta³¹bren⁵³
炖肉 ta³¹pren⁵³su⁵³
坨坨肉一块一块的肉 ta³¹bren³⁵ba³¹tsi⁵³
猪腰子 bɯ³¹lju⁵³ru³¹ma³¹na⁵³
锅巴 ta³¹pe⁵³poŋ⁵³
烧饼 phlaŋ⁵³
素菜 ta⁵⁵na³¹tjiŋ⁵⁵
荤菜 ta³¹so³⁵ta³¹nã³⁵
咸菜 pla³⁵ka⁵³a⁵⁵ta³¹na³⁵
酸菜 ta⁵⁵nã⁵³hrɯ³⁵
汤总称 tɕi⁵³
米汤 ge³⁵tɯ³¹leŋ³⁵
肉汤 ta³¹pren³⁵tɯ³¹leŋ³⁵
菜汤 ta³¹na³⁵tɕi⁵³
臽汤 tɕi³⁵a³¹wɯ⁵⁵
豆腐干 kɯ⁵⁵lju⁵⁵tʂhen⁵⁵ɕjoŋ³⁵
糖总称 pɯ⁵⁵rɯm⁵⁵
白糖 ɕi⁵³niŋ⁵⁵
冰糖 ta⁵⁵lum⁵³tsoŋ⁵⁵prɯm⁵⁵
红糖 a⁵⁵ri⁵³khwo³¹lo⁵⁵
瓜子儿 lum⁵⁵
茶总称 ta⁵⁵na⁵³dza³⁵
浓茶 ta⁵⁵na⁵³dza³⁵ma⁵⁵lu⁵³
油总称 so⁵³
猪油炼过的~ bɯ³¹lju⁵³so⁵³
油渣 so⁵⁵ta⁵⁵klai⁵³
芝麻油 khɯ³¹nɯŋ³⁵so⁵³

花生油 ta³¹ka³⁵thu⁵³tɕi³¹
八角 ma⁵⁵wa⁵³ɕi1³¹
花椒 ta⁵⁵dzo⁵³
胡椒面儿 ta⁵⁵dzo⁵³tɯm⁵⁵
豆腐渣 kɯ⁵⁵lju⁵³tʂhɯŋ⁵⁵ta³¹klai⁵³
面糊 klei⁵³tɯm⁵⁵tɯ³¹lɯŋ³⁵
酥油茶 ta⁵⁵so³⁵ta⁵⁵na⁵³dza³⁵
牛奶 ma⁵⁵tʂau⁵³ni⁵⁵
酒总称 ju⁵⁵
蛇胆酒 ta³¹pu⁵³thu⁵⁵mɯn⁵⁵ju⁵⁵
酒曲 ba⁵³
冷水 ma³¹tɕi⁵⁵thɯn⁵⁵
蒸饭 ta³¹pɯn³⁵ma³¹pɯm⁵⁵
白饭 ta³¹pɯn⁵³ljo⁵³
硬饭 ta⁵⁵pɯn⁵³phru⁵³
软饭 ta⁵⁵pɯn⁵³ɲi⁵⁵m⁵⁵
碎米 ta³¹kau⁵⁵ta³¹hrɯ⁵³
寡蛋孵不出小鸡的蛋 gɯm⁵³tje³⁵
粽子 ta³¹pɯn⁵³pi⁵³
搅团一种用玉米、荞麦面做的糊糊 ha⁵⁵wa⁵⁵

七 身体医疗

身体统称 tjɯŋ⁵⁵
个头 seŋ⁵³
皮肤 kwo⁵³
皱纹 ka³¹rau³⁵
肌肉人的 tiŋ⁵⁵tho⁵³
血液 ha⁵⁵rwai⁵³
骨头 ri³¹boŋ³⁵
骨髓 ru⁵³ʂu³¹
肋骨 kɯ³¹hrɯ⁵³
脊椎 ha⁵⁵rɯŋ⁵³ta³¹ljaŋ⁵⁵

头盖骨 kru⁵³kɑ⁵⁵
肩胛骨 thɯ⁵⁵liŋ⁵³tɑ³¹plɑ⁵³ri³¹poŋ³⁵
踝骨 groŋ⁵³bɯ³¹lɯm⁵⁵
内脏统称 kɯ⁵⁵ɬen⁵³hɑ³¹po⁵³
心 hɑ³¹po⁵³te⁵⁵
肝 kɯ⁵⁵ɬen⁵³
脾 tɑ³¹plen⁵⁵
肺 hɑ³¹po⁵³
肾腰子 ru⁵³mɑ³¹nɑ³¹
胃 ɑ³¹soŋ³⁵
胆 thɯ⁵⁵men⁵⁵
筋 sɑ⁵³
脉 sɑ⁵³
血管 hɑ⁵⁵rai⁵³tɑ³¹waŋ⁵⁵
肠子 kɯ³¹ɬai³⁵
大肠 ɬai⁵³ju⁵⁵
小肠 ɬai⁵³lai⁵⁵
发髻 thɯŋ⁵³ɑ³¹ji⁵³
头顶 kru⁵⁵tsɑɯ⁵³
头旋脑旋 thɯŋ⁵³thɯ³¹wi⁵³
脑髓 bɯ⁵⁵n̠im⁵³
后脑 tɑ³¹mja⁵⁵mɑ³¹glɯ⁵⁵
囟门 ɑ³¹tiŋ⁵³rɑ⁵⁵
白发 ɬɯɯ⁵⁵pɯ⁵⁵ljo⁵³
鬓角 kɑ³¹pen⁵⁵thɯŋ³⁵
睫毛 blem⁵³m⁵⁵
气管 ɕɯ⁵³tɯ³¹waŋ⁵⁵
食道 thɯ⁵⁵roŋ⁵³kɑ³⁵
喉结 ɕɯ⁵³tɯ³¹gro⁵³
酒窝 pɯ⁵⁵ru⁵³ko³¹lo⁵⁵
颧骨 bru⁵⁵ri³¹poŋ³⁵
太阳穴 kɑ³¹pɯn⁵⁵klo⁵⁵

眼皮 blem⁵³kwo⁵³
单眼皮 blem⁵³kwo⁵³
双眼皮 blem⁵⁵pi⁵³
眼角 blem⁵⁵khɑ³¹dju³⁵
眼白 blem⁵³ljo⁵³
眼屎 blem⁵⁵klɑi⁵³
耳孔 kru⁵³nɑ³¹krɑŋ⁵⁵
耳垂 kru⁵³mɑ³¹nɑ³¹
耳屎 kru⁵³tɑ³¹su⁵³
痰 nɑ³¹khɑ⁵³
鼻孔 hɑ⁵⁵n̠ɑ⁵³krɑŋ⁵⁵
鼻尖 hɑ⁵⁵n̠ɑ⁵³phjɯ⁵⁵
鼻梁 hɑ⁵⁵n̠ɑ⁵³gum⁵⁵
鼻毛 hɑ³¹n̠ɑ⁵³m⁵⁵
鼻屎 nɑ⁵⁵di⁵⁵
门牙 kɑ⁵⁵tɕi⁵⁵lã³⁵
犬齿 kwɑɯ⁵⁵lã³⁵
臼齿 diŋ⁵³kwɯn³¹
齿龈 diŋ⁵³so³¹
牙缝 lã⁵³krɑ⁵⁵
牙垢 lã⁵³klɑi⁵³
假牙 lã³¹hɑ⁵³lɯk⁵⁵
小舌 khɑ⁵⁵lo⁵³
舌尖 thɯ³¹liŋ⁵³nɑ³¹phjɯ⁵⁵
兔唇 hɑ⁵⁵n̠ɑ⁵³pre⁵³
人中 hɑ⁵⁵n̠ɑ⁵³pum³⁵
络腮胡 kɑ⁵⁵pun³⁵m⁵⁵ɕo⁵⁵
乳头女性的 ni⁵³to³¹
乳汁 ni⁵³tɕi⁵³
胸脯 kɯ³¹tʂum⁵⁵
腰 ɑ³¹thɯ⁵³kru⁵³
小腹 kɯ³¹jiŋ⁵³ɑ⁵⁵

手心 a³¹tjo⁵⁵ka⁵⁵
手背 a³¹tjo⁵³pluɯn⁵³
手茧子 a³¹tjo⁵⁵ta³¹plaŋ⁵⁵
手腕 a³¹tjo⁵⁵la⁵⁵krau⁵³
汗毛 m⁵³thɯ³¹pru³⁵
粉刺 脸上的~ ta³¹tʂuɯn⁵³
痱子 ta⁵⁵lu⁵³
指纹 a³¹pruɯŋ³¹tʂo⁵³
虎口 a³¹pruɯŋ⁵⁵tsha⁵³
腋窝 ka³¹ga⁵³
腿肚子 groŋ⁵³m⁵⁵
腘窝 大腿和腿肚子中间的弯曲处 groŋ⁵³kha⁵³
脚心 groŋ⁵³ka⁵⁵
脚趾 groŋ⁵³a³¹pruɯ⁵⁵
脚印 groŋ⁵³poŋ³¹
响屁 klai⁵³kuɯ³¹prai⁵³kra⁵³
闷屁 klai⁵³ma³¹sai⁵³
稀屎 klai⁵³ta³¹phle⁵⁵
膀胱 尿泡 a³¹thjɯ⁵³
子宫 a⁵⁵po⁵³
阴道 ha³¹tjau⁵³graŋ⁵⁵
阴毛 ha³¹tjau⁵³m⁵⁵
睾丸 saŋ⁵⁵braŋ⁵⁵
汗 ha³¹wu⁵⁵
汗垢 ha³¹wu⁵⁵ta³¹kjɯ⁵³
唾沫 khlai³⁵
医院 ta³¹ma⁵⁵ŋ³⁵
药店 ta³¹ma⁵⁵pre⁵⁵luɯm⁵³
大病 tsuk³¹ȵaŋ³⁵
内伤 luɯm³¹kuŋ⁵⁵wa³¹ɕa⁵³
外伤 hwã⁵³a³¹ra⁵⁵wa³¹ɕa⁵³
药 总称 ta³¹ma⁵³

药丸 ta³¹ma⁵³bra⁵³
药粉 ta³¹ma⁵³tuɯm⁵⁵
药水 ta³¹ma³⁵ma³¹tɕi⁵³
药膏 ma³¹ȵe³⁵ja³¹ta³¹ma⁵³
药酒 ju⁵⁵ta³¹ma⁵³
草药 ta³¹sau⁵³ta³¹ma⁵³
蛇药 ta³¹pu⁵⁵ta³¹ma⁵⁵
毒药 thai⁵⁵ta³¹ma⁵³
开药方 ta³¹ma³⁵ta³¹kwo⁵³tʂu⁵⁵ja³⁵
熬药 ta³¹ma³⁵a³¹m̥⁵⁵
搽药 ta³¹ma⁵³ȵoŋ⁵³
动手术 rai⁵⁵ja³⁵
麻药 meŋ⁵⁵ta³¹ma⁵³
补药 tjiŋ⁵⁵a³¹pruɯŋ⁵⁵ja⁵³ta³¹ma⁵³
忌口 ha³¹ȵaŋ³⁵
治~病 ma³¹pra⁵⁵
呕 干~ me⁵³
发冷 感冒前兆时~ dzoŋ⁵³lai³¹
打冷战 发疟疾时~ ha³¹kuɯ³¹luɯm⁵³
感冒 ma³¹suɯ⁵⁵
传染 ha³¹tɕuɯ⁵³
头晕 a⁵⁵i⁵³ɕin³¹
头疼 kru⁵⁵ȵaŋ³⁵
按摩 a³¹noŋ⁵³
穴位 ha³¹rai⁵³kuɯ⁵⁵lu⁵⁵
发汗 ha⁵⁵wu⁵⁵
牙痛 la³⁵ȵaŋ³⁵
抽筋 ta³¹khuɯm⁵³
瘟疫 ta³¹leŋ³⁵
哮喘 ɕiŋ⁵³a⁵⁵
麻风 ruɯn⁵⁵ta³¹puɯm⁵⁵ta³¹kau⁵³
天花 bro⁵³

水痘 ta⁵⁵lɯ⁵³
疟疾 ma³¹lei⁵⁵
痢疾 ma³¹lei⁵³
大脖子病 dɯ³¹pa⁵³
骨折 ri³¹boŋ³⁵tju³⁵
脱臼 glɯi⁵³
伤口 wa⁵³
痂 伤口愈合后结的～ ha³¹klɯŋ⁵³
疮 总称 ma⁵⁵lau⁵³
冻疮 ha³¹tɕi⁵⁵
起泡 tʂu⁵⁵ho⁵³
水泡 tʂu⁵⁵ho⁵³
血泡 ha⁵⁵rwai⁵³tʂu⁵⁵ho⁵³
流鼻血 ha⁵⁵ȵa⁵³ljɯ³¹
梅毒 sen⁵⁵mo⁵⁵a⁵⁵ke⁵³
伤痕 未好的 wa⁵³poŋ³⁵
胀 肚子～ tshoŋ⁵⁵wã⁵⁵
麻 手发～ ka³¹pa⁵³a⁵⁵
僵硬 grɯŋ⁵³
伤 受～ wa⁵³
出血 ha³¹rwai⁵³blum⁵³a³¹
淤血 ha⁵⁵rwai⁵³pu⁵⁵
茧 手上长的老～ a³¹tjo³⁵ta³¹plaŋ⁵⁵
雀斑 ha³¹bru⁵³khɯ³¹lɑɪa³⁵
麻子 ha³¹bru⁵³khɯ³¹lai³⁵
胎记 da³¹tjɯ⁵³
结巴 tɯ³¹krɯ⁵⁵a⁵⁵hõ⁵³
脚气 groŋ⁵³khlai³⁵
左撇子 tɯ³¹kjɯ⁵³
六指 a³¹pruŋ⁵³ta³¹hro⁵³
近视眼 plum⁵³ta³¹tɕhi⁵³
鸡眼 脚茧病 pja⁵³plum⁵⁵

独眼 plum⁵⁵khun⁵³
对眼 a⁵⁵lum⁵³pa⁵⁵hwun⁵³
斜眼 plum⁵³ha⁵⁵ra⁵⁵
歪嘴 thu⁵⁵rum⁵³pɯm³¹ha⁵⁵ra⁵³
瘫痪 a³¹pe³⁵

八　婚葬信仰

招赘 kɯ⁵⁵mu⁵³ma⁵⁵la⁵³
接亲 me⁵⁵jaŋ⁵⁵ka³¹tjo⁵³
抢婚 me⁵⁵jaŋ⁵⁵ja⁵³
离婚 me⁵⁵jaŋ⁵⁵ma³¹wa³⁵bɯn³¹ga⁵⁵
胎 a⁵³a³¹pu⁵⁵
胎衣 a³¹sɯk⁵³
脐带 tɕin³⁵ta⁵⁵tjin⁵³
小产 a⁵⁵lja⁵³koŋ³⁵
打胎 a⁵⁵lja⁵³koŋ³⁵
寿命 gum³⁵
岁数 人的～ me³⁵kɯ⁵⁵nɯŋ⁵³
送葬 ri³¹boŋ³⁵ka³¹po⁵³
尸体 thɯŋ⁵⁵
火葬 ri³¹poŋ³⁵prɯk⁵³
火葬场 ri³¹poŋ³⁵prɯ³¹plum⁵³
土葬 khlai³⁵m⁵⁵
坟地 thɯɯ⁵⁵m⁵⁵blum⁵³
灵魂 ma³¹ra⁵⁵
法术 gwak⁵³a⁵⁵
作法 gwak⁵³a⁵⁵
命运 gum⁵³
打卦 a⁵⁵lai⁵³ma³¹ȵim⁵³
拜菩萨 glum⁵³
鬼 khu⁵⁵ȵim⁵⁵
仙 tɯ⁵⁵mei⁵⁵

巫师 gwak⁵³

巫婆 gwak⁵⁵me⁵⁵jɑ³¹a⁵⁵

龙 brwa³⁵

许愿 glum⁵³

还愿 bɯ³⁵toŋ⁵³glum⁵³

鬼火 磷火 khɯ³¹n̥im⁵⁵na³¹mum⁵⁵

九　人品称谓

高个儿 me³⁵ka³¹lɯŋ⁵³

光头 kru⁵³kau⁵⁵

老太太 me⁵³jɑ³¹ta³¹pɯu⁵⁵

老头子 ma⁵⁵wa⁵³a⁵⁵ta³¹pɯu⁵⁵

年轻人 me⁵³ha³¹prun⁵³

小伙子 min⁵³ha³¹prun⁵³

姑娘 jaŋ⁵⁵a³¹rau⁵⁵

熟人 kɯ⁵⁵sa⁵³ka³⁵a⁵⁵me³⁵

生人 kɯ⁵⁵sa⁵³ka³¹jim⁵³

富人 mo³¹hwa⁵⁵me³⁵

穷人 deŋ⁵⁵me³⁵

工人 gum³⁵pa⁵³jɑ³⁵me³⁵

官 总称 a³¹tsa⁵³

头目 tɯi⁵⁵jɑ⁵⁵

医生 ta³¹ma⁵⁵ba³¹pu⁵⁵

猎人 ta³¹broŋ⁵³tʂhoŋ³⁵

屠夫 ta³¹pren³⁵sei⁵³jɑ³⁵me³⁵

老板 kha³¹ji⁵⁵jɑ³⁵me³⁵

强盗 jɑ³⁵jɑ³⁵me³⁵

骗子 la⁵³ha³¹lu⁵⁵jɑ³⁵me³⁵

胖子 me⁵³tu³¹run⁵⁵

民族 ba³⁵me³⁵

汉族 khi⁵⁵ba³⁵me³⁵

老百姓 kha³¹ljau⁵⁵ba³¹jɑ³⁵me³⁵

姓 你～什么？ ɕim⁵⁵ba³⁵me³⁵

主人 tei⁵⁵jɑ⁵⁵

兵 总称 sɯ⁵³pe³¹he⁵⁵

老师 ta³¹kwo⁵⁵ta⁵⁵hwi⁵³jɑ³⁵me³⁵

学生 kwo⁵³tsa³¹ruuk⁵⁵

敌人 bɯ³¹ren³⁵

伙伴 tu³¹mroŋ⁵⁵

摆渡人 pẽ³⁵tju⁵³jɑ³⁵me³⁵

酒鬼 ju⁵⁵jɑ⁵⁵

证人 tɯ³⁵boŋ³⁵me³⁵

鳏夫 ma⁵⁵wa⁵³a⁵⁵ɕin⁵³ka³¹me³⁵

寡妇 me⁵⁵jɑ⁵⁵a⁵⁵ɕin⁵³ka³¹me³⁵

头人 ma³¹tjiŋ⁵⁵tɯi³¹jɑ⁵⁵

石匠 phlaŋ³⁵tju⁵³jɑ³⁵me³⁵

篾匠 ta³¹lja⁵⁵pa⁵³jɑ³⁵me³⁵

铁匠 ta⁵⁵tju⁵³jɑ³⁵me³⁵

中人 ka⁵⁵bei⁵³jɑ³⁵me³⁵

流浪汉 mẽ⁵³ta³¹lɯŋ⁵³

叛徒 lɯŋ⁵³tu³¹jɑ³⁵me³⁵

本地少数民族 本地藏族 im⁵³la³¹a⁵⁵ba³⁵me³⁵a³¹a⁵⁵

私生子 a⁵³ka³¹ra³⁵

囚犯 po⁵³

赶马人 ma³¹roŋ⁵⁵tjiŋ⁵⁵jɑ³¹me³⁵

长辈 统称 ta³¹dzai⁵⁵

曾祖父 tja⁵³a³¹raŋ⁵³

曾祖母 ja⁵³a³¹raŋ⁵³

大舅 a³¹kau⁵⁵ta⁵³dzai⁵⁵

小舅 a³¹kau⁵⁵a⁵⁵joŋ⁵⁵

大舅母 a⁵⁵ma⁵³pu⁵⁵

小舅母 a⁵⁵ma⁵³a⁵⁵

兄弟 nɯŋ⁵³mroŋ⁵⁵

姐妹 nɯŋ⁵³mroŋ⁵⁵

堂兄 ba³⁵me³⁵a³¹pru⁵³
堂弟 ba³⁵me³⁵bra³¹mroŋ⁵⁵
堂姐 ba³⁵me³⁵bi⁵⁵
堂妹 ba³⁵me³⁵pa³¹thei³⁵
表姐 ma⁵³nuŋ⁵⁵mroŋ⁵⁵bi⁵⁵
表妹 ma⁵³nuŋ⁵⁵mroŋ⁵⁵pa³¹thei³⁵
表哥 ma⁵³nuŋ⁵⁵mroŋ⁵⁵a³¹pu³⁵
表弟 ma⁵³nuŋ⁵⁵mroŋ⁵⁵ba³¹mroŋ⁵⁵
子女 a⁵⁵jaŋ⁵⁵a⁵⁵ju⁵³wa³⁵
侄女 a³¹jaŋ⁵⁵
外甥女 ha⁵⁵tju⁵³
孙女 a³¹ji³⁵
外孙女 a³¹ji³⁵
重孙 a⁵⁵ji⁵³raŋ⁵³
祖宗 tja⁵⁵ja⁵⁵
孤儿 ɕiŋ⁵³ka³¹me³⁵
母女俩 mã⁵³a³¹jaŋ⁵⁵
男朋友 ma⁵³wa³¹a⁵⁵tɯ⁵⁵mroŋ⁵⁵
女朋友 me⁵⁵ja³¹a⁵⁵tɯ⁵⁵mroŋ⁵⁵
大舅子 nuŋ⁵⁵ta³¹dzai⁵⁵
小舅子 nuŋ⁵⁵a⁵⁵joŋ⁵⁵
大姨子 ta³¹rau³⁵ta³¹dzai⁵⁵joŋ⁵⁵
小姨子 ta³¹rau³⁵a⁵⁵joŋ⁵⁵
兄弟俩 nɯŋ⁵³mroŋ⁵⁵ka³¹n⁵⁵
夫妻俩 me⁵⁵jaŋ⁵⁵ma³¹wa³⁵ka³¹n⁵⁵
姐妹俩 bi⁵⁵mroŋ⁵⁵ka³¹n⁵⁵
曾孙 a⁵³ji³⁵
母子俩 ma⁵³a⁵⁵ju⁵³wa³⁵ka³¹n⁵⁵
父女俩 ba³⁵a³¹jaŋ⁵⁵ka³¹n⁵⁵
婆家 jau⁵⁵n⁵⁵
亲家 a³¹n̥oŋ³⁵n³⁵
亲家公 bra⁵⁵

亲家母 jau⁵³
父子 ba³⁵a⁵⁵ju⁵³wa³⁵
父女 ba³⁵a⁵⁵jaŋ⁵⁵
母子 ma⁵³a⁵⁵ju⁵³wa³⁵
母女 ma⁵⁵a⁵⁵jaŋ⁵⁵

十　农工商文

种水稻 ge³⁵ta³¹plai⁵³tjiŋ⁵³
播种 ta³¹plai⁵³tjiŋ⁵³
点播 liŋ⁵³
撒播 pɯk⁵³
犁田 kha³¹ljau⁵⁵ka⁵⁵ljaŋ⁵³
种田 kha³¹ljau⁵⁵ba⁵³
栽种 li³⁵
耙田 kha⁵⁵ljau⁵⁵ma³¹liŋ³⁵ja³¹
挖地 kha⁵⁵ljau⁵³wa⁵⁵
锄地 kha³¹ljau³⁵wo⁵³
除草 ta³¹sau⁵³prei⁵³
收割 ha³¹pɯ⁵⁵
开荒 ga⁵⁵lɯn⁵³tje³¹
浇水 ma³¹tɕi⁵⁵lu⁵³
肥料 tɯ³¹ri⁵³
施肥 tɯ³¹ri⁵⁵lu⁵³
沤肥 tɯ⁵⁵ri⁵⁵ma⁵³tʂhen⁵³
掰玉米 na³¹boŋ³⁵wã⁵³
楔子 檥ta³¹tʂau⁵³
连枷 jau⁵⁵kwe⁵⁵
连枷把 jau⁵⁵kwe⁵³tjo³¹
连枷头 jau⁵⁵kwe⁵³a³¹pa⁵³plɯm³¹
锄柄 ta³¹gwo⁵³tjo⁵³
犁头 la⁵⁵pu⁵³ten⁵⁵
犁铧 thiŋ⁵⁵ba⁵⁵

犁架 ta³¹kro⁵³
犁弓 ɕin⁵⁵tja⁵⁵
犁把 thin⁵⁵ba⁵⁵tjo⁵³
牛轭 ta³¹kro⁵³
打场 指在谷场上脱粒 ta³¹tha⁵⁵hwɯ³¹kɯ³¹lɯm⁵³
晒谷 ta³¹tha³⁵ma³¹la⁵⁵
晒谷场 ka³¹taŋ⁵⁵
麻绳 tɯŋ³⁵ka³¹rwi⁵³
撮箕 so⁵³plɯm³¹ma³¹kwo⁵³
鞭子 ka³¹rwi⁵⁵hwo⁵³plɯm⁵³
筐 统称 ta³¹kra⁵⁵
粗筛 指眼大的筛子 ta³¹tʂhɯ⁵⁵graŋ⁵³
细筛 指眼小的筛子 ta³¹tʂhɯ⁵⁵peŋ⁵³
圈儿 统称, 名词 brɯm⁵³
牛圈 ma³¹tʂau⁵³brɯm⁵³
马棚 ma³¹roŋ⁵⁵brɯm⁵³
羊圈 kɯ³¹dʑi⁵³brɯm⁵³
鸡窝 tju⁵³a³¹jɯ⁵⁵
笼子 tɯ³¹pɯm⁵⁵
猪槽 bɯ³¹lju⁵⁵ta³¹kau³⁵
木槽 ma³¹seŋ⁵⁵ta³¹kau³⁵
谷桶 dɯm³⁵
碾米 ɠe⁵³ri⁵³
舂米 ɠe⁵⁵ɲim⁵³
猪草 bɯ³¹lju⁵⁵ta⁵⁵sau⁵³
猪食 bɯ³¹lju⁵⁵ta³¹tha⁵³
买 brei³⁵
卖 tju⁵³
交换 物物~ ji³⁵ka³⁵
价钱 tha³lju⁵⁵
借钱 po³¹wen³⁵ha³¹ta⁵³
还钱 po³¹wen³¹ta⁵³na³¹
讨价 po⁵³ka³⁵

还价 po⁵³ha³¹tʂa⁵³
出租 a³¹ŋaŋ⁵³
债 a³¹wa⁵³
赢~钱 ha³¹ne⁵³
输~钱 a³¹khaŋ⁵⁵ɕa³¹
秤钩 ta³¹tɕu³⁵ta⁵⁵kwo⁵³
秤盘 ta³¹tɕu³⁵kɯ³¹lai³⁵
秤星 ta³¹tɕu³⁵ta³¹ɕa⁵³
秤砣 ta³¹tɕu⁵³pɯm³¹
火车 raŋ⁵³na³¹mɯn⁵⁵
汽车 ga³¹re⁵⁵
船 总称 pɯn³⁵
划船 pɯn⁵⁵tju⁵³
电话 da³⁵
机器 pin⁵⁵tɕa⁵⁵
国家 统称 tɕa³¹khau⁵³
政府 a³¹dza⁵⁵bɯm³⁵
乡政府 ɕaŋ⁵⁵
村 行政~ ma³¹tjɯŋ⁵³
印章 统称, 名词 the⁵⁵
记号 标记 ta³¹ɕa⁵³
粉笔 dzau⁵⁵nɯŋ⁵⁵ta³¹kwo⁵³ta³¹prɯ⁵⁵
笔 总称 ta³¹kwo⁵³ta³¹prɯ⁵⁵
纸 总称 ta³¹kwo⁵³ljo⁵³
书 总称 ta³¹kwo⁵⁵
念书 ta³¹kwo⁵⁵tʂai⁵⁵
小学 kwo⁵⁵tʂa⁵³rɯ⁵⁵a⁵⁵a³⁵
请假 goŋ³⁵pa⁵⁵ɕi⁵³
放假 kwo⁵⁵tʂa⁵³rɯ⁵⁵ma⁵⁵tja⁵³
毕业 tsai⁵⁵a³¹tɯŋ³⁵koŋ³⁵
荡秋千 lɯŋ⁵³plɯm³¹
吹口哨 ɬai⁵⁵
打弹弓 ma³¹nɯŋ³⁵a⁵⁵lai⁵³o⁵³

翻筋斗 puɯ⁵⁵tui⁵³
潜水 ma³¹tɕi⁵⁵luɯ⁵³
跳舞 buɯi³⁵
锣总称 doŋ⁵³
钹 bo³⁵tɕhin⁵⁵
鼓总称 ka⁵⁵raŋ⁵³
琴总称 ka⁵⁵raŋ⁵³
箫 ɕu⁵⁵re⁵⁵
口弦 dzoŋ³⁵
照相 ba⁵⁵dʐau³⁵
相片 ba⁵⁵
射击 ta³¹rwen⁵⁵o⁵³
墨水 ta⁵⁵kwo⁵³tɕi⁵³
墨汁 ta⁵⁵kwo⁵³tɕi⁵³
地图 mu⁵⁵la⁵³ta³¹ruɯn⁵³
图画 ba⁵⁵
字写~ ta³¹kwo⁵³bra⁵⁵
算~数 tsai⁵⁵
数~数 tsai⁵⁵
加数学中的~法 ta⁵³buɯm³¹
减数学中的~法 ma⁵⁵koŋ⁵⁵
球总称 ma³¹nuɯŋ⁵⁵pom⁵⁵
倒立 ku⁵³ha³¹jau⁵³duɯn⁵³
对歌 ta³¹ɕin⁵³da³⁵ga⁵³
比赛 ha⁵⁵ma⁵⁵ga³⁵
游泳 ma⁵⁵tɕi⁵⁵tje⁵³
骑马 ma³¹roŋ⁵⁵djoŋ⁵³
钓鱼 ta⁵⁵ŋ⁵³lja³¹

十一　动作行为

燃烧火~ gru⁵⁵a⁵⁵
哈气 ka⁵⁵wa⁵³ha³¹jaŋ³⁵
浮~在水面 ta³¹raŋ³⁵
流水~动 bluɯm⁵³
飞在天上~ jim³⁵
住~旅馆 ji⁵⁵
来~家里 ha⁵⁵na⁵⁵
吹~火 muɯŋ⁵³
拉~车 ma³¹goŋ⁵⁵
挖~土豆 wa⁵⁵
捉~鸡 rwo⁵³
挠用手指或指甲抓人 wa⁵⁵
圈动词，~牲口 tjo⁵³
刺~了一刀 n̠im⁵³
搓~手掌 lje⁵³
榨~油 rei⁵³
抹~水泥 n̠oŋ⁵³
笑 ma³¹ra⁵³
旋转 a⁵⁵ɕin⁵³
沉~没 tsuɯn⁵³
浸~泡 ma³¹buɯm⁵⁵
漏~雨 dau⁵³
溢水~出来了 be⁵³
取名 a³¹muɯŋ⁵⁵tso⁵³
晾衣 tjiŋ⁵³ma³¹la⁵⁵
补~衣服 ta³¹laŋ³⁵
剪~布 tjuɯ⁵⁵
裁~衣服 tjuɯ⁵⁵
织~毛线 tjo⁵³
扎~稻草人、风筝等 thu⁵³
砍柴 ma³¹seŋ⁵⁵tjuɯ⁵⁵
淘米 ta³¹kau⁵⁵muɯ⁵⁵huɯm⁵³
洗碗 wen⁵⁵ma⁵⁵nuɯm⁵³
搅拌 a³¹ka³⁵

焖~米饭 bom⁵⁵

炖~牛肉 ɑ³¹thu⁵³

烤~白薯 ku⁵³

饱吃~了 thɑ³¹djoŋ³⁵

醉酒~ ju⁵⁵m³⁵

打嗝 prɯ⁵³

讨饭 thɑ⁵³ɕi⁵³

酿酒 ju⁵⁵kwɯn⁵³

搬家 ŋ⁵⁵lei⁵³

分家 ŋ⁵⁵pɯn⁵³gɑ³⁵ɑ⁵⁵

开门 khɑ³¹lɯŋ⁵³po⁵³

关门 khɑ³¹lɯŋ⁵³pɯm⁵³

洗脸 n̻ɑ⁵⁵mɯ⁵⁵nɯm⁵³

漱口 ku⁵⁵ken³⁵tɯ³¹kri⁵³

做鬼脸 khɯ⁵⁵n̻im⁵⁵n̻ɑ⁵⁵je³¹jɑ³⁵

伸懒腰 hɑ⁵⁵roŋ⁵⁵mɑ³¹tɕin⁵³

点灯 lu⁵⁵hɑ³¹plɑ⁵³

熄灯 lu⁵⁵hɑ⁵⁵mɯn⁵³

说梦话 mɑ⁵⁵ro⁵³ɬɯ³⁵

醒睡~ dzuk³¹sɑ⁵³

晒太阳 rɯn⁵³blɯŋ⁵³

烤火 nɑ³¹mɯn⁵⁵lɯŋ³⁵

暖被窝 khɑ³¹tʂum⁵⁵mɑ³¹lɯŋ³⁵

等待 kɑ³¹ljoŋ³⁵

走路 ɑ³¹lim³⁵tɕhi⁵³

遇见 tɯ⁵⁵ru⁵³gɑ³⁵

去~街上 bo⁵³

进~山 leŋ⁵³

出~操 lin⁵³

进来 lɯŋ⁵³tsɑ³¹

上来 hɑ³¹tjo⁵³hɑ⁵³nɑ⁵⁵

下去 hɑ⁵⁵jɑɯ⁵⁵po⁵³

争~地盘 tɑ³¹kuh⁵³kɑ³⁵

吃亏 ɑ³¹khɑ⁵⁵ɕɑ⁵³

帮忙 ɑ³¹brɯŋ⁵⁵

请客 kɑ³¹re⁵⁵rin³⁵

送礼 tɑ³¹prɯ⁵⁵sɑ⁵³

告状 dɑu⁵³

犯法 hɑ⁵⁵pui⁵³bɑ³¹

赌博 hɑ⁵⁵mɑ⁵⁵gɑ³⁵

坐牢 po⁵³ŋ³¹di⁵⁵

砍头 kru⁵⁵tju⁵³

吻 brɯk⁵³

呛喝水~着了 tim³⁵tʂhɑu⁵³

呼气 ɕɯ⁵³mɑ³¹goŋ³⁵

抬头 kru⁵⁵dĩ³⁵

低头 kru⁵⁵gum⁵⁵

点头 kru⁵⁵guŋ⁵³

摇头 kru⁵⁵ɑ³¹wen⁵³

摇动 mɑ⁵⁵tjin⁵³

招手 ɑ³¹tjo³⁵tɯ³¹rɑ³⁵

举手 ɑ³¹tjo⁵⁵dĩ³⁵

笼手指双手各自插到另一个袖子里 ɑ³¹tjo⁵³gui⁵³

拍手 ɑ³¹tjo⁵⁵tɑ³¹pi⁵³

握手 ɑ³¹tjo⁵⁵ro⁵³

弹手指~ pɯ⁵⁵te⁵³

掐双手指~虱子 hɑ³¹nɑŋ⁵³

抠手指~ lu⁵⁵

牵~一条牛 kɑ³¹tjɑu⁵³

扳~手腕 tju³⁵

捧~水 kɯ³¹bi⁵⁵

抛向空中~物 hɑ³¹tu⁵³

掏从洞中~出来 bɯn⁵⁵

骗~猪 si⁵⁵ni⁵³

夹~腋下 tɯ³¹pɯi⁵³
抓~把米 kroŋ³⁵
甩~水 ɑ³¹wen⁵³
搓~面条 lje⁵³
跟~在别人的后面 ɑ³¹mɯn⁵³
跪~在地上 klum³⁵
踢~了他一脚 pi³⁵
躺~在地上 raŋ⁵³
侧睡 lja³¹n̠uŋ⁵⁵ŋ³⁵
靠~在椅子上睡着了 ɑ³¹khin⁵³
遗失 kɑ³¹mɑ⁵³
堆放 blum³⁵
叠~被子 bi⁵⁵
摆~碗筷 hɑ³¹ko⁵³
搬~粮食 ɑ⁵⁵ɡɑ⁵³
抢~东西 jɑ⁵³
砸~核桃 tju⁵³
刮~胡子 rɯk⁵³
揭~锅盖 po⁵³
翻~地 mɑ⁵⁵saɯ⁵³
挂~书包 ɕi⁵³
包~饺子 ɕɑu⁵³
贴~年画 mɑ³¹ne⁵³
割~麦子 gre⁵³
锯~木头 n̠i⁵³
装~口袋 hɑ³¹pren⁵³
卷~席子 tɑ³¹khru⁵³
染~花布 tɑ³¹ɕi⁵⁵su⁵³
吓~人 mɑ⁵³hrai⁵⁵
试~衣服 hɑ³¹rɯn⁵³
换~灯泡 ji³⁵
填~土 mɑ³¹bleŋ⁵⁵

留~在我这里 tsho⁵³
使用 mɑ³¹ko⁵³
顶用角~ dzum³⁵
刨食鸡用脚~ ɑ³¹pɯi⁵⁵
晒衣 tiŋ⁵³mɑ³¹lɑ⁵³
摘菜 tɑ⁵⁵nɑ³⁵wu⁵⁵
切菜 tɑ³¹nɑ³⁵n̠i⁵³
烧开水 mɑ³¹tɕi⁵⁵tai⁵⁵ʂu⁵³
熬~茶 ɑ³¹thu⁵³
烘把湿衣服~干 hɑ³¹ɡa⁵⁵
蘸~一点辣椒 ti⁵³
溅水泼到地上~了一身 ɑ³¹wɯk⁵³phlɑ⁵³
洒水 mɑ³¹tɕi³⁵ɑ⁵⁵wɯk⁵³
返回 lja⁵⁵nɑ⁵⁵
到达~北京 khi⁵⁵ho⁵³
招待 kɑ³¹rɯ³⁵mɑ³¹tjoŋ³⁵
认罪 thɯk³¹tju³⁵
包庇 lɯn⁵³
卖淫 tɑ³¹ɕɑ⁵⁵tjɯ⁵³
偷盗 ɑ⁵⁵kau⁵³
毒~死 thai⁵³
听见 thɑ³¹tjɯŋ⁵³
偷听 thɑ³¹rɯŋ⁵⁵ɑ⁵⁵kau⁵³
看见 hwɯn⁵⁵tjiŋ⁵³
瞄准 rwa³⁵
剐蹭我的车被他的车~了 kri⁵⁵po⁵³
啃~骨头 krai⁵³
磕头 kru⁵⁵klum³⁵
拖在地上~着走 mɑ³¹ɡoŋ⁵⁵
拍~肩 tɑ³¹bi⁵³
托用双手~ n̠iŋ⁵⁵tjo⁵³
压双手~ hɑ³¹dai⁵⁵

抽鞭~ ɑ³¹bɑ⁵³
勒~在脖子上 hɑ⁵⁵nɑ⁵³
抖~袋 khɯm⁵³
挂~杖 tɑ³¹n̪i⁵⁵tɑ³¹ñ⁵³
垫~在屁股底下 plu⁵³
划刀~ rai⁵⁵
锉~锯子 hɑ⁵⁵n̪iŋ⁵³
钻~在地洞里 lo⁵³
捂用手~住嘴 kɯ³¹pi⁵⁵
渗~透 tsheŋ⁵⁵phre⁵³
滤~沙子 tshɯ⁵⁵
叼~烟 djɯ⁵⁵
叉腰 n̪iŋ⁵⁵hɑ⁵³krɯ³⁵
赤膊 tiŋ⁵³kɑu⁵⁵
敲打 tju⁵³ɑ⁵⁵
撒娇 hɑ⁵⁵ljɯ³¹tju⁵³
呻吟 mlã⁵³
仰睡 ŋ⁵³thɯ³¹roŋ⁵⁵kɑ⁵⁵
喂草 tɑ³¹sɑɯ⁵³proŋ³⁵
放夹捕捉猎物方式 kɑ⁵⁵po⁵³tʂho⁵³
装索套捕捉猎物方式 tɑ³¹krai⁵³tʂho³¹
拔毛 m⁵⁵hɑ³¹prɑu⁵⁵
燎毛 m⁵⁵prɯ⁵³
剥皮剥动物皮 ko⁵⁵ɬai⁵⁵
烧石灰 tʂɑu⁵⁵nɯŋ⁵⁵prɯ⁵³
穿针 nɑ⁵⁵kwo⁵⁵n⁵⁵
绣花 tɑ³¹pɯ⁵⁵lu⁵⁵ɑ⁵⁵
磨刀 tɑ³¹rɑ⁵⁵phri⁵³
劈柴 bɯ³¹rɯŋ³⁵tɕɯ³¹kɑ⁵³
酒醒 ju⁵⁵thoŋ³⁵
闩门 khɑ³¹leŋ³⁵krɯ⁵³
剪指甲 ɑ³¹ɬɯn⁵³tju⁵⁵

掏耳朵 kru⁵³tɑ³¹su⁵³hɯ⁵⁵
动身 mɑ³¹tjo⁵³
赶路 ɑ³¹lim³⁵tɕhi⁵³
让路 ɑ³¹lim³⁵hɑ⁵⁵jɯ⁵³
劝架 teŋ⁵⁵mei⁵⁵
报仇 ɑ⁵⁵toŋ⁵³dɑ⁵³
照顾 ɑ⁵⁵ku⁵³
收礼 tɑ³¹prɯ³⁵ɕi³⁵
抢劫 jɑ⁵³
杀人 me³⁵se⁵³
劳改 po³¹ŋ³⁵
鞭打 tɑ³¹khrɯn⁵⁵hɯk⁵³
胜利 hɑ⁵⁵ne⁵⁵ɑ⁵³
失败 hɑ⁵⁵ne⁵⁵ɑ³¹jim⁵³
瞪~着双眼 gɑ⁵⁵me⁵³
拽用绳子~ mɑ³¹goŋ⁵⁵
捋~袖子 ɕim⁵³
搁把东西~在房顶上 tsho⁵³
揣怀~ hɑ⁵⁵pren⁵³
携带 rɑ⁵³
扒~土 wɑ⁵⁵
蹦一~老高 du⁵³
跺脚 groŋ⁵³tjoŋ⁵⁵bi³⁵
打滚 ljɑ⁵⁵lje⁵³
扑猫~老鼠 jim³¹phlɑ⁵³
粘~贴 mɑ³¹nei⁵³
剖~膛开肚 rai⁵⁵kɑ⁵³
劈分开 tɕɯ³¹kɑ⁵³
搓~绳 lje⁵³
钉~钉子 tsɑu⁵³
绞~肉 ri⁵³
蒙~眼 gɑ³¹pɑ³⁵

发脾气 khɯ³¹mjoŋ⁵³ka³¹tʂu³⁵
赌气 khɯ³¹mjoŋ⁵³ta³¹ʂaɯ⁵³
生长 a³¹sɯŋ⁵⁵
打猎 ta³¹bren³⁵ma⁵⁵lɯŋ⁵³
蛀虫子吃 da³¹kau⁵³
系围裙 thau⁵⁵thau³¹
打结 thu⁵³
认得 kɯ³¹sa⁵³ti⁵⁵
伤心 ta³¹we⁵⁵n̠a³⁵
讨喜 小孩讨人喜欢 ma⁵⁵ro⁵³noŋ⁵⁵
恨 你别~我 khɯ⁵⁵mjoŋ⁵⁵
满意 ta³¹wai⁵⁵khi⁵⁵
着急 ma³¹tju⁵³
理睬 hwaŋ⁵³a⁵⁵
担心 we⁵³ta³¹rɯ⁵⁵
放心 we⁵³ta³¹rɯ⁵⁵jim⁵³
愿意 hwaŋ⁵⁵a⁵⁵
变 ~作 ji³⁵
恼火 khɯ⁵⁵mjoŋ⁵⁵
心痛 ta³¹we⁵⁵n̠a³⁵
记仇 ta³¹we⁵⁵tʂho⁵³
害 ~人 ha⁵⁵pɯi⁵⁵ja³¹ja⁵⁵
反悔 ɕa³¹lje⁵³ja³¹gɯ⁵⁵tjim⁵⁵na⁵⁵
可惜 ta⁵⁵re⁵³tɕi³¹
声音 tɯ³¹krɯ⁵⁵
喊 ~话 gra³⁵
问 ~话 ka³¹hu³⁵
答应 diŋ³⁵a³¹
介绍 ga⁵⁵pɯi⁵³
回答 la⁵⁵da⁵³
造谣 tɯ³¹kɯ⁵⁵ta³¹pla⁵³
打听 tha⁵⁵rɯŋ⁵³ma⁵⁵la⁵³

十二　性质状态

凸 bu⁵³
凹 kɯ³¹lo⁵⁵
正 n̠a⁵⁵
反 kɯ³¹ɬai⁵³
斜 ha⁵⁵ra⁵³
横 ha³¹pjin⁵³
竖 ha³¹tjau⁵³
活 ~鱼 a³¹sɯŋ⁵⁵
满 水很~ blɯŋ⁵⁵
足 分量~ khoŋ⁵⁵
光滑 鱼很~ kɯ³¹liŋ⁵⁵
冷清 街上~得很 tsɯŋ⁵³ne⁵³ma³¹ʂɯŋ⁵³
浊 a⁵⁵ka⁵³
空 瓶子是~的 bɯŋ⁵³raŋ⁵⁵
嫩 lei⁵⁵ji⁵⁵
生 hwɯŋ⁵³ra⁵⁵
熟 n̠oŋ⁵⁵
乱 tɯ³¹khri⁵³
真 dʑim³⁵
假 ha⁵⁵lɯk⁵⁵
暗 光~ ka³¹noŋ⁵³
闷热 ta⁵⁵ra⁵⁵klɯm⁵³
破 碗~了 ga⁵³
缩 ~脖子 kɯ³¹tjɯm⁵³
困了 gje⁵³
瘪 压~了 pla⁵³
倒 ~着放，去声 kɯ³¹ɬai⁵³
纯 ~棉衣服 dʑim³⁵
枯 叶子~了 ka³¹rau³⁵
潮 衣服~ pɯm⁵⁵

强 身体~ pruŋ⁵⁵ru⁵⁵

弱 身体~ a³¹khaŋ⁵⁵

焦 烤~了 gru⁵⁵

清楚 ka³¹tiŋ⁵³ma³¹kau⁵³

模糊 bra⁵⁵kɯ³¹tiŋ⁵⁵jim⁵⁵

准确 pjoŋ⁵⁵thjo⁵⁵

耐用 ma³¹kwo⁵³bra⁵⁵

空闲 waŋ⁵³

涩 柿子~嘴 bu⁵⁵a⁵⁵

脆 花生米~ ȵi⁵³m⁵⁵pre⁵³

霉烂 pruɯ⁵⁵tiŋ⁵³

不要紧 noŋ⁵⁵m⁵⁵po⁵³

方便 很~ a³¹ba⁵³a³¹

浪费 ta⁵⁵rai⁵³dʑi⁵³

疏忽大意 ta³¹we⁵⁵kɯ³¹ne³⁵a⁵⁵jim⁵³

顺利 bra⁵⁵pjoŋ⁵⁵ɕa⁵³

聪明 dzɯ⁵³

狡猾 la⁵⁵ha⁵⁵lɯk⁵³

大胆 gu³¹bruŋ³⁵

胆小 ta³¹we⁵⁵pu⁵³wu⁵⁵

慌张 ma⁵⁵tju⁵³ha⁵⁵tu⁵³

麻利 ka⁵⁵ra⁵⁵kɯ³¹ɕoŋ⁵⁵

节俭 ma³¹dʑi⁵³

厉害 ha⁵⁵ne⁵⁵ho⁵³

勇敢 kɯ³¹pruŋ³⁵

可怜 ka³¹ɕa⁵⁵n̥⁵³

麻烦 ha⁵⁵we⁵³

孤独 ɕiŋ⁵³ka³¹me³⁵

齐心 ta³¹we³⁵a⁵⁵lɯŋ⁵³pa⁵³

贪心 kɯ³¹tɕhin⁵³

拖拉 做事情~ be⁵⁵e⁵⁵

十三 数量

十一 ha⁵⁵lɯ⁵⁵khuŋ⁵³

十二 ha⁵⁵lɯ⁵⁵ka³¹n⁵⁵

十三 ha⁵⁵lɯ⁵⁵ka³¹ŋa³⁵

十四 ha⁵⁵lɯ⁵⁵ka³¹prai⁵⁵

十五 ha⁵⁵lɯ⁵⁵ma³¹ŋa³⁵

十六 ha⁵⁵lɯ⁵⁵ta³¹hro⁵³

十七 ha⁵⁵lɯ⁵⁵wen⁵³

十八 ha⁵⁵lɯ⁵⁵lim³⁵

十九 ha⁵⁵lɯ⁵⁵kuŋ⁵⁵ȵiŋ⁵⁵

二十一 ka³¹n⁵⁵ha⁵⁵lɯŋ⁵⁵khuŋ⁵³

四十 ka³¹prai⁵⁵ha⁵⁵lɯŋ⁵⁵

五十 ma³¹ŋa³⁵ha⁵⁵lɯŋ⁵⁵

六十 ta³¹hro⁵³ha⁵⁵lɯŋ⁵⁵

七十 wen⁵³ha⁵⁵lɯŋ⁵⁵

八十 lim³¹ha⁵⁵lɯŋ⁵⁵

九十 kuŋ⁵⁵ȵiŋ⁵⁵ha⁵⁵lɯŋ⁵⁵

一百零一 ma³¹lum⁵⁵kɯ³¹khuŋ⁵³

百把个 ma³¹lum⁵⁵ma³¹lɯ⁵⁵

千把个 ri³¹dʐeŋ⁵⁵ma³¹lɯ⁵⁵

左右 tɯ³¹kjɯ⁵⁵tɯ³¹dʑa⁵³

三四个 ka³¹seŋ³⁵ka³¹pre⁵³

十几个 ha⁵⁵lɯŋ⁵⁵kɯ⁵⁵da⁵⁵ke⁵³

十多个 ha⁵⁵lɯŋ⁵⁵ma³¹lɯ⁵⁵

第二 ka³¹n⁵⁵ko⁵⁵

第三 ka³¹suŋ³¹ko⁵⁵

半个 ka⁵⁵ge⁵³

串 一~葡萄 praŋ³⁵

间 一~房 be⁵⁵

堆 一~垃圾 blum³⁵

节 一~甘蔗 kɯ³¹haŋ⁵³

本一~书 na³⁵

句一~话 tjiŋ³⁵ke⁵³

庹 两臂伸展开后的长度 liŋ⁵³

拃 拇指和中指伸开两端间的长度 ha³¹ga⁵³

斤 重量单位 khuɯ⁵³

两 重量单位 bom⁵⁵

斗 dum³⁵

尺 ta³¹rwin⁵³

亩一~地 dzau⁵⁵

步 走一~ kha⁵³

次 玩一~ buɯ⁵³

十四　代副介连词

这些 近指 e⁵⁵tɕu³⁵

那些 中指 ɑ⁵⁵we⁵⁵tɕu³⁵

那些 远指 ɑ⁵⁵we⁵⁵tɕu³⁵

那些 更远指 ɑ³¹ɕi³⁵we⁵⁵tɕu³⁵

哪些 ha⁵⁵noŋ⁵³we⁵⁵tɕu³⁵

我俩 ŋ⁵⁵kɑ³¹n⁵⁵

咱俩 ŋ⁵⁵kɑ³¹n⁵⁵

他俩 tɕe⁵⁵kɑ³¹n⁵⁵

人家 me³⁵tɕu³⁵

每人 me³¹khen⁵⁵tjo⁵³

多久 kuɯ³¹ta⁵⁵ke⁵³raŋ³⁵

人们 me³⁵tɕu³⁵

差不多 khoŋ⁵⁵ja⁵⁵ke⁵³

马上 ka⁵⁵ro⁵³

先~走 ha⁵⁵joŋ⁵⁵

后~走 ɑ³¹mjoŋ⁵³

从前 buɯ⁵⁵ja⁵⁵ha⁵⁵joŋ⁵⁵

后来 指过去 we⁵⁵li⁵³ja³¹ko⁵⁵

来不及 ha⁵⁵na⁵⁵tɕiŋ⁵⁵ja³¹jim⁵³

来得及 ha⁵⁵na⁵⁵tɕiŋ⁵⁵ja³⁵

偷偷地 ma⁵⁵ɕa⁵³ɑŋ⁵⁵

够~好 khoŋ⁵⁵

真~好 dʑim³⁵

好~看 bra⁵⁵

全部 ga³¹djɯ⁵⁵

也许 khuɯ⁵⁵ɕa⁵³bin⁵⁵

一定 ha⁵⁵jɯ⁵⁵ljaɯ⁵⁵

暂时 dʐɯʔ³¹kje⁵³

互相 ha³¹pin⁵⁵ha³¹tjo⁵³

趁~热吃 ma³¹tjo⁵³

像~他那样 tjɯ⁵³

归~你管 ha⁵⁵lja⁵⁵

第三节

其他词

一 天文地理

白云 ɑm³⁵ljo⁵³

晨露 ɑ³¹hwɑ⁵⁵

半空 tum⁵³tɯ³¹poŋ³⁵

寒风 hɑ⁵⁵run⁵³then³⁵

龙卷风 ɑ³¹men⁵⁵m̥⁵⁵tɕi⁵³jɑ³¹

连绵雨 rui⁵³ljɑ⁵⁵mɯ³¹njɑ⁵³

波浪 mɑ³¹tɕi⁵⁵ljoŋ⁵³

冰块 tɑ⁵⁵prɯ⁵⁵len⁵³

结冰 tɑ³¹pru⁵³lɯ⁵⁵

流星 tɑ⁵⁵ɕin⁵³

荒地 khɑ³¹ljau⁵⁵mɑ³¹rɑ³⁵koŋ³⁵ho³¹

黄土 khɯ⁵⁵lai⁵³kɑ³¹kɯŋ³⁵

塌方 ru⁵⁵

旋风 ko⁵⁵ɑ⁵⁵ɕin⁵³ɑ³⁵

高原 thɯ⁵⁵jɑ⁵⁵kiaŋ³¹

石头山 phlɑŋ⁵³mɑ⁵⁵ro⁵³tɑ³¹krɯ⁵⁵

高山地貌 tɑ³¹krɯ⁵⁵tɑ³¹kroŋ⁵⁵

火山 tɑ⁵⁵lɑ⁵³ljin⁵⁵

山洪 mɑ³¹tɕi⁵⁵po⁵³

淤泥 tɯ³¹rui³⁵

鬼火 khɯ⁵⁵nim⁵⁵nɑ⁵⁵mɯn⁵³

丰年 tɑ³¹thɑ⁵⁵tɕiŋ⁵⁵ɑ⁵⁵nɯŋ⁵⁵

今晚 ɑ⁵⁵tjɑ⁵³liŋ⁵⁵

今早 pɯ³⁵nɑ⁵³

半个月 hɑ⁵⁵lo⁵⁵kɑ⁵⁵ke³¹

二 时间方位

地球 m⁵⁵lɑ⁵³hɑ³¹pu⁵³

地区 hɑ⁵⁵m̥⁵⁵

中国 tʂoŋ⁵⁵kwo³⁵

印度 kɯ⁵⁵lɑ⁵³

北京 bɯ³¹tɕiŋ⁵⁵

村头 mɑ³¹tjiŋ⁵⁵kru⁵³

村尾 mɑ³¹tjiŋ⁵⁵pɯm³⁵

上察隅镇 ʂaŋ⁵³tʂhɑ⁵⁵ju⁵⁵

墨脱 mo⁵³to⁵⁵

察隅河 tɯ³¹lu³⁵

清水河 tɕaŋ⁵⁵thu⁵⁵

阿扎冰川 a³¹tʂa⁵⁵ta³¹prɯ³⁵ta³¹kɯ⁵⁵

察隅县 tsa³¹ji⁵⁵ɕan³¹

巴安通地名 po⁵⁵an⁵⁵thjoŋ⁵³

嘎堆地名 ka³¹ti⁵⁵

沙琼地名 sa³¹pjoŋ⁵⁵

塔林地名 the⁵⁵lim⁵⁵

慈巴地名 lai³⁵po³¹

自更地名 tsi³¹kɯn⁵⁵

嘎尧地名 ka³¹jau⁵⁵

嘎堆噶美地名 ka³¹ti⁵⁵ka⁵⁵mei⁵⁵

慈巴沟 tjo⁵³a³¹lum⁵⁵

三　植物

杜鹃花 a³¹kle⁵⁵pɯ⁵⁵

菊花 khɯ⁵⁵lo⁵³pɯ⁵⁵

桃花 am³⁵pɯ⁵⁵

梨花 khɯ³¹jum³⁵pɯ⁵⁵

野花 tɕha⁵⁵mu⁵⁵la⁵³pɯ⁵⁵

开花 ta³¹pɯ⁵⁵pɯ⁵⁵

野草 a⁵⁵pa⁵³ta³¹re³⁵

草丛 ta⁵⁵sau⁵³ba⁵³

草根 ta⁵⁵sau⁵³ha⁵⁵re⁵⁵

枯树 ma³¹tsɯŋ⁵⁵ɕoŋ³¹

落叶 na³¹ha⁵⁵rui⁵³ja³⁵

冬虫夏草 tim³¹tʂhum⁵³

枯叶 ta⁵⁵tjiŋ⁵³na⁵⁵

嫩叶 lai⁵⁵pre⁵⁵

空心树 ma³¹seŋ⁵⁵ma⁵⁵ra⁵³

小树河滩上的 ta⁵⁵pjoŋ³⁵ka³¹ma³¹sɯŋ⁵⁵a³¹

树苗 ma⁵⁵ʂɯŋ³¹bla⁵³

树荫 ʂɯŋ⁵³ŋa⁵⁵

树疙瘩 ma⁵⁵ʂɯŋ³¹dɯ⁵⁵ba⁵³

茶树 ta⁵⁵na⁵³tɕa³⁵ma³¹seŋ⁵⁵

林场 ma³¹sɯŋ⁵⁵ɕi³¹plum⁵⁵

毒蘑菇 ta³¹kun⁵⁵thai⁵³

柴火上的菌子 ta³¹kun⁵⁵

菌子的柄 tɯ³¹khroŋ³⁵

菌子的伞 naŋ³⁵

豆子 ma⁵⁵ple⁵³pɯ⁵⁵

红豆 kɯ⁵⁵tɕoŋ⁵³ɕi⁵⁵

木耳 ta³¹kun⁵³nim⁵⁵

水草 ma³¹tɕi⁵⁵ta⁵⁵sau⁵³

荞麦 tɯ³¹ka⁵⁵phla⁵⁵

荞麦酒 tɯ³¹ka⁵⁵ju⁵⁵

菜地 ta⁵⁵na⁵³kha³¹ljau⁵⁵

稻草人 ta³¹sau⁵³me³⁵a³¹tju³⁵a³¹

稻草垛 ta³¹sau⁵³plum⁵³

稻田 kɯ³⁵kha³¹ljau⁵⁵

柴火 ma³¹seŋ⁵³

鸦片 ka³¹nen⁵⁵

三七 san⁵⁵tɕhi⁵⁵

贝母 jɑ⁵⁵tʂu⁵⁵

黄连 wu⁵⁵tsai⁵⁵

虫露 tjo⁵⁵kre⁵³

雪莲花 a³¹re⁵⁵ta³¹pɯ⁵⁵

万年青 lɯk⁵³min⁵³ha³¹pre⁵³

仙人掌 ha³¹kri⁵⁵

狗尾巴草 jo⁵³re⁵⁵

何首乌 khɯ⁵⁵lo⁵³

草莓 dʐa³¹lin⁵⁵

四 动物

毒蛇 ta⁵⁵pu⁵³sa⁵⁵prɯn⁵⁵tjo⁵³

水蛇 ma³¹tɕi³⁵ta⁵⁵pu⁵³

蟒蛇 a⁵⁵tjɯ⁵³

蟒蛇小型 a⁵⁵prɯ⁵³

蛇有臭味 ta⁵⁵pu⁵³lo³¹kha⁵⁵

蜂窝野蜂的 ta⁵⁵pin⁵³

雄蜂 ka³¹ri³⁵

雌蜂 ta³¹pi⁵³

工蜂 ta³¹ri³⁵

毒蜘蛛 kɯ⁵⁵prau⁵³thai⁵³

菜虫 ta⁵⁵na⁵³ta³¹pɯm⁵⁵

米虫 ta³¹tha³⁵ta³¹pɯm⁵⁵

野狗 a³¹poŋ⁵⁵kwaɯk⁵³

狼狗 ta³¹prɯ³⁵

狗肉 kwak⁵³ta⁵³prɯn⁵⁵

牛身上有斑点 ta³¹prɯ⁵³tjɯ³⁵a³¹ma³¹tʂau⁵³

牛肚 ma⁵⁵tʂau⁵³jiŋ⁵³ka⁵⁵we⁵⁵

牛肚 ma⁵⁵tʂau⁵³jiŋ⁵³ka⁵⁵we⁵⁵

甩尾巴 牛~lum⁵⁵n̪a³¹we⁵⁵

抖 指牛 khɯm⁵³

马槽 ma³¹ru⁵⁵ta⁵⁵sɯɯ⁵³

马蹄 ma³¹roŋ⁵⁵groŋ⁵⁵

小野猪 pɯ⁵⁵lje⁵⁵a³¹

肘子猪 pɯ⁵⁵lje⁵³groŋ⁵⁵

鸡瘟 tju⁵³na³⁵ta³¹luŋ⁵⁵

鸡胸 tju⁵³kɯ³¹tʂum⁵⁵

膻气 kɯ³¹tɕi⁵⁵hlai³¹nɯm⁵⁵

五 房屋器具

家庭 ŋ⁵³toŋ⁵³

家家户户 ŋ⁵³toŋ⁵³ren⁵⁵tʂai⁵⁵

长房 ŋ⁵³ka³¹lɯŋ⁵⁵

草房子 ta⁵⁵saɯ⁵³ŋ³⁵

棚子用于看守庄稼地 ka⁵⁵tʂhɯ⁵³ma³¹kɯm⁵⁵

粮仓 a⁵⁵ka⁵³

屋顶 ŋ⁵³a³¹pɯm⁵⁵

屋前 ŋ⁵³ha⁵⁵na⁵³

房顶 ŋ³⁵kwo⁵³

圆形房檐 pɯ⁵³kɯ³¹tu⁵⁵

地板 kɯ³¹tɯ³⁵

地基 kɯ³¹tɯ³⁵lu⁵³

地窖 ta³¹m̥⁵⁵wa⁵⁵ho³⁵

竹廊房屋内部 a⁵⁵taŋ⁵³

大门 kha³¹lɯŋ³⁵

防盗门 toŋ⁵³ja³⁵kha³¹lɯŋ³⁵

高楼 ŋ⁵³tjoŋ⁵³

楼上 tjo³⁵kjaŋ³¹

竹棍放于屋顶，用于避雷 bra³⁵ka⁵⁵tjo⁵³ja³⁵

门枢 kha⁵⁵lɯŋ⁵³ta⁵⁵proŋ⁵³

牛棚 ma⁵⁵tʂau⁵³ŋ³⁵

平房 m⁵⁵prɯ³⁵

插销 se⁵³tju⁵³ja³⁵m³⁵

警示器看守庄稼时用 ka³¹po⁵³

窗框 kɯ³¹tʂa⁵³ta³¹kloŋ³⁵

窗外 kɯ³¹tʂa⁵³ŋ⁵³toŋ³¹aŋ³⁵

床底 ta³¹tɕoŋ³⁵ha⁵⁵la⁵³

床上 ta³¹tɕoŋ³⁵kjaŋ³⁵

窗户较大，与门大小相似 kɯ³¹tʂa⁵⁵

走廊房屋外部 kɯ³¹tʂa⁵⁵

第一个房间 ha³¹ka³⁵

背篓 ta³¹n̪u⁵⁵a³¹

背篓 gin⁵⁵ba⁵⁵

背篓装粮食 wa⁵⁵tɕim⁵⁵

背篓装粮食 tɑ³¹n̪u⁵⁵
背篓装蘑菇 kɯ³¹plaŋ³⁵
背篓装打猎工具 tjoŋ⁵³tɑ³¹
背篓女士用 tɑ³¹n̪u⁵⁵
背篓男士用,装小型工具 tjoŋ³⁵tɑ³¹krɑ⁵⁵
背篓大眼 kin⁵⁵pɑ³¹plɑ⁵³
背篓装女士劳动工具 tɑ³¹grɑ⁵⁵
竹箱女士使用 tɑ³¹pɯm³⁵
大木箱 gum³⁵tɯ⁵⁵ruŋ⁵⁵
袋子背柴火用 gin⁵⁵pɑ⁵³tɑ³¹hɯn³⁵
擀面棍 lɯi⁵³lje³¹
杵 loŋ⁵⁵wen⁵⁵
臼 loŋ³⁵
斗 dem³⁵
筛子 tɑ³¹tʂhe⁵³
磨 re³¹thjɑ⁵³
鱼篓 tɑ³¹ku³⁵
秤 tɑ³¹tɕu⁵⁵
木碗 hɑ³¹lu³⁵
银盘 pɑ³¹tɑi⁵⁵
铜锅 pɯ⁵⁵toŋ⁵⁵
铜盘 gwɯ³¹lje⁵⁵
罐子 tɯ⁵⁵raŋ⁵⁵
竹碗 kɯ³¹le³⁵
装酒的竹筒 lu³¹tsɑ⁵³/kɯ³¹phlu³⁵
竹制酒壶 tɯ³¹kaŋ⁵³phlu³⁵
竹制酒杯 prɑ⁵³kɯŋ⁵⁵/lu³¹tʂɑ⁵⁵
竹制食盒 tɕɑ³⁵kɯ³¹lɑi³⁵
竹制烟斗 kɑ³¹nɯŋ⁵⁵prɑ⁵⁵tjo⁵³
竹筒放置酒 kɯ³¹tʂen⁵⁵
竹筒蒸白酒用 ɑ⁵⁵rɑ⁵³ʂu⁵³plɯm³¹
酒桶 khe⁵³
舀子 tɑ³¹wɯ⁵³

勺子做饭用 tɑ³¹wɯ⁵³
勺子吃饭用 tɑ³¹plɑ⁵³
勺子以前炒制鸦片用 kɑ³¹nɯn⁵⁵hɑ³¹tjo⁵³plɯm⁵⁵
漏勺 tɑ³¹wɯ⁵⁵tʂhɑ⁵⁵ʂhɑ⁵⁵
粪勺 klɑi⁵³tɑ³¹wɯ⁵⁵
挖耳勺 kru⁵³nɑ³⁵wu⁵³su³⁵nɑ⁵⁵
茶壶 tɑ⁵⁵nɑ⁵³tɕɑ³⁵pu⁵³
刀鞘 tɑ⁵⁵rɑ⁵³tɑ³¹pro⁵³
粪桶 klɑi⁵³ɑ³¹wɯ⁵⁵
木棍抬东西用 tjɑ⁵⁵plɯm⁵⁵tɑ³¹khrɯn⁵⁵
风箱 tɑ³¹wɑ⁵⁵kum³⁵
拴马的桩子 kaŋ³¹wi⁵⁵zum⁵³daŋ⁵⁵
柱子拴牛用 kɯ³¹tum⁵⁵
木柱盖房用,大型 tho⁵⁵wɑ⁵⁵
木柱盖房用,中型 tɑ³¹phlaŋ³⁵
木柱盖房用,小型 tɑ⁵⁵tʂɑu⁵³
搁板 tɑ³¹tɕoŋ³⁵
木具耕地用 tɑ³¹kro⁵³
铁钉 sɑi⁵³tɑ³¹tʂɑu⁵³
弯刀 tɑ⁵⁵rɑ⁵⁵kum⁵³kum⁵³tɑ³¹
围嘴 bɑ³¹ŋ̊⁵³lɑ⁵⁵
扫把 mɑ³¹tjoŋ⁵³hɑ⁵⁵pɯ⁵⁵
锤子 lo⁵³ɑ³¹plɯm⁵⁵
钳子 tjɯ⁵⁵plɯm⁵³
锤子 tɑ³¹plaŋ³⁵
风箱 tɑ³¹hɑu⁵³
煤炭 tɑ⁵⁵ji³¹tʂhaŋ⁵⁵
除草工具 tɑ³¹khrɯ³⁵
镰刀 dɑ³¹wɑ⁵⁵
锄头 tɑ⁵⁵kwo⁵³
锄柄 tɑ⁵⁵kwo⁵³tjo⁵⁵
火镰 pɯ³¹tɕhɑ³⁵
簸箕 pɯ⁵³

手摇磨 re³¹tha⁵⁵
食盒 dɯm³⁵
石磨磨糌粑 phlaŋ⁵⁵
溜索用具 wa³⁵
斗笠 ku³¹ɕu³¹a³⁵
蓑衣 tju⁵³kau⁵⁵
火药枪 na⁵⁵mɯn⁵³ha³¹pru³⁵
火药枪打猎用 na⁵⁵mɯn⁵³ha³¹po⁵⁵ la³¹ma⁵⁵kɯ⁵³ha³¹rɯ⁵⁵
枪膛 kɯ⁵³ha³¹rɯ⁵⁵kru⁵³na³⁵
准星 ta³¹we⁵⁵
僜人传统枪打猎用 ju³¹ha³¹rau⁵⁵thu⁵⁵pi⁵⁵
装子弹的包 ta⁵⁵lja⁵³kɯ³¹phlɯn³⁵
装火药的盒子 khɯ⁵⁵re⁵³kɯ³¹tu⁵⁵
火药盒用于装一发火药 khɯ⁵⁵re⁵³tja⁵⁵
弓弩 a⁵⁵lai⁵³kaŋ⁵⁵
弓绳 a⁵⁵lai⁵³ta³¹pɯ⁵⁵
扳机弓箭上 ha³¹pɯ⁵³plɯm⁵⁵
毒箭 thai⁵⁵a⁵⁵lai⁵³
箭筒 a⁵⁵lai⁵³ta³¹waŋ⁵⁵
装箭用的包 kɯ³¹phlɯn³⁵
鞭子用于吓跑动物 ta³¹ɕin⁵⁵
渔网 ta³¹ku³⁵
渔网放于小型瀑布中 kɯ³¹pi⁵⁵
陷阱主要用绳子制成 ha⁵⁵rui⁵⁵tʂa⁵³/ha⁵⁵rui⁵⁵kam³⁵
陷阱捕松鼠、飞鼠等 ta³¹ku³⁵
陷阱挂在树上 tɕɯn⁵⁵
陷阱捕鱼 ta⁵⁵ku⁵³
陷阱木制 tam⁵³tʂhɯŋ³⁵/tam⁵³kam³⁵
陷阱捕山羊、野猪等 ta³¹ljɯ⁵⁵
陷阱捕猴子 ta⁵⁵mim⁵³tʂhɯŋ³⁵
陷阱捕狗熊 ta⁵⁵m̂⁵⁵tɯi³⁵
陷阱门 me⁵⁵toŋ⁵⁵

陷阱捕狗熊 tam⁵⁵tre⁵⁵
自动弩 la⁵⁵
陷阱索 ji⁵⁵tʂho³¹
竹刺陷阱 tam³⁵ka³¹m⁵⁵
竹刺陷阱 a³¹pa³⁵tʂau⁵³
采蜂蜜的器具 ta⁵⁵pi⁵⁵ja³¹poŋ³⁵
石头发射器 dʐen⁵³
石头子弹 tʂen⁵³phlaŋ³⁵
火塘 gu⁵³
石锅 pu⁵³soŋ³⁵
火灶上的石头 to⁵³
烧火用的器具 na³¹mɯn⁵³prɯ⁵⁵plɯm⁵⁵
牛头 ma⁵⁵tsau⁵³kru⁵⁵
牛下颚 ma⁵⁵tsau⁵³ta³¹waŋ³⁵
野牛头 ta³¹kɯŋ⁵⁵kru⁵⁵
四不像 ma³¹ri⁵⁵kru⁵⁵
山羊头 ha³¹min³⁵kru⁵⁵
麂子头 ma³¹dzɯm⁵⁵
麝香牙齿 ta⁵⁵la⁵³laŋ³⁵
烟斗 ka⁵⁵nɯn⁵³bra⁵⁵tjo⁵³
龙型烟斗 broŋ⁵⁵bra⁵⁵tjo⁵³
木头烟斗 bra³¹tjo⁵³
竹子烟斗 bra³¹ha⁵⁵rai⁵⁵bra⁵⁵tjo⁵³
银子烟斗 po⁵³wɯn³⁵gɯŋ³¹tʂɯn³⁵
铜烟斗 lɯm³⁵pra⁵⁵tjo⁵³
烟斗以前用于抽鸦片 koŋ³¹tʂin⁵⁵
矛小型 ta⁵⁵pa⁵³
矛中型 ta⁵⁵pa⁵³tau⁵⁵
矛大型 ta⁵⁵pa⁵³dzin⁵⁵
盾 ta³¹la⁵⁵
电锯 su⁵⁵li⁵⁵
碎布 kha³¹tʂum⁵⁵nim⁵³pre⁵⁵ja³¹
铃铛 ma³¹roŋ⁵⁵ha⁵⁵nei⁵³

排水沟 ma³¹tɕi⁵⁵ma⁵⁵tja⁵³pu³¹lɯm⁵⁵

太阳能 thai⁵³jaŋ³⁵nuŋ³⁵

粪池 klai⁵³tɕu⁵⁵wei⁵⁵

牛角号 ma³¹tɕi⁵⁵ra³¹

农家肥 pɯ⁵⁵ruŋ⁵⁵tu⁵⁵rui⁵⁵

炮仗 pjan⁵⁵phao⁵³

皮革 ta³¹kwo⁵⁵tjiŋ⁵³

皮草 tiŋ⁵³koŋ³¹o⁵⁵m⁵⁵

水晶 phla⁵³ta⁵⁵lɯm⁵⁵tʂo³⁵

水井 ma³¹tɕi⁵⁵tu³¹kre⁵⁵
　　 ma³¹tɕi⁵⁵tu⁵⁵wei⁵⁵

桥墩 ta³¹bɯ⁵⁵ro⁵³da³¹huŋ⁵⁵

桥头 ta³¹bɯ⁵⁵ma³¹la⁵⁵

桥洞 ta³¹po⁵⁵op³¹tʂa⁵⁵

六　服饰饮食

红椒酱 pɯ³¹ tʂɯ⁵⁵

纳米醪糟 na³¹tʂa⁵⁵ ta⁵⁵ʂɯŋ⁵³

纳米当地一种特殊的米 na³¹ tʂa⁵³

苦荞酒 ha³¹pra⁵⁵ju⁵⁵

苦荞饼 ha³¹pra⁵³phalŋ⁵³

竹筒粽子 kɯ³¹ɕin⁵³

鸡爪谷酒 dɯ³¹ roŋ³⁵

鸡爪谷 ljaŋ³⁵waŋ³⁵

手抓饭接待珍贵客人的 ta⁵⁵ pɯn⁵³phɯn³⁵

鸡爪谷粽子 dɯ⁵⁵roŋ⁵³ bi⁵³

炖汤 pi³¹tɕu⁵⁵pa³¹

鸡汤配手抓饭 tɕi⁵⁵

玉米稀饭 na⁵⁵po⁵³tɯ⁵⁵lɯŋ³⁵

馒头 a³¹la³⁵

香肠 kɯ³¹ɕin⁵⁵ta⁵⁵pu⁵³

玉米串 na³¹po⁵³pho⁵⁵

辣椒串 po⁵⁵tʂau⁵⁵po⁵³

荞麦饭 o⁵⁵tɯ³¹ka⁵³da⁵⁵bjen⁵³

肉末 ta³¹be⁵³re⁵⁵dem⁵⁵

肉冻 bun⁵³le⁵⁵

肉丝 ta³¹be⁵³re⁵⁵tem⁵⁵

烧鸡 tu³¹u⁵⁵wem⁵³

蜂王浆 hui⁵⁵ma⁵⁵lu⁵³

毛衣男士、女士都可穿 tiŋ³¹ma³¹lu⁵⁵

盔甲 tiŋ⁵³dzu⁵⁵khru⁵⁵

衣服上的竖杠表财富和地位 tʂwo³⁵ta³¹ɕa⁵⁵

遮羞布 la³⁵ba⁵³

熊皮挎包 ta⁵⁵m⁵³ka³¹pu³⁵

布巾富人使用 kɯ³¹poŋ⁵³ta³¹pu⁵⁵

白头巾 kɯ³¹pɯŋ⁵³ljo⁵³

黑头巾 kɯ³¹pɯŋ⁵³ma⁵³

布巾普通人使用 kɯ³¹pɯŋ⁵³pɯŋ⁵⁵

上衣的装饰球　ta³¹pu⁵⁵

上衣男士平常穿 tiŋ³¹ta³¹tʂha³⁵

上衣女士平常穿 tjiŋ⁵³ta³¹lu⁵⁵

上衣夏天、节日时穿 tiŋ⁵³ka³¹toŋ⁵⁵

背心 tiŋ⁵³pra³¹

披巾 a³¹kɯ⁵³

短筒裙 kha³¹tʂum⁵³gin⁵³

裙边 thau⁵⁵pɯi⁵⁵ja⁵³/thau⁵⁵ta³¹pɯi³⁵

长筒裙 tau⁵⁵

上衣 tiŋ⁵³tso⁵³

布挎包装饰用 ka⁵⁵rai³⁵kɯ³¹phlɯn³⁵

布挎包可装东西 kɯ³¹phlɯn³⁵pa⁵⁵ta⁵⁵

书包带 ta³¹lu⁵⁵

熊皮挂包 ta⁵⁵m⁵³ka³¹pu³⁵

银带包上的~ ta³¹pen⁵⁵ɕoŋ³⁵

银串包上的硬币串成的 a³¹lu³¹

装饰毛球包上的~ ta³¹pu⁵⁵

簪子 tshe⁵³kra⁵³

簪子 ta³¹ji³¹pra⁵⁵

耳盘 na³⁵bra⁵³pɯi³¹

银葫芦项链 lai⁵³tui⁵³lui⁵³ŋ⁵³tɯ³¹kaŋ⁵⁵braŋ³⁵gjɯ⁵³

银葫芦 poŋ⁵³tɯ³¹kaŋ⁵⁵braŋ³⁵

银手镯 a³¹then⁵⁵

龙纹手镯 bra⁵³then⁵⁵

红色手镯 lai⁵³a³¹then⁵⁵

铜手镯 kha⁵³ɕi⁵⁵ja³¹tsen⁵⁵

额饰 kɯ³¹bɯŋ⁵³

银圈 额饰后面的链接部分 a⁵⁵win⁵⁵

佩剑 ʂa³¹prɯn⁵⁵

带花纹的佩剑 sa³¹prɯn⁵⁵ha³¹prai⁵⁵

佩刀 ta⁵⁵ra⁵³tɕoŋ³⁵

佩刀的把儿 rau⁵⁵

砍刀 tɯ³¹kwo⁵⁵

刀 ta⁵⁵ra⁵³ha³¹plɯm³⁵

鬼屠刀 tɯ³¹ko³¹

耳环男士 boŋ⁵³brɯ⁵⁵

铜耳环女士 kru⁵⁵na⁵⁵pa⁵⁵pɯi⁵³

小的耳环 sɯŋ³¹pɯi⁵³

耳环 sen⁵³prai⁵⁵tɯ³¹poŋ⁵⁵

硬币项链 pɯ⁵⁵wen³¹tɕhoŋ³¹

珠子 tɯ⁵⁵lju⁵⁵

项链 poŋ⁵³tɕhoŋ³¹/kao⁵⁵tɕhoŋ³¹

项链 poŋ⁵³

项链 tɯ⁵⁵lje⁵⁵tɕhoŋ⁵³

项链 mɯ³¹ɕa⁵⁵tɕhoŋ⁵³

项链 lai⁵⁵lia⁵⁵

项链 põ³¹pla⁵³

石头项链 lai³¹ɕi³⁵poŋ⁵³

银锁 kha³¹wuk³⁵

葫芦型银锁 lai⁵³thɯ³¹ro⁵³

公银锁 kha³¹wuk³⁵ta³¹pi⁵⁵

母银锁 kha³¹wuk³⁵mɯ³¹wa³⁵

银锁 gu³¹dʐum⁵⁵

银锁链 lai⁵³lju⁵⁵

项圈 ke³¹tʂum⁵

大银圈 a³¹rɯŋ⁵⁵

首饰盒 ta⁵⁵pɯm⁵³

织布机 ta³¹tjɯ⁵⁵

纺线机 kɯ⁵⁵re⁵⁵

纺线 ta³¹tʂha³⁵

线球 ȵa⁵³tjiŋ⁵⁵

梭子 较粗 ta³¹pi⁵³

梭子 较细 phu⁵⁵rwa⁵⁵

缠线的木架 ȵa⁵³kji⁵³

戴耳环 lo⁵³

戴帽子 gɯ³⁵tjɯ⁵⁵

平头 kru⁵⁵pjoŋ⁵⁵tɕe⁵³ho³¹

分头 thɯŋ³⁵pɯn⁵³ho³⁵

卷发 thɯŋ⁵³ta³¹khrum⁵⁵

七　身体医疗

门牙 la⁵³kha³¹leŋ³⁵

鼻根 ha⁵⁵ȵa⁵³pɯm⁵⁵

鼻梁 ha⁵⁵ȵa⁵³m̥⁵⁵

耳朵眼 kru⁵³na⁵⁵ma³¹saɯ⁵³

胡须 thu⁵⁵rɯ⁵³m⁵⁵

扁桃体 thɯ⁵⁵roŋ⁵³a³¹plɯŋ⁵⁵

颧骨 pru⁵³

胯骨 ma³¹toŋ⁵⁵

肋条 kɯ³¹hre⁵³

脖颈 groŋ⁵⁵a³¹kum⁵⁵

后脖颈 pɯ³¹hɯŋ⁵⁵ta³¹ljaŋ⁵³

动脉 hɑ⁵⁵rai⁵³tɑ³¹waŋ³⁵

静脉 sɑ⁵³

胆汁 thɯ⁵⁵mɯn⁵³tɕi⁵⁵

脚背 groŋ⁵⁵bɑ³⁵kjaŋ³¹

脚掌 groŋ⁵³kɑ⁵⁵

脚后跟 gro⁵³ti⁵³

脚踝 groŋ⁵³plum⁵⁵

脚尖 groŋ⁵³mɑ³¹la³⁵

脚腕 groŋ⁵³mɑ³¹tjiɯ⁵⁵

脚趾 groŋ⁵³rɑ³¹tɯm⁵⁵

脚指甲 groŋ⁵³hlen⁵³

大腿 hɑ⁵³

大腿根 hɑ³⁵pum³⁵

大腿肌肉 hɑ⁵⁵tho⁵³

小腿肌肉 groŋ⁵³m⁵⁵

细腰 指女性 ɑ³¹thɯ⁵³krɯ⁵⁵

病人 me³⁵n̩ɑ³⁵

刀伤 tɑ³¹rɑ⁵⁵tʂɯ⁵³wɯ⁵³ɑ³¹wɑ⁵⁵

枪伤 kɯ⁵⁵ɑ³¹rau⁵⁵wɯ⁵³ɑ³¹wɑ⁵⁵

剑伤 sɑ³¹prun⁵⁵ni⁵³ɑ³¹wɑ⁵⁵

摔伤 lja³⁵ɑ³¹koŋ³⁵wɑ³¹ɕɑ³⁵

卡喉咙 thɑ³¹noŋ³⁵

便秘 kɯ⁵⁵lai⁵³tɑ³¹khre⁵³

出血 lɯ⁵⁵ʅui⁵³tʂu⁵⁵

浮肿 tɯ⁵⁵phom⁵³

抽筋 tɑ³¹khrem³¹mɑ³¹

骨折 tju³⁵

肺结核 hɑ³¹pɯ⁵⁵n̩ɑ³¹tɕɯ⁵³

红肿 ɕi⁵⁵plum⁵³ho³¹

反胃 me⁵³mjoŋ³⁵ɑ⁵⁵

罗圈腿 rɑ⁵⁵kɑ⁵⁵tɑ⁵³

夜盲症 plɯ⁵³tɑ³¹tɕhi⁵⁵

精神病 tɑ³¹me³⁵jɑ³¹me³⁵

打摆子 hɑ³¹klum⁵³

搽药 tɑ³¹mɑ⁵³n̩oŋ⁵⁵

打针 nɑ⁵⁵kwo⁵³thau⁵⁵

开刀 rai⁵⁵

成长 pe⁵⁵e⁵⁵ɑ³¹sun³⁵ɑ³¹

八　婚姻信仰

巫师 gwak⁵³

大巫师 gwau⁵³ tɯ³¹ run⁵⁵

小巫师 tɕao⁵³ kwak³¹

头饰 贝壳制成 tɑ³¹laŋ³⁵

兽牙背带 tɑ³¹laŋ³⁵

铃铛 巫师佩戴的 tɯ³¹poŋ⁵⁵

贝壳 巫师佩戴的 tɕo⁵³krwɑ⁵⁵

铜制饰品 刀带上 so³¹tɑ⁵⁵

剑 巫师佩带的 hɑ⁵⁵rau⁵⁵

贝壳 巫师腰带上的 tɑ³¹braŋ⁵⁵

毛 巫师佩剑上带的 mɑ³¹gren⁵⁵

孔雀翎 巫师头饰上的 ɑ³¹khu³⁵

鼓 巫师作法用 kɑ⁵⁵rɑ⁵³

锣 巫师作法用 doŋ⁵³

伞 巫师作法用 tɑ³¹jiŋ⁵³

兜裆裤 巫师穿 tɑ³¹praŋ⁵⁵

神龛 tam⁵⁵la³⁵ɑ³¹kɑ⁵³

石块 巫师作法时站的 tɯ³¹pɯ⁵⁵

念咒 tɑ³¹tja³⁵

法器 头上的 kwauk⁵⁵ɑ³¹khu³⁵

法器 额头 hɑ⁵⁵rau⁵⁵

灵魂 mɑ³¹rɑ⁵⁵

杀鸡 在家人生病时~送鬼 tʂi³¹bɑ⁵⁵

佛教 lɑ⁵⁵mɑ⁵⁵

佛 ha³¹ni³⁵
菩萨 la⁵⁵
女鬼 me⁵⁵ja⁵⁵a³¹khɯ⁵⁵nim⁵⁵
男鬼 ba⁵⁵wa⁵⁵a³¹khɯ⁵⁵nim⁵⁵
水鬼 ma³¹tɕi⁵⁵kɯ³¹nim⁵⁵
财神 tjim⁵⁵kjaŋ⁵⁵a³¹tɕim⁵⁵
天神 tum⁵⁵a³¹tɕim³⁵tu⁵⁵me⁵⁵
山神 the³¹ja⁵³dʐum⁵⁵
土地神 ka⁵⁵pu⁵³ja⁵⁵
水葬 ma³¹tɕi⁵⁵lja⁵³
火葬 na³¹mum⁵⁵rɯ³¹
土葬 khɯ³¹lai³⁵m⁵⁵
火葬场 thum⁵⁵plum³⁵la³¹
超生 ta³¹gra³⁵ga⁵³
哈达 kha⁵⁵tja⁵³
良辰吉日 gum⁵³bra⁵⁵
念珠 lai⁵⁵tsai⁵⁵a³¹
酥油灯 na⁵⁵mumtja⁵⁵pla⁵³
转经筒 la³¹ma³¹ta³¹pɯ⁵⁵a⁵⁵wen⁵⁵

九　人品称谓

普通人 me³⁵sɯŋ⁵³a³¹tjiŋ⁵⁵
人民 mja³¹aŋ⁵⁵
群众 maŋ⁵⁵tshoŋ⁵⁵
老百姓 mei³⁵pjoŋ⁵⁵
后裔 plja⁵⁵me³⁵pɯ⁵³ja³⁵me³⁵
高原藏族 thɯi⁵⁵ja⁵⁵ja³¹kjaŋ³¹me⁵³prum⁵⁵
烈士 ta⁵⁵wu⁵⁵
土匪 tɕa⁵⁵pa⁵⁵
丑八怪 ha⁵⁵pɯi⁵³tha⁵⁵
要饭的人名，贱称 tʂen⁵⁵min⁵⁵roŋ⁵⁵
自己要得到 绰号 tɕik⁵⁵tju⁵³
又白又高 绰号 ro³¹ljo⁵⁵

外德龙 人名 we⁵³tjo⁵³lɯ⁵⁵
卡鲁松 人名 kha³¹ru⁵⁵soŋ⁵⁵

十　农工商文

土匪 tɕa⁵⁵pa⁵⁵
厨师 ta⁵⁵pe⁵³ma³¹tɕi⁵⁵
漆匠 ka⁵³ma³¹ne⁵⁵ma⁵³phɯ⁵⁵ra³¹nu³¹ma⁵⁵ɬem⁵³
刷墙匠 mu³¹nem⁵³ma⁵⁵
补锅的人 pu⁵³ta³¹laŋ³⁵me³⁵
看门人 kha³¹lɯŋ³⁵a⁵⁵kɯ⁵³ja³⁵me³⁵
算命的人 ka³¹thu³⁵ja³¹me³⁵
护士 ta³¹ma³⁵pu³¹tju³⁵ja³¹me³⁵
帮工 a³¹prum⁵⁵po⁵³ja³⁵
地主 khɯ³¹lai³⁵tɯi⁵⁵ja⁵⁵
富农 ka³¹ni⁵⁵
佃农 po⁵³
牧民 ma⁵⁵tʂau⁵³a⁵⁵kɯi⁵⁵ja⁵⁵me³⁵
奴仆 kha³¹ljau⁵⁵pa⁵³ja⁵⁵po⁵³
贫农 kha⁵⁵ljau⁵⁵pa⁵³ja³⁵me³⁵tuŋ⁵³
仆人 ma³¹tjo³⁵ja³¹me³⁵
主义 rɯ³¹lu⁵⁵
工分 ka⁵⁵ma⁵⁵
解放 tɕiŋ⁵⁵tʂɯ⁵³toŋ⁵³
革命 sa⁵⁵dʑi⁵⁵
国家 tɕa³¹khau⁵³
国旗 tɕa³¹khau⁵⁵ta³¹tɕu⁵³
干部 li⁵⁵tɕi⁵³
权利 oŋ⁵⁵tɕha⁵⁵
政府 si⁵⁵tɕoŋ⁵³
报纸 tsha⁵⁵pa⁵⁵
主义 rɯ³¹lu⁵⁵
工分 ka⁵⁵ma⁵⁵
解放 tɕiŋ⁵⁵tʂɯ⁵³toŋ⁵³

意见 tham⁵⁵tɕha⁵³
管理 tɑ³¹ne⁵⁵
贴片 传统鼓上的~ kɑ⁵⁵rɑ⁵³khɑ³¹leŋ³⁵
弦 传统鼓上的~ kɑ⁵⁵rɑ⁵³kɑ³¹rui³⁵
路 野外的~ ɑ⁵⁵poŋ⁵³ɑ⁵⁵lim³⁵
大卡车 kɑ⁵⁵rɑ⁵³tɯ⁵⁵rɯŋ⁵⁵
车上 kɑ³¹re⁵⁵kjaŋ³¹
车祸 kɑ³¹rai⁵⁵tɑ⁵³hun⁵³ɑ⁵⁵tjo⁵³
堵车 kɑ³¹rai⁵⁵toŋ⁵³ho³¹
防火 nɑ³¹men⁵⁵kɑ⁵⁵tio⁵³
化肥 tɯ⁵⁵wei⁵³ljo⁵³
箭后面的羽毛 ɑ⁵⁵lai⁵³pɯ⁵⁵
抵押 tɯ⁵⁵ma⁵⁵
石碑 tɑ³¹ko⁵⁵hɑ³¹tjim³⁵
工坊 mo³¹moŋ⁵³

十一 动作行为

背柴火 mɑ³¹sɯŋ⁵⁵klai⁵³
打猪草 pɯ³¹liɯ⁵⁵tɑ³¹thɑ³⁵mɑ⁵⁵lɑ⁵³
摘果子 tɑ⁵⁵ɕi⁵³wu⁵⁵
打农药 khɑ³¹ljau⁵⁵thɑ⁵⁵ju⁵⁵
拔草 pɯ⁵⁵re⁵³
锄地 tɑ⁵⁵kwo⁵³khɑ³¹ljau⁵⁵pre⁵³ja³⁵
除虫 tɑ³¹pɯm⁵⁵se⁵³
杀鸡 kwɑɯk⁵⁵tju⁵³ɑ⁵⁵
采蜂蜜 tɑ⁵⁵pin⁵³ɲi⁵³
舂 ke⁵⁵ɲim⁵³
砍甘蔗 ɑ⁵⁵rɯi⁵³tjiɯ³¹
砍树 mɑ³¹sɯŋ³⁵tjɯ⁵³
磨刀 tɑ³¹tɑ⁵⁵phri⁵³
翻谷子 tɑ³¹thɑ⁵⁵ji⁵⁵ja⁵⁵
烤玉米 nɑ³¹po³⁵men⁵⁵
放水 e⁵³hɑ⁵⁵lai⁵³ti³¹

熬粥 tɑ³¹lɯɯ⁵⁵mɑ³¹lɯɯ⁵⁵
打桩 kro⁵⁵lo³¹
搅拌 bɑ³¹ɕin⁵³
嚏 thɑ³¹noŋ³⁵
叼 tjɯ⁵⁵
蹭 ɲoŋ⁵³
蹭破皮 kwo⁵⁵tɕu⁵³
叉腰 ɲiŋ⁵⁵mɑ³¹krɯ⁵⁵
砸 tjoŋ⁵³
打用拳头 tsa⁵³pro⁵³
用石头打 ljɑ⁵³
用手掌扇 tɑ³¹pi⁵³
抖衣服 khɑ³¹tʂɯm⁵⁵khɯm⁵³
打被子 ɑ³¹pɑ³⁵koŋ³¹
打扮 ɑ³¹ɕi³⁵tju⁵³
打补丁 tɑ³¹laŋ³⁵
打赌 lɑ⁵³hɑ⁵⁵mɑ⁵⁵kɑ³⁵
打盹 ŋ⁵³tɕɑ⁵⁵ma⁵⁵
打滚 ljɑ⁵³
吹口哨 meŋ⁵³ɬai⁵⁵ja⁵⁵
弹额头 hɑ⁵⁵pɯi⁵³
换衣服 tjiŋ⁵³ji³⁵ja³¹
量衣服 tjiŋ⁵³jɑ⁵⁵rui⁵³ɑ⁵⁵
扣扣子 thɯŋ⁵⁵me⁵⁵jɑ⁵⁵thɯ³¹
坐牢 pom⁵³ti⁵⁵
放火 kɑ³¹rau⁵⁵pɯ⁵³
绊倒 ljɑ³⁵koŋ³¹
抽烟 toŋ³⁵ɑ⁵⁵du⁵⁵
下毒 thai⁵⁵
翻身 ljɑ³⁵ji³⁵
挨饿 nɑ⁵⁵tjo⁵³ɕi⁵⁵bre⁵⁵
举手 ɑ³¹tjo³⁵tjin³⁵
摆手 ɑ³¹tjo⁵³tɯ³¹rɑ⁵⁵

摆手表示再见 a³¹tjo⁵³ha⁵⁵ljuɯm⁵⁵

打招呼 bra⁵⁵ji⁵³tja⁵⁵/bra⁵⁵po⁵³

翻白眼 ka⁵⁵muɯ⁵³

巴结 ma⁵⁵nei⁵³

发誓 ba³¹tja³⁵

滑溜索 lo⁵³luɯ⁵⁵

告别 bo⁵³a⁵⁵ti³¹ti⁵⁵

报仇 a⁵⁵toŋ⁵³ta⁵⁵

叮嘱 la⁵³ha⁵⁵me⁵⁵

多话 ma⁵⁵ro⁵³kuɯ³¹tam⁵⁵tʂa³⁵

分辨 ha⁵⁵puɯn⁵³kuɯ³¹sa⁵³ja³⁵

出嫁 ma³¹wa⁵³ŋ⁵⁵po⁵³ja³⁵

欢送 ha⁵⁵luɯi⁵³ti³¹

拜访 me³⁵ka³¹thu5po⁵³ja³⁵

拐弯 a³¹lim³⁵ka³¹we³⁵

管理 ta³¹ne⁵⁵

学习 dzoŋ³⁵

开会 tshoŋ⁵⁵ti⁵³tsu⁵⁵

抵押 tuɯ⁵⁵ma⁵⁵

回忆 we⁵³we5na⁵⁵

见面 ka⁵⁵tjiŋ⁵³ka³⁵

交杯 wu⁵³krai⁵³ka⁵⁵

交朋友 a⁵⁵tuɯm⁵⁵we⁵³

谈恋爱 me⁵⁵ja⁵⁵ma³¹wa³⁵

说闲话 ta³¹tʂi⁵⁵phlu⁵⁵ka³¹

介绍 kuɯ⁵⁵sa⁵³ka³⁵jiŋ⁵⁵

安慰 la⁵³ma⁵⁵nei⁵³

敬酒 ju⁵⁵a³¹tjin⁵³

招待客人 ka³¹ruɯ³⁵kha³¹pljo⁵⁵ji⁵³ja⁵⁵

看日子 kuɯ⁵⁵hen⁵³bra⁵⁵hwen⁵⁵ɕi³¹

耍坝子 a⁵⁵pa⁵³m̥⁵⁵

旅游 m̥⁵⁵po⁵³ja³⁵

拜佛 kuɯ³¹luɯm³⁵

劳动 kha³¹ljau⁵⁵ba³¹

奠基 ta³¹m̥⁵⁵lo⁵³

隔离 ha⁵⁵pruɯi⁵³koŋ³⁵

巴不得 ka⁵⁵ro⁵³ta³¹ha⁵⁵na⁵⁵tjiuɯ⁵³ti³⁵ka³¹ti³⁵a⁵⁵

搬弄是非 tuɯ⁵⁵kuɯ⁵³ma³¹sau³⁵

不吃不喝 tha⁵⁵m⁵⁵tjuɯ³⁵m⁵⁵

道听途说 me³⁵la⁵⁵tha⁵⁵tjiŋ⁵³a⁵⁵

胡说八道 la⁵³ha³¹luɯ⁵⁵phru⁵⁵a³¹

超过 du³⁵koŋ³⁵ho³¹

不会 wu⁵⁵lim⁵⁵po³¹

看穿 hwen⁵⁵kuɯ⁵⁵sa⁵³koŋ³⁵a³¹

鸣笛 ti⁵⁵ti⁵⁵kra⁵³

十二 性质状态

不要紧 ma⁵⁵tjo⁵³noŋ⁵⁵po³¹

不断 tuɯ⁵³lja⁵⁵ma⁵⁵na⁵³

不热 tai⁵⁵m³¹tʂoŋ⁵³jim³¹

不谢 kho⁵⁵ta⁵⁵nu³¹la⁵⁵jim³¹

从小 a⁵⁵thuɯ³⁵ko⁵⁵

干瘪形容人 gau⁵³ɕoŋ³¹kruɯm⁵⁵

高大 ka³¹luɯn³⁵ka³¹tɕhu⁵³

节约 ma³¹tjioŋ⁵⁵

老练 kuɯ³¹sa⁵³juɯ⁵⁵me³⁵

老实 tha⁵⁵ruɯ⁵⁵ju³¹

鲁莽 we⁵³ha⁵⁵me⁵⁵wu³¹pa⁵⁵

麻利 ka⁵⁵ra⁵⁵kuɯ³¹ɕoŋ⁵⁵

大方 ja⁵⁵me³¹khu⁵³pre⁵⁵

好心 ta³¹we⁵³bra⁵³

傻里傻气 ta³¹po⁵⁵ɕo⁵⁵

卡住喉咙~说不出话 toŋ⁵³

麻头皮发~puɯ⁵⁵

空手 poŋ⁵³raŋ⁵⁵

红眼病羡慕 kuɯ⁵⁵ruɯ⁵⁵

乱蓬蓬形容头发 kɯ⁵⁵tʂau⁵³
哭笑不得 khro⁵³ma³¹ra⁵³pram⁵⁵
精疲力竭 kjɯ⁵⁵raŋ⁵⁵ka³⁵koŋ³¹
肥沃 khɯ³¹lai³⁵bra⁵⁵wen⁵⁵ho³¹
乱哄哄 kɯ³¹tʂau⁵³m⁵³koŋ³⁵ma³¹
沉甸甸 a³¹sui⁵⁵tɯŋ³⁵ka³¹
臭熏熏 neŋ³⁵ka³¹ra⁵³tjin³⁵ja³¹
糊涂 kɯ⁵⁵tʂa⁵³a³¹kha³⁵koŋ³⁵ho³¹
活生生 kɯ³¹lɯi⁵⁵tɕim³¹
干燥 ɕu⁵³kra⁵⁵tɯn⁵⁵
光秃秃山~的 kau⁵⁵kɯ⁵⁵lɯi⁵⁵na⁵³
风风光光 pɯi⁵⁵ta⁵⁵bra⁵⁵ko⁵⁵
坑坑洼洼 a³¹kui³⁵a³¹kum³⁵
火花四溅 sai⁵³ta³¹klai⁵³pru⁵⁵a³¹
昏天黑地 kha³¹nu⁵⁵tjɯ³¹
漆黑一片 ka³¹nu⁵⁵tjɯ⁵³koŋ³⁵ho³¹
大汗淋漓 hau⁵⁵wu⁵⁵lon⁵³sai⁵⁵

十三 数量

二百 ma⁵⁵lɯm⁵³ka³¹n⁵⁵
四百 ma⁵⁵lɯm⁵³ka³¹pre⁵⁵
五百 ma⁵¹ɯm⁵³ma³¹ŋa³⁵
六百 ma⁵⁵lɯm⁵³ta³¹hro⁵⁵
七百 ma³¹lɯm⁵³me³¹je⁵⁵
八百 ma⁵⁵lɯm⁵³lim³⁵
九百 ma⁵⁵lɯm⁵³kɯ⁵⁵niŋ⁵⁵
两千 ri³¹tʂɯŋ⁵³ka³¹n⁵⁵
三千 ɯ³¹dʐuŋ⁵³ga⁵³ʂɯŋ⁵⁵
四千 ri³¹tʂɯŋ⁵³ka³¹pre⁵⁵
八千 ri³¹tʂɯŋ⁵³lim³⁵
九千 ri³¹tʂɯŋ⁵³kɯ⁵⁵niŋ⁵⁵
万 lɯk⁵³

两万 luk⁵³ka³¹n⁵⁵
六万 hlai⁵³ta³¹hro⁵³
八万 lak⁵³lim³⁵
九万 luk⁵³kɯ⁵⁵niŋ⁵⁵
六七个 ta⁵⁵ro⁵³wen⁵³
三下两下 pjen³¹pna⁵⁵ha³¹ne⁵³bo⁵⁵
七八十岁 we⁵³ha⁵⁵lɯŋ⁵⁵nim³¹ha⁵⁵lɯŋ⁵⁵

十四 其他

汉语 khi⁵⁵tɯ³¹krɯ⁵⁵
四川话 sitʂhan⁵⁵tɯ³¹krɯ⁵⁵
拉萨话 la⁵⁵sa⁵³tɯ³¹krɯ⁵⁵
僜人传统鼓 a⁵⁵tɕa⁵³ni³⁵ka⁵⁵ra⁵³
标语 ta³¹ko⁵⁵tʂu⁵³ta³¹ɕa³⁵ho³¹
标记 ta³¹ɕa⁵⁵
鞭痕 hɯk⁵³poŋ³⁵
金黄色 gjɯ⁵⁵
草绿色 ta⁵⁵sau⁵³gen⁵⁵
深红色 ɕi³¹do⁵³ho⁵⁵
深黄色 min³¹do⁵³ho⁵⁵
深绿色 kɯ³¹do⁵³ho⁵⁵
呼吸声 ɕɯ⁵⁵rɯŋ⁵⁵a³¹
唤狗声 ja³¹ja³⁵ja³¹
唤鸡声 ku⁵⁵ku⁵⁵ku⁵⁵
口哨声 hlai⁵⁵rɯŋ⁵⁵
老虎吼 a³¹hro⁵³
鸟叫 pja⁵³gra⁵³
牛叫 broŋ⁵⁵
吃素 tha⁵³ha³¹na³⁵ja³¹me³⁵
行李 ta³¹plɯ⁵³
画布 kha³¹tsɯm⁵⁵nu⁵³
烟油 toŋ⁵⁵a³¹tʂhaŋ⁵⁵

第五章 语法

第一节

词　类

根据词的意义和语法特点可以将达让语的词分为名词、代词、数词、量词、动词、形容词、副词、连词、语气词、叹词10类，此外还有句法中的各类语法标记和结构助词。以下我们将分类进行讨论。

一　名词

（一）名词的分类

名词是表示人或事物、时地的名称。按照名词的语义和语法特点，我们可将达让语的名词进一步分成普通名词、处所名词、专有名词、时间名词和方位名词。

1. 普通名词

普通名词是表示人、事、物的名词。例如：

tɯm⁵⁵ka³¹rai⁵⁵	飞机	kwo⁵³tʂa³¹rɯk⁵⁵	学生
ɕu⁵⁵a³¹sɯŋ⁵⁵	生命	ɡɯm⁵⁵	运气

2. 处所名词

处所名词是表示地点的名词，包括所有的地名、单位以及部分一般名词等。例如：

ko⁵³tʂa³¹rɯ⁵⁵	学校	ta⁵⁵hwi⁵³plɯm³¹ŋ³⁵	教室
la³¹ma³⁵	西藏	ka³¹taŋ⁵⁵	晒谷场

3. 专有名词

专有名词主要包括人名、地名、民族名和国名等。例如：

地名		国名	
ka³¹jau⁵⁵	嘎腰村	tʂhoŋ⁵⁵kwo⁵⁵	中国

人名 民族名

a^{31}lu^{55}lum^{35} 阿鲁龙   la^{31}ma^{35}ba^{35}me^{35} 藏族

4. 时间名词

时间名词表示时间的名称。例如：

a^{31}tja^{53}nuɯŋ^{53} 今年   a^{55}su^{53}ɳ^{31} 明天

a^{31}na^{53} 早上   ha^{55}joŋ^{55}ko^{55} 以前

5. 方位名词

方位名词是表示空间方向的名词。达让语中的方位名词非常复杂，且相同方向可用多个名词进行指称。以下表5-1为达让语主要方位名词：

表 5-1　方位名词类别

东	ruɯn^{55}po^{55}mju^{35}	下……下	ha^{31}la^{55}
	ruɯn^{55}po^{53}bluɯm^{31}	下面	ha^{31}la^{53}ɳoŋ^{55}
西	ruɯn^{55}leŋ^{55}kuɯ^{31}mju^{35}	左面	tuɯ^{31}kjuɯ^{55}mju^{55}
	ruɯn^{55}leŋ^{53}bluɯm^{31}		tuɯ^{31}kjuɯ^{53}ɳoŋ^{55}
南	ma^{53}ɳoŋ^{35}	右面	tuɯ^{31}tɕa^{55}mju^{55}
北	ma^{31}thaɯ^{53}		tuɯ^{31}tɕa^{53}ɳoŋ^{55}
正面	ka^{55}mju^{55}	对面	mju^{55}
反面	pluɯŋ^{55}mju^{55}		ɕi^{53}re^{55}
在……前	ha^{55}ɳa^{55}		ka^{55}ɳoŋ^{55}
前面	ha^{55}ɳa^{55}mju^{55}	在……里	kin^{55}
	ha^{55}ɳa^{55}ɳoŋ^{55}	里边	luɯm^{53}koŋ^{55}
面前	ha^{55}joŋ^{55}	外边	a^{31}poŋ^{55}
在……后	pluɯn^{53}	附近	we^{55}poŋ^{55}
后面	pluɯŋ^{55}mju^{55}	中间	tuɯ^{31}boŋ^{35}
	pluɯn^{53}ɯŋ^{55}	旁边	ka^{31}poŋ^{55}
背后	pluɯn^{53}ɳoŋ^{55}		ka^{31}poŋ^{55}
上门~	tuɯ^{31}kjaŋ^{55}	边儿	tjiŋ^{35}
	kjaŋ^{35}		ka^{55}a^{31}ba^{53}
上	ha^{31}kjaŋ^{35}	周围	ka^{31}poŋ^{55}ka^{31}waŋ^{55}
	tuɯ^{31}kjaŋ^{55}		goŋ^{55}a^{31}ba^{53}
上面	ha^{31}kjaŋ^{35}ɳoŋ^{55}	角	ma^{31}lã^{53}
偏斜	ha^{31}ra^{53}		

（二）与名词相关的语义范畴

1. 名词的性

达让语名词的性范畴主要通过表性别的后缀来表示。ka³¹ri³⁵ 和 ta³¹la³⁵ 是动物类表雄性的后缀，ta³¹pi⁷⁵³ 和 kru³⁵ 是动物类表雌性的后缀，其中 ka³¹ri³⁵（雄）、ta³¹pi⁷⁵³（雌）用以限定较为大型的动物，ta³¹la³⁵（雄）、kru³⁵（雌）用以限定小型动物。具体举例如下：

bɯ³¹ljɯ⁵⁵ka³¹ri³⁵	公猪_{成年的，已阉的}
bɯ³¹ljɯ⁵⁵ta³¹pi⁷⁵³	母猪_{成年的，未阉的}
ka³¹tɕi⁵⁵ta³¹la³⁵	公老鼠
ka³¹tɕi⁵⁵kru³⁵	母老鼠

江荻等（2013）指出"猴子"一词不同于其他动物，表雄性时需加后缀 mlen⁵⁵，具体原因不明。

ta³¹mim⁵³	猴子	ta³¹mim⁵³ mlen⁵⁵	公猴

达让语中表动物性别的后缀已经出现混用现象。例如，母鸡既可以说成 tɕu⁵³kru³⁵，也可以说成 tɕu⁵³ta³¹pi⁷⁵³。

在人称性别中，达让语只有表示女性性别的词缀 me⁵⁵jɑ³¹a⁵⁵，该词缀原义为"女人"，后逐步演变成后缀，仍具有较为实在的意义，介于实词与词缀之间。达让语没有表男性的词缀，当表示男性时，通常以 ma⁵³wɑ³¹ɑ⁵⁵（男人）作为限定词，放置于中心词之前，构成偏正短语。例如：

ma⁵³wɑ³¹ɑ⁵⁵ + tɯ⁵⁵mroŋ⁵⁵	男朋友	gwak⁵⁵ + me⁵⁵jɑ³¹a⁵⁵	巫婆
男人　　朋友		巫师　　女性	

2. 名词的数

达让语名词共有两种表示复数的方法，一种是通过添加复数词缀表示，另外一种是通过添加修饰语表示。

达让语复数词缀为 tɕu³¹，多用于指人名词或者其他有生命的动物。例如：

me³⁵	人	me³⁵tɕu³¹	人们
pja⁵³	鸟	pja⁵⁵tɕu³¹	鸟儿们

无生命事物表复数时，通常用 dɯ³⁵（多）、ɑ³¹ple⁵⁵tja⁵³（一些）等其他表示多数的限定词后置于名词进行表示。例如：

ma³¹sɯŋ⁵⁵	树	ma³¹sɯŋ⁵⁵dɯ³⁵	很多树
tha⁵³tjim³⁵	食物	tha⁵³tjim³⁵ɑ³¹ple⁵⁵tja⁵³	一些食物

不过，这些无生物的复数限定词也可用以修饰有生命的动物。例如：

me³⁵	人	me³⁵ tha⁵³ɑ³¹ple⁵⁵tja⁵³	一些人
pja⁵³	鸟	pja⁵⁵dɯ³⁵	很多鸟

3. 名词的小称

达让语中有指小词缀 ɑ⁵⁵，原义为"孩子"，目前尚未形成典型的词缀，很多情况下未能明确区分指小词缀的本义和形容词用法。指小词缀 ɑ⁵⁵ 不区分生命度，可用于有生物和无生物名词。例如：

mɑ³¹roŋ⁵⁵ɑ⁵⁵	马驹	tju⁵³ɑ⁵⁵	鸡崽
tɯ⁵⁵mroŋ⁵⁵ɑ⁵⁵	小朋友	kwo⁵³tʂɑ³¹ruk⁵⁵ɑ⁵⁵	小学生
tɑ³¹rɑ⁵⁵ɑ⁵⁵	小刀	kɑ³¹rɑ³⁵ɑ⁵⁵	小雨

除后缀 ɑ⁵⁵ 外，无生物在表大小时还可通过添加限定词 dɯ⁵⁵ruŋ⁵⁵（大）、kɯ⁵⁵tje⁵³（小）来表示。例如：

khɯ³¹jim³⁵dɯ⁵⁵ruŋ⁵⁵　　大梨　　　　　khɯ³¹jim³⁵kɯ⁵⁵tje⁵³　　小梨

（三）名词的功能特征

1. 大部分名词在句法中都可充当主语和宾语

其中处所名词和方位名词只可在存在句或判断句中充当主语或宾语。例如：

kwo⁵³tʂɑ³¹rɯ⁵⁵　m³¹plɯm⁵⁵　kjɑŋ³¹　m̥⁵⁵　mɑ⁵⁵.
学生　　　　　操场　　　　上　　玩　DUR

学生在操场上玩。（普通名词 kwo⁵³tʂɑ³¹rɯ⁵⁵ 充当主语）

ɑ³¹tjɑ⁵³ŋ̥⁵⁵　je⁵⁵　ri³¹dzeŋ⁵³　kɑ³¹n⁵⁵　hɑ⁵⁵lɯ⁵⁵mɑ³¹ŋɑ³⁵　nɯŋ⁵³　rɑ³¹hɑ⁵⁵lo⁵⁵
今天　　　TOP　千　　　　二　　十五　　　　　　年　　　十月

kɯ³¹nɯŋ⁵³　ke⁵³.
天　　　　　一

今天是2015年10月1日。（时间名词 ɑ³¹tjɑ⁵³ŋ̥⁵⁵ 充当主语，时间名词 ri³¹dzeŋ⁵³ kɑ³¹n⁵⁵ hɑ⁵⁵lɯ⁵⁵ mɑ³¹ŋɑ³⁵ nɯŋ⁵³ rɑ³¹hɑ⁵⁵lo⁵⁵ kɯ³¹nɯŋ⁵³ ke⁵³ 充当宾语）

tɕe⁵⁵ɑ³¹lɯŋ⁵³　ŋ³¹　kin⁵³　ɑ⁵⁵　kɑ³¹sɯŋ³⁵　i⁵⁵　jɑ⁵⁵,　ɑ⁵⁵　khun⁵⁵　je⁵⁵
3pl　　　　　家里　孩子　三　　住　　　　PRES　P　　一　　TOP

tɑ³¹kwo⁵⁵tʂui⁵⁵　ji⁵⁵　jɑ⁵³.
学校　　　　　　住　　PRES

他们家有三个孩子，（其中）一个孩子住在学校。（处所名词 tɑ³¹kwo⁵⁵tʂɑi⁵⁵ 充当宾语）

tshɑŋ³⁵tɕɑŋ⁵⁵　ruŋ⁵⁵bo⁵⁵mju³⁵　blɯm⁵³　di³¹gɑ³⁵　ɑ³¹.
长江　　　　　东　　　　　　　流　　　TER　　　PFV

长江流向东方。（方位名词 ruŋ⁵⁵bo⁵⁵mju³⁵ 充当宾语）

2. 名词可充当定语

充当定语的名词一般为普通名词、方位名词和时间名词。例如：

ta⁵⁵mim⁵³	a⁵⁵lai⁵³	je⁵⁵	hwɯ⁵⁵	ko⁵⁵	a⁵⁵lai⁵³	la³¹.
猴子	弓箭	TOP	竹子	LOC	弓	EVID

猴子的弓箭是竹子的。(普通名词 ta⁵⁵mim⁵³ 充当定语)

a⁵⁵tɕu³⁵	ka³¹tjɯ³⁵	je⁵⁵	ha⁵⁵joŋ⁵⁵	ta⁵⁵hwi⁵³plum³¹ŋ³⁵	koŋ⁵⁵	aŋ⁵⁵.
孩子们	都	TOP	前面	教室	里	在

孩子们都在前面的教室里。(方位名词 ha⁵⁵joŋ⁵⁵ 充当定语)

pɯ⁵⁵liŋ⁵³n̩³¹	kwo⁵³tʂa³¹rɯk⁵⁵	je⁵⁵	ka⁵⁵tjiŋ⁵³	na⁵³ja³⁵?
昨天	学生	TOP	找到	QUES

昨天的学生找到了吗？(pɯ⁵⁵liŋ⁵³n̩³¹ 充当定语)

3. 名词可充当状语

一般限于时间名词和处所名词。处所名词既可单独作状语，也可与方位名词组成方位短语后，再作状语，其后通常带有表地点的句法标记 ko⁵⁵。例如：

ha³¹joŋ⁵⁵	ko⁵⁵	la³¹ma³⁵mu³¹la³⁵	ko⁵⁵	a³¹tsa⁵³tu⁵⁵rɯŋ⁵⁵	khun⁵⁵	ji⁵⁵	ja³⁵.
以前	LOC	西藏	LOC	国王	一	住	DUR

以前，在西藏住着一个国王。(处所名词 la³¹ma³⁵mu³¹la³⁵ 单独充当状语)

a⁵⁵	tɕu⁵⁵	ko⁵³tʂa³¹rɯ⁵⁵	kin⁵⁵	kwo⁵³tʂa³¹rɯ⁵⁵	tsai⁵⁵	ma⁵⁵.
孩子	PL	学校	里	书	读	DUR

孩子们在学校里读书。(方位短语 ko⁵³tʂa³¹rɯ⁵⁵ kin⁵⁵ 充当状语)

pɯ⁵⁵liŋ⁵³n̩³¹	haŋ³⁵	ta³¹tha³⁵	klai⁵³	ki³¹	ja³¹.
昨天	1sg	粮食	背	去	PFV

昨天我去背粮食了。(时间名词 pɯ⁵⁵liŋ⁵³n̩³¹ 充当状语)

二 代词

（一）代词的分类

1. 人称代词

达让语的人称代词没有性的区别，只区分单数、双数和复数，表5-2列出了三个人称的各种形式。

表5-2 达让语的人称代词

	单数	复数	双数
第一人称	haŋ³⁵	ŋ⁵⁵	ŋ⁵⁵ka³¹n⁵⁵
第二人称	n̩ɯŋ³⁵	a³¹ne⁵⁵	a³¹ne⁵⁵ka³¹n⁵⁵
第三人称	tɕe⁵⁵	tɕe⁵⁵luŋ³⁵/ tɕe⁵⁵tɕu³¹	tɕe⁵⁵ka³¹n⁵⁵

说明：

（1）第一人称、第二人称代词单数、复数分别具有不同的表达形式，双数则以复数形式为词干后加 ka³¹n⁵⁵ 构成。

（2）第三人称复数以单数为词干，后加复数词缀 -luŋ³⁵、-tɕu³¹ 构成，双数形式后加 ka³¹n⁵⁵ 构成。此外，第三人称复数还存在多种变体，即 tɕe⁵⁵luŋ³⁵、tɕe⁵⁵tɕu³¹、tɕe⁵⁵a³¹luŋ³⁵、tɕe⁵⁵a³¹tɕu³¹，其中 tɕe⁵⁵luŋ³⁵、tɕe⁵⁵a³¹luŋ³⁵ 更为常见。

（3）第一、第二人称可在复数形式的基础上再次添加复数标记，添加后意义、用法不变。例如：a³¹ne⁵⁵-a³¹ne⁵⁵tɕu³¹（你们）、ŋ⁵⁵-ŋ⁵⁵luŋ³⁵-ŋ⁵⁵luŋ³⁵tɕu³¹（我们）。

（4）达让语中的人称代词可直接充任定语，修饰表示集体的名词从而构成集体复数，即指用家庭成员集体作为复数概念。例如，单数人称代词加上 ŋ³⁵（家）可构成 haŋ³⁵ŋ³⁵（我家）、nuŋ³⁵ŋ³⁵（你家）、tɕe⁵⁵ŋ³⁵（他家）。

（5）第一人称复数不区分包括式和排除式。

（6）人称代词表示多数时，其后还可以跟具体数词。例如：

ŋ⁵⁵ka³¹suɯ³⁵　　　　我们三个　　　　　　　　tɕe⁵⁵a³¹luŋ³⁵ka³¹prai⁵⁵　　他们四个

2. 指示代词

指示代词在句中起指示或代替的作用，主要用于指代距离、方位、数量、方式、程度、人物、事物等。根据指代对象的不同，达让语指示代词可分为指物、指处所、指性状三种类别。

（1）指物指示代词

指物指示代词有单数与复数，近指与远指，在场与不在场之分。复数形式主要通过添加复数词缀 tɕu⁵⁵ 构成。a³¹we⁵⁵（那个）存在省略形式 we⁵⁵，je⁵⁵we⁵⁵（这个）存在省略形式 je⁵⁵，远指还存在在场与不在场之分，但二者界限模糊，已出现混淆。具体情况如下表5-3所示：

表5-3　达让语的指示代词类型

	单数	复数
近指	je⁵⁵we⁵⁵ 这个	e⁵⁵tɕu³¹ 这些
远指	a³¹we⁵⁵ 那个	a³¹we³¹tɕu³¹ 那些
远指在场与否	we⁵⁵ 那个远指在场	we⁵⁵tɕu³¹ 那些远指不在场

（2）处所指示代词

指代处所的指示代词有近指和远指之分，近指用 e⁵⁵ko⁵⁵（这里、这儿），远指用 we⁵⁵ko⁵⁵（那里、那儿）。

（3）性状指示代词

指性状的指示代词指代动作、性质和状貌，也分近指与远指两类，近指用 a³¹li⁵⁵、a³¹li⁵⁵ɳo⁵⁵ 或者 e⁵⁵ta³¹thɯi⁵⁵（这样，这么），远指则用 wu³¹li⁵⁵、wu³¹li⁵⁵ɳo⁵⁵ 或者 we⁵⁵ta³¹thɯi⁵⁵（那样，那么）。

3. 疑问代词

疑问代词是对人、事物、数量、处所及其特点提问的代词，具体可分为代人疑问代词、代物疑问代词、时间疑问代词、处所疑问代词、数量疑问代词以及性状疑问代词。不同类别的疑问代词可概括为下表5-4。

表5-4 达让语的疑问代词类型

类型 疑问代词	代人	代物	时间	处所	数量	性状
ɕa⁵⁵ 谁	√					
ɕim⁵⁵ 什么		√				
ka³¹di⁵⁵go⁵⁵ 几时			√			
ha³¹nu⁵⁵ 哪里				√		
ka³¹da³⁵kɯ⁵⁵ 几个					√	
ka³¹da³⁵(ɳoŋ⁵⁵)怎样						√

以上疑问词中 ɕim⁵⁵、ha³¹nu⁵⁵、ka³¹da³⁵ 的构词能力较强，它们还可以与其他词相组合构成新的疑问词。例如：

ɕim⁵⁵	ɕim⁵⁵ta³¹dʑau⁵⁵	什么时候	ɕim⁵⁵me³⁵	什么人
	ɕim⁵⁵mlã³⁵goŋ⁵⁵	什么地方	ɕim⁵⁵kɯ³¹nɯm³⁵	为什么
ha³¹nu⁵⁵	ha³¹nu⁵⁵we⁵⁵goŋ⁵⁵	哪里	ha³¹nu⁵⁵we⁵⁵mloŋ³⁵ko⁵⁵	哪个地方
ka³¹da³⁵	ka³¹da³⁵dɯɯ³⁵so³¹	怎样		

4. 反身代词

达让语有多种反身代词形式，分别是 thi⁵³、ti⁵³、pɯi⁵⁵、tjo⁵⁵pɯi⁵⁵、ɳuŋ³⁵haŋ³¹，这些形式都能与人称代词结合构成反身代词。具体反身代词可总结为下表5-5。

表5-5 达让语的反身代词

	第一人称	第二人称	第三人称
单数	haŋ³⁵thi⁵³	ɳuŋ³⁵thi⁵³	tɕe⁵⁵thi⁵³

续表

	第一人称	第二人称	第三人称
单数	haŋ³⁵tjo⁵⁵pɯi⁵⁵	ȵuŋ³⁵tjo⁵⁵pɯi⁵⁵	tɕe⁵⁵tjo⁵⁵pɯi⁵⁵
双数	ŋ⁵⁵kɑ³¹n⁵⁵ti⁵³	ɑ³¹ne⁵⁵kɑ³¹n⁵⁵ti⁵³	tɕe⁵⁵kɑ³¹n⁵⁵ti⁵³
复数	ŋ⁵⁵ti⁵³	ɑ³¹ne³⁵ti⁵³	
复数	ŋ⁵⁵ȵuŋ³⁵haŋ³¹ti⁵³	ɑ³¹ne⁵⁵ȵuŋ³⁵haŋ³¹ti⁵³	tɕe⁵⁵lɯŋ³⁵i⁵³

5. 泛指代词

达让语的泛指代词都是以 me³⁵（人）为词根，后加 kɑ³¹djɯ³⁵（都）、-ɑ³¹lɯŋ³⁵（复数标记）和 -tɕu³¹（复数标记）构成。不同类别的泛指代词列举如下：

me³⁵kɑ³¹djɯ³⁵ 大家　　　　　　me³⁵ɑ³¹lɯŋ³⁵ 大家　　　　　　me³⁵tɕu³¹ 别人

其中在"大家"的表达中还可省略词根 me³⁵（人），即 kɑ³¹djɯ³⁵、ɑ³¹lɯŋ³⁵。省略后不会造成语义或句法关系的歧义与混淆。

（二）代词的功能特征

1. 代词可充任句子的主语和宾语，一般限于人称代词、指物指示代词、处所指示代词、人称疑问代词、代物疑问代词、反身代词和泛指代词。例如：

tɕe⁵⁵lɯŋ³⁵　ri³¹kong⁵⁵　hɑ³¹ljo⁵⁵　wɑ³¹.

3pl　　　　兔子　　　喜欢　　　Pre

他们喜欢兔子。（人称代词 tɕe⁵⁵lɯŋ³⁵ 充当主语）

haŋ³⁵　e³³　e⁵³　brei³⁵　ȵuŋ³⁵　we³⁵　brei³⁵　tjɑ⁵³.

1sg　DEM　这　买　　2sg　　那　　买　　IMP

我买这个，你买那个。（指物指示代词 e⁵³、we³⁵ 充当宾语）

e⁵⁵ko⁵⁵　tɑ⁵⁵ŋɑ⁵³　dɯɯ³⁵　ɑŋ⁵³.

这里　鱼　　多　　　有

这里有很多鱼。（处所指示代词 e⁵⁵ko⁵⁵ 充当主语）

ɑ³¹we⁵⁵　je⁵⁵　tɑ³¹kwo⁵⁵　ku⁵³　we⁵⁵　tɑ³¹kwo⁵⁵　brɑ⁵⁵.

那　　TOP　书　　　一　　那　　书　　　好

那是一本好书。（指物指示代词 ɑ³¹we⁵⁵ 充当主语）

当指物指示代词作主语时，其后通常带有话题标记。而且句子中还会重复出现相同的名词组，该名词组在某种程度上可以看作回指成分。如上述例句中，(ɑ³¹)we⁵⁵tɑ³¹kwo⁵⁵（那本书）在句中出现了两次，后面的一次可看作对其前面内容的回指。

2. 人称代词、指物指示代词、处所指示代词、疑问代词、反身代词和泛指代词都可充当定语。例如：

a³¹mju⁵⁵　　ko³¹　　tɕe⁵⁵　　me³⁵tɕu³¹　　tu³¹kɯ⁵⁵　　we⁵³lɯŋ⁵⁵　　jim⁵⁵.
今后　　　LOC　　他　　别人　　　话　　　　信任　　　　不

今后，他就不信任别人的话了。（泛指代词 me³⁵tɕu³¹ 充当定语）

ȵuŋ³⁵thi⁵³　　kɯ³¹nɯm⁵⁵　　we⁵⁵　　ȵuŋ³⁵thi⁵³　　ba⁵³　　ja³⁵.
2sg：REFL　　事　　　　　　OBL　　2sg：REFL　　做　　PROS

你自己的事情自己做。（反身代词 ȵuŋ³⁵thi⁵³ 充当定语）

e⁵⁵je⁵⁵　　je⁵⁵　　ŋ⁵⁵　　a³¹dzeŋ⁵⁵　　a³¹we⁵⁵　　je⁵⁵　　a³¹ne⁵⁵　　a³¹dzeŋ⁵⁵.
DEM　　TOP　　1sg　　手镯　　　那　　　TOP　　2pl　　手镯

这是我俩的手镯，那是你俩的手镯。（人称代词 ŋ⁵⁵、a³¹ne⁵⁵ 充当定语）

达让语中人称代词作定语修饰语时一般不添加属格标记，格式是"人称代词＋名词"，但在话题句中，人称代词有时会带有属格标记，单独作句法成分。例如：

e⁵⁵　　gɯ³⁵　　je⁵⁵　　tɕe⁵⁵　　a³¹ba⁵⁵.
DEM　　帽子　　TOP　　她　　GEN

这个帽子是她的。（tɕe⁵⁵a³¹ba⁵⁵ 充当宾语）

e⁵⁵　　ta³¹kwo⁵³ta³¹prɯ⁵⁵　　je⁵⁵　　tɕe⁵⁵　　a³¹ba⁵⁵.
DEM　　笔　　　　　　　　　TOP　　3sg　　GEN

这个笔是他的。（tɕe⁵⁵a³¹ba⁵⁵ 充当宾语）

3. 处所指示代词、性状指示代词、疑问代词在句子中可充当状语。例如：

we⁵⁵kɯŋ⁵⁵　　ko⁵⁵　　phlaŋ³⁵　　ka³¹lɯŋ⁵⁵　　khɯn⁵⁵　　aŋ⁵⁵　　la⁵³.
那里　　　　　LOC　　石头　　　高　　　　　　一　　　　有　　　EVID

在那里有一块高大的石头。（处所指示代词 we⁵⁵kɯŋ⁵⁵ 充当状语）

ɕim⁵⁵　　me³⁵　　e⁵⁵ta³¹thɯi⁵⁵　　ta³¹kroŋ⁵³　　wa³¹.
谁　　　人　　　这么　　　　　漂亮　　　　　MER

谁这么漂亮？（性状指示代词 e⁵⁵ta³¹thɯi⁵⁵ 充当状语）

ha³¹nu³⁵goŋ⁵⁵　　tju⁵³　　brai³⁵　　tɕɯn⁵⁵　　ja³⁵?
哪里　　　　　　鸡　　　买　　　到　　　　QUES

哪儿能买到鸡？（疑问代词 ha³¹nu³⁵goŋ⁵⁵ 充当状语）

4. 疑问代词主要用途是表示有疑而问（询问）或表示无疑而问（反问、设问），除此之外人称疑问代词、地点疑问代词和代物疑问代词还可用在非疑问句中表示任指或虚指意义。例如：

tɕe⁵⁵　　ɕa⁵⁵　　tjo³¹?
3sg　　谁　　QUES

他是谁？

tɕe⁵⁵　we⁵⁵　ka³¹da³⁵n̪oŋ⁵⁵　ɕi⁵⁵　ja³¹　ljɯ⁵⁵?
3sg　TOP　怎样　　　　　死　PFV　QUES
他怎么会死呢？（无疑而问）

ɕa⁵⁵　ta³¹kwo⁵⁵　ɕa⁵⁵　thɯi⁵³　ko⁵³tʂa³¹rɯ⁵⁵　kin⁵⁵　ko⁵⁵　ɕi³⁵　dɯ³¹ga³⁵.
谁　书　　　谁　自己　家　　　　　里　LOC　拿　TER
谁的书谁自己带回家。（人称疑问代词 ɕa⁵⁵ 表示虚指）

haŋ³⁵　ɕim⁵⁵mo⁵³　tha⁵³　mjoŋ⁵⁵　jim⁵³.
1sg　什么　　　吃　想　　NEG
我什么都不想吃。（代物疑问代词 ɕim⁵⁵mo⁵³ 表示任指）

三　数词

（一）数词的分类

数词表示数目和次序。可细分为基数词和序数词。

1. 基数词及相关表达式

基数词表示数目的多少。达让语的基本数词主要包括系数词（零、一至九）和位数词（十、百、千、万、亿）。具体情况如下表5-6所示。

表5-6　达让语基本系数词和位数词

khɯn⁵⁵/kɯ⁵⁵	一	kun⁵⁵n̪iŋ⁵⁵	九
ka³¹na³	二	ha⁵⁵lɯŋ⁵⁵	十
ka³¹sɯŋ³⁵	三	a⁵⁵jim⁵⁵	零
ka³¹prai⁵⁵	四	ma³¹lum⁵⁵	百
ma³¹ŋa³⁵	五	ri³⁵dzeŋ⁵⁵	千
ta³¹hro¹⁵	六	laɯ⁵³	万
weɯ⁵³	七	rɯ³¹pha⁵³	亿
lɯ⁵³	八		

说明：

①基数词多数都是双音节词，第一个音节读低降调的为次要音节。只有"一、七、八"为单音节词。

②系数词 khɯn⁵⁵（一）存在变体为 kɯ⁵⁵；位数词 ha⁵⁵lɯŋ⁵⁵（十）存在变体 ha⁵⁵lɯ⁵⁵。

③在复合数词中，如果"一"位于个位，只能用 khɯn⁵⁵，如果位于十位、百位、千位及以上时，既可以用 khɯn⁵⁵，也可以用 kɯ⁵⁵。例如：

mɑ³¹lɯm⁵⁵khɯn⁵⁵	一百	ri³¹dzeŋ⁵⁵khɯn⁵⁵	一千
mɑ³¹lɯm⁵⁵kɯ⁵⁵		ri³¹dzeŋ⁵⁵kɯ⁵⁵	
lɑɯ⁵³kɯ⁵³khɯn⁵⁵	一万	rɯ³¹phɑ⁵³khɯn⁵⁵	一亿
lɑɯ⁵³kɯ⁵³kɯ⁵⁵		rɯ³¹phɑ⁵³kɯ⁵⁵	
kɑ³¹n⁵⁵hɑ⁵⁵lɯŋ⁵⁵khɯn⁵³	二十一	mɑ³¹lɯm⁵⁵kɯ⁵³khɯn⁵⁵	一百零一

当"一"作为定语，与所修饰名词相结合时，只能使用 khɯn⁵⁵，如 tju⁵³ khɯn⁵⁵（一只鸡），修饰量词时则需使用 kɯ⁵⁵，如 blɯm³⁵ kɯ⁵⁵（一堆），但二者区分并非十分严格，如果是借用名词作为量词，则可以交替使用。当位数词 hɑ⁵⁵lɯŋ⁵⁵（十）位于系数词之前时，其韵尾 ŋ 通常会脱落。例如：hɑ⁵⁵lɯ⁵⁵ kɑ³¹ŋɑ³⁵（十三）。

④达让语没有专用数词"零"，通常用 ɑ⁵⁵jim⁵⁵ 或 jim⁵⁵（无）来表示。

（1）复合数词

在达让语中，基数词组合在一起可以构成复合数词，中间没有连词。当表示两位数数词时，系数词在前、位数词在后，两者是相乘的关系，如 kɑ³¹n⁵⁵（二）+ hɑ⁵⁵lɯŋ⁵⁵（十），其意义为"二十"；反之，如果位数词在前、系数词在后，两者是相加的关系，如 hɑ⁵⁵lɯ⁵⁵（十）+ kɑ³¹n⁵⁵（二），其意义为"十二"。

"二十"以上两位数词的表示方法是：系数词加 hɑ⁵⁵lɯŋ⁵⁵（十）构成整数，如果带有个位数，则在其后继续加系数词。例如：

$$\underbrace{kɑ^{31}n^{55}（二）\ +\ hɑ^{55}lɯŋ^{55}（十）}_{\underbrace{二十\ +\ khɯn^{53}（一）}_{二十一}}$$

以下为达让语两位数词举例：

hɑ⁵⁵lɯŋ⁵⁵	十	hɑ⁵⁵lɯ⁵⁵wen⁵³	十七
kɑ³¹prɑi⁵⁵hɑ⁵⁵lɯŋ⁵⁵	四十	kɑ³¹n⁵⁵hɑ⁵⁵lɯŋ⁵⁵mɑ³¹ŋɑ³⁵	二十五
kɑ³¹sɯŋ⁵³hɑ⁵⁵lɯŋ⁵⁵	三十	kɑ³¹prɑi⁵⁵hɑ⁵⁵lɯŋ⁵⁵kɑ³¹sɯŋ³⁵	四十三

与两位数表达方式不同，当表示一百以上数词的时候，系数词在后、位数词在前，两者是相乘的关系，如 mɑ³¹lɯm⁵⁵（百）+ mɑ³¹ŋɑ³⁵（五），其意义为"五百"。若其后带有零数，则再继续添加系数。例如：mɑ³¹lɯm⁵⁵（百）+ mɑ³¹ŋɑ³⁵（五）+ kɯn⁵⁵n̥iŋ⁵⁵hɑ³¹lɯm⁵⁵kɯn⁵⁵n̥iŋ⁵⁵（九十九），其意义为"五百九十九"。达让语部分两位数以上的数词列举如下：

mɑ³¹lɯm⁵⁵kɑ³¹sɯŋ³⁵	三百
ri³¹ lɯm⁵³ kɑ³¹sɯŋ³⁵	三千

lau⁵³ ma³¹ŋa³⁵	五万
lau⁵³ ka³¹suŋ³⁵ ha⁵⁵luŋ⁵⁵ wen⁵³	三十七万
lau⁵³ ma³¹ lum⁵⁵ (kɯ⁵³)	（一）百万
lau⁵³ ri³¹dzeŋ⁵⁵ (kɯ⁵³)	（一）千万
lau⁵³ ri³¹dzeŋ⁵⁵ ta³¹hro⁵³	六千万
rɯ³¹pha⁵³ kɯ⁵³	一亿

（2）倍数和分数

基数词还可以组成倍数、分数和概数。分数表示方法是在分母数与分子数之间插入 kweŋ⁵⁵go³¹。例如：

kun⁵⁵ȵiŋ⁵⁵ kweŋ⁵⁵go³¹ ka³¹pre⁵³	九分之四
ma³¹lum⁵⁵ kweŋ⁵⁵go³¹ khun⁵⁵	百分之一
ma³¹lum⁵⁵ kweŋ⁵⁵go³¹ ka³¹n⁵⁵ha⁵⁵luŋ⁵⁵	百分之二十
rɯ³¹dzuŋ⁵⁵ kweŋ⁵⁵go³¹ khun⁵⁵	千分之一
lau⁵³ kweŋ⁵⁵go³¹ khun⁵⁵	万分之一

达让语没有表示倍数的词汇形式，一般情况下可在基数词后加 ta³¹plɯ⁵⁵ 构成倍数。例如：

ka³¹suŋ³⁵ ta³¹plɯ⁵⁵	三倍
ma³¹lum⁵⁵kɯ⁵³ ta³¹plɯ⁵⁵	一百倍
ri³¹tʂeŋ⁵⁵ kɯ⁵³ta³¹plɯ⁵⁵	一千倍

又如：

je⁵⁵ ta³¹pau⁵⁵ we⁵⁵ kɯ³¹nuŋ⁵³ kɯ⁵⁵ȵiŋ⁵⁵ ha⁵⁵luŋ⁵⁵ ka³¹prai⁵⁵ ça⁵³ ho³¹,
那个 老太太 OBL 岁 九 十 已经 变 PFV

haŋ³⁵ kɯ³¹nuŋ⁵⁵ tjoŋ³⁵ ka³¹n⁵⁵ ta³¹plɯ⁵⁵ ça⁵³ ho³¹.
1sg 年龄 COMPR 二 倍 变 PFV

那个老太太九十岁了，是我年龄的两倍左右。

（3）约数

达让语中有两种表示约数的方法。第一，当表示不确定概数时，可用两个相邻基数词连用。例如：

brɯ⁵⁵ ma³¹lɯŋ⁵⁵ ka³¹suŋ³⁵ ka³¹prai⁵⁵	三四十条
bɯ⁵³ ka³¹n⁵⁵ ka³¹suŋ³⁵	两三趟

第二，当表示"左右""……多个"的时候，可将 ma³¹lɯ⁵⁵（多）、dɯ⁵⁵（左右）或者 tɯ³¹kjɯ⁵⁵tɯ³¹dza⁵³（左右）放置于数词之后，其中 ma³¹lɯ⁵⁵ 用于基数词后，dɯ⁵⁵ 用于倍数后，

tuɯ³¹kjɯ⁵⁵tuɯ³¹dʑa⁵³（左右）用于两位数以上的基数词。例如：

ma³¹lum⁵⁵ma³¹lɯ⁵⁵	百把个
ha⁵⁵luŋ⁵⁵ma³¹lɯ⁵⁵	十多个
ka³¹n⁵⁵ dɯ⁵⁵	两倍左右
ta³¹hro⁵³dɯ⁵⁵	六倍左右
ma³¹lum⁵⁵ ka³¹n⁵⁵ tuɯ³¹kjɯ⁵⁵tuɯ³¹dʑa⁵³	二百左右

表示"……几个"的概念时，可将kɯ⁵⁵da⁵⁵ke⁵³（几）置于数词后。例如：

ka³¹suŋ⁵³ha⁵⁵luŋ⁵⁵kɯ⁵⁵da⁵⁵ke⁵³	三十几个
ma³¹lum⁵⁵kɯ⁵⁵da⁵⁵ke⁵³	一百零几个

2. 序数词及其相关表达

达让语中的序数词表示次序前后，表示的方法有两种。一种是在数词前添加序数词构词前缀bɯ³⁵，另一种是在数词后添加后缀ko⁵⁵。两种不同的表示方法如下所示：

加前缀bɯ³⁵		加后缀ko⁵⁵	
bɯ³⁵ khun⁵⁵	第一	ta³¹hro⁵³ko⁵⁵	第六
bɯ³⁵ ka³¹n⁵⁵	第二	weŋ⁵³ ko⁵⁵	第七

（二）计算的表示方法

1. 加法

其模式是：数字A+dʑaŋ³⁵ + 数字B+ta³¹bum⁵⁵aŋ⁵³ + 数字C+ɕa⁵³。例如：

ka³¹suŋ⁵³ha⁵⁵luŋ⁵⁵　dʑaŋ³⁵　ka³¹n⁵⁵　ta³¹bum⁵⁵aŋ⁵³　ka³¹suŋ⁵³ha⁵⁵luŋ⁵⁵ka³¹n⁵⁵　ɕa⁵³.
三十　　　　　　助词　　二　　加　　　　　　三十二　　　　　　　　　记作

三十加二等于三十二

句中dʑaŋ³⁵是"在……之上"的意思，ta³¹ bum⁵⁵aŋ⁵³的意思相当于"加"；ɕa⁵³的意思是"记作"，用为动词。

2. 减法

数字A+kjaŋ³⁵go³¹（里面）+ 数字B+ma³¹goŋ⁵⁵aŋ⁵³（减）+ 数字C+ɕa⁵³/lɯ⁵⁵a³¹/lɯ⁵⁵a³¹ɕa⁵³。例如：

ma³¹lum⁵⁵　kuŋ⁵⁵go³¹　ma³¹ŋa³⁵ha⁵⁵luŋ⁵⁵　ma³¹goŋ⁵⁵aŋ⁵³　ma³¹ŋa³⁵　lɯ⁵⁵a³¹.
一百　　　　里面　　　　五十　　　　　　　减　　　　　　　五十　　　剩

一百减五十等于五十

3. 其他

简单计量中可能出现多出的情况。表示多出的数目在数词后面添加ta³¹bɯ³¹lɯ⁵⁵。例如：

ka³¹suŋ³⁵ta³¹bɯ³¹lɯ⁵⁵　　　　　　　　　　　多三个

ma³¹ŋa³⁵ha⁵⁵luɯ⁵⁵ta³¹buɯ³¹lɯ⁵⁵　　　　　多五十个

（三）数词的功能特征

数量词可以单独作定语，修饰中心语，也可以和数量词构成数量短语后，再作定语。作定语时放置于中心语之后。例如：

tɕe⁵⁵a³¹luŋ⁵³　ŋ³¹　kin⁵³　a⁵⁵　ka³¹sɯŋ³⁵　i⁵⁵　ja⁵⁵.
3pl　　　　　家　里　孩子　三　　　住　PRES

他们家里有三个孩子。（数词 ka³¹sɯŋ³⁵ 充当定语）

haŋ³⁵　a³¹tja⁵³n̩⁵⁵　je⁵⁵　tju⁵³　bom⁵⁵　kɯ⁵³　ta⁵⁵ŋa⁵³　bru⁵⁵　ka³¹n⁵⁵　ta³¹bruŋ³⁵
1sg　今天　　　　TOP　鸡　只　一　　　鱼　　条　二　肉

tɕa⁵⁵ma⁵³　ka³¹sɯŋ³⁵　prai⁵⁵　ja³¹.
斤　　　　三　　　　　买　　　PFV

我今天买了一只鸡、两条鱼、三斤肉。（数量短语 bom⁵⁵kɯ⁵³、bru⁵⁵ka³¹n⁵⁵、tɕa⁵⁵ma⁵³ka³¹sɯŋ³⁵ 充当定语）

数量词充当主语和宾语。作主语时前面通常带有指示代词，用以进行指称。例如：

e⁵⁵　ka³¹n⁵⁵　ŋ⁵⁵　lei⁵³　koŋ³⁵a³¹.
DEM　二　　　家　搬　　PFV

这两户搬家了。（e⁵⁵ ka³¹n⁵⁵ 充当主语）

haŋ³⁵　ka³¹sɯŋ³⁵　tha⁵³　koŋ³⁵a³¹.
1sg　　三　　　　　吃　　PFV

我吃了三个。（ka³¹sɯŋ³⁵ 充当宾语）

数词与量词组合，构成数量词短语后，可充当补语。例如：

e⁵⁵　mu³¹la³⁵　ko⁵⁵　a³¹tsa⁵³　we⁵⁵　ɕi⁵⁵　koŋ³⁵a³¹　lim³⁵　kɯ⁵⁵nuŋ⁵⁵
DEM　地方　　LOC　国王　　　TOP　死　PFV　　　　八　　年

ɕa⁵³　a³¹la⁵⁵.
PFV　EVID

这个地方的国王（已经）去世八年了。（数量短语 lim³⁵ kɯ⁵⁵nuŋ⁵⁵ 充当补语）

除此之外，基数词还可独立成句。这种情况一般出现于对话中，由于句中部分成分已经在前文提及，故出现省略现象。例如：

n̩uŋ³⁵　ŋ³¹　kin⁵³　me³⁵　kɯ³¹ta⁵³ke⁵³　i⁵⁵　ja³⁵?　ma³¹ŋa³⁵.
2sg　　家　里　人　　多少　　　　　住　QUES　五个

你家有几口人？五个。

与基数词不同，序数词在句中还可充当谓语。例如：

haŋ³⁵ je⁵⁵ ha⁵⁵n̠aŋ⁵⁵, n̠uŋ³⁵ je⁵⁵ tuɯ³¹poŋ³⁵, tɕe⁵⁵ je⁵⁵ pluɯn⁵³.
1sg　TOP　第一　　2sg　TOP　第二　　3sg　TOP　第三
我排第一，你排第二，他排老末。

序数词可修饰动词，充当状语，表示该动作发生的次数。例如：

haŋ³⁵ a³¹tja⁵⁵n̠⁵³ buɯ³⁵khuɯn⁵⁵ ha³¹na⁵⁵ tju⁵³ la⁵³.
1sg　今天　　　第一　　来　　MER　EVID
我今天第一次来。

四　量词

（一）量词的分类

达让语中固有量词数量不多，大部分关于重量等方面的量词都为借用量词。达让语中的专用量词都由名词虚化而来，大部分都处于演变发展的过程中，依然保留了原来的一些名词类别特征，如物体的尺寸、形状等。以下对名量词、动量词和合体量词分别进行叙述。

1. 名量词

相较于动量词，名量词的数量相对较多，不同类别的名词可共用同一个名量词。具体情况如下表5-7所示。

表5-7　达让语专用名量词及举例

	名量词	意义	举例
个体名量词	djiŋ³⁵	头	ma³¹tsau⁵³ djiŋ³⁵ ka³¹n̠⁵⁵ 两头牛
		只	kwɑɯ⁵³ djiŋ³⁵khuɯn⁵⁵ 一只狗
		条	ma³¹tɕi⁵⁵ djiŋ³⁵khuɯn⁵³ 一条河
	bom⁵⁵	只	tju⁵³bom⁵⁵ khuɯn⁵³ 一只鸡
		把	ti⁵⁵min⁵⁵ bom⁵⁵ khuɯn⁵³ 一把锁
		辆	gɑ³¹bom⁵⁵ khuɯn⁵³ 一辆车
		颗	lai⁵³bra⁵⁵ bom⁵⁵ khuɯn⁵³ 一颗珠子
		棵	ma³¹seŋ⁵³ bom⁵⁵ khuɯn⁵³ 一棵树
		顿	ta³¹puɯn³⁵ bom⁵⁵ khuɯn⁵³ 一顿饭
	braŋ³⁵	条	ta³¹bu⁵⁵ braŋ³⁵ khuɯn⁵³ 一条蛇
		根	ka³¹rwi⁵⁵ braŋ³⁵ khuɯn⁵³ 一根绳子
		条	a³¹lim³⁵ braŋ³⁵ khuɯn⁵³ 一条路
		行	ta³¹kwo⁵³bra⁵⁵ braŋ³⁵ khuɯn⁵³ 一行字

续表

	名量词	意义	举例
个体名量词	brɑ⁵⁵	粒	kje⁵³kɑu⁵⁵ brɑ⁵⁵khun⁵³ 一粒米
		朵	tɑ³¹puɯ⁵⁵ brɑ⁵⁵khun⁵³ 一朵花
	plɑ⁵⁵	块	pɑ³¹wun³⁵ plɑ⁵³khun⁵³ 一块钱
		毛	pɑ³¹wun³⁵ plɑ⁵³khun⁵³ 一毛钱
	nɑ³⁵	领	tɑ³¹hru³¹tɑ³¹plo³⁵ nɑ³⁵khun⁵³ 一领席子
		面	tɑ⁵³khur³¹lɑ³⁵nɑ³⁵khun⁵³ 一面镜子
	ɑ³¹lɑŋ³⁵	块	tu⁵⁵pi⁵⁵ɑ³¹lɑŋ³⁵ khun⁵³ 一块香皂
	doŋ⁵⁵	座	ŋ³⁵ doŋ⁵⁵ khun⁵³ 一座房子
	khun⁵³	座	tɑ³¹proŋ⁵⁵ khun⁵³ khun⁵³ 一座桥
	bruɯ⁵⁵	条	tɑ⁵⁵ŋɑ⁵³bruɯ⁵⁵ khun⁵³ 一条鱼
		支	tɑ³¹kwo⁵³tɑ³¹pruɯ⁵³ bruɯ⁵⁵ khun⁵³ 一支笔
度量衡量词	dʐɑu⁵⁵	亩	mlã³⁵dʐɑu⁵⁵ khun⁵³ 一亩地
	tɑ³¹rwin⁵³	尺	khɑ³¹dʐum⁵⁵tɑ³¹rwin⁵³khun⁵³ 一尺布
	liŋ⁵³	庹	liŋ⁵³khun⁵³ 一庹
	hɑ³¹gɑ⁵³	拃	khɑ³¹dʐum⁵⁵hɑ³¹gɑ⁵³khun⁵³ 一拃布
	khun⁵³	斤	nɑ³¹bõ³⁵khun⁵³ khun⁵³ 一斤玉米
	bom⁵⁵	两	kuɯ³¹lju⁵⁵bom⁵⁵ khun⁵³ 一两绿豆
	dum³⁵	斗	kuɯ³¹lju⁵⁵dum³⁵ khun⁵³ 一斗绿豆
非个体名量词	ɑ³¹ple⁵⁵tjɑ⁵³	些	ɑm⁵³ɕi³¹ɑ³¹ple⁵⁵tjɑ⁵³khun⁵³ 一些桃子

以上量词都为达让语中的专用名量词,除此之外,达让语中还有一些借用名量词。借用名量词主要表示容器。例如:

tɑ³¹nɑ³⁵ + kuɯ³¹le³⁵ + kɑ³¹n⁵⁵ 两盘菜   mɑ³¹tɕi⁵³ + tje⁵³kuɯ⁵⁵lje⁵⁵ + kɑ³¹n⁵⁵ 两瓶水
菜   盘子   菜   水   瓶子   二

ju⁵⁵ + lu⁵⁵tʂɑ⁵⁵ | kɑ³¹pɹɑi⁵⁵ 四杯酒   plɑ³⁵ + tɑ³¹blɑ⁵³ + kuɯ⁵³   一勺盐
酒   杯   四   盐   勺   一

2. 动量词

达让语中的动量词数量极少,目前为止我们只见到了 buɯ³⁵ 和 tjɑ⁵⁵ 两个,二者可以混用,且都没有十分明确的语义内容。根据它们在语料中出现的频率,我们暂且认为 buɯ³⁵ 的主要意义为"次、趟",tjɑ⁵⁵ 的主要意义则为"次、下"。例如:

buɯ³⁵ + khun⁵⁵ + bo⁵³jɑ³¹   去一次
次   一   去

bu³⁵ + ka³¹n⁵⁵ + pjɯ⁵³ja³¹　　　打两次
次　　两　　打

以上词组都是表示动作的实指次数。当短语中数量词省略时，则表示动作的虚指次数。例如：

bu³⁵ + bo⁵³ja³¹　　　　　　去一次
次　　去

tja⁵⁵ + hwɯ⁵³　　　　　　射一下箭
下　　射

达让语中的量词，可以通过词干合成方式构成类似集合名词或者短语形式。例如：

me³⁵ + ta³¹hoŋ⁵⁵　　　　人类　　　kɯ³¹tɕi⁵³ + ta³¹rɑɯ⁵⁵　　　　羊群
人　群　　　　　　　　　　　　　　羊　　群

ju⁵⁵ + wɯn⁵⁵ + ka³¹n⁵⁵　　两碗酒　　ka³¹re⁵³ + bɯn⁵⁵　　　　车辆
酒　碗　二　　　　　　　　　　　　　车　只

3. 合体数量词

达让语中的基数词 ka³¹n⁵⁵（二）、ka³¹sɯŋ³⁵（三）在某些情况下可充当合体数量词，相当于汉语的"俩、仨"，意义和功能相当于数量短语，在这种情况下其后不能再添加量词。例如：

nɯŋ⁵³mro⁵⁵ka³¹n⁵⁵　　　　兄弟俩　　ŋ⁵⁵ka³¹sɯŋ³⁵　　　　我们仨

（二）量词的重叠

达让语中无论是专用名量词还是专用动量词都没有重叠形式。当表示"每一、逐一、多"等意义时，其后通常加表"多次、重复"的词缀，动量词后加 rɯŋ⁵⁵tʂai⁵⁵、名量词后加 la⁵⁵mɯŋ⁵³。例如：

ta⁵⁵mim⁵³　je⁵⁵　tja⁵⁵rɯŋ⁵⁵tʂai⁵⁵　wɯ⁵³　tja³¹rɯŋ⁵⁵tʂai⁵⁵　phlaŋ⁵³　ma³¹ro³⁵
猴子　　　TOP　一次次　　　　射箭　一次次　　　　石头　对面

wɯ⁵³　a³¹ko⁵⁵　tu⁵³na³¹pi³⁵　ja⁵⁵la⁵⁵.
射　　都　　跳　　　　　PFV

猴子一次次射箭，（箭）每次射到对面的石头缝里都跳出来了。

a⁵⁵we⁵³lɯŋ⁵⁵　ba³⁵me³⁵　je⁵⁵　tu¹³lai⁵⁵　thi³¹　tjɯ⁵³a³¹wu⁵⁵　ŋ⁵³la⁵⁵mɯŋ⁵³
阿外冷　　　家族　　TOP　杜莱　　像　　一样　　　天天

pɯi⁵⁵tjɯ⁵⁵　toŋ⁵⁵　ŋ⁵³la³¹mɯŋ⁵³　ta³¹ɕin⁵³　toŋ⁵⁵　me³⁵　a³¹sen⁵³
跳舞　　　都　　天天　　　　唱歌　　都　　人　　一生

we⁵⁵　hɑ⁵⁵ljo⁵³　a³¹ko⁵⁵.
AUX　快乐　　　PRT

阿外冷家族啊，杜莱也一样，天天跳舞，天天唱歌，一生快活。

不过，达让语中有一种特殊的重叠式，ka⁵⁵ge⁵³原义为（半个），当其重叠后，则表示 ka⁵⁵ke³¹ ka⁵⁵ke³¹（一……一……），该形式应用范围较广，包含多种语义内容，如"一口一口、一步一步"等，该重叠形式在句法中主要充当状语。例如：

ta³⁵wa⁵³　tɕe⁵⁵　hwuɯn⁵⁵tjiŋ⁵³　puɯ³¹dai⁵⁵　pja⁵³　we⁵⁵　jim³⁵　ta³¹tjoŋ⁵⁵　tɕe⁵⁵
达瓦　　　3sg　　看见　　　　　金　　　　鸟　　TOP　飞　　难　　　　3sg

ta³¹bren⁵³　ɕoŋ³⁵　ka³¹tjau³⁵ŋ̊⁵³　ka⁵⁵　ke³¹　ka⁵⁵　ke³¹　tɕe⁵⁵　we³¹
肉　　　　　干　　　省下　　　　　口　　一　　口　　一　　它　　　OBJ

proŋ³⁵ja³⁵　ka⁵⁵ro⁵³　jim³⁵　a³⁵.
喂　　　　　快　　　　飞　　　PFV

达瓦看见金鸟飞得吃力了，就将自己节省下来的肉干一口一口地喂给它吃，（这样，金鸟）飞得快了一些。

（三）量词的功能特征

量词不能单独充当句法成分，需要与数词或指示代词构成短语后才可进入句法层面，由名量词构成的短语通常充当定语，具体例句可参见数词。

由动量词构成的短语通常充当状语。例如：

e⁵⁵　　buɯ³⁵　kuɯn⁵⁵　ko⁵⁵　me³⁵ta³¹pauɯ⁵⁵　we⁵⁵　tɕe⁵⁵luŋ³⁵　a³¹li⁵⁵
DEM　次　　　一　　　　LOC　老人　　　　　　TOP　　3pl　　　　再三

guɯ⁵³duɯ³¹ka⁵⁵　jim⁵⁵　a³¹.
忍受　　　　　　　NEG　　PFV

这次老人再也无法忍受了。（量词短语buɯ³⁵kuɯn⁵⁵充当全句状语）

e⁵⁵　　ta³¹kwo⁵⁵　we⁵⁵　haŋ³⁵　buɯ³⁵　ka⁵⁵suɯŋ⁵³　hwen⁵⁵　li⁵³ja³¹.
DEM　书　　　　　OBL　　1sg　　 遍　　　三　　　　　　看　　　　PFV

这本书我看过三遍了。（动量词短语buɯ³⁵ka⁵⁵suɯŋ⁵³充当状语）

五　动词

动词是表示动作行为、思想活动、发展变化的词。达让语中动词大多作谓语，处于句子核心的位置。与其他词类相比，动词的数量多，承载的语法意义丰富，语法特点也较为丰富。根据动词的功能以及所表示的意义可将动词分为动作动词、心理行为动词、存在动词、判断动词、能愿动词等。以下我们将逐类分析各类动词的用法和差异。

（一）动作动词

1. 动作动词的类别

动作动词是表示动作行为的动词，根据论元的数目我们可将达让语的动作动词分为及物动词、不及物动词和双及物动词三大类。不及物动词只有一个论元，及物动词有两个论元，双及物动词有三个论元。不及物动词加使役动词或自身加指示标记后，其后可增加一个论元。具体情况我们将在下文中逐一论述。

（1）及物动词

及物动词可以带两个论元，在句中两个论元可以都出现，也可以只出现一个。省略论元的情况一般出现在祈使句和省略句中。例如：

ta³¹proŋ⁵³tʂhoŋ³¹　　huk⁵³　se³¹　we⁵⁵　ri³¹koŋ⁵⁵.

猎人　　　　　　　打　　死　PFV　兔子

猎人打死兔子。

tɕu³¹　we³¹　se⁵³　tja³⁵.

鸡　　OBL　杀　　IMP

你把鸡杀了。（省略论元"你"）

（2）不及物动词

不及物动词只有一个论元，这个论元在句中一般必须出现。例如：

pɯ³¹dai⁵⁵　pja⁵³　we⁵⁵　jim³⁵　ma⁵⁵　ɕa⁵³ho³¹.

金　　　　鸟　　OBJ　　飞　　起来　PFV

金鸟飞起来了。

但在问答中，回答时可以省略不及物动词的唯一论元。例如：

tɕe⁵⁵a³¹lɯŋ³⁵　ha³¹na⁵⁵　ja³¹　me?

3pl　　　　　来　　　PROS　QUES

客人来了？

ha³¹na⁵⁵　ja³¹.

来　　　MER

回来了。

部分不及物动词前加致使动词或自身添加致使标记，方可带有两个论元。这种情况下，施事者通常添加施事标记go³¹，动词后通常带有使动态标记koŋ³⁵ja³¹、koŋ³⁵。试比较：

ta³¹khrɯn⁵⁵　dju³⁵　a³¹.

棍子　　　　断　　　MER

棍子断了。

a²¹ne⁵⁵　ma³¹suŋ⁵³　miŋ⁵³en⁵⁵　li³⁵　ja³¹　we⁵⁵　dju³⁵　koŋ³⁵ja⁵³.

2pl　　树　　　　　新　　　　种　　NMLZ　OBJ　（弄）断　CAU

你们别把新种的树弄断了。（不及物动词dju³⁵自身添加致使标记）

nuŋ³⁵ go³¹ a³¹we⁵⁵ ta³¹khruŋ⁵⁵ we⁵⁵ waŋ⁵⁵ dju³⁵ koŋ³⁵a³¹.
2sg AGT 那 棍子 那 掰 断 CAU

你把那棍子掰断。（不及物动词dju³⁵前加其他致使动词waŋ⁵⁵）

tɕe⁵⁵ go³¹ a³¹we⁵⁵ ka³¹ra⁵⁵ n̠i⁵³ dju³⁵ koŋ³⁵ bo³¹.
3sg AGT 那 绳子 割 断 CAU DIR-aw

他把那根绳子割断了。（不及物动词dju³⁵前加其他致使动词n̠i⁵³）

当不及物动词具有致使义时，句中的施事论元和受事论元都可以被省略。其中施事论元的省略通常出现在祈使句中，且该论元一般为第二人称。例如：

ta³¹kwo⁵⁵ we⁵⁵ pri⁵⁵ koŋ³⁵ ho³¹.
书 OBJ 撕 CAU MER

（你）把书撕了。（省略施事论元"你"）

gu⁵⁵ba⁵³ koŋ³⁵ ho³¹.
盖 CAU MER

（井）被盖上了。（省略受事论元"井"）

（3）双及物动词

双及物动词带有三个论元，通常包括施事者、接受者和受事者。通常情况下，接受者一般紧挨动词，受事者位于接受者之前。例如：

ga³⁵a³¹tsa³⁵ we⁵⁵ ka⁵⁵ro⁵³ nuŋ³⁵haŋ³⁵thi⁵⁵ a⁵⁵lai⁵³ tɕe⁵⁵ ŋ³⁵ la³¹.
龙王 TOP 马上 自己 弓箭 3sg 给 EVID

龙王马上把自己的弓箭给他。（nuŋ³⁵haŋ³⁵thi⁵⁵ a⁵⁵lai⁵³为受事者，tɕe⁵⁵为接受者）

不过，达让语中接受者和受事者的位置并不十分固定，当二者位置发生改变时，接受者通常带有斜格（OBL）标记。例如：

haŋ³⁵ a³¹pa³⁵ je⁵⁵ a⁵⁵ we³⁵ khi⁵⁵tɯ³¹kɯ⁵⁵ ta⁵⁵hwi⁵³ ja⁵⁵.
1sg 爸爸 TOP 孩子 OBL 汉语 教 PRES

我爸爸教孩子汉语。（接受者u⁵⁵与受事者khi⁵⁵tɯ³¹kɯ⁵⁵位置互换后，接受者后带斜格标记we³⁵）

2. 动作动词的功能特征

（1）动作动词在句中一般充当谓语中心语。例如：

tɕe⁵⁵ ta³¹geŋ⁵⁵ hwen⁵⁵tjiŋ⁵³ koŋ³⁵a³¹ la⁵⁵.
3sg 野牛 看见 PFV EVID

他们看见过野牛。（动词hwen⁵⁵tjiŋ⁵³充当谓语）

tɕe⁵⁵　　ma³¹ra⁵⁵　　po⁵³.
3sg　　笑　　　　　PFV

他笑了。（动词ma³¹ra⁵⁵充当谓语）

（2）动作动词充当定语。例如：

pɯ⁵⁵liŋ⁵³n̩³¹　　ka³¹ma³⁵　　a³¹po³⁵　　je⁵⁵　　ka⁵⁵tjiŋ⁵³　　na⁵³ja³⁵?
昨天　　　　　　丢失　　　　钱　　　　　TOP　　找到　　　　QUES

昨天丢失的钱找到了吗？（动作动词ka³¹ma³⁵充当定语）

（3）有些动作动词添加名词化标记，还可以充当宾语。例如：

tha⁵³　ja³⁵　　tjiŋ³⁵　ja³⁵　　ka³¹tjɯ³⁵me⁵⁵　　we⁵³ta³¹rɯ⁵⁵　　jim³¹.
吃　　NMLZ　穿　　　NMLZ　都　　　　　　　担心　　　　　　NEG

吃的穿的都不愁。

3. 动作动词的重叠

达让语的动作动词可重叠，表示动作发生的频率，其形式主要为"V.＋lja⁵⁵（又）＋V."动词重叠后，仍在句中充当谓语。例如：

haŋ³⁵　　ma⁵⁵la⁵³　lja⁵⁵　ma⁵⁵la⁵³　ka³¹tjɯ³⁵ɕi⁵³m⁵⁵ko⁵⁵　ma⁵⁵la⁵³ka³¹tjiŋ³⁵　a³¹.
1sg　　　找　　　　又　　找　　　　最终　　　　　　　　找到　　　　　　　　PFV

我找了又找，终于找着了。

（二）心理动词

1. 心理动词分类

心理动词是指表示情感、意向、认知、感受等心理活动或心理状态的动词。相较于动作动词，达让语的心理动词数量较少，而且多种心理活动常共用同一个动词。例如：kɯ³¹sa⁵³既表示"懂"、又表示"会、认识"等意思。从心理动词的语义特征和语法功能来看，达让语的心理动词①可细分为两类，即认知心理动词和情绪意愿心理动词。两类心理动词举例如下：

（1）认知心理动词

kɯ⁵⁵sa⁵³a⁵⁵	懂	kɯ⁵⁵sa⁵³a⁵⁵	认识
kɯ⁵⁵sa⁵³jim³¹	不懂	kɯ⁵⁵sa⁵³jim³¹	不认识
kɯ⁵⁵sa⁵³a⁵⁵	会	kɯ⁵⁵sa⁵³jim³¹	不会

（2）情绪意愿心理动词

| we⁵³ | 想 | ha⁵⁵ljo⁵⁵ | 高兴 |
| ma³¹tjo⁵³ | 打算 | khɯm⁵⁵mjoŋ⁵⁵ | 生气 |

---

① 认知心理动词是表示心理认知活动的动词；情绪意愿心理动词是表示人的心理状态和对事物心理反应的动词。

kɯ⁵⁵tʂau⁵³　　　　　　　发愁　　　ɕa³¹lje⁵³ja³¹gu⁵⁵tjim⁵⁵na⁵⁵　　　反悔

由上可知认知心理动词的词根实质上只有一个，大部分心理动词都为情绪意愿心理动词。二者在句法表现上具有一定差异，如认知心理动词没有使动形式，而部分情绪意愿心理动词则具有使动形式。例如：

e⁵⁵　　kɯ³¹nɯm³⁵　je⁵⁵　tɕe⁵⁵　pui⁵⁵da³⁵　ta³¹we⁵⁵n̠a³⁵　koŋ³⁵a³¹.
DEM　事情　　　TOP　3sg　非常　　　伤心　　　　CAU
这件事让他很伤心。

2. 心理动词的功能特征

心理动词在句中主要充当谓语。例如：

tɕe⁵⁵　ma³¹ro⁵⁵　kɯ³¹sa⁵³　tjɯ⁵⁵　ba⁵³　kɯ³¹sa⁵³　tjɯ⁵⁵.
3sg　说　　　知道　　　又　　做　　知道　　　又
他不仅知道怎么说，也知道怎么做。（认知心理动词 kɯ³¹sa⁵³ 充当谓语）

ma³¹tjiŋ⁵⁵　ko³¹　kɯ³¹nɯm³⁵　we⁵⁵　ba⁵³　ja³⁵　ji⁵⁵　ja⁵⁵ko⁵⁵　me³⁵ka³¹tjɯ³⁵me⁵⁵
村庄　　　LOC　事　　　　　OBL　做　　PRES　有　PRES　　人人
ha⁵⁵ljo⁵⁵　so³¹.
高兴　　　PFV
村子里事事都有人做，人人都很高兴。（情绪意愿心理动词 ha⁵⁵ljo⁵⁵ 充当谓语。）

当心理动词所带对象宾语如果是生命物，其后通常需要添加斜格标记 we³¹，无生命物则不需要。试比较：

tha⁵³　ja³⁵　tjiŋ³⁵　ja³⁵　ka³¹tjɯ³⁵me⁵⁵　we⁵³ta³¹ru⁵⁵　jim³¹.
吃　　NMLZ　穿　　NMLZ　都　　　　　担心　　　　　NEG
吃的、穿的都不愁。（tha⁵³ja³⁵tjiŋ³⁵ja³⁵ 为无生命物，不加标记）

e⁵⁵　me³⁵tɕu⁵³　we⁵⁵　haŋ³⁵　khu⁵⁵mjoŋ⁵⁵　tjiŋ⁵³　a⁵⁵.
DEM　人们　　 OBL　　1sg　　恨　　　　　　透　　　PRES
我恨透了这些人。（me³⁵tɕu⁵³ 为生命物，需加标记）

此外，与动作动词不同，心理动词可受程度副词的修饰。例如：

kɯ³¹tɕi⁵³　a³¹kɯ⁵³　ja³¹　me³⁵　a⁵⁵　we⁵⁵　pui⁵⁵da⁵⁵　rai⁵³　ho³¹.
山羊　　　守　　　NMLZ　人　　孩子　TOP　很　　　　怕　　　MER
放羊的孩子非常害怕。

（三）存在动词

1. 存在动词类型

达让语中表示领有或者存在的动词主要有两个：一个是 aŋ⁵⁵（也可说成 a⁵⁵），主要表示领有关系；另一个是 ji⁵⁵，原义为"住"，后成为存在动词，不仅可以表示人，也可以表示事物的存在。表存在时有两种意义，一种表示事物的存在，另一种表示一个事物存在于另一个事物内。目前这两个存在动词之间的界限已经模糊了，二者出现混淆。其中 ji⁵⁵ 的使用更为普遍。例如：

e⁵⁵ko⁵⁵ ta³¹pɑɯ⁵⁵ duɯ³⁵ ɑŋ⁵⁵.
这里   老人   多   有
这儿有不少老人。

hajioŋ⁵⁵ ko⁵⁵ la³¹ma³⁵ mu³¹la³⁵ ko⁵⁵ ɑ³¹tsɑ⁵³tuɯ⁵⁵ruɯŋ⁵⁵ khun⁵⁵ ji⁵⁵ ja³⁵.
以前   LOC   西藏   地方   LOC   国王   一   住   DUR
以前，在西藏住着一位国王。

2.存在动词的功能特征

存在动词在句中一般充当谓语。例如：

tɯ³¹lu³⁵ma⁵⁵thuɯ⁵³ ko⁵⁵ ka³¹ji³ khun⁵⁵ ɑ⁵⁵（有） ja³¹.
上游   LOC 市场   一   有   PROS
上游有一个集市。（存在动词 ɑ⁵⁵ 充当谓语）

存在动词所在句可以用"肯定-否定"的形式进行提问，也可在句尾直接添加疑问词。例如：

tɕe⁵⁵ pa³¹wum³⁵ ɑ⁵⁵ jim³¹ ja³¹?
3sg   钱   有   NEG   QUES
他有没有钱？

tɕe⁵⁵ pa³¹wum³⁵ ɑŋ⁵⁵ ja³⁵?
3sg   钱   有   QUES
他有没有钱？

存在动词有时可单独成句，但仅限于对话中。例如：

tɕe⁵⁵ pa³¹wum³⁵ ɑŋ⁵⁵ ja³⁵? ɑŋ⁵⁵（jim⁵⁵）.
3sg   钱   有   QUES 有   NEG
他有没有钱？没有。

（四）判断动词

达让语中不存在典型的判断动词。判断句由主语加体词性谓语或形容词性谓语直接构成，表示否定时则直接在谓语后加否定词 jim⁵³。例如：

je⁵⁵ roŋ⁵⁵ku³¹ ka³¹n⁴⁵ je⁵⁵ haŋ³⁵ ɑ³¹pa⁵³.
DEM   伞   二   TOP   1sg   GEN
这两把雨伞是我的。

ma³¹tjiŋ⁵⁵a³¹tʂa⁵⁵　　me³¹　pui⁵³ɳu³¹　bra⁵⁵.
村主任　　　　　　人　　非常　　　好

村主任是个好人。

tɕe⁵⁵　la³¹ma³⁵ba³⁵me³⁵　hui³⁵tsu³⁵ba³⁵me³⁵　jim⁵³.
3sg　　藏族人　　　　　回族人　　　　　　NEG

他是藏族，不是回族。

此外，在是非问句的回答句中，"是"用ɑm⁵³表示，"不是"用jim⁵³表示。例如：

e⁵⁵　　me³⁵　ɳoŋ³⁵　a³¹pa³⁵　ja³⁵?　am⁵³（jim⁵³）.
DEM　人　　2sg　　爸爸　　QUES　是（不是）

这人是你爸爸吗？是（不是）。

（五）能愿动词

1. 能愿动词的分类

能愿动词也叫助动词，是一种表示可能、必要、必然、意愿、估价等意义的动词，可以看作是一种特殊的动词。达让语能愿动词表达的辅助意义有可能性、必要性、确定性，以及其他意义。根据意义，我们可将达让语能愿动词分为以下几类：

（1）表可能的能愿动词

达让语中表可能的能愿动词有khun⁵⁵tjiŋ⁵³（能够）、hɑ⁵⁵ne⁵⁵（能够）。具体例子如下：

ɳuŋ³⁵　hɑ⁵⁵na⁵⁵　hɑ⁵⁵ne⁵⁵　bo⁵⁵　　sa⁵³?　haŋ³⁵　hɑ⁵⁵na⁵⁵　hɑ⁵⁵ne⁵⁵
2sg　　来　　　　能　　　　DIR-aw　QUES　1sg　　来　　　　能

bo⁵³　　tje³⁵.
DIR-aw　EMPH

你能来吗？我能来。

达让语中表示可能的情态意义，有时可通过其他动作动词来表达。例如，下面的句子中"不能"的意义由动作动词hɑ⁵⁵ne⁵⁵a³¹（失败）表示：

ma³¹tɕi⁵⁵　mu³¹　a⁵⁵jim⁵³　ɕim⁵⁵mu³¹　khun⁵⁵　pu³¹la⁵³　hɑ⁵⁵ne⁵⁵a³¹　jim⁵³　la³¹.
水　　　　也　　NEG　　　什么　　　　一　　　生长　　　失败　　　　NEG　　EVID

没有水，什么（庄稼）都不生长。

此外，表否定时，可直接用否定词表示，不需添加能愿动词。例如：

ta³⁵pa⁵⁵we⁵⁵　hɑ⁵⁵na⁵⁵na⁵⁵　a³⁵ko⁵⁵　ka⁵⁵ke⁵³　tha⁵⁵　thai³⁵khoŋ³⁵　a⁵³la⁵⁵　ma⁵⁵ro³⁵
老人　　　　回来　　　　　LOC　　一口　　吃　　中毒　　　　　EVID　　说话

ɕi³¹m⁵⁵　ɕa⁵³koŋ⁵⁵.
NEG　　　PFV

老人回来吃了一口（饼子）就中毒，不能说话了。

（2）表示许可的能愿动词用 ɕi³⁵（可以，许可）标记。例如：

n̻uŋ³⁵　ha³¹na⁵⁵　ɕi³⁵　ja³⁵?　haŋ³⁵　ha³¹na⁵⁵　ɕi³⁵　ja³¹.
2sg　 来　　 能　QUES　1sg　 来　　 能　PROS
你可以来吗？我可以来。

有时候表许可的情态意义，可通过 pra⁵⁵（好）的肯定或否定形式进行表达，有"不方便"的意思。例如：

n̻uŋ³⁵　ŋ⁵³　pra⁵⁵　jim⁵⁵.
2sg　 睡觉　 好　　NEG
你不能睡觉。

此处，需要注意的是表许可的能愿动词 ɕi³⁵（可以，许可）与可能的能愿动词 khɯn⁵⁵tjiŋ⁵³（能够）、ha³¹ne⁵⁵（能够）二者之间存在一定的语义区别。ɕi³⁵ 主要强调人的主观性，事件的发生与否是由人的主观意愿决定的，而 khɯn⁵⁵tjiŋ⁵³、ha³¹ne⁵⁵ 则主要表示事件的客观性，即事件的发生与否是由客观现实决定的，不掺杂主观意愿。不过这两个词有时也存在混用的情况。

（3）表必要的能愿动词

达让语中表必要的能愿动词为 noŋ⁵⁵ 或 nu⁵⁵（必须）、wu⁵⁵li⁵⁵tɯ³¹pɯi⁵³（应该）。例如：

e⁵⁵　 kɯ³¹nɯm⁵³　haŋ³⁵　a⁵⁵pa⁵³　we³¹　thɯ³¹tja⁵⁵　noŋ⁵⁵　m̥⁵⁵　bo³¹.
DEM　事情　　　 1sg　　爸爸　 DAT　告诉　　　 要　　NEG　DIR-ɑw
这件事情我不必告诉爸爸。

tɑ⁵⁵mɑ⁵³　we³¹　la⁵³　noŋ⁵⁵　tha⁵³　tja⁵³.
妈妈　　　TOP　 说　 必须　 吃　　IMP
妈妈说必须吃。

n̻uŋ³⁵　ko⁵³tʂa³¹rɯ⁵⁵　bo⁵³　wu⁵⁵li⁵⁵tɯ³¹pɯi⁵³　tja⁵³.
2sg　　学校　　　　　 去　 应该　　　　　　　IMP
你应该去学校。

表必要的能愿动词还存在"肯定-否定-肯定"的形式，其意义为"不得不"。例如：

haŋ³⁵　nu⁵⁵m̥⁵⁵nu⁵⁵　bɯɯ⁵⁵　bo⁵³　nu⁵⁵　so⁵³.
1sg　　不得不　　　 趟　　　去　 必须　DUR
我不得不去一趟。

值得注意的是，江荻等（2013）提出达让语中还存在表示其他情态意思的能愿动词，这些能愿动词属于从动词演变而来，较于动词其意义已经发生虚化，如 tɕo⁵³（敢）、

kɑ³¹sa⁵⁵（会）、mjoŋ³⁵（想）、we⁵⁵（想）等。我们认为，相较于其他能愿动词，这些动词具有较为实在的意义，故将其归入到心理动词之中，其语法特点请参看心理动词一节。

2. 能愿动词的功能特征

能愿动词在句中一般作谓语，其宾语通常为动词。例如：

nɯŋ³⁵　　hɑ⁵⁵na⁵⁵　　hɑ⁵⁵nei⁵⁵　　bo⁵⁵　　sa⁵³?　　haŋ³⁵　　hɑ⁵⁵na⁵⁵　　hɑ⁵⁵nei⁵⁵
2sg　　来　　能　　DIR-aw　　QUES　　1sg　　来　　能

bo⁵³　　tje³⁵.
DIR-aw　EMPH

你能来吗？我能来。（能愿动词hɑ⁵⁵nei⁵⁵充当谓语）

此外，在语篇中，不会造成语义混淆的情况下，达让语中的能愿动词可以省略。例如：

a⁵⁵tja⁵³n̩³¹　　a⁵⁵su⁵³n̩³¹　　hɑ⁵⁵no⁵³n̩³¹　　kɑ³¹ra³⁵　　a⁵⁵　　ta³¹la⁵³　　a³¹tja⁵⁵　　ma⁵⁵
今天　　明天　　后天　　雨　　有　　都　　爷爷　　CONJ

a³¹ja⁵⁵　　ma⁵⁵　　a⁵⁵poŋ⁵³　　bo⁵³　　bra⁵³　　jim³¹.
奶奶　　CONJ　　野外　　DIR-aw　　好　　NEG

今天、明天都有雨，爷爷和奶奶都不能出门了。

能愿动词还可以表达类似汉语"能不能"的意义，其词汇形式为"a⁵⁵jim⁵⁵ki⁵⁵"。例如：

a⁵³　　kɑ⁵⁵sɯŋ³⁵　　we⁵⁵　　re⁵⁵koŋ⁵⁵　　a⁵⁵la⁵⁵　　tɕe⁵³　　luŋ⁵⁵　　mlaŋ³⁵
孩子　　三　　TOP　　吓坏　　PFV　　3pl　　地方

a³⁵tu⁵⁵　　kʰi⁵⁵　　a⁵⁵la⁵⁵　　hwɯ⁵⁵tiŋ⁵³　　me³⁵　　we⁵⁵　　ta³⁵pa⁵⁵we⁵⁵
许多　　去　　PFV　　见到　　人　　OBL　　老人

ɕi⁵⁵li⁵⁵ja⁵⁵ko⁵⁵　　a⁵⁵sɯŋ⁵⁵na⁵⁵ja⁵⁵　　a⁵⁵jim⁵⁵ki⁵⁵　　a⁵⁵la⁵⁵.
起死　　回生　　能不能　　EVID

三个孩子吓坏了。他们去了很多地方，见到人就问能不能让老人起死回生。

六　形容词

（一）形容词的分类

形容词是表示性质或状态的词。当表示状态时，可在形容词的基础上添加语素进行表达。以下分类加以说明。

1. 基本形容词　例如：

dɯ⁵⁵rɯŋ⁵⁵　　　　　　　　大　　　　bɯ⁵⁵lim³¹klai⁵³　　　　　　粗
kɯ⁵⁵tje⁵³　　　　　　　　小　　　　braŋ³⁵kɯ⁵⁵tje⁵³　　　　　　细

ka³¹luɯŋ⁵³	长	n̥⁵⁵nuɯŋ⁵³	香
kuɯ³¹tjoŋ⁵³	短	ɬai⁵⁵nuɯŋ⁵³	臭

达让语中形容词在语义上多为正向形容词，当表达逆向形容词的时候通常在正向形容词的后面加否定词jim或其他否定词。不过也存在极个别的例外情况。例如：

ɕa⁵³ho³¹	对	ka³¹tiŋ⁵³ma³¹kau³⁵	清楚
ɕa⁵³ho³¹jim⁵³	错	bra⁵⁵kuɯ³¹tiŋ⁵⁵jim⁵⁵	模糊
kuɯ⁵⁵sa⁵³a⁵⁵	熟悉	rum⁵⁵	深水~
kuɯ³¹sa⁵³a³¹jim⁵⁵	陌生	rum⁵⁵jim⁵³	浅水~

特殊情况：

ta³¹tjoŋ⁵⁵	难	ta³¹tjoŋ⁵³jim³¹	容易
a³¹tjaŋ³⁵	懒	a³¹tjaŋ³⁵ho⁵³jim³¹	勤快
mei⁵³	旧	mi⁵³en⁵⁵	新

达让语中的形容词多为双音节或单音节，但也有部分多音节性质形容词。这些词实质上是一个短语，但由于词汇中缺少相应的词汇形式，因此只能借用短语来进行表达。例如：

ta³¹we³⁵+a⁵⁵luɯŋ⁵³pa⁵³	齐心	ta³¹we⁵⁵+pjoŋ³⁵	直爽
心 一起		心 直	

2. 表状态的形容词　例如：

ha³¹tjiŋ³⁵tum³¹ma⁵³	热闹	ma⁵⁵tju⁵³ha⁵⁵tu⁵³	慌张

达让语中形容状态时，通常在形容词的基础上添加其他语素，这类形容词都为多音节形容词。江荻等（2013）提出，在单音节或者多音节形容词之后可以添加一些不成词语素，再加上语素da⁵⁵可构成状态形容词。例如：

ma⁵⁵kluɯŋ⁵⁵ da⁵⁵	黑黑的	ma⁵⁵ khuɯi⁵⁵ ja³¹ da⁵⁵	黑不溜秋的
ma⁵⁵ doŋ³¹ aŋ⁵³ da⁵⁵	有点黑的样子的		

或利用重复的方法表示状态。例如：

ta³¹ groŋ⁵⁵ta³¹ groŋ⁵⁵ n⁵⁵ ka³¹ a³¹	漂亮极了的
ta³¹ groŋ⁵⁵ nen⁵⁵ ka³¹ tju⁵⁵ na³¹ ta³¹ groŋ⁵⁵ nen⁵⁵ ka³¹ tju⁵⁵ na³¹	漂亮极了的
huɯ³¹ brai⁵⁵ tju³¹ la³¹huɯ³¹ brai⁵⁵ tju³¹ la³¹	破烂不堪的

（二）与形容词相关的语义范畴

1. 形容词的比较结构

形容词比较结构需要在被比对象后加上比较格标记tjoŋ³⁵go³¹或者tjoŋ³⁵，判断性的比较句还要在句尾形容词后添加比较标记joŋ³⁵。比较对象和被比较对象在句子中没有固定位置，二者的位置可随意互换。也正是因为二者句法位置的灵活性，所以被比较对象一定要带有比较标记。例如：

a⁵⁵pu⁵³　je⁵⁵　ba³¹mroŋ⁵⁵　tjoŋ³⁵　ka³¹luɯŋ⁵⁵　joŋ⁵⁵.
哥哥　TOP　弟弟　　COMPR　高　　COMPR
哥哥比弟弟高多了。

如果是同一事物的比较，在句中第二次出现时可以省略。例如：

ma³¹tɕi⁵　ha⁵⁵joŋ⁵⁵　tioŋ³⁵　kuɯ³¹tjɯ⁵³　joŋ³⁵.
河　　以前　　COMPR　少　　　COMPR
河流比以前的少多了。

当对比物属于某事物时，比较标记加在所属事物后。例如：

haŋ³⁵　je⁵⁵　ȵuŋ³⁵　tjoŋ³¹　preŋ⁵⁵　ha³¹ma⁵⁵ga³¹　we⁵⁵　a³¹jim⁵⁵.
1sg　TOP　2sg　COMPR　力气　对比　　　想　　NEG
我不想跟你比力气。

2. 形容词的名词化方式

形容词后加名词化标记 ho³¹，则可用于指称人或事物，属于名词性短语，在句中可作主语或宾语。例如：

e⁵⁵　buɯ⁵³ljuɯ⁵⁵　tjiŋ³⁵　ho³¹　we⁵⁵　muɯn⁵³　koŋ³⁵ja³⁵,　kau⁵³ɕoŋ³⁵
DEM　猪　　　　肥　　NMLZ　OBL　宰　　PFV　　　瘦
ho³¹　we⁵⁵　thuɯi⁵⁵ja⁵⁵　ma⁵⁵tja⁵³　koŋ³⁵ja³⁵.
NMLZ　OBL　山　　　放　　　PFV
这些猪肥的宰掉，瘦的放到山上去。（tjiŋ³⁵ho³¹、kau⁵³ɕoŋ³⁵ho³¹作主语）

tɕe⁵⁵　we³¹　ka³¹luɯŋ⁵³　ha⁵⁵ne⁵⁵　ho⁵³　hwen⁵³.
3sg　TOP　高　　　　厉害　　NMLZ　看
他看起来（是个）又高又帅（的人）。（ka³¹luɯŋ⁵³ ha⁵⁵ne⁵⁵ ho⁵³作宾语）

（三）形容词的功能特征

达让语形容词具有多种句法功能，可作名词、动词的修饰语，作谓语可以带体貌、语态、趋向等标记。

1. 形容词作修饰语

形容词既可以修饰动词也可以修饰名词，修饰名词放于名词之后，修饰动词则放于动词之前。例如：

ma³¹suɯŋ⁵⁵ + duɯ³⁵　　许多树　　　a³¹mroŋ⁵⁵ + ta³¹tsai⁵⁵　大哥
树　　多　　　　　　　　　　　　　哥　大

dja⁵³+du⁵³　　　　跳远　　　　ka³¹ro⁵⁵+pjɯ⁵³　　　　快跑
远　跳　　　　　　　　　　　　快　　跑

2. 形容词作谓语

形容词可直接充当谓语，不需再加其他谓语成分。否定句中在形容词后加否定标记。此外，在形容词谓语句中，形容词还可带状语修饰语和相应的体貌、语态标记。例如：

na³¹mun⁵⁵　be⁵⁵be⁵⁵a⁵³　tɯ⁵⁵rɯŋ⁵⁵　ɕa⁵⁵a³¹.
火　　　　慢慢　　　　大　　　　变

火慢慢变大了。

形容词自身重叠可能产生动态变化意义，类似"逐渐……"意思。例如：

ŋ⁵⁵　a⁵⁵　tɕu³⁵　we⁵⁵　ka³¹lɯŋ⁵⁵ka³¹lɯŋ⁵⁵　ɕa⁵⁵　a³¹.
1pl　孩子　PL　TOP　高　　　　　　　　变　MER

我们的孩子们渐渐长高了。

3. 形容词有时还可单独成句，但仅限于口语中的感叹句，前面还可带状语修饰语。

例如：

a³¹ju⁵⁵!　n̪aŋ⁵³　tɯŋ⁵⁵ka³¹　a⁵⁵!
INTER　疼　　非常　　　　PRES

哎呀！太疼了！

4. 达让语的形容词可受副词修饰，副词放在形容词前面。例如：

pui⁵⁵da⁵⁵+rum⁵⁵　非常深　　lɯ⁵⁵joŋ⁵⁵+ta³¹groŋ⁵³　更漂亮　　kɯ³¹tje⁵³e⁵⁵+ɕau⁵⁵　有点甜
非常　　深　　　　　　　　　更加　　漂亮　　　　　　　　一点点　　甜

七 副词

（一）副词的分类

副词表示动作行为和性质状态在程度、范围、时间、频率、情态以及肯定、否定等方面的情况。副词内部按照语义又可以分出多个类别，主要有时间频率副词、范围副词、程度副词、性状副词、语气副词、否定副词等。以下分别进行讨论。

1. 时间频率副词

时间频率副词主要用来修饰动词，表示动作、行为发生或进行的时间和频率。常见的时间副词主要有 ha⁵⁵joŋ⁵⁵、pu⁵⁵ha⁵⁵joŋ⁵⁵（从前，先），a³¹tja⁵⁵（现在），bu⁵⁵thɯ⁵⁵（早就），a³¹mju⁵⁵（今后），a³¹tja⁵⁵peŋ⁵⁵kje⁵³（暂时），bu⁵⁵pa⁵⁵a³¹（突然），plɯŋ⁵⁵（后）；频率副词主要有 lɯ³¹joŋ⁵⁵（再），pu⁵³la⁵³m³¹、bau⁵³tsai⁵⁵、a³¹tja⁵⁵(thui⁵³)（常常），ka³¹ro⁵³(thui⁵³)（立刻，马上），bu³¹raŋ³⁵、a³¹tja⁵⁵（刚才），lja⁵⁵na⁵⁵、bu³⁵doŋ³⁵（又）。

大部分时间频率副词都位于谓词之前，充当状语。但有部分时间副词位置并不固定，这些时间副词可位于句首充当全句副词，此时其后必须带有处所格标记 ko^{55}；此外，它们还可以位于主语之后，此时不一定带有处所格标记。例如：

bɯi^{55}ja^{55} ko^{55} mla^{35} khuŋ^{53} ã^{55} we^{31} a^{31}muŋ^{55} ge^{55}je^{31} kɯ^{55}la^{55} la^{55}la^{31}.
从前　　　LOC 地方　一　　　有　OBJ 名字　　　叫　　格拉　　EVID

从前，有一个叫格拉的平原。（bɯi^{55}ja^{55} 充当全句副词，其后带有处所格标记 ko^{55}）

haŋ^{35} bɯi^{55}ja^{55}ha^{55}joŋ^{55} je^{55} la^{31}ma^{35}mu^{31}a^{35} ko^{31} ji^{55} ja^{31}.
1sg 从前　　　　　TOP 西藏　　　　　LOC 住 PFV

我以前住在西藏。（bɯi^{55}ja^{55}ha^{55}joŋ^{55} 位于主语后，不加处所标记）

a^{31}mjoŋ^{53} ko^{55} a^{31}nei^{35} ha^{55}ju^{55}ljam^{55} ha^{31}pin^{35}ha^{31}tjo^{53} tɕoŋ^{35} ka^{35},
今后　　　 LOC 2pl　　一定　　　　互相　　　　　　学习　　RECP

ha^{31}pin^{35}ha^{31}tjo^{53} a^{31}pruŋ^{55} ka^{31}, ha^{31}pin^{35}ha^{31}tjo^{53} ru^{55} ka^{35}.
互相　　　　　　帮助　　　RECP 互相　　　　　　敬爱 RECP

今后，你们一定要相互学习，相互帮助，互敬互爱。（a^{31}mjoŋ^{53} 充当全句副词，其后带有处所格标记 ko^{55}）

tɕe^{55} a^{31}mjoŋ^{53} ɕan^{55}tsaŋ^{55} ɕa^{53} bo^{55} n^{55}.
3sg 今后　　　 县长　　　　 成为 去 PROS

他今后会成为县长。（a^{31}mjoŋ^{53} 位于主语后，不加处所标记）

达让语中部分时间副词兼有关联作用，用以连接两个表动作的动词短语或两个分句。例如：

we^{55} ta^{31}proŋ^{53}tshoŋ^{53} we^{55} ha^{55}na^{55} na^{55} li^{53}ja^{31}ko^{55}
那　 猎人　　　　　　　 OBL 进　　　 DIR-rou 之后

pɯ^{35}toŋ^{31} bo^{53} na^{55} bo^{53} we^{55}li^{53}ja^{31}ko^{55} na^{55}
又　　　　 去 DIR-rou DIR-aw 之后　　　　　　 DIR-rou

a^{31}puŋ^{55}pja^{53} khuŋ^{35} ɕi^{31} a^{55}tsa^{53} ho^{55}.
野鸡　　　　　 一　 拿 DIR-to PFV

那个猎人进来以后又出去了，随后拿回来一只野鸡。

haŋ^{35} bo^{53} pluŋ^{53}ko^{31} tɕe^{55}a^{31}luŋ^{35} ɕim^{55}m^{55} ma^{31}ro^{53}.
1sg 走　 之后　　　 3pl　　　　　　 什么　　 说

我走之后他什么都没说。

与时间副词相比，表频率的副词出现的位置则相对固定，一般位于动词前，充当状语。例如：

pu⁵⁵ljiŋ⁵³n̥³¹ tɕe⁵⁵ tjiŋ⁵³tju³¹, a³¹su⁵³na⁵⁵ bɯ³⁵toŋ³¹ m̥⁵⁵ na⁵⁵po³⁵ ja³¹ la⁵⁵.
昨天　　　　3sg　答应　　　明天　　又　　玩　DIR-rou PROS EVID
昨天他答应了我的要求，说是明天再来玩。

不过，除了使用频率副词，达让语中在表达"常常、经常"这个概念时，也经常会在动词后添加重复持续貌标记tɑ³¹lɑ⁵⁵。例如：

a³¹tja⁵⁵ ko³¹, a⁵⁵loŋ³⁵ a⁵⁵poŋ⁵³ kin⁵⁵ko⁵⁵ tju⁵³ rwo⁵³ tɑ³¹lɑ⁵⁵ a³¹.
现在　　LOC 阿龙　　 树林　　 里　　 鸡　抓　REP　　PFV
现在阿龙经常去树林里抓鸡。

此外，达让语中还会使用"每天、每年"等词语来表示动作发生频率高。我们认为，之所以会出现这种情况，是因为达让语的语言发展程度不够高，很多意义缺少相应的词汇表达形式，因此只能用其他的说法来进行表达。例如：

tɕe⁵⁵a³¹lɯŋ⁵⁵ kɯ³¹ŋ⁵³ la³¹muŋ³⁵ ha³¹bɯŋ⁵⁵ mboŋ⁵⁵ ko⁵⁵ tɯ³¹ru⁵³ ga⁵⁵ a³¹la⁵³.
3pl　　　　　天　　　每　　　　森林　　　旁边　LOC 遇见　PFV　EVID
他们经常在树林边相遇。

2. 范围副词

范围副词主要用来修饰动词，表示动作、行为的范围。有的范围副词也可以修饰形容词，表示性质、状态的范围。除用来表示范围以外，有的范围副词还兼有加强语气的作用。常见的范围副词有kɑ³¹djɯ⁵⁵me⁵⁵（都、全）、kɑ³¹djɯ⁵⁵（都、全）、mu³¹（也）、a³¹lɯŋ⁵⁵pa⁵⁵a³¹（一起）、a³¹lɯŋ⁵⁵（都）、ha³¹tja⁵⁵moŋ⁵⁵（还）等。例如：

tɕe⁵⁵ ŋ³¹ kin⁵³ me⁵⁵ kɑ³¹tjɯ⁵⁵me⁵⁵ haŋ³⁵ kɑ³¹tjɯ³⁵ kɑ³¹sɑ⁵³a⁵⁵.
3sg 家　里　人　全部　　　　　1sg　都　　　熟悉
他全家人我都熟悉。

tha⁵³ ja³⁵ tjiŋ³⁵ ja³⁵ kɑ³¹tjɯ³⁵me⁵⁵ we⁵³tɑ³¹ru⁵⁵ jim³¹.
吃　NMLZ 穿　NMLZ 都　　　　　　担心　　　NEG
吃的、穿的都不愁。

ŋ³⁵ kɑ³¹djɯ⁵⁵ me³⁵ a³¹lɯŋ⁵⁵ pa⁵⁵a³¹a³¹na⁵³tɑ³¹pen³⁵ tha⁵³.
家　全部　　　人　一起　　　早饭　　　　　　　　　　吃
全家人一起吃早饭。

3. 程度副词

程度副词的主要作用是修饰形容词，表示性质状态的程度。达让语的程度副词主要有：lɯ³¹joŋ⁵⁵（更）、joŋ⁵⁵dɑ⁵³（更）、pɯi⁵⁵dɑ⁵³（非常）、kɑ³¹pa⁵³（太）、lɯ⁵⁵...lɯ³¹（越……越……）等。例如：

thui⁵⁵ja³⁵   ka³¹poŋ⁵⁵   a³¹rwai⁵⁵   ljo⁵³,   thui⁵⁵ja³⁵   ha³¹kum³⁵   a³¹rwai⁵⁵
山   边   雪   白   山   坡   雪

ljo⁵³   jioŋ⁵⁵da⁵³,   thui⁵⁵ja³⁵   ma³¹la³⁵   a³¹rwai⁵⁵   ljo⁵³   tju⁵⁵/tja³¹.
白   更   山   顶   雪   白   SUPER

山边的雪是白的，山坡上的雪更白，而山顶的雪最白。

e   ta³¹ra⁵⁵   je³¹   pra³⁵pi⁵⁵pra³⁵ki³¹   we³⁵pin⁵⁵   po⁵³   ka³¹pa⁵³.
DEM   刀   TOP   好是好   就是   贵   太

这把刀好是好，就是太贵了点。

ma³¹seŋ⁵⁵   ta³¹ɕi⁵³bra⁵⁵   mu³¹   du³⁵   lu³¹   du³⁵   lu³¹   bo³¹   deŋ³⁵.
树   果子   也   多   越   多   越   DIR-aw   PFV

树上的果子越来越多。

4. 性状副词

描述动作行为进行的方式、状态等情貌意义。常见性状副词主要有ma³¹ɕa⁵⁵aŋ³¹（悄悄地）、ma⁵⁵kau⁵³（偷偷地）、ka³¹rwo⁵⁵（飞快地）等。例如：

ka³¹ru³⁵   ka³¹tju³⁵me⁵⁵   je⁵⁵   ku³¹num³⁵   je⁵⁵we⁵⁵   ma⁵⁵ɕa⁵³a⁵⁵   ke⁵⁵ka³¹   a⁵⁵.
客人们   都   DEM   事情   OBL   悄悄地   议论   DUR

客人们都在悄悄地议论这件事。

tɕhu⁵⁵   ka³¹rwo⁵⁵   na⁵⁵mun⁵³   luŋ³⁵   na⁵³ha³¹a⁵⁵.
2sg   快快   火   烤   回来

你快快回来烤火。

tɕe⁵⁵   a⁵⁵lai⁵³   ma³¹la³⁵   ko⁵⁵   thu⁵⁵ro⁵³   nei⁵³   ma⁵⁵kau⁵³   a⁵⁵la⁵⁵.
3sg   弓   头   LOC   蜡   粘   偷偷地   EVID

他偷偷地在弓箭的头上粘了蜡。

达让语中的性状副词很多都属于兼类词，有些兼属于动词、性状副词，有些兼属于形容词、性状副词。之所以出现这种情况，原因有二。其一，达让语倾向于分析性，词类标记较少，因此很多词难以明确判断其语法类别。其二，有些性状副词与动词、形容词所表示的语义内容极为相似，因此出现了一词多义的现象，这一点与汉语具有相同之处。以下为典型的性状兼类副词：

a⁵⁵kau⁵³（偷偷）   性状副词兼动词   ta³⁵koŋ⁵⁵kin⁵⁵ko⁵³（满的/tə.）性状副词兼形容词
dja⁵³（远远的/tə.）   性状副词兼形容词 ta³¹tjoŋ⁵⁵（艰难的/tə.）   性状副词兼形容词
waŋ⁵⁵waŋ⁵⁵（汪汪的/tə.）性状副词兼形容词 au³⁵ɑu³⁵（嗷嗷的/tə.）   性状副词兼形容词

5. 语气副词

语气副词位于动词、形容词之前，表示不同的语气、感情和情态等。达让语常用的语气副词有 tɯ³¹pɯi⁵³（肯定）、ha³¹ji⁵⁵ljam⁵⁵（一定）、ka³¹tjɯ³⁵（究竟）、e⁵⁵lan⁵⁵go³¹（究竟）、sa⁵³（大概）、gɯ³¹lɯi⁵⁵dʑim³¹（到底、真正）。例如：

a³¹nei³⁵　ka³¹tjɯ³⁵　me³¹　kɯ³¹ta³⁵e⁵³　ha⁵⁵na⁵⁵?
2pl　　 究竟　　 人 　多少　　　来
你们究竟来了多少人？

a⁵⁵ne⁵³　ka³¹n⁵⁵　ha⁵⁵jɯ⁵⁵ljam⁵⁵　ta³¹kwo⁵⁵　bra⁵⁵　tʂai⁵⁵　ma⁵⁵kɯm³⁵.
2pl　　 俩　　　 一定　　　　　 书　　 　好　 学　　 EMPH
你们俩一定要好好地学习。

a⁵⁵we⁵⁵　tjiŋ⁵³　me³¹　tjiŋ⁵³　ja⁵⁵　me³⁵　we⁵⁵　tsɯk⁵³ki⁵⁵　ha⁵⁵na⁵⁵na⁵⁵bo⁵³,
那个　　 衣服　 破　　穿　　 PRES 人　　OBL　 一会儿　　 过来过去

ɕim⁵⁵　ji³¹ja⁵³we⁵³　ja³¹ki³⁵?
什么　 到底　　　　QUES
那个穿破衣裳的家伙一会儿过来、一会儿过去的，到底在做什么？

6. 否定副词

否定副词主要修饰动词或形容词，表示否定、阻止、劝阻等。达让语中，最常见的否定副词形式是 jim⁵⁵ 或 m⁵⁵，后者可能是一定语境下的语音变体。还有一个否定词 ja⁵³，这个词含有"不要、别"的意思，常用于祈使句式。否定词中 jim⁵⁵ 的使用频率最高，既可以否定过去时，也可以否定将来时。例如：

nɯŋ⁵⁵　ɕim⁵⁵　tha⁵³　mjoŋ³¹　a⁵⁵?　haŋ³⁵　ɕim⁵⁵mo⁵³　tha⁵³　mjoŋ⁵⁵　jim⁵³!
2sg　 什么　 吃　　 想　　 QUES　1sg　　什么　　 吃　　想　　 NEG
你想吃点什么？我什么也不想吃！

ta³⁵wa⁵⁵　ŋ³¹　ge⁵⁵　ha⁵⁵bɯ³¹　a³¹tɯŋ³⁵　a³¹,　we⁵⁵li³¹ja³¹ko⁵⁵　kɯ³¹ɕi⁵³
达娃　　 家　稻子　收　　　　光　　　 PFV　 但是　　　　 　 格西

ŋ⁵³　ge⁵³　ha³¹bɯ⁵⁵　a³¹tɯŋ³⁵　a³¹　jim⁵³.
家　 稻子　 收　　　　光　　　 PRES　NEG
达娃家的稻子收完了，但格西家的稻子还没有收完。

（二）副词的功能特征

达让语中的副词基本都可以充当状语，用以修饰动词、形容词。但是，不同类别的副词的句法位置却不尽相同。具体如下图所示：

范围副词	谓语之前	灵活性低
频率副词	谓语之前	
性状副词谓语	谓语之前	
语气副词	主语之后，谓语之前	↓
否定副词	谓语之后或全句句尾	
时间副词	谓语前或全句句首	灵活性高

副词不同的句法位置主要是由它们与谓语之间的语义关系导致的。语义关系越紧密，位置越固定，且距离谓词越近，语义关系越疏远，句法位置灵活性高，甚至可置于全句句首或句尾的位置。

此外，范围副词除了可作状语外，还可以置于名词之后充当定语，用以限定名词的范围。例如：

me^{55}ka^{31}tjɯ^{55}　　　　所有人　　　kwo^{53}tʂa^{31}rɯk^{55} ka^{31}tjɯ^{55}　　所有学生
n^{31}ka^{31}tjɯ^{55}　　　　全家　　　　ko^{53}tʂa^{31}rɯ^{55} ka^{31}tjɯ^{55}me^{55}　全学校

八　连词

连词起连接作用，主要为了连接词、词组，使之构成句子，连词也可连接分句使之构成复句。它是一个封闭性的词类，数量不多。其语法特征主要是没有形态变化，有的可以重叠或合用；少量是由实词语法化形成的；通常位于前后两个分句之间。达让语的连词可分为并列连词和偏正关联连词两个大类。

（一）并列连词

并列连词所连接的词之间呈现平列关系。较多使用的并列连词有：ma^{55}（和/与）、khen^{55}djɯŋ^{55}（或者）、je^{55}…je^{55}…（还是）、we^{55}lɯi^{55}ha^{31}go^{31}（此外……还……）、we^{31}gɯ^{55}a^{31}lɯn^{31}（然后）、tjɯ^{53}…tjɯ^{53}…（边……边……）、ka^{31}poŋ^{55}…ka^{31}poŋ^{55}…（一边……一边……）、we^{55}lɯi^{55}a^{31}go^{31}（然后）、we^{31}gɯ^{55}lɯn^{31}（然后）等。例如：

ta^{55}na^{35} + ma^{55} + ta^{31}pun^{35}　　菜和饭　　　ma^{53}bu^{35} + ma^{31} + a^{33}a^{55}　　父母和孩子
菜　　和　饭　　　　　　　　　　　父母　　和　孩子

再如：

tɕe^{55}a^{31}lɯŋ^{53}　ta^{31}ɕin^{35}ja^{35}　tjɯ^{53}　pɯi^{31}　tjɯ^{53}　ha^{55}ljo^{55}ka^{35}　roŋ^{35}ka^{31}　a^{55}.
3pl　　　　　唱　　　　　一边　跳　一边　开心　　　玩　　PRES
他们边唱边跳，玩得可高兴了。

ta^{31}ma^{55}　tha^{53}　ja^{31}　kja^{53}ha^{31}　na^{31}go^{53}　thau^{55}　ja^{31}　kja^{53}ha^{31}.
药　　　吃　IMM　还　　　　针　　　打　　IMM　还

是吃药呢还是打针呢？

有的时候，如果在语义清楚的时候，关联词语可以省略。例如：

tṣa⁵⁵ɕi⁵⁵　ji⁵⁵tja⁵⁵　ja³¹ja³⁵　kha³¹tɕa⁵⁵　ji⁵⁵tja⁵⁵　ja⁵³ja³⁵？

扎西　　留下　　QUES　　卡佳　　留下　　QUES

是扎西留下，还是卡佳留下？

（二）偏正关联连词

达让语中表偏正关系的关联词数量不多，但却可以表达多种语义关系。达让语主要的偏正关联连词主要有 we⁵⁵gɯ³¹mu³¹（虽然……但是……）、we⁵⁵jim⁵⁵go³¹bjeŋ⁵³（不然的话）、go³¹bjeŋ⁵³（如果）、gɯ⁵⁵mu³¹（不管……）、lɯm⁵⁵go³¹（……之后）、ha⁵⁵joŋ⁵⁵...ma³¹thu⁵³（先……接着），等等，表达选择、因果、条件、假设等语义关系。例如：

nuŋ³⁵　glai⁵³　ha³¹ne⁵⁵　jim⁵⁵　go³¹bjeŋ⁵³　kɯ³¹tje⁵⁵e⁵⁵　ta³¹glai⁵³.

2sg　背　能　NEG　如果　　少一点　　背

如果你背不动的话，就少背一点。

ta³¹mui⁵⁵　pra⁵⁵　ka³¹be⁵⁵　ja³¹　m̥⁵⁵　go³¹bjeŋ⁵³　kha³¹ljau⁵⁵　ta³¹tha⁵³

牲口　　好　　管理　　IMM　NEG　如果　　田　　　庄稼

tha⁵³　ṇa³⁵.

吃　　PRT

要把牲口管好，不然就到田里吃庄稼了。

九　语气词

语气助词是用于句中或句末表达句子的语气、强调说话人主观情感的助词。表示命令、祈使语气的助词有人称、数和形态的变化。达让语的语气词位置较为固定，大部分语气词都只能位于句尾，表示整个句子的语气。

达让语的语气词通常由语气副词演化而来，但大部分语气词仍处于演化过程中，虚化程度不高，仍具有较为实在的意义。这类语气词与所在句子关系密切，去掉后会影响句子的语义理解。以 dɯ³¹pɯi⁵⁵ 为例，其原义为"肯定"，语气副词，现也可充当语气词置于句子末尾。充当语气词时，其句法位置发生了改变，由主语之后、谓语之前转化到句子末尾的位置。试比较：

tɕe⁵⁵　ba³¹wen⁵⁵　aŋ⁵⁵　dɯ³¹pɯi⁵⁵　ja⁵⁵　na³⁵.

3sg　钱　　　有　　肯定　　　MER　PRT

他肯定有钱。

tɕe⁵⁵　po⁵³　jim⁵⁵　e⁵⁵　dɯ³¹pɯi⁵⁵.

3sg　去　NEG　DET　肯定

他肯定不去。

达让语中其他表情态意义的语气词如下所示：

语气词	表示语气	语气词	表示语气
dɯ³¹pɯi⁵⁵、dɯ³¹pɯi⁵⁵bo⁵³m⁵⁵	的确、肯定	n⁵⁵	自愿语气
ha³¹rɯŋ³⁵、rɯŋ³⁵	协商语气	dɯ³¹gɑ³⁵	必须语气
de³⁵	可能语气	ko⁵⁵	决定语气
bo³¹	可能语气	ɯ³¹	决定语气
nɑ³⁵	推测语气		

除此之外，还有部分语气词已不具有实在的语义内容，它们已演化为句类标记用以标记不同句子类型。以下我们将分类列举：

（一）陈述语气词

达让语中表陈述语气的语气词主要为 nɑ³⁵、koŋ⁵⁵ 等。例如：

ɑ³¹mju⁵⁵　ko⁵⁵　nuŋ³⁵　ŋ⁵⁵　ɑ⁵³dza⁵³　nɑ³⁵.
今后　　LOC　2sg　1pl　领导　　PRT

今后，你是我们的领导。

tɕe⁵⁵　ta³¹we⁵⁵kjɑn⁵⁵　ko⁵⁵　pɯi⁵⁵dɑ⁵⁵　khem⁵⁵mjoŋ⁵⁵　ho³¹　koŋ⁵⁵.
3sg　心里　　　　　LOC　很　　　生气　　　　MER　PRT

他心里很生气。

（二）疑问语气词

达让语中表疑问的语气词有 jɑ³⁵（吗），有时为 ɑ³⁵。例如：

nuŋ³⁵　ŋ³¹　kin⁵³　me³⁵　kɯ³¹tɑ³⁵ke⁵³　i⁵⁵　jɑ³⁵?
2sg　家里　人　多少　　　　　住　QUES

你家有几口人？

（三）祈使语气词

表祈使的语气词有 kjɯ⁵³、tjɑ³⁵、nɛ³⁵，一般只用于表示征询意见、协商等语气缓和的祈使句才添加语气词，命令句不用语气词。例如：

ta³¹thɑ⁵³　glai⁵³dzɑ³⁵　li⁵³jɑ³¹ko⁵⁵　me³⁵tɕu⁵⁵　bun⁵³　tjɑ³⁵.
粮食　　　运　　　　后　　　　　人们　　　分　　IMP

粮食搬来就分给大家。

nuŋ³⁵　tɕe⁵⁵　tjiŋ⁵³　we⁵⁵we³⁵　ɕi³⁵huŋ⁵³　nɑ⁵⁵　kjɯ⁵³.
2sg　3sg　衣服　OBL　　收　　　DIR-rou　IMP

你给他把衣服收了。

十 感叹词

感叹词在词义上没有具体、实在的内容，在结构上一般置于句法结构之外，线性位置上位于句首，用以表示招呼、应答、互换或者打招呼等意思。叹词的发音没有固定模式，江荻等（2013）提出感叹词的语调比较特殊，以上升语调为主。以下举例说明。

（一）表示招呼与应答　　例如：

o⁵³,　　ɲuŋ⁵⁵　ɕim⁵⁵　tha⁵³　mjoŋ³¹　a³⁵?
喂　　　2sg　　什么　　吃　　　想　　　QUES
喂！你想吃什么？

（二）表示喜悦或赞叹　　例如：

phe⁵⁵e³⁵,　　ɲuŋ⁵⁵　ha⁵⁵na⁵⁵　ti³¹!
呀　　　　　2sg　　回来　　　　DIR
呀，你回来了！

（三）表示意外或惊讶　　例如：

a³¹ju⁵⁵!　ɲaŋ⁵³　tuŋ⁵⁵ka³¹　a⁵⁵!
INTER　　疼　　　非常　　　　PRES
哎呀！好疼！

（四）表示致谢　　例如：

ɲuŋ³⁵　kho⁵³ta⁵⁵nju³¹　ja³¹!
2sg　　感谢　　　　　　呀
感谢你呀！

十一 句法标记

（一）

从达让语的整体特点来看，达让语更倾向于分析性语言，语序是其表达意义的重要手段，但单纯依靠语序难以表达语言中丰富的语义内容，因此达让语还以句法标记作为辅助手段，用以满足表达的需要。达让语中的句法标记一般具有以下特点：

1. 单音节语素为主

达让语中的句法标记多为单音节的功能语素，有少量双音节功能语素。之所以存在双音节功能语素一是因为达让语词汇原本就以双音节为主，而另一个原因则是达让语中部分助词尚处于演化阶段，无论是在音节结构还是在语义内容上都还保留了部分实词的特征。

2. 具有非高调特征

达让语中的句法标记，大部分单音节助词的声调都倾向于低降调（31调）。但少数语法化程度不高的功能语素其调值不定，特别是双音节句法标记，有些声调仍为高平调。

3. 具有黏附性

句法标记本身不能独立充任句法结构及句子结构成分，他们常常依附于其他的结构关系或结构成分而存在。

4. 具有后置性

达让语句法标记的位置偏后，这是其显著的特点。绝大多数句法标记都是附加于词、词组或短语、小句之后的。

5. 趋于简化

从我们的调查来看，达让语正向分析型语言的方向发展，其中一个有力的证明就在于达让语的句法标记正处于消减和简化的状态。这首先表现为句法功能的合并，同一个句法标记可具有多种句法功能，其次表现为很多句法标记在句中都是可有可无的，这种有无共存现象也是简化的一个体现。

（二）体词性标记

达让语中有丰富的体词标记，可表达丰富的语义结构关系。以下我们将分类探讨。

1. 属格标记（GEN，genitive marker）

属格标记用以表示不同事物之间的领属关系，该标记用以体现不同名词性词语之间的关系。达让语的属格标记有两个：一般来说，$a^{31}ba^{55}$ 表示有生物与有生物，或者有生物与领有物之间的领有关系或限定关系；$goŋ^{55}$ 表示无生物与无生物之间的限定修饰关系。但现在二者的区分并不明显，经常发生混用。从调查结果来看，新派达让语更倾向于说 $a^{31}ba^{55}$，老派达让语更倾向于说 $goŋ^{55}$。例如：

haŋ³⁵ a³¹ba⁵⁵ ta³¹ra⁵⁵　　我的刀　　　　ȵuŋ³⁵ goŋ⁵⁵a⁵⁵ma⁵³　　你的妈妈

tɕe⁵⁵ŋ³⁵a³¹ba⁵⁵ ta³¹tha⁵³　他家的粮食　　ŋ⁵⁵ŋ³⁵ goŋ⁵⁵ ŋ³⁵　　我家的房子

ȵuŋ³⁵a³¹ba⁵⁵ kɯ³¹phlɯn³⁵　你的钱包　　ȵuŋ³³ goŋ⁵⁵a⁵⁵pu⁵³　　你的哥哥

此外，$goŋ^{55}$ 除表示不同事物之间的领属关系，还可以表示事物及其特征之间的关系，这种情况下修饰语的句法位置发生了改变。例如：

pɯi⁵⁵da⁵⁵ + ta³¹groŋ⁵³ + goŋ⁵⁵ + me⁵⁵ja³¹a⁵⁵　　me⁵⁵ja³¹a⁵⁵ + pɯi⁵⁵da⁵⁵ + ta³¹groŋ⁵³　　非常漂亮
非常　　美丽　　GEN　女孩　　　　　女孩　　非常　　美丽　　的女孩

pɯi⁵⁵da⁵⁵ + dzɯ⁵³ + goŋ⁵⁵ + kwo⁵³tʂa³¹ruk⁵⁵　　kwo⁵³tʂa³¹ruk⁵⁵ + pɯi⁵⁵da⁵⁵ + dzɯ⁵³　　非常聪明
非常　　聪明　　GEN　学生　　　　　学生　　非常　　聪明　　的学生

达让语的属格标记使用频率并不高。实际使用中，如果不会造成语义混淆，该标记经常被省略，事物之间的领属关系通常由语序来表达。例如：

ȵuŋ³⁵ haŋ³¹ kɯ³¹nɯm⁵⁵　　自己的事情　　　e⁵⁵ma⁵⁵tʂau⁵³ kru⁵⁵　　这个牛的头

ȵuŋ³⁵ ŋ³¹ na³¹bo³⁵　　　你家的玉米　　　a⁵⁵we⁵⁵ a⁵⁵tiŋ⁵³　　那个孩子的衣服

a³¹ba³⁵a⁵⁵　　　　　　爸爸的孩子　　　a⁵⁵a³¹ba³⁵　　　　孩子的爸爸

但是，值得注意的是在以下几种情况下达让语的属格标记是不能省略的：

其一，在对话语境，a³¹ba⁵⁵不可以省略。例如：

a³¹we⁵⁵　je⁵⁵　tɕe⁵⁵　tjiŋ⁵³　ja³⁵?　a³¹we⁵⁵　je⁵⁵　tɕe⁵⁵　a³¹ba⁵⁵　jim⁵⁵.
那　　TOP　3sg　衣服　QUES　那　　TOP　3sg　GEN　NEG

那是他的衣服吗？那不是他的。

其二，领属对象发生前置时a³¹ba⁵⁵不可省略。例如：

je⁵⁵　roŋ⁵⁵kɯ³¹　ka³¹n⁵⁵　je⁵⁵　haŋ³⁵　a³¹pa⁵³.
DEM　伞　　　　二　　　TOP　1sg　　GEN

这两把雨伞是我的。

由上例所示，为突出语义内容，领属对象je⁵⁵ roŋ⁵⁵kɯ³¹ ka³¹n⁵⁵（这两把伞）发生了前置现象，此时属格标记不能省略。

其三，当领属对象出现省略时a³¹ba⁵⁵不可省略。例如：

je⁵⁵　haŋ³⁵　tjiŋ⁵³,　we⁵⁵　ȵuŋ³⁵　a³¹pa⁵³,　ta³¹tɕoŋ³⁵　kjaŋ³⁵　tʂho⁵³ho³¹　we⁵⁵
DEM　1sg　衣服　　那　　2sg　GEN　　床　　　　上　　　摆DUR　　OBL

me³¹pe³⁵　a³¹pa⁵³.
人家　　　GEN

这是我的衣服，那是你的，床上摆着的是人家的。

上例中，为避免重复，在后两个分句中领属对象出现了省略的情况，此时领属标记也不能删除。

2. 施格标记（AGT，agentive marker）

达让语中存在施格标记ko³¹，该标记添加于施事者名词之后，这类施事者名词通常为施事主语。达让语的施格标记也不是句法的必有成分，很多时候可以省略，一般来说在带双宾语的及物动词句、表示相互行为的动词句，以及造成动作结果的句子中，要添加施格标记。例如：

tiŋ⁵³　we⁵⁵　haŋ³⁵　ko³¹　tɯ⁵⁵mroŋ⁵⁵　we³¹　sa⁵³　ɕi⁵⁵tju⁵³　wa³¹.
衣服　那　　1sg　AGT　朋友　　　　DAT　送　　被　　　PFV

那件衣服被我送给朋友了。

tɕe⁵⁵a³¹lɯŋ³⁵　ta³¹pu⁵³thai⁵³　we⁵⁵　huk⁵³　se³¹　koŋ³⁵ho³¹.
3pl　　　　　毒蛇　　　　　PAT　打　　死　　PFV

他们打死了毒蛇。

3. 受事格标记（PAT，patient marker）

一般情况下，达让语的直接受事宾语是不带标记的（江荻等，2013）。但在调查中，我们却发现有时候直接受事宾语也带有受事标记we^{55}，该标记与间接格标记相似，但声调较高。而且无论受事者充当宾语还是充当主语，其后都带有受事标记。不过受事标记不是成句的必要成分，很多时候可以删略。例如：

ta^{31}proŋ^{53}tʂhoŋ^{31}　ri^{31}koŋ^{55}　we^{55}　huɯk^{53}　se^{53}　koŋ^{35}ho^{31}.
猎人　　　　　　兔子　　　PAT　打　　死　　PFV
猎人打死了兔子。

ri^{31}koŋ^{55}　we^{55}　ta^{31}proŋ^{53}tʂhoŋ^{31}　huɯk^{53}　se^{53}　koŋ^{35}ho^{31}.
兔子　　PAT　猎人　　　　　　　打　　死　　PFV
兔子被猎人杀死了。

4. 涉事格标记（CMT，comitative marker）

涉事者是指相关的动作或事件所关涉的对象。一般来说，涉事者都为人或物。达让语涉事者的后面都可以带有格标记we^{31}。涉事格也不是句子的必要成分，大部分情况下都可以省略。例如：

ŋɯ^{35}　a^{31}tja^{55}　ta^{31}tsai^{55}　ɕa^{53}ja^{31}　a^{31}go^{55}　a^{31}ma^{55}　we^{55}　kha^{31}ljau^{55}　ba^{53}
2sg　现在　　年长　　变　　后　　母亲　CMT　地　　　　做
a^{31}bruɯŋ^{55}　ja^{31}.
帮助　　　PFV
你现在长大了，可以帮妈妈干活了。

此外，江荻等（2013）提出有部分句子在意义上看与涉事格相似，但是却是单纯的伴随事物。对这类伴随事物现象可以用随同格（COM，Comitative）表示，随同格用标记we^{31}。例如：

tɕe^{55}　haŋ^{35}　ma^{31}suɯŋ^{55}　we^{31}　thuɯ^{53}ja^{55}　kjiaŋ^{55}　nu^{31}　ha^{31}jauɯ^{55}　glai^{53}　dza^{31}.
3sg　1sg　柴　　　　COM　山　　　上　　　从　　往下　　　背　　DIR-to
他替我把柴从山上背下来。

上句中haŋ^{35}　ma^{31}suɯŋ^{55}（我的柴）属伴随事物，其后带有随同格。

5. 与格标记（DAT，dative marker）

与格标记用于双宾语句，其中直接宾语是动作的受事者，不加标记，间接宾语的后面添加标记we^{31}。例如：

a⁵⁵ma⁵³　haŋ³⁵　we⁵⁵　tjiŋ⁵³　min⁵³n⁵⁵　khɯn⁵⁵　ru⁵³　ŋ³¹　ho³¹.
妈妈　　1sg　DAT　衣服　　新　　　一　　缝　给　PFV
妈妈为我缝了一件新衣服。

与上述标记不同，达让语中的与格标记是句子构成的必要成分，在双宾句中不能省略。之所以会出现这种现象主要是由语义理解导致的。由于去掉与格标记，容易造成给予者和受予者的混淆，故该标记不能省略。例如：

*kɯ⁵⁵ɕi⁵⁵　haŋ³⁵　ta³¹pɯ⁵⁵　khɯn⁵⁵　ŋ³⁵　tju⁵³.
格西　　1sg　　花　　　一　　送　MER
*格西送我一朵花。/我送格西一朵花。

此外，正是因为受予者带有与格标记，因此它在句法中的位置也相对灵活，不易造成语义混乱。例如：

haŋ³⁵　tɕe⁵⁵　we³¹　ta³¹pɯ⁵⁵　khɯn⁵⁵　ŋ³⁵　tju⁵³.
1sg　　3sg　DAT　花　　　一　　送　MER
我送给他一朵花。

tɕe⁵⁵　we³¹　haŋ³⁵　ta³¹pɯ⁵⁵　khɯn⁵⁵　ŋ³⁵　tju⁵³.
3sg　DAT　1sg　　花　　　一　　送　MER
我送给他一朵花。

6. 对象格标记（OBJ，object maker）

达让语中，当心理行为动作的关涉对象充当宾语时，其后需要添加标记we³¹。此处，我们称之为对象格标记。例如：

nɯŋ³⁵　je⁵⁵　tɕe⁵⁵　we⁵⁵　we⁵³di³¹　a⁵⁵　jim⁵⁵?
2sg　TOP　3sg　OBJ　想念　　是　NEG
你是不是想念他？

e⁵⁵　　me³⁵tɕu⁵³　we⁵⁵　haŋ³⁵　khɯ⁵⁵mjoŋ⁵⁵　tjiŋ⁵³　a⁵⁵.
DEM　人们　　　OBJ　1sg　恨　　　　　透　　PRES
这些人我恨透了。

有的时候，达让语中的心理关涉对象会放置于句首用于强调，此时对象格标记不能省略。例如：

ŋ⁵⁵　we⁵⁵　gi⁵⁵gen³¹　ka³¹tei⁵⁵kɯ³¹mu⁵³　ta³¹we⁵⁵prɯ⁵⁵　ja³⁵.
1sg　OBJ　老师　　　关系　　　　　　关心　　　　　PROS
老师一直对我很关系。

不过，值得注意的是，对象格标记只添加于有具体指称的名词后面；若该名词为虚指，不指代确定的人或事物时，其后不能加对象格标记。试比较：

tɕe⁵⁵a³¹luŋ³⁵　a⁵⁵　je⁵⁵we⁵⁵　we³¹　hɑ⁵⁵ljo⁵⁵　wɑ.
3pl　　　　　孩子　这个　OBJ　喜欢　　　PRES
他们喜欢这个孩子。

tɕe⁵⁵a³¹luŋ³⁵　a⁵⁵　hɑ⁵⁵ljo⁵⁵　wɑ.
3pl　　　　　孩子　喜欢　　　PRES
他们喜欢孩子。

此外，心理行为动词句是否都添加对象格标记还取决于动作发出者和动作对象的性质，如果动作对象是无生物名词，则可以不添加标记。如果动作对象是动物类名词，一般也可不添加标记。例如：

a³¹　hu⁵⁵dɑ³⁵　n̠uŋ³⁵　ɕim⁵⁵　we⁵⁵di³¹?
请问　　　　　2sg　　什么　　关心
请问你关心什么问题？

haŋ³⁵　doŋ³⁵wɑ⁵³　dju⁵⁵　jɑ³¹　hɑ³¹ljo⁵⁵　wɑ³¹.
1sg　　烟　　　　抽　　　NMLZ　喜欢　　　PRES
我喜欢抽烟。

7. 工具格标记（INST，instrumental marker）

动作者实施动作过程中借助的工具名词往往要添加工具格标记。达让语工具格的标记是 ko³¹。例如：

kwo⁵³tʂa³¹tu⁵⁵　mɑu⁵⁵pi⁵⁵　ko³¹　tɑ³¹kwo⁵⁵　dzu³¹　a⁵⁵.
学生　　　　　毛笔　　　　INST　字　　　　写　　　PRES
学生们用毛笔写字。

je⁵⁵　tɑ³¹rɑ⁵⁵　ko³¹　tɑ³¹pruŋ³⁵　n̠i⁵³　ti³¹.
DEM　刀　　　INST　肉　　　　　切　　DUR
我用这把刀切肉。

8. 处所格标记（LOC，locative marker）

达让语的"处所格"是一个宽泛的概念，它不仅表示动作或事件发生的地点，同时还表示动作趋向的处所和事件发生的时间。有的时候处所格的标记还可用 ko³¹ 和 n̠ɯ³¹。其中 ko³¹ 更为常用。例如：

mɑ³¹seŋ⁵⁵　ko³¹　mɑ³¹roŋ⁵⁵　kɑ³¹n̠⁵⁵　kɑ⁵⁵rɯ⁵³　ho³¹.
树　　　　LOC　马　　　　　两　　　拴　　　　DUR
树上拴着两匹马。

pɯi⁵⁵ja⁵⁵　a⁵⁵tɕa⁵³ni³⁵　ma⁵⁵　ta⁵⁵mim⁵³　ma⁵⁵　a⁵⁵　nuɯŋ⁵³mroŋ⁵⁵　la⁵⁵.
古代　　阿加尼　　　CONJ　猴子　　　CONJ　是　兄弟　　　　　EVID

古时候，阿加尼和猴子是兄弟。

达让语中，当表示"从……到……"的时候，地点后不加处所格标记。例如：

thɯi⁵⁵ja⁵⁵　kjaŋ³⁵　ma⁵⁵　thɯi⁵⁵ja⁵⁵　ha⁵⁵la⁵⁵　ma⁵⁵　li³⁵　ka³¹ʂuŋ³⁵
山　　　　上　　　　CONJ　山　　　　下　　　　CONJ　里　三

ha⁵⁵lɯŋ⁵　aŋ⁵⁵.
十　　　　有

山上到山下有三十多里地。

此外，当名词带有方位词后，或在指示代词后，也经常不带处所格标记。例如：

n̥⁵³　rɯŋ⁵⁵tsai⁵⁵　tɕe⁵⁵a³¹lɯŋ³⁵　ŋ³⁵　kin⁵⁵　jim⁵⁵　ta³¹la⁵⁵.
白天　每　　　　　3pl　　　　　　　　　　家　　里　　NEG　REP

每天他们都不在家。

khi⁵⁵ba³⁵me³⁵　ka³¹tjɯ⁵⁵　we⁵⁵go³¹　i⁵⁵　a⁵⁵.
汉族人　　　　都　　　　　那里　　　　住　　PRES

汉族人都住在那里。

9. 方向格标记（DIR, direction marker）

达让语中有两种方向标记，一种表示出处或来源，第二种表示事物朝某方向运动。

（1）从格标记（ABL, ablative marker）

从格表示出处或来源，其标记是ȵu³¹go³¹、ȵu³¹或者go³¹。例如：

ma³¹tɕi⁵³　je⁵⁵　thjɯ⁵⁵ja⁵³　ha⁵⁵kjaŋ³⁵　ȵu³¹go³¹　blum⁵³　dza³¹.
水　　　　TOP　山　　　　　上面　　　　ABL　　　　流　　　　DIR-to

水从山上面流下来。

tɕe⁵⁵a³¹lɯŋ⁵³　ha⁵⁵nu⁵⁵　ȵu⁵³　ha⁵⁵na⁵³　ki³⁵?
3pl　　　　　　哪　　　　　ABL　　来　　　　PRES

他们从哪儿来的？

（2）向格标记（ALL, allative marker）

向格表示"朝、向"某处运动，其标记为doŋ³¹、ȵu³¹，有时二者连用doŋ³¹ȵu³¹。达让语中向格标记和从格标记由于其语音形式相同，二者已经开始混淆。此外，向格标记的意义也开始趋于抽象化，由朝向具体的方向或地点演变成关涉的对象。例如：

a³¹we⁵⁵loŋ³⁵　tɯi⁵³ja⁵⁵　kiaŋ³⁵　ȵu³¹　ta³¹bin⁵³　lie⁵⁵　bo⁵³　la³¹.
阿外龙　　　　山　　　　　上　　　ALL　　蜂蜜　　　　采　　　去　　PFV

阿外龙去山上采蜂蜜了。

a⁵⁵we⁵⁵luɯ³⁵　guɯ³¹jaŋ⁵⁵　doŋ³¹　kje⁵³kau⁵⁵　brai³⁵　bo³¹a³¹.
阿外龙　　　集市　　　ALL　　大米　　　买　　Dir-aw

人阿外龙到商店买大米去了。

ma⁵⁵nai⁵⁵soŋ⁵⁵　lo⁵⁵tshuo⁵⁵loŋ⁵⁵　doŋ³¹ṇu³¹　khu⁵³ ka³⁵　a³¹.
马乃松　　　　罗错松　　　　　ALL　　　　吵架　　　PROS

马乃松跟罗错松正在吵架。

除以上标记外，达让语的向格标记还有bo⁵³，该词由动词bo⁵³（去）虚化而来，仍具有较为实在的意义。例如：

ŋ⁵⁵　a³¹tja⁵³ŋ̊⁵³　thɯi⁵⁵ja⁵⁵　bo⁵³　ke³⁵.
1pl　今天　　山　　　ALL　PRT

我们今天去山里。

有时达让语的趋向范畴会直接通过趋向动词来表示，此时不需要加向格标记。例如：

ma⁵⁵tʂau⁵³　ma³¹tɕi³⁵　ma³¹nu³⁵　ha⁵⁵jau⁵³　pjɯ⁵³　koŋ³⁵.
牛　　　　　水　　　　下游　　　下去　　　跑　　　PFV

牛跑到河的下游去了。

10. 比较格标记（COMPR，comparative marker）

达让语比较格标记是djoŋ³¹，放于被比较名词之后。谓语经常添加表比较的语尾joŋ⁵⁵。例如：

a³¹ba³⁵　je⁵⁵　a³¹ma⁵⁵　djoŋ³¹　kɯ³¹nɯŋ⁵⁵　ha⁵⁵nɯŋ⁵⁵　ma³¹lɯɯ⁵⁵
爸爸　　TOP　妈妈　　COMPR　十　　　　　多　　　　　大

ta³¹tsai⁵⁵　joŋ³⁵.
岁数　　　COMPR

爸爸比妈妈大好十几岁。

除以上表达方法外，两个对比对象之间可以用ma⁵⁵（和、与）相连接，并在被比对象之后添加djoŋ³¹。例如：

e⁵⁵　ma³¹tɕi⁵⁵　prɯ³⁵　knɯn⁵⁵　ma⁵⁵　ŋ⁵⁵　ma³¹ tɕi⁵⁵　djoŋ³¹　tɯ⁵⁵rɯŋ⁵⁵.
DEM　河　　　条　　　一　　　CONJ　1pl　水　　　　COMPR　大

这条河比我们家的大。

此外，当比较不同事物程度不同时，还可在形容词谓语后直接加joŋ³⁵。这种比较结构不限于两种事物，还可用于多个事物之间的比较。例如：

thɯi⁵⁵ja³⁵　ka³¹poŋ⁵⁵　a³¹rwai⁵⁵　ljo⁵³，thɯi⁵⁵ja³⁵　ha³¹kum³⁵　a³¹rwai⁵⁵　ljo⁵³
山　　　　边　　　　雪　　　　白　　　山　　　　坡　　　　雪　　　　白

jioŋ⁵⁵, thɯi⁵⁵ja³⁵ ma³¹la³⁵ a³¹rwai⁵⁵ ljo⁵³ tjɯ⁵⁵tja³¹.
COMPR 山　　顶　　雪　　白　　SUPER

山边的雪是白的，山坡上的雪更白，而山顶的雪最白。

（三）谓词性标记

达让语时态标记不发达，但体貌标记却十分复杂，本书将从谓语的体、态、貌、趋向和式几方面分类进行描述。其中共计体貌标记体标记7种和貌标记5种，趋向标记3类，语态标记3类，语式标记2类。

1. 体标记

达让语谓语动词的体标记可分为将行体（prospective aspect）、即行体（imminent aspect）、进行体（durative aspect）、现行体（presentive aspect）、已行体（perfective aspect）、方过体（merely past aspect）和起始体（inchoative aspect）7种，以下分别论述。

（1）将行体（PROS，prospective aspect）

将行体表示动作变化将要发生或情况状态将要出现。将行体的表示方法是在谓语动词后添加将行体标记。将行体标记区分人称，第一人称和第二人称用n⁵⁵di⁵⁵，或简略形式n⁵⁵、di⁵⁵；第三人称用bi³⁵ja³¹或ja³¹，ja³¹在不同语境有不同变体a³¹、wa³¹、ha³¹、ŋa³¹等。例如：

haŋ³⁵ ta³¹kwo⁵⁵ hwen⁵³ n⁵⁵di⁵⁵.
1sg　书　　看　　PROS

我要看书。

tɕe⁵⁵ a³¹su⁵³na⁵³ ko⁵³tʂa³¹rɯ⁵⁵ bo⁵³ ja³¹ jim³⁵.
3sg　明天　　　学校　　　　去　PROS　NEG

他明天不去学校了。

a⁵⁵su⁵³n̥³¹ ko³¹, tɕe⁵⁵ e⁵⁵go⁵⁵ ha⁵⁵na⁵⁵ na⁵⁵ bi³⁵ja³¹.
明天　　　LOC 3sg 这里　来　　DIR-aw PROS

明天他要来这里。

达让语将行体人称区分的功能已经弱化，现在即使是第一和第二人称句子也都使用ja³¹。此外，ja³¹不仅可以出现在句末，当句子中出现多个动词组时，ja³¹也可以出现在每一个动词组后。例如：

a³¹mjoŋ⁵³ko³¹ ŋ⁵⁵ raŋ⁵³na³¹mɯn⁵⁵ di⁵⁵ ja⁵⁵ la⁵⁵sa⁵⁵ bo⁵³ ja³¹.
以后　　　　1pl 火车　　　　坐 PROS 拉萨　去 PROS

以后，我们坐火车去拉萨。

除此之外，达让语中还有极少数的无主句，这类句子中将行体的标记也为ja³¹。例如：

ha⁵⁵tjo⁵⁵ ȵu⁵⁵ li³⁵ ka³¹prai⁵⁵ ha⁵⁵luŋ⁵⁵ klai⁵³ ja³⁵, ha⁵⁵jau⁵⁵ ȵu⁵⁵
上　　ALL　里　四　　　十　　　背　　PROS　下　　　ALL
li⁵⁵ ma³¹ŋa³⁵ ha⁵⁵luŋ⁵⁵ klai⁵³ ja³¹.
里　五　　　十　　　背　　PROS
朝上背四十里，朝下背五十里。

（2）即行体（IMM，imminent aspect）

达让语中可以人为安排和预见的行为、事件采用将行体，带有较强的主观性；对于即将发生的事情则采用即行体，即行体大多属于客观性较强的行为、事件。达让语中的即行体标记也区分人称。其中第一人称、第二人称使用体标记n̥⁵⁵或者ja³¹，第三人称使用tju⁵³ja³¹或ja³¹。例如：

haŋ³⁵ ɑ³¹tja⁵⁵ thui⁵³ ta³¹kwo⁵³brɑ⁵⁵ dzu⁵⁵ n̥⁵⁵.
1sg　现在　就　字　　　　　　写　　IMM
我今天就去写字。

thui⁵⁵ja⁵⁵ ta³¹dʑi³⁵ ka⁵⁵ro⁵³ thi⁵⁵ mla³⁵liŋ⁵³kau⁵⁵ khɯn⁵³ ɕɑ⁵³ ja³¹.
山　　　　高　　　马上　　去　　平地　　　　　　　　　变　IMM
高山马上就变成了平地。

有的时候，第一人称也使用了第三人称标记。例如：

haŋ³⁵ ɑ³¹tja⁵⁵thui⁵³ bo⁵³ tju⁵³ja³¹.
1sg　马上　　　　　走　　IMM
我马上就走。

由此可见，达让语中将行体与即行体的界限相对模糊，很多标记都是共用的。在我们看来，表达说话者立即采取行动这一意义主要是由从句中的副词体现出来的，体标记在这一点上的区分意义并不十分明晰。这也从另一方面体现出达让语的演化路径，其语法标记正处于逐渐简化的过程中，即语法标记功能合并，形式上的数量逐渐减少。

（3）进行体（DUR，durative aspect）

进行体表示动作行为正在进行，或事情、情状正处于进程当中。达让语进行体标记区分人称，其中第三人称用hɑ³¹kɯn⁵⁵ja³¹或者ja³¹、ɑ³¹，非第三人称用hɑ³¹kɯn⁵⁵ti⁵⁵、ti³¹、ma⁵⁵等。例如：

haŋ³⁵ ɑ³¹tja⁵⁵ je⁵⁵ ɑ³¹poŋ⁵⁵ ko⁵⁵ prɯ³⁵ tju⁵³ ti³¹.
1sg　现在　　TOP　山　　　LOC　柴　　砍　　DUR
我正在山上砍柴。

haŋ³⁵ ta³¹ko⁵⁵ dzu⁵³ ti⁵⁵ lɯm⁵⁵go³¹ tɕe⁵⁵ ha³¹na⁵⁵ ho³¹.
1sg　信　　写　　DUR　时候　　　3sg　来　　MER

我写信的时候他来了。

ɑ⁵⁵tɕu³¹ je⁵⁵ thjɯ⁵⁵jɑ⁵⁵ ruŋ³⁵ gjɑŋ³⁵ m̥⁵⁵ ɑ³¹.
孩子们 TOP 山 坡 上 玩 DUR

小孩子正在山坡上玩耍。

此外，孙宏开（1980）将标记 ho³¹ 归入进行体，认为表示"某种客观自然现象的出现或行为动作在持续中"。在此，我们同意孙宏开先生的观点，认为在达让语的存在句中，标记 ho³¹ 表示动作正在进行，相当于汉语的"着"。例如：

mɑ³¹tɕi⁵⁵ kin³¹ ko⁵⁵ tɑ⁵⁵ŋɑ⁵³ tjɯ⁵⁵ɑ³¹jim³⁵ broŋ³⁵ ho³¹.
水 里 LOC 鱼 各色各样的 养 DUR

水里养着各色各样的鱼。

（4）现行体（PRES，presentive aspect）

现行体表示动作行为或事件经常出现或反复出现。现行体的标记也区分人称，其中第一人称、第二人称使用 di³¹，第三人称使用 jɑ³¹、ɑ³¹ 等，否定句中直接添加否定标记，不需再加现行体标记。例如：

ɑ³¹tjɑ⁵⁵ ŋ⁵⁵ tɑ³¹rɑŋ⁵⁵ me³⁵ gɑ³¹tjɯ³⁵ gɑ³¹nɯn³⁵ di³¹ jim³⁵.
现在 我们 达让 人 都 大烟 抽 NEG

现在，我们达让僜人都不抽大烟了。

tɕe⁵⁵ thjɯ⁵⁵jɑ⁵³ ɑ³¹kau⁵⁵ jɑ³⁵ we⁵⁵ pɯi⁵⁵dɑ³⁵ hɑ⁵⁵ljo⁵⁵ jɑ³¹.
3sg 山 爬 NMLZ OBJ 非常 喜欢 PRES

他非常喜欢爬山。

（5）完成体（PFV，perfective aspect）

完成体描述说话时间之前的动作或事件已经发生，状态已经变化，并且事件发生距离说话时间较长。达让语中完成体标记为 lɯi⁵³(j)ɑ³¹ 或 koŋ³⁵(j)ɑ³¹，有时简化为 ɑ⁵⁵ 或 jɑ⁵⁵。完成体标记不区分人称，但是有示证分别。lɯi⁵³ɑ³¹ 用于亲见、确知的动作和事件，koŋ³⁵ɑ³¹、koŋ³⁵jɑ³¹ 用于猜测、非亲见的动作和事件。否定时在标记后加 jim⁵⁵。

① lɯi⁵³ɑ³¹ 亲见、确知动作或事件。例如：

ɑ⁵⁵ ȵɑŋ³⁵ ɑ³¹prɑ⁵⁵ mɑ³¹prɑ⁵³ lɯi⁵³ɑ³¹.
孩子 病 好 医治 PFV

孩子的病治好了。

tɕe⁵⁵ tɑ³¹peŋ³⁵ thɑ⁵³ lɯi⁵³ɑ³¹.
3sg 饭 吃 PFV

他吃完饭了。

e⁵⁵　　kɯ³¹nɯm³⁵　　ɕa⁵⁵tʂaŋ⁵⁵　　tɕe⁵⁵　　thi⁵³　　phe⁵⁵　ja⁵⁵.
DEM　　事情　　　　县长　　　　　3sg　　亲自　　处理　PFV

这件事由县长亲自处理。

② Koŋ³⁵a³¹、koŋ³⁵ja³¹ 非亲见或推测的动作或事件。例如：

tɕe⁵⁵　tʂen⁵³　ko³¹　ha³¹na⁵⁵　koŋ³⁵a³¹　la⁵³　haŋ³⁵　tha³¹tjɯn⁵³　koŋ³⁵a³¹.
3sg　　镇　　LOC　　来　　　　PFV　　　　 1sg　　听见　　　　　　　PFV

我听说他来过镇上。

e⁵⁵　　bɯ⁵³ljɯ⁵⁵　tjiŋ³⁵　ho³¹　we⁵⁵　mɯn⁵³　koŋ³⁵ja³⁵，kau⁵³ɕoŋ³⁵　ho³¹
DEM　　猪　　　　　肥　　NMLZ　OBL　宰　　　PFV　　　　　　瘦　　　　NMLZ

we⁵⁵　thɯi⁵⁵ja⁵⁵　ma⁵⁵tja⁵³　koŋ³⁵ja³¹.
OBL　　山　　　　放　　　　　PFV

这些猪呢，肥的宰掉，瘦的放到山上去。

tɕe⁵⁵　n̩a⁵⁵　ɕi⁵⁵　ɕa⁵³　koŋ³⁵ja³¹.
3sg　　脸　　红　　变　　PFV

他的脸红起来了。

（6）方过体（MER，merely past aspect）

方过体表示说话时间之前动作或事件刚刚发生，事件的发生与说话时间之间相隔较短。达让语的方过体标记为 tju⁵³ja³¹。例如：

tɕe⁵⁵　a³¹tja⁵⁵thɯi⁵⁵　wa⁵⁵loŋ⁵⁵　n̩u³¹　pjou⁵³　na⁵⁵　tju⁵³ja³¹.
3sg　　刚　　　　　　瓦弄　　　　abl　　跑　　　DIR-rou　MER

他刚从瓦弄逃回来。

tɕe⁵⁵　ɕim⁵⁵　mu³¹　ma³¹ro⁵⁵　tju⁵³　(ja³¹)m³¹.
3sg　　什么　　也　　说　　　　MER　　NEG

他（刚才）也没有说什么。

从我们调查的例子来看，方过体出现的频率并不高，在表达时间刚刚发生的时候，一般都不带有附加成分。例如：

tɕe⁵⁵　a³¹tja⁵⁵　n³¹　kin⁵⁵　ko⁵⁵　n̩u³¹　ha⁵⁵na⁵⁵na⁵⁵.
3sg　　刚刚　　　家　　里　　LOC　ALL　　出来

他刚从家里出来。

tɕe⁵⁵　a³¹tja⁵⁵　ɕim⁵⁵　dza⁵³　ma³¹ro⁵⁵　ja³¹.
3sg　　刚才　　什么　　些　　说　　　　QUES

他刚才说了些什么？

（7）起始体（INCHO，inchoative aspect）

达让语起始体标记为 (j)a³¹bo⁵⁵，表示动作的起始。也表示不同事件间的顺承关系，即一个事件结束，另一个事件开始。例如：

tɕe⁵⁵　　ɡa³¹nɯn⁵⁵　　du⁵⁵　　ja³¹bo⁵⁵　　a³¹.
3sg　　　烟　　　　　抽　　　INCHO　　　PRT
她开始抽起烟来。

ka³¹rɯ³⁵　　tɕhi⁵³　　koŋ³⁵　　a³¹,　　tɕe⁵⁵　　ta³¹na³⁵　　ha³¹tjoŋ³⁵　　a³¹bo⁵⁵.
客人　　　　离开　　　PFV　　　　　　　3sg　　　菜　　　　　炒　　　　　　INCHO
客人走了以后，他开始做饭。

2. 貌标记

在达让语中，有些"貌"和"体"的概念在一定程度上界限不是非常清晰，但仍有不同，而且同一个句子中体标记和貌标记可同时出现。总的来说语法体强调事件的过程，是人们在观察时间过程中动作或事件与时间的关系，其关注的焦点主要在于动作或事件在时间中的进程。而语法貌则更强调动作的立体存在，表示动作或事件在时间中的进程状态，如尝试、中断、反复、起始、终结、强调等。

达让语中表示貌的标记主要由动词或副词虚化而来。例如，貌标记 ja³¹bo⁵⁵，表示动作的起始，就是由动词"去"虚化而来的；貌标记 ta³¹la⁵⁵，表示动作多次重复，则是从副词"经常"虚化而来。达让语中的貌标记多为双音节词，从这一点我们可以推断出达让语中的貌标记尚未演化完成，属于一种半实半虚的词，介于实词和虚词之间。

达让语中共有5种表示貌的标记，分别是延续貌（continuative）、终结貌（terminative）、单次持续貌（semelfactive），多次重复貌（repetitive）和强调貌（emphatic）。以下我们将分类介绍。

（1）延续貌（CON，continuative）

延续貌的标记是 tju³¹ɡa³⁵，表示动作或事件随时间持续不停。例如：

dza³¹ji⁵⁵　　ma³¹tɕi⁵⁵　　ma³¹nu³⁵　　n̠u³¹　　blum⁵³　　tju³¹ɡa³⁵　　a³¹.
察隅　　　　河　　　　　南方　　　　向　　　流　　　　CON　　　　PRES
察隅河流向南方。

（2）终结貌（TER，terminative）

终结貌表示动作或事件在某个时间点终止。达让语终结貌标记是 di³¹ɡa³⁵，否定用 jim⁵³。终结貌在句中也经常可以被省略。例如：

tɕe⁵⁵　　a³¹lɯŋ⁵⁵　　a³¹tja⁵⁵　　ta³¹peŋ³⁵　　tha⁵³　　a³¹dum⁵⁵　　di³¹ɡa³⁵.
3sg　　　一起　　　　刚　　　　　饭　　　　　　吃　　　完　　　　　　TER
他刚吃完饭。

tɑ³⁵wɑ⁵⁵ ŋ³¹ ge⁵⁵ hɑ⁵⁵bɯ³¹ ɑ³¹tɯŋ³⁵ ɑ³¹, we⁵⁵li³¹ jɑ³¹ko⁵⁵ kɯ³¹ɕi⁵³
达娃　　家　稻子　收　　　光　　PFV　但是　　　格西

ge⁵³ hɑ³¹bɯ⁵⁵ ɑ³¹tɯŋ³⁵ ɑ³¹ jim⁵³.
稻子　收　　　光　　　PRES　NEG

达娃家的稻子收完了，但格西家的稻子还没有收完。

（3）单次持续貌（SEM，semelfactive）

单次持续貌指动作或事件发生一次并可持续。单次持续貌的标记是 so⁵³。例如：

tɑ³¹ŋɑ⁵³ ɑ³¹sɯŋ⁵⁵ ljɑ⁵⁵ so⁵³.
鱼　　　活　　　　又　　SEM

鱼儿又活了。

（4）多次重复貌（REP，repetitive）

多次重复貌使用标记 tɑ³¹lɑ⁵⁵，该标记由副词 tɑ³¹lɑ⁵⁵（经常）虚化而来。例如：

hɑ⁵⁵joŋ⁵⁵ ko⁵⁵ ŋ⁵⁵ thjɯ⁵⁵jɑ⁵³ hɑ³¹kjɑŋ³⁵ tɑ³¹bren³⁵ mɑ⁵⁵lɯŋ⁵³ tɑ³¹lɑ⁵⁵ ɑ³¹.
以前　　　LOC　1pl　山　上　　　　肉　　　打猎　　　　　REP　　　PRES

以前，我们经常去山上打猎。

（5）强调貌（EMPH，emphatic）

强调貌的标记 mɑ⁵⁵kɯm³⁵，置于动词之后，表示说话者对施行动作行为态度坚决，语气急迫。例如：

ɑ⁵⁵ne⁵³ kɑ³¹n⁵⁵ hɑ⁵⁵jɯ⁵⁵ljɑm⁵⁵ hɑ³¹pin³⁵hɑ³¹tjo⁵³ ɑ³¹prɯŋ⁵⁵ kɑ³¹ mɑ⁵⁵kɯm³⁵.
2pl　　俩　　　一定　　　　　互相　　　　　　　　帮助　　　　RECP　EMPH

你一定要互相帮助。

3. 动词的态

达让语的语法态范畴可以分为使动态、被动态和互动态三类。以下分别叙述。

（1）使动态（CAU，causative voice）

使动态包括动词的自动和使动两方面。达让语的自动和使动由内部屈折和分析式两种语法手段来区别。

①屈折式

达让语表示使动态的屈折方式与其他藏缅语具有相同之处，都是主要通过浊辅音声母变成同部位送气清辅音来表示的。例如：

自动　　　　　　　　　　　　　　　使动

brɯn⁵³ ho³¹　　　　断绳~　　　　phrɯn⁵³　　　　使断

bre⁵³ ho³¹　　　　　破　　　　　　phre⁵³　　　　　使破

使动态意义还可通过浊辅音声母变成同部位清辅音表示。但这样的例子仅有一例。例如：

ɡɑ⁵³ ho³¹　　　　散开　　　　kɑ⁵³　　　　　　使散开

②分析式

分析式是达让语表示使动意义的最主要的方式，自动义需在动词后添加标记ho³¹，使动义是在自动动词前面添加次要音节词头hɑ³¹，后面添加koŋ³⁵ɑ³¹，也可直接添加koŋ³⁵ɑ³¹。例如：

自动　　　　　　　　　　使动

ŋ⁵³ ho³¹　　　　睡　　　　（hɑ³¹）ŋ⁵³ koŋ³⁵ɑ³¹　　　　使睡

ɡɑ⁵³ ho³¹　　　　裂　　　　（hɑ³¹）ɡɑ⁵³ koŋ³⁵ɑ³¹　　　　使裂

khro⁵³　　　　哭　　　　（hɑ³¹）khro⁵³ koŋ³⁵ɑ³¹　　　　弄哭了

ɕi⁵⁵ɑ³¹　　　　死　　　　（hɑ³¹）ɕi⁵⁵ɑ³¹ koŋ³⁵ɑ³¹　　　　弄死了

达让语的使动态表达比较简单，使动态动词没有人称、数等变化。达让语中的使动句通常需要出现施事者时，施事者位于主语位置，其后加使动标记。例如：

kɑ³¹rwi⁵⁵　bruɲ⁵³　ɑ³¹.
绳子　　　断　　　PFV
绳子断了。

n̪uŋ³⁵　ko³¹　ɑ³¹we⁵⁵　kɑ³¹rwi⁵⁵　we⁵⁵　ni⁵³　phruɲ⁵³　bo³¹.
2sg　AGT　那　　　　绳子　　　那　　割　　　断　　　Dir-aw
你把那根绳子割断。

n̪uŋ³⁵　ko³¹　ɑ⁵⁵　（ho³¹）　ŋ⁵³　koŋ³⁵ɑ³¹.
2sg　AGT　孩子　　　　　睡觉　CAU
你让孩子睡觉。

（2）被动态（PASS, passive voice）

达让语被动态都是添加被动标记构成。被动标记为 e⁵⁵ɕi⁵⁵tju⁵³、ɕi⁵⁵tju⁵³、e⁵⁵，其中最常见的是ɕi⁵⁵tju⁵³。

在达让语的被动句中，施事者和受事者都可以省略。当二者都出现时，施事者一般位于受事者之后，其后添加施事标记，且动词需要同时添加被动标记和使动标记。例如：

ɑ⁵⁵　　haŋ³⁵　ko³¹　kɑ³¹mɑ⁵³　koŋ³⁵　ɕi⁵⁵tju⁵³　ho³¹.
孩子　1sg　AGT　丢　　　　CAU　　PASS　　MER
孩子被我弄丢了。

（3）互动态（RECP, reciprocal voice）

达让语互动态的标记是kɑ³⁵，互动态句子中通常出现hɑ³¹pin³⁵hɑ³¹tjo⁵⁵（互相），动词后加互动态标记kɑ³⁵。例如：

kɯ³¹man³⁵　me³⁵　ma⁵⁵　ta³¹raŋ⁵⁵　me³⁵　ha³¹pin³⁵ha³¹tjo⁵³　me⁵⁵ja⁵⁵
格曼人　　　CONJ　达让　　人　　互相　　　　　　妻子

brei³⁵　ka³⁵　a⁵⁵.
买　　　RECP　PROS

格曼僜人和达让僜人之间互相通婚。

4. 动词的趋向

达让语的趋向比较复杂，涉及多种趋向标记，以说话人为中心，根据动作方向与中心之间的关系，我们可以将达让语的动作趋向分为向心趋向、离心趋向和往返趋向。

（1）向心趋向（DIR-to，direction-to）

以说话人为中心，动作或事件趋向于中心的时候，需在谓语后添加标记 dza³¹。例如：

ŋ⁵⁵　je⁵⁵　thjɯ⁵⁵ja⁵³　ha³¹kjaŋ³⁵　ȵu³¹go³¹　pjɯ⁵⁵　dza³¹.
1pl　TOP　山　　　　　上面　　　　ABL　　　迁　　　DIR-to

我们从山上跑下来。

（2）离心趋向（DIR-aw，direction-away）

动作或事件指向说话人为中心之外的地方，称为离心趋向。达让语离心趋向一般多用于第三人称句，似乎有推测的意思。语法标记用 bo³¹a³¹ 或者 bo³¹，变体形式是 (bo³¹)wa³¹，涉及的处所有时添加向格 doŋ³¹。例如：

ma³¹ji³⁵　ta³¹ma⁵⁵　wa⁵⁵　bo³¹wa³¹.
马依　　　药　　　　挖　　　DIR-aw

马依挖药去了。

达让语的离心标记是由动词 bo⁵³（去）虚化而来的，虚化后声调从高降调53变为低降调31。当其为动词时，在句中充当谓语，其后可加趋向标记；当其为趋向标记，则可单独或与其他标记组合后，位于谓语动词后，表示该动作的趋势方向。试比较：

tɕe⁵⁵　ka³¹rɯɪ⁵⁵　ɕi³⁵　ȵu⁵⁵　bo³¹　a⁵⁵.
3sg　　绳子　　　　拿　　DIR-aw　DIR-to　PROS

他拿绳子回来了。（趋向标记 bo³¹ 位于谓语动词 ɕi³⁵ 后）

haŋ³⁵　n³¹　kin⁵⁵　bo⁵³　na⁵⁵　ke⁵⁵mu⁵³　wa⁵⁵.
1sg　　家　里　　去　　　DIR-aw　想　　　　PFV

我想回家。（动词 bo⁵³ 位于谓语中心语的位置）

ba³¹mroŋ⁵⁵　je⁵⁵　a³¹tja⁵⁵　tjoŋ³⁵　thuɪ⁵⁵ja⁵⁵　ta³¹prun⁵⁵ma⁵⁵lun⁵³　bo⁵³　bo³¹.
小弟　　　　TOP　爷爷　　　COM　　山　　　　　打猎　　　　　　　　　去　　DIR-aw

小弟跟爷爷上山打猎去了。

（3）往返趋向（DIR-rou，direction-round）

表示动作从某地发出又返回某地，用标记 na⁵⁵。例如：

ȵuŋ³⁵	tɕe⁵⁵	tjiŋ⁵³	we⁵⁵we³⁵	ɕi³⁵huɯŋ⁵³	na⁵⁵	tjɑ⁵³.
2sg	3sg	衣服	OBL	收	DIR-rou	IMP

请你帮他把衣服收起来。

达让语中的趋向标记可相互组合，构成复合趋向标记。最为常用的是"na⁵⁵（DIR-rou）+ bo³¹（DIR-aw）"的形式，表示离开某地后，又返回某地。

tɕe⁵⁵	mɑ³¹tɕi³⁵	bɑ⁵⁵	na⁵⁵	bo³¹	ɑ⁵⁵.
3sg	水	背	DIR-rou	DIR-aw	PROS

他背水回来了。

有时也存在三个标记同时使用的情况，构成"na⁵⁵（DIR-rou）+ tsa⁵³（DIR-to）+ bo⁵³（DIR-aw）"的形式，表示返回某地。例如：

kɯ³¹ŋ⁵³	khuŋ⁵⁵	ko⁵⁵，	haŋ³⁵	tɑ³¹breŋ⁵³	thɑ⁵³	mjoŋ³⁵	mɑ³¹djoŋ⁵⁵	bɯ³¹doŋ⁵³
天	一	LOC	1sg	肉	吃	想	准备	又

pjɑ⁵³tɑ³¹nɑ⁵⁵	rwo⁵	dzɑ³¹	na⁵⁵	bo⁵³	di⁵⁵.
雉	抓	DIR-to	DIR-rou	DIR-aw	PRES

有一天，我想吃肉，又准备去抓雉。

此外，达让语的趋向标记还具有从句法标记向构词词缀演变的趋势。例如：

hɑ⁵⁵na⁵⁵ + na⁵⁵	出来	pɯ⁵⁵na⁵⁵ + bo³¹	出去
出 DIR-rou		出 DIR-aw	

hɑ⁵⁵na⁵⁵ + na⁵⁵ + bo³¹	过来过去
出 DIR-rou DIR-aw	

5. 动词的式

语法上的式范畴实际是语气范畴，是通过谓语动词的形态方式表达语气。孙宏开（1980）提出达让语主要有命令和祈使两类式，前者口气强硬，不带任何语法标记，后者口气缓和，带有商量或者请求的意思，可以添加语法标记。此处将祈使式改为意愿式。

（1）命令式

命令式不带语气词或其他语法标记，句调通常为降调。例如：

pjɯ⁵³！ ↘跑！　　　　　kɑ⁵⁵ro⁵³！ ↘你说！

（2）意愿式

意愿式可以带 tjɑ⁵³kɯ⁵³、tjɑ⁵³、ke³⁵ 和 ne³¹ 等语气标记。例如：

ŋ⁵⁵   a³¹tja⁵³n̥⁵³   thɯi⁵⁵ja⁵⁵   bo⁵³   ke³⁵.
1pl   今天   山   DIR-aw IMP
咱们今天上山去吧。

n̠uŋ³⁵   la⁵⁵sa⁵⁵   bo⁵³   ne³¹.
2sg   拉萨   去   IMP
你去拉萨吧。

（四）述说示证（EVID，evidential）

达让语中表示述说示证的方法是在句末加 la⁵⁵a³¹la⁵⁵、a³¹la⁵⁵ 或 la⁵⁵。该标记放在句子末尾，主要表示猜测、道听途说或未经确认的消息。该示证标记广泛运用于达让语口语中，特别是在讲述事件或故事时，说话者可将其随意加在任意句子的后面。例如：

je⁵⁵   kɯ³¹nuɯ³⁵   we⁵⁵   tɕe⁵⁵a³¹lɯŋ⁵⁵thi⁵³   la⁵⁵   tɕe⁵⁵a³¹lɯŋ⁵⁵thi⁵³
DEM   事情   OBL   3pl：REFL   说   3pl：REFL
phrɯn³⁵   ja³¹   la⁵⁵.
解决   PROS   EVID
这些事情，他们说自己去解决。

tɕe⁵⁵   ta³¹pun³⁵   prai³⁵   bo⁵³   ja³⁵   a³¹la⁵⁵.
3sg   肉   买   DIR-aw PROS   EVID
他现在去买肉。

（五）名物化标记（NMLZ，nominalization）

达让语名物化标记有两个，分别为 ja³¹ 和 ho³¹。ja³¹ 添加在动词或者动词短语后，ho³¹ 添加于形容词后。例如：

tha⁵³   吃   tha⁵³ja³¹   吃的
tjiŋ³⁵   肥   tjiŋ³⁵ho³¹   肥的
thjɯ⁵⁵ja⁵³ a³¹kau⁵⁵   爬山动词   thjɯ⁵⁵ja⁵³a³¹kau⁵⁵ja³¹   爬山名词
doŋ³⁵wa⁵³ dju⁵⁵   抽烟动词   doŋ³⁵wa⁵³dju⁵⁵ja³¹   抽烟名词

形容词名物化后可充当主语。例如：

e⁵⁵   bu⁵³ljɯ⁵⁵   tjiŋ³⁵   ho³¹   we⁵⁵   mun⁵³   koŋ³⁵ja³⁵,   kau⁵³ɕoŋ³⁵   ho³¹
DEM   猪   肥   NMLZ   OBL   宰   PFV   瘦   NMLZ
we⁵⁵   thɯi⁵⁵ja⁵⁵   ma⁵⁵tja⁵³   koŋ³⁵ja³⁵.
OBL   山   放   PFV
这些猪肥的宰掉，瘦的放到山上去。

动词名物化后可充当修饰语，该修饰语一般前置于名词。例如：

phlaŋ³⁵+tju⁵³+ja³⁵ + me³⁵ 砸石头的人（石匠） mɑ³¹tsɑu⁵³+mɑ³¹tjɑ⁵³+ja³¹ + me³⁵ 放牛的人
石头　砸　NMLZ人　　　　　　　　牛　　　放牧　　NMLZ 人

名物化的动词短语还可以充当宾语等句法成分。例如：

tɕe⁵⁵　thjɯ⁵⁵jɑ⁵³　ɑ³¹kɑu⁵⁵　ja³⁵　　we⁵⁵　pɯi⁵⁵dɑ³⁵　hɑ⁵⁵ljo⁵⁵　ja³¹.
3sg　　山　　　爬　　　NMLZ　OBJ　非常　　　喜欢　　PRES
他非常喜欢爬山。

第二节

短 语

达让语的短语是大于词而小于句子的语法单位。根据不同的分类标准可以把短语分成不同的类别。从短语内部的结构关系来分，达让语短语主要有并列结构、偏正结构、主谓结构、述宾结构、述补结构以及连谓结构等6种类型；从短语可以充当的句法成分来看，短语可以分为名词性短语和谓词性短语；从短语独立成句的能力来分，短语可以分为自由短语和不自由短语。以下我们将分别进行论述。

一 并列结构

并列短语一般是由两个或两个以上的成分组合而成，组成成分之间具有平等并列的关系。各组成成分的语序一般是比较自由的，可以前后互换，组成成分之间通常要加连词或副词等关联词语。根据连接成分的性质，我们认为达让语并列结构可以细分为以下几类：

（一）"名词+名词"构成的并列短语。例如：

ta³¹kwo⁵⁵ta⁵⁵hwi⁵³ja³⁵me³⁵ + mɑ⁵⁵ + kwo⁵³tʂa³¹ruık⁵⁵　　老师和学生

老师　　　　　　　　和　　学生

（二）"代词+代词"构成的并列短语。例如：

haŋ³⁵ka³¹n⁵⁵ + mɑ⁵⁵ + tɕe⁵⁵ka³¹n⁵⁵　　我俩和他俩

1dl　　　　　和　　3dl

（三）"名词+代词"或"代词+名词"构成的并列短语

ta³¹kwo⁵⁵ta⁵⁵hwi⁵³ja³⁵me³⁵ + mɑ⁵⁵ + a³¹ne³⁵　　老师和你们

老师　　　　　　　　和　　2pl

（四）"代词+数词"与"代词+数词"构成的并列短语。例如：

je⁵⁵+ma³¹ŋa³⁵+ma⁵⁵+a⁵⁵we⁵⁵+ma³¹ŋa³⁵　　这五个和那五个
这些　五　　和　那　　五

（五）"代词+数词+量词"与"代词+数词+量词"构成的并列短语。例如：

je⁵⁵+djiŋ³⁵+khɯn⁵⁵+ma⁵⁵+a⁵⁵we⁵⁵+djiŋ³⁵+khɯn⁵⁵　　这一条和那一条
DEM条　一　　和　那　　条　一

（六）"名词+数词"与"名词+数词"构成的并列短语。例如：

me³⁵+khɯn⁵³+ma⁵⁵+ma⁵⁵tʂau⁵³+khɯn⁵³　　一个人和一头牛
人　一　　和　牛　　一

（七）"数词+量词"与"数词+量词"构成的并列短语。例如：

ka³¹sɯŋ³⁵+bom⁵⁵+ma⁵⁵+ka³¹prai⁵⁵+bom⁵⁵　　三只和四只
三　只　和　四　只

（八）"动词+动词"构成的并列短语。例如：

ta³¹ɕin³⁵ja³⁵+tjɯ⁵³+pui³¹+tjɯ⁵³　　边唱边跳
唱　边　跳　边

二　偏正结构

这类短语的中心语有名词、代词、动词、形容词等。以中心语词性为标准，修饰语与中心语的组合分述如下：

（一）体词性偏正结构

体词性中心语的修饰语分两类，分别为限定修饰语和性状修饰语，限定修饰语是对中心语所指的事物范围加以限定，性状修饰语是在语义上对中心语事物加以描写或形容，修饰语不同，它们在句法中出现的位置也不同。例如：

1. 后置修饰语

性状修饰语通常为后置修饰语，一般由性状类形容词充当。不过达让语中的数量短语作定语时也是一种后置修饰语。例如：

kwaɯ⁵³+bɯŋ⁵⁵+ka³¹n⁵⁵ 两只狗　　　　　　　me³⁵+bra⁵⁵ 好人
狗　只　二　　　　　　　　　　　　　　　人　好

2. 前置修饰语

限定修饰语是一种前置修饰语，与中心语形成"修饰语+中心语"的结构。限定修饰语一般由名词、指示代词、疑问代词和名词化结构充当。例如：

e⁵⁵ + a³¹lim⁵⁵ 这条路
DEM 路

ɕim⁵⁵ + mlaŋ³⁵ 什么地方
什么 地方

a³¹lai⁵³puɯ⁵⁵ + kru⁵³ 箭头
箭 头

kha³¹ljɑu⁵⁵ + ba⁵³ + ja³¹ + me³⁵ 农民
田 做 NMLZ 人

3. 前置和后置修饰语

达让语中前置修饰语和后置修饰语可同时出现，如指示词和数量词组合，指示词和性状形容词，名词和性状形容词等等，最终构成"修饰语 + 中心语 + 修饰语"结构。例如：

e⁵⁵　　ta³¹kwo⁵³ta³¹pruɯ⁵⁵　bruɯ⁵⁵　ka³¹n⁵⁵　这两支钢笔
DEM 钢笔　　　　　　支　　两

a³¹we⁵⁵　ma³¹suɯŋ⁵⁵　bruɯɯ⁵⁵　kɯ⁵³　那一条鱼
那　　鱼　　　条　　　一

4. 带标记的偏正结构

达让语中大部分修饰语都不带有标记，唯一特殊的就是带有属格标记的修饰语结构，这种修饰语为前置修饰语，用以表明事物之间的领属关系。例如：

n̠uŋ³⁵ + goŋ⁵⁵ + a³¹ma⁵⁵　你的妈妈　　tɕe⁵⁵a³¹luŋ⁵³ + koŋ³⁵ + a⁵⁵　他们的孩子
你　GEN 妈妈　　　　　　他们　　　GEN 孩子

此外，江荻等（2013）指出动词带名词化标记后作修饰语，也可以看成一种特殊的带标记的前置修饰语功能。例如：

ta³¹pren³⁵ + sei⁵³ + ja³⁵me³⁵ + ta³¹ra⁵⁵　　杀动物的人的刀
动物　　杀　　NMLZ　　刀　　　（屠夫的刀）

kha³¹ji⁵⁵ + ja³⁵me³⁵ + pa³¹wen³⁵　　　　做生意的人的钱
做买卖　NMLZ　钱　　　　　　　（生意人的钱）

5. 修饰语的语序

达让语中的修饰语可同时出现，不同的修饰语其句法位置是相对固定的，与中心语关系越密切，越靠近中心语，反之则离中心语较远。一般来说，不同类别修饰的语序可表示为：

具体举例如下：

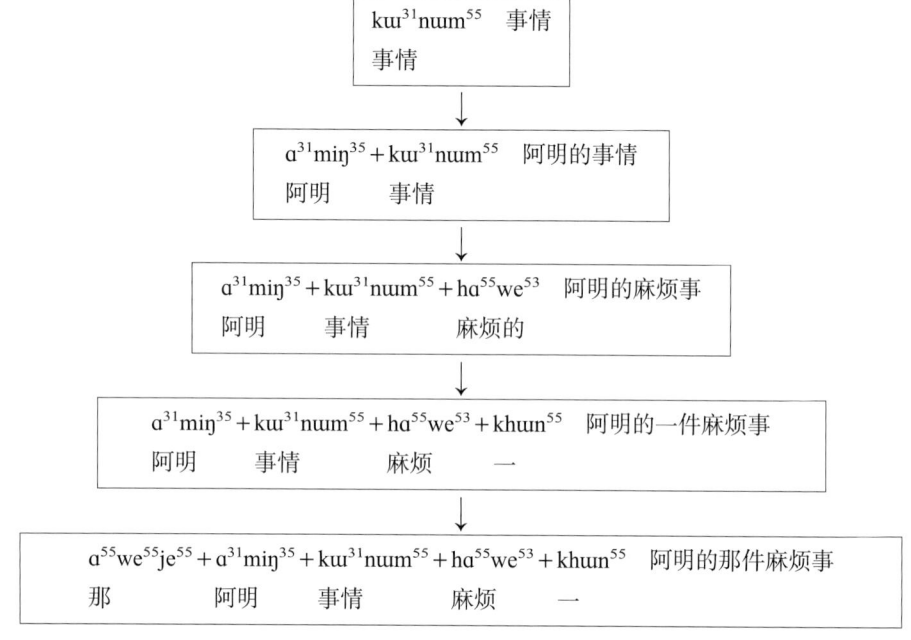

以上只是偏正结构的基本语序，有时候会有一定的变化，修饰语前置和后置可能发生变化。例如："聪明人"可以说 me³⁵dzɯ⁵³，也可以说 dzɯ⁵³me³⁵。

（二）谓词性偏正结构

谓词性偏正结构的中心语主要是动词或者形容词，修饰语一般是副词或者形容词，都可称为状语。

1. 动词的修饰语

（1）副词修饰动词的短语

副词修饰动词时，大部分都在中心语之前。例如：

pɯ³¹e⁵⁵ + kɑ³¹luŋ⁵⁵　慢慢地长　　　mɑ⁵⁵ɕɑ⁵³ɑ⁵⁵ + ke⁵⁵kɑ³¹　悄悄地议论
慢慢地　长　　　　　　　　　悄悄地　议论

表示程度的副词修饰语往往后置于中心语。例如：

hweŋ⁵⁵ + prɑ⁵⁵　　好看　　　　　bɑ⁵³ + ne³¹wen⁵³　容易做
看　　好　　　　　　　　　　做　容易

（2）数量词修饰动词的短语

数量词修饰动词时，均在动词之前。例如：

bɯ³⁵ + khuŋ⁵⁵bo⁵³jɑ³¹　　去一次　　　tjɑ⁵⁵ + kɯ³¹suŋ³⁵ + hwɯ⁵³　　打三下
次　一　去　　　　　　　　　　下　三　打

（3）代词修饰动词的短语

代词修饰动词时，均在动词之前。例如：

kɯ³¹ta⁵³n̠uŋ³¹ + zu⁵⁵　　怎么写　　　　e⁵⁵ta³¹thi⁵³ + ba⁵³　　这么做
怎么　　写　　　　　　　　　　　　这么　　做

（4）形容词修饰动词的短语

有些形容词可以添加属格标记，可以看作副词化变化。例如：

tha³¹rau⁵⁵ + goŋ⁵⁵ + ka³¹ljoŋ³⁵　耐心地等待　　bruŋ⁵⁵rai⁵⁵ + goŋ⁵⁵ + khi⁵⁵kui⁵⁵　积极地参加
耐心　　GEN　等待　　　　　　　　积极　　GEN　参加

（5）动词短语修饰动词的短语。例如：

ɕɯu⁵³ + ka³¹lɯŋ⁵⁵ + ɕɯu⁵³ + a³¹　　长出了一口气
呼气　长　　呼气　PFV

2. 形容词的修饰语

修饰形容词的词语一般都是表示程度的副词，大部分程度副词都放置于中心语之前，但有些时候也可放置于中心语之后。江荻等（2013）认为放在前面跟放在后面意思不一样，形容词后面的程度副词往往表示程度过度的意思。例如：

pɯi⁵⁵da⁵⁵ + ta³¹groŋ⁵³　　非常漂亮　　　　lɯ⁵⁵joŋ⁵⁵ + tai⁵⁵　　更热
非常　　漂亮　　　　　　　　　　　　更　　热

修饰语后置：

ɕau⁵⁵ + ga³¹ba⁵⁵　　太甜　　　　ta³¹pau⁵⁵ + ga³¹ba⁵⁵　　太老
甜　　太　　　　　　　　　　　　老　　太

形容词重叠可以看作形容词修饰形容词，逐渐加深或者逐渐变化的意思。例如：

haŋ³⁵　kha³¹ljau⁵⁵　li³⁵　ja³¹　ka³¹lɯŋ⁵⁵　ka³¹lɯŋ⁵⁵　ɕa⁵³　a³¹.
1sg　　庄稼　　　种　NMLZ　高　　　　高　　　　变　MER
我种的庄稼渐渐长高了。

三　主谓结构

主谓结构是由主语和谓语组成的短语。其基本的语义关系为陈述与被陈述关系，即主语是陈述的对象，谓语是陈述主语。达让语主语和谓语的结构关系为"S（subject）+V（verb）"，其中主语通常由名词或代词充当，谓语主要由动词或形容词充当。例如：

a⁵⁵ma⁵³ + ma³¹ro⁵⁵　　妈妈说　　　　tɕe⁵⁵a³¹lɯŋ³⁵ + ba⁵³　　他们做
妈妈　　说　　　　　　　　　　　　3pl　　做

ta³¹pɯ⁵⁵ + ta³¹kroŋ⁵³　　鲜花美　　　　ta³¹we⁵⁵ + pra⁵⁵　　心好
鲜花　　美丽　　　　　　　　　　　心　　好

此外，当主谓短语进入句法层面，主语后通常要加主语的话题标记je^{55}。例如：

e^{55}　　ta^{55}ŋa^{53}　　je^{55}　　ka^{31}ta^{55}la^{55}kɯ^{55}mu^{53}　　ta^{31}tɕu^{55}　　ma^{31}ŋa^{35}
DEM　鱼　　TOP　至少　　　　　　　　斤　　　五

a^{55}　　ja^{53}　　tɯ^{31}pui^{55}.
有　PRES　重

这条鱼至少五斤重。

四　述宾结构

述宾结构短语由动语和述语构成，其中述语一般表示动作或者行为，而宾语表示受动作或行为支配的或与之相关的对象。由于达让语是SOV型语言，因此达让语的述宾结构为"V（verb）+O（object）"。达让语述语与宾语之间的关系十分复杂，下文按照宾语的类型加以描写。

（一）名词作宾语

名词作宾语是最为普遍的现象。例如：

ha^{31}ti^{55} + ma^{31}ro^{55}　　　　讲故事　　　　ma^{53}ba^{35} + tɯ^{31}tja^{55}　　告诉父母
故事　　说　　　　　　　　　　　　　　　　父母　　告诉

（二）代词作宾语

达让语中人称代词、指物指示代词、处所指示代词、疑问代词和泛指代词都可充当宾语。例如：

je^{55}we^{55} + brei^{35}　　　　买这个　　　　ha^{55}nuŋ^{53} + bo^{53}　　　去哪儿
这个　　买　　　　　　　　　　　　　　　哪儿　　去

me^{35}a^{31}lɯŋ^{35} + tɯ^{31}tja^{55}　　告诉大家　　e^{55}go^{55} + i^{55}　　　　住这里
大家　　告诉　　　　　　　　　　　　　　这里　　住

（三）数量短语作宾语

数量短语充当宾语，其量词一般都为借用量词。例如：

ha^{55}lu^{55} + ka^{31}sɯŋ^{35} + tha^{53}　　吃三碗　　lu^{55}tʂa^{55} + ka^{31}n^{55} + tim^{35}　　喝两杯
碗　　三　　吃　　　　　　　　　　　　　　　杯　　二　　喝

gum^{35} + ka^{31}n^{55} + brei^{35}　　买两箱　　tje^{53}kɯ^{55}lje^{55} + ka^{31}prai^{55} + ŋ^{35}　给四瓶
箱　　二　　买　　　　　　　　　　　　　　瓶子　　四　　给

（四）其他

动词、形容词作宾语时，必须加名词化标记，进行名词化处理后方可进入句法结构充当宾语。

五 述补结构

补语是谓语的一部分,用来说明动作的结果或状态。作动词补语的主要是动词和形容词。以下分别讨论。

(一)动词充当补语

充当补语的动词,其意义一般已经发生虚化,置于动词之后,用以表示该动作的结果。例如:

ta^{55}ŋa^{31}　ro^{53}　ɑ^{31}tuɯŋ^{35}　li^{53}ja^{31}ne^{31},　na^{35}muɯn^{53}　pruɯ^{53}
鱼　　　捉　完　　　　PFV　　　　火　　　烧

ta^{55}ŋa^{53}　ka^{55}ni^{31}　la^{55}ɑ^{31}la^{55}.
鱼　　　叫　　　EVID

捉完鱼,叫(他)来生火烧鱼。

(二)形容词充当补语

形容词出现在动词之前,充当状态补语。例如:

ɑ^{55}　ȵaŋ^{35}　je^{55}　prɑ^{55}　ma^{31}prɑ^{53}　luɯi^{53}ɑ^{31}.
孩子　病　　TOP　好　　医治　　　　PFV

孩子的病治好了。

形容词自身重叠,或受副词修饰后,仍可进入句法结构中,充当状态补语。例如:

be^{53}e^{55}+be^{53}e^{55}+tɕhi^{53}+ɑ^{31}　走得很慢　　puɯi^{55}da^{55}+prɑ^{55}+ma^{31}ro^{55}+so^{31}　说得非常好
慢　　慢　　走　PRES　　　　　　　很　　好　说　　MER

(三)能愿动词充当补语

能愿动词ɕi^{35}(能)在句中可充当状态补语。不过这种情况非常少,且并不典型。例如:

hwen^{53}　ka^{31}sɑ^{53}ɑ^{31}ba^{35}　ɕi^{35}ɑ^{31}　看得清楚
看　　　清楚　　　　　能

六 连谓结构

由一个及以上的动词连用构成的短语为连谓结构。达让语中的连动结构,有时会有关联词语将其关联起来,部分意义虚化的动词可以直接连用,中间有时候可带有修饰语。例如:

ɑ^{31}wai^{55}luɯm^{35}　tha^{31}tjuɯŋ^{53}　pi^{35}thuɯi^{53}　groŋ^{53}　deŋ^{35}　pi^{35}thuɯi^{53}　pjou^{53}　ɑ^{31}.
阿外龙　　　　听　　　　立刻　　　　脚　起来　立刻　　　　跑　　IMM

阿外龙一听,撒腿就跑。

第三节

句 子

达让语是一种倾向于分析性的语言。语序在其复合词、词组、小句和句子构成过程中具有举足轻重的作用。因此，结构分析应该作为达让语语法描写的主要任务。有关达让语复合词的内部结构情况，我们已经在词汇部分做过较为全面的分析。本节的任务在于分析小句和句子的结构。

首先，我们先从结构上交代句子的构成成分，然后再以句类为依据分别介绍达让语的各类句子，最后再讨论复句现象。

一 句法成分

达让语句子成分可以分为六大类：主语、谓语、宾语、定语、状语、补语。其中主语和谓语是句子的必要成分，在句中是不可缺少的，宾语、定语、状语、补语等是次要成分。

（一）主语

充当主语的成分一般是体词性的成分，如名词、代词、指示词、数量短语或带有名词化标记的动词和形容词。从语义角度来看，达让语主语可分为三类，即施事主语、受事主语和当事主语。其中受事主语通常带有受事标记 we^{55}。

1. 施事主语　例如：

$ta^{31}proŋ^{53}tʂhoŋ^{31}$　　$ri^{31}koŋ^{55}$　we^{55}　$huuk^{53}$　se^{31}　$koŋ^{35}ho^{31}$.
猎人　　　　　　兔子　　P AT　打　　死　PFV
猎人打死了兔子。（$ta^{31}proŋ^{53}tʂhoŋ^{31}$ 为施事主语）

2. 受事主语　例如：

ri³¹koŋ⁵⁵　we⁵⁵　ta³¹proŋ⁵³tʂhoŋ³¹　huk⁵³　　　se⁵³　koŋ³⁵ho³¹.
兔子　　PAT　猎人　　　　　（用棍棒）打　死　PFV

兔子被猎人杀死了。（ri³¹koŋ⁵⁵ 充当受事主语）

3. 当事主语　例如：

n̠uŋ³⁵　a⁵⁵we⁵⁵　tha⁵³ma³¹nɯ⁵⁵　we⁵⁵　hwen⁵⁵tjiŋ³¹　a³¹ja³⁵?
2sg　那个　　乞丐　　　　OBL　看见　　　　QUES

你看见那个乞丐了吗？（n̠uŋ³⁵ 为当事主语）

此外，有些句子可以省略主语，如气象句，或在对话中。例如：

pɯi⁵⁵pɯi⁵⁵　thuŋ⁵⁵　tju³¹.
渐渐　　　凉　　　CON

（天气）渐渐凉了起来。

n̠uŋ⁵⁵　ɕim⁵⁵　tha⁵³　mjoŋ³¹　a⁵⁵?　ɕim⁵⁵mo⁵³　tha⁵³　mjoŋ⁵⁵　jim⁵³!
2sg　什么　吃　想　　PRES　什么　　吃　　想　　NEG

你想吃点什么？（我）什么都不想吃。

（二）谓语

一般来说达让语的谓语主要由动词和形容词短语充当，除此之外名词、代词、数量词等体词短语在判断句中可以直接用作谓语。例如：

pɯ⁵⁵liŋ⁵³n̩³¹　haŋ³⁵　ta³¹tha³⁵　klai⁵³　ki³¹　ja³¹.
昨天　　　　1sg　粮食　　　背　　　去　　PFV

昨天我去背粮食了。（动词 klai⁵³ 充当谓语）

tɕe⁵⁵　we⁵⁵　pɯi⁵³ta³¹　ta³¹kroŋ⁵³.
3sg　　OBL　非常　　　漂亮

他特别漂亮。（形容词 ta³¹kroŋ⁵³ 充当谓语）

a⁵⁵tja³¹n̩³¹　je⁵⁵　ɕin⁵⁵tɕhi⁵³　ka³¹sɯŋ³⁵.
今天　　　　TOP　星期　　　　三

今天是星期三。（名词 ɕin⁵⁵tɕhi⁵³ ka³¹suŋ³⁵ 充当谓语）

je⁵⁵　roŋ⁵⁵kɯ³¹　ka³¹n⁵⁵　je⁵⁵　haŋ³⁵　a³¹pa⁵³.
DEM　伞　　　　二　　　TOP　1sg　　GEN

这两把雨伞是我的。（代词 haŋ³⁵a³¹pa⁵³ 充当谓语）

haŋ³⁵　je⁵⁵　ha⁵⁵n̠aŋ⁵⁵,　n̠uŋ³⁵　je⁵⁵　tɯ³¹poŋ³⁵,　tɕe⁵⁵　je⁵⁵　plɯn⁵³.
1sg　　TOP　第一　　　　2sg　　TOP　第二　　　　3sg　　TOP　第三

我排第一，你排第二，他排老末。（数词 ha⁵⁵n̠aŋ⁵⁵, tɯ³¹poŋ³⁵, plɯn⁵³ 充当谓语）

(三) 宾语

宾语类型较多，以下我们将分别论述。

1. 宾语是动作的受事

通常充当受事的成分是名词或者代词。例如：

ta^{31}proŋ^{53}tʂhoŋ^{31}　ri^{31}koŋ^{55}　o^{31}　ho^{31}　se^{53}koŋ^{35}　ho^{31}.
猎人　　　　　　兔子　　　打　PFV　死　　　PFV

猎人打死兔子。（ri^{31}koŋ^{55}充当受事宾语）

2. 宾语是心理行为动词的对象宾语

此时对象宾语带斜格标记we^{31}。例如：

ŋ^{55}　mau^{35}tʂu^{31}ɕi^{35}　we^{55}　si^{55}we^{53}di^{31}　a^{55}.
1pl　毛主席　　　　OBL　想念　　　　PRES

我们想念毛主席。（mau^{35}tʂu^{31}ɕi^{35}充当对象宾语）

3. 宾语表示处所　例如：

lɑ^{31}ma^{35}ba^{35}me^{35}　je^{55}　ma^{31}tɕi^{55}ma^{55}thuɯ^{53},　ji^{55}　ja^{55}　na^{53}ɕi^{55}ba^{35}me^{35}　je^{55}
藏族　　　　　　　TOP　上游　　　　　　　住　PRES　纳西族人　　　　TOP

mɑ^{31}tɕi^{55}ma^{55}noŋ^{53}　ji^{55}　ja^{55}.
下游　　　　　　住　PRES

藏族住在上游，纳西族住在下游。（ma^{31}tɕi^{55}ma^{55}thuɯ^{53}、ma^{31}tɕi^{55}ma^{55}noŋ^{53}充当处所宾语）

4. 宾语表示数量　例如：

thuɯ^{53}ja^{55}　kjaŋ^{55}　ko^{55}　thuɯ^{53}ja^{55}　ha^{31}la^{55}　khi^{53}　ja^{31}　li^{35}　ka^{31}suŋ^{55}
山　　　　上　　LOC　山　　　　下　　　　到　NMLZ　里　三

ha^{55}luŋ^{55}　ma^{31}luɯ^{55}　aŋ^{55}.
十　　　　多　　　　　有

山上到山下有三十多里地。（li^{35}ka^{31}suŋ^{55} ha^{55}luŋ^{55} ma^{31}luɯ^{55}充当数量宾语）

5. 宾语表示时间　例如：

tɕe^{55}　kɯ^{31}ŋ̩^{53}　khun^{55}　kɯ^{31}ja^{55}　kun^{55}　zu^{55}　so^{53}.
3sg　天　　　　一　　　　夜　　　　一　　　　写　　DUR

他写了一天一夜。（kɯ^{31}ŋ̩^{53}khun^{55}、kɯ^{31}ja^{55}kun^{55}充当时间宾语）

6. 宾语表示领有或存在　例如：

we^{55}　tum^{55}　me^{35}　ri^{31}tʂeŋ^{55}　khun^{55}　ma^{31}lum^{55}　ha^{31}na^{55}.
那　　　天　　　人　　千　　　　　　一　　　　多　　　　　来

那天来了一千多人。（me^{35}充当存在宾语）

7. 宾语是小句结构或者主谓结构

此时，宾语的位置要根据动词的类型决定，"想、知道、告诉、看见、听说"类动词可带小句宾语。小句一般位于谓语动词后。例如：

me³⁵ haŋ³⁵ we⁵⁵ ta³¹tha⁵³ a⁵⁵ e⁵⁵ je⁵⁵ kɯ³¹nim⁵⁵ pra⁵⁵ khun⁵⁵.
人　1sg　OBL　告诉　PROS　DEM　TOP　事情　　好　一
有人告诉我，这是件好事。

8. 双宾语结构

根据动词的类型，双宾语可以分为直接宾语与间接宾语两种类型。担任支配双宾语的动词基本都是"给予"或者"获取"类动词。例如：

haŋ³⁵ a³¹pa³⁵ je⁵⁵ a⁵⁵ we³⁵ khi⁵⁵tɯ³¹kɯ⁵⁵ ta⁵⁵hwi⁵³ ja⁵⁵.
1sg　爸爸　TOP　孩子　OBL　汉语　　　　教　　　PRES
我爸爸教孩子学汉语。

（四）定语

定语从性质状态等方面限定修饰名词。定语的语序有前有后，居后的定语一般为性状形容词和数量短语，居前的定语一般为名词、代词（人称代词、指示代词、指物的疑问代词等）等。以下按照词类分述。

1. 名词作定语

名词作定语多数置于中心语之前　例如：

a³¹tja⁵⁵n̥⁵³ tʂhoŋ⁵⁵di⁵⁵ a³¹li⁵⁵ ke³⁵ tʂhu⁵⁵ ke³⁵.
今天　　　会议　　这样　INCHO　开　INCHO
今天的会议就开到这儿。

2. 数量词作定语

数量词作定语放于名词之后　例如：

ta³¹ko⁵⁵+thɯ⁵³+kɯ⁵³　一沓纸　　　na⁵⁵mun⁵⁵khre⁵⁵+khun⁵⁵　一盒火柴
纸　　扎　一　　　　　　　　　　　火柴　　　　　　　　　一

3. 代词作定语　例如：

n̥uŋ³⁵thi⁵³ kɯ³¹num⁵⁵ we⁵⁵ n̥uŋ³⁵thi⁵³ ba⁵³ ja³⁵.
2sg:REFL　事　　　　　OBL　2sg:REFL　　做　PROS
你自己的事情自己做。

4. 形容词作定语　例如：

ma³¹tɕi⁵⁵ kin³¹ ko⁵⁵ ta⁵⁵ŋa⁵³ tju⁵⁵a³¹jim³⁵ broŋ³⁵ ho³¹.
水　　　里　LOC　鱼　　各色各样的　　养　DUR
水里养着各色各样的鱼。

5. 动词作定语 例如：

pɯ⁵⁵liŋ⁵³n̥³¹ ka³¹ma³⁵ a³¹po³⁵ je⁵⁵ ka⁵⁵tjiŋ⁵³ na⁵³ja³⁵?
昨天   丢失   钱   TOP   找到   QUES

昨天丢失的钱找到了吗？

6. 名词化短语作定语 例如：

haŋ³⁵ tna³¹ ja³⁵ pɯ³¹rum⁵⁵ ma³¹la⁵³ koŋ³⁵a³¹.
1sg   吃   NMLZ 东西   找   PFV

我找到了吃的东西。

（五）补语

补语对动作起补充说明的作用。达让语的补语多由形容词和动词充当，二者句法位置不同。动词作补语放在谓语动词之后，表示动作结果，形容词作补语一般放在谓语动词前面，表示状态。

1. 结果补语 例如：

mu³¹la³⁵kɯ³¹n̥im⁵³ ma³¹ko⁵⁵, a³¹lim³⁵ min⁵³en⁵⁵ ba³¹ a⁵⁵we⁵³ khɯ³¹n̥im⁵⁵
地震   以后   路   新   修   那个   震

ma⁵⁵tsɑ⁵³ koŋ³⁵ho³¹.
垮   PFV

地震把新路震垮了。

2. 状态补语 例如：

达让语表状态的补语一般都是由形容词充当，出现在动词之前。例如：

a⁵⁵ n̥aŋ³⁵ je⁵⁵ pra⁵⁵ ma³¹pra⁵³ lɯi⁵³a³¹.
孩子 病   TOP   好   医治   PFV

孩子的病治好了。

（六）状语

状语表示动作行为、性质状态的程度、方式、范围、处所等等。达让语中充当状语的主要成分是副词和一些带格标记的短语。状语通常放于修饰中心语之前，但表时间、地点的状语位置相对灵活，也可以处于句首的位置。根据状语语义内容的不同，我们可将达让语状语分为以下几类：

1. 表处所的状语 例如：

ma³¹seŋ⁵⁵ ko⁵⁵ ma³¹roŋ⁵⁵ ka³¹n⁵⁵ ka⁵⁵rɯ⁵³ ho³¹.
树   LOC   马   两   拴   DUR

树上拴着两匹马。

2. 表时间的状语　例如：

bɯi⁵⁵ja⁵⁵　ko⁵⁵　mla³⁵　khɯn⁵³　a⁵⁵　we³¹　a³¹muŋ⁵⁵　ge⁵⁵je³¹　kɯ⁵⁵la⁵⁵　la⁵⁵la³¹.
从前　　　LOC　地方　一　　有　OBJ　名字　　　叫　　　格拉　　　EVID
从前，有一个叫格拉的平原。

3. 表来源的状语　例如：

tɕe⁵⁵a³¹lɯŋ⁵³　la³¹ma³⁵mu³¹la⁵⁵　ȵu⁵³　ha⁵⁵na⁵³　koŋ³⁵ho³¹.
3pl　　　　　西藏　　　　　　　ALL　　来　　　PFV
他们从西藏来。

4. 表工具的状语　例如：

kwo⁵³tʂa³¹tɯ⁵⁵　mau⁵⁵pi⁵⁵　ko⁵³　ta³¹kwo⁵³　dzu³¹　a⁵⁵.
学生　　　　　　毛笔　　　INST　字　　　　写　　　PRES
学生们用毛笔写字。

5. 表比较的状语　例如：

a⁵⁵pu⁵³　je⁵⁵　ba³¹mroŋ⁵⁵　tjoŋ³⁵　ka³¹lɯŋ⁵⁵　joŋ⁵⁵.
哥哥　　TOP　弟弟　　　　COMPR　高　　　　COMPR
哥哥比弟弟高多了。

此外，达让语中可同时出现多个状语，这种情况下一般时间状语在前，地点状语在后。例如：

ha⁵⁵jioŋ⁵⁵　ko⁵⁵　la³¹ma³⁵mu³¹la³⁵　ko⁵⁵　a³¹tsa⁵³tɯ⁵⁵tɯŋ⁵⁵　khɯn⁵⁵　ji⁵⁵　ja³⁵.
以前　　　LOC　西藏　　　　　　　LOC　国王　　　　　　　　一　　　住　　DUR
从前在西藏住着一位国王。

二　单句

达让语是一种话题较为突出的语言，其单句的句子结构通常为"话题+评述"（Topic+Comment）的模式。话题位于句子的前面，评述位于句子的后面，话题后常带有话题标记 je⁵⁵。该话题标记在达让语中出现频率极高，起到了强调话题、分隔话题、评述的作用。例如：

pɯ⁵⁵liŋ⁵³n̥³¹　ka³¹ma³⁵　pa³¹wen³⁵　je⁵⁵　ka⁵⁵tjiŋ⁵³　na⁵³ja³⁵?
昨天　　　　丢失　　　钱　　　　TOP　找到　　　　QUES
昨天丢失的钱找到了吗？

从话题与句子成分之间的关系来看，达让语的话题大致有三类，即话题为句子陈述的对象，既不是动作的发出者，也不是动作的承受者；话题为动作的发出者，这时句子话题与主语重合；话题为动作的承受者，这时句子话题与句子宾语重合。

李大勤（2003）认为结构话题是功能句位中必不可少的结构成分。功能句位的构成首先需要立足于语篇选定一个 NP，而后再围绕这个 NP 来构建句位的评述部分。每一个功能句位的基本结构都是"结构话题（NPW/NPX）+（结构）评述[①]"的结构。

根据李大勤的观点，我们认为，当话题为句子的陈述对象时，该类句子是达让语中最典型的"话题+评述"的结构。这种情况下，评述部分存在与话题相关联的复指成分。例如：

e^{55}　　me^{35}　　je^{55}　　$haŋ^{35}$　　$tɕe^{55}$　　mu^{53}　　$ku^{31}sa^{53}$　　jim^{55}.
DEM　　人　　TOP　　1sg　　3sg　　也　　知道　　NEG

这个人我也不知道。（句中话题 me^{35} 与评述中的 $tɕe^{55}$ 同指）

其次，我们来看句子话题与主语相重合的情况。我们认为这种情况下，达让语句子的结构模式依然是"话题+评述"的形式。其中话题为句子的表述对象，主语为动作的发出者，由于主语与话题所指内容相同和语音形式完全相同，因此当句子进入语音层面后，依据"同形同指在后删除"的原则，位于后面的那个成分被删掉了。该过程可如下所示：

$me^{35}tɕu^{31}$　　je^{55}　　　$me^{35}tɕu^{31}$　　$sai^{53}pu^{31}$　　ko^{55}　　$ta^{31}puɯn^{35}$　　$ma^{31}ŋoŋ^{55}$　　a^{55}.
人：PL　　TOP　　　人：PL　　铁锅　　INST　　饭　　做　　PRES
话题　　话题标记　　主语　　　　　　　　　　　　　　　　　谓语

同形同指在后删除

此外，之所以提出话题与主语并非同一个句法成分，我们还有另外一个依据。如下例所示，当句中同时出现主语和话题时，不难发现话题后的标记和施事主语后的标记是不相同的，其中话题标记是 je^{55}，而施事主语标记为 ko^{31}。例如：

we^{55}　　$ta^{31}bruu^{55}$　　je^{55}　　$ku^{55}ɕi^{55}$　　ko^{31}　　me^{35}　　we^{31}　　sa^{53}　　$ɕi^{55}tju^{53}$　　wa^{31}.
那　　东西　　TOP　　格西　　AGT　　人　　Dat　　送　　被　　PFV

那件礼物被格西送人了。

最后，句子话题还可以是动作的承受者，与句子的宾语相重合，也就是通常所说的"话题化"现象。我们认为，在这种情况下，达让语的句子结构依旧没有发生改变，始终为"话题+评述"的结构。为凸显句中成分，说话者通常会将句子强调的部分移位至句子前面，而此时由于句子话题与说话者想要突出的部分相一致，因此依据"同形同指在后删除"的原则，位于后面的那个成分被删掉了。该过程可表示为：

[①] NPX 表示具有独立的指称功能，指称范围在句外得到确定，有具体的所指对象。NPW 表示具有独立的指称功能，指称范围在句外得以确定，没有具体所指对象（李大勤，2003）。

pɑ³¹wen³⁵　je⁵⁵　kɑ⁵⁵tjiŋ⁵³　pɑ³¹wen³⁵　nɑ⁵³jɑ³⁵?
钱　　　　TOP　　找到　　　钱　　　　QUES

↓

pɑ³¹wen³⁵　je⁵⁵　pɑ³¹wen³⁵　kɑ⁵⁵tjiŋ⁵³　（pɑ³¹wen³⁵）　nɑ⁵³jɑ³⁵?
钱　　　　TOP　　钱　　　　找到　　　（钱）　　　　QUES

凸显成分，发生移位
↓

pɑ³¹wen³⁵　je⁵⁵　（pɑ³¹wen³⁵）　kɑ⁵⁵tjiŋ⁵³　（pɑ³¹wen³⁵）　nɑ⁵³jɑ³⁵?
钱　　　　TOP　　（钱）　　　　找到　　　（钱）　　　　QUES

同形同指在后删除

此外，从句子的语用功能来看，达让语的单句还可以分为陈述句、疑问句、祈使句和感叹句。下面我们将以此为标准，进行分类讨论。

（一）陈述句

陈述句主要用于传达信息，最能体现"话题＋评述"这种结构格局。可分为三种基本类型：判断句、评议句、叙述句和存在句。

1. 判断句

这类句子评述部分一般为体词性词语充当。达让语的判断句中一般不出现判断动词，表否定时在句尾添加否定词jim⁵³。例如：

tɕe⁵⁵　lɑ³¹mɑ³⁵bɑ³⁵me³⁵　hui³⁵tsu³⁵bɑ³⁵me³⁵　jim⁵³.
3sg　　藏族人　　　　　　回族人　　　　　　　NEG

2. 评议句

这类句子的核心谓词通常由形容词性词语充任。例如：

mɑ³¹tjiŋ⁵⁵ɑ³¹tʂɑ⁵⁵　me³¹　puɯi⁵³ɲu³¹　brɑ⁵⁵.
村主任　　人　　　　非常　　　好

村主任可是个好人。

3. 叙述句

充任这类句子的核心谓词的都由动词性词语构成的，对动作或者事件的过程进行叙述。例如：

ŋ⁵⁵　ɑ⁵⁵tjɑ⁵³　tɯ⁵⁵rɯi⁵⁵　dɯ³⁵　tʂho⁵³　ɑ⁵⁵　kɑ³¹puɯi³⁵　tɑ³¹thɑ⁵³
1pl　现在　　积肥　　　多　　放　　PRES　明年　　　粮食

duɯ³⁵ ha³¹pɯ⁵⁵ ja³⁵.
多   收   PROS

我们现在多施肥，是为了明年多收粮食。

4. 存在句

存在句说明某处存在某人或某物，或事物的出现、消失或变化。达让语中有两个表示存在的动词，分别是 ji⁵⁵ 和 aŋ⁵⁵。否定形式都用 jim⁵⁵。例如：

ta³¹krɯ⁵³ ha⁵⁵la⁵⁵ ko⁵⁵ ku³¹tɕi⁵³ ta³¹hoŋ⁵⁵ we⁵⁵ ma³¹lum³⁵ke⁵³
山   下   LOC 羊   群   OBL   一百

tjiŋ³⁵ lim³¹ ji⁵⁵ ja⁵⁵.
只   八   有   PRES

山下那群羊有108只。

（二）疑问句

疑问句主要用来求取信息，根据疑问形式可以分为四种类型：是非疑问句、特指疑问句、选择疑问句、正反疑问句。以下分类讨论。

1. 是非疑问句

是非疑问句要求听话者对问题做出肯定或否定的回答。达让语是非疑问句句尾一般通过添加疑问语气词 ja³⁵、a³¹ja³⁵、sa³⁵ 来表达。肯定的应答用 am⁵⁵（是），否定的应答用焦点词后加 jim⁵⁵ 或者 jim⁵⁵，有时候还用更完整的 a³¹jim⁵⁵ 及其变体 ɕa³¹jim⁵⁵（不是）。此外，疑问语气词词外，疑问语调也是表达疑问的方式。达让语是非问句通常为升调。例如：

nɯŋ³⁵ a⁵⁵we⁵⁵ tha⁵³ma³¹nɯ⁵⁵ we⁵⁵ hwen⁵⁵tjiŋ⁵³ a³¹ja³⁵?
2sg   那个   乞丐   OBL   看见   QUES

你看见那个乞丐了吗？

nɯŋ³⁵ ha⁵⁵na⁵⁵ ha⁵⁵nei⁵⁵ bo⁵⁵ sa³⁵? haŋ³⁵ ha⁵⁵na⁵⁵ ha⁵⁵nei⁵⁵ bo⁵³ tje³⁵.
2sg   来   能   DIR-aw QUES 1sg   来   能   DIR-aw EMPH

你能来吗？我能来。

2. 特指疑问句

特指疑问句中都包含疑问词。特指疑问句句末可以添加疑问语气词，也可以不添加。疑问词是疑问焦点。特指疑问句的应答都是针对疑问焦点进行回应。例如：

ka³¹rɯ³⁵ ka⁵⁵tjɯ⁵⁵ ko⁵⁵ ha⁵⁵na⁵⁵ ja³⁵?
客人   什么（时候） LOC   来   PROS

客人什么时候到？

a⁵⁵we⁵⁵ tjiŋ⁵³ me³¹ tjiŋ⁵³ ja⁵⁵ me³⁵ we⁵⁵ tsuk⁵³ki⁵⁵ ha⁵⁵na⁵⁵na⁵⁵bo⁵³,
那个   衣服   破   穿   PRES 人   OBL   一会儿   过来过去

ɕim⁵⁵　ji³¹ja⁵³we⁵³　ja³¹ki³⁵?
什么　到底　　　　QUES

那个穿破衣裳的家伙一会儿过来、一会儿过去的，到底在做什么？

3. 选择疑问句

选择疑问句提出并列的两项或多项问题，要求听话人从中选择一项回答。选择疑问句的疑问焦点，可以是主语、宾语或者谓语，还可以是其他句法成分。例如：

tʂa⁵⁵ɕi⁵⁵　ji⁵⁵tja⁵⁵　ja³¹ja³⁵　kha³¹tɕa⁵⁵　ji⁵⁵tja⁵⁵　ja⁵³ja³⁵？
扎西　　留下　　QUES　卡佳　　　留下　　QUES

是扎西留下，还是卡佳留下？

n̩oŋ⁵⁵　we⁵⁵　a³¹tja⁵⁵n̩³¹　bo⁵³　a⁵⁵su⁵³n̩³¹　bo⁵³　ja³⁵？
2sg　　TOP　今天　　　　去　　明天　　　　去　　QUES

你是今天去还是明天去？

4. 正反问句

正反问句用谓语构成肯定与否定形式提问，希望听话人从肯定和否定中选择一项回答。达让语的正反问句其句尾可以添加疑问语气词。正反问句的句调通常为升调。例如：

a³¹ne³⁵　je⁵⁵　ha³¹na³⁵　ja³⁵　jim³⁵　ja³⁵?
2pl　　TOP　回来　　　PROS　NEG　QUES

你们是不是不回来了？

a³¹ne³⁵　kuɯ³¹nuɯm³⁵　ɕim⁵⁵　ba⁵⁵　hwa⁵³　a⁵³　jim⁵⁵　ja³⁵？
2pl　　事情　　　　　什么　做　错　　PFV　NEG　QUES

是不是你们做错了什么事情？

（三）祈使句

祈使句是用于表达命令、请求、劝告、警告、禁止等的句子。其祈使意义有些需通过语气词表达，而有些则不必要。根据语气程度的差别、祈使的内容或语用上的要求，祈使句分为命令句、禁止句、请求句、建议句或商议句等。

1. 命令句

命令句要求听话人必须服从内容指令。结构一般较简单，经常只有谓语动词或者只是述宾结构。其后可添加语气词 tja³⁵，也可删略。当听话者在场时，命令句中的主语通常可以省略。例如：

a⁵⁵ne⁵³　ka³¹n⁵⁵　tju³¹　we³¹　se⁵³　tja³⁵！
2pl　　俩　　鸡　　OBL　杀　　IMP

你俩把鸡杀了！

tju³¹　we³¹　se⁵³！
鸡　　OBL　杀

把鸡杀了！

2. 禁止句或劝阻句

禁止句或劝阻句明确表示听话人不得做某件事，或劝告听话人不能做或不准做某件事。达让语禁止句或劝阻句的否定形式在句末，常见的形式是 ja⁵³（别）、tha⁵³ja³⁵（别）、ke³⁵（别）。例如：

e⁵⁵　　ta³¹pruɯ⁵⁵　we⁵⁵　ɕi³¹na⁵⁵tju⁵³ka³¹na⁵⁵　ɕi³¹na⁵⁵pin³⁵ja³⁵　ha⁵⁵wi⁵³ta³¹,　n̠uŋ³⁵
DEM　东西　　　OBL　　拿过来　　　　　　　拿过去　　　　　　费事　　　　2sg

ɕi³¹ha⁵⁵　roŋ⁵⁵　tha⁵³ja³⁵.
拿　　　PROS　PROH

这个东西拿来拿去太费事了，你就别拿了。

me³⁵tɕu³⁵　goŋ³¹　ta³¹bruɯ⁵⁵　ɕi³⁵　duɯ³¹ga³⁵　ja⁵³！
人家　　　GEN　　东西　　　　拿　　NEC　　　PROH

人家的东西别拿走！

除此之外，达让语中请求句子标记也可用于禁止和劝阻，此时语气更为缓和，兼有商议的意思。例如：

me⁵³　kɯ³¹nuɯm³⁵　we⁵⁵　ŋ̍⁵³　gim⁵⁵　ke³⁵.
人家　　事情　　　　OBL　1pl　管　　PROH

人家的事情咱们别多管。

3. 请求句或商议句

请求句表达请求他人做某事的意思。表请求的语气词有 kɯ⁵³、tja⁵³、ne³⁵ 等。在请求句中，句子中通常还会出现语气副词，二者一同表示语气，如表协商的 ha³¹ruŋ³⁵，表肯定的 tɯi³¹pɯi⁵⁵，表不确定的 bo⁵³m⁵⁵，表决定的语气 duɯ³¹ga⁵⁵ 等。例如：

ŋ⁵⁵　a³¹tja⁵³n̠⁵³　thɯi⁵⁵ja⁵⁵　bo⁵³　ke³⁵.
1pl　今天　　　　山　　　　DIR-aw　IMP

咱们今天上山去吧。

n̠uŋ³⁵　la⁵⁵sa⁵⁵　bo⁵³　ne³¹.
2sg　　拉萨　　去　　IMP

你去拉萨吧。

（四）感叹句

感叹句是表示喜悦、兴奋、感激、悲伤、惊奇、愤怒等情感的句子。达让语感叹句经常使用叹词，还可在句末添加感叹语气词，也可不添加。达让语中表感叹的语气词非常丰富，且变化较多。例如：

1. 表示喜悦或感叹　例如：

we⁵⁵　ŋ⁵⁵　ha³¹ti⁵⁵　mai⁵³!
DEM　咱们　故事　老

这可是咱们的传统故事啊！

2. 表示意外或惊讶　例如：

pra⁵⁵　ma³¹dɯŋ⁵⁵　ɕa⁵³bo³¹!
好　太　PFV

太好了！

3. 表示提醒或领悟　例如：

a³¹ba³⁵　ai³¹　ȵuŋ³⁵　je⁵⁵　we⁵³ta³¹ru⁵⁵　jim⁵⁵　nai³⁵.
爸爸　哎，2sg　TOP　担心　NEG　PRT

爸爸啊，你可不要担心啊。

4. 表示鄙视或斥责　例如：

e⁵⁵　mu³¹　nu⁵⁵　jim⁵⁵　we⁵⁵　mu³¹　nu⁵⁵　jim⁵⁵　ȵuŋ³⁵　ɕim⁵⁵　nu⁵⁵　ja³⁵?
DEM　也　要　NEG　那　也　要　NEG　2sg　什么　要　QUES

这也不要，那也不要，你要什么呢？

（五）达让语中的零句

从句子结构完成与否来看，达让语的句子还可分为零句和整句。整句由两个部分组成，即"表述起点＋陈述部分"，零句只有一个部分，无所谓表述起点与陈述部分之分（李大勤，2004）。之前我们探讨的都是整句，下面我们来看几种不同类型的零句：

1. 叹词句

达让语中的叹词可独立成句，用以表达感叹、惊喜、呼唤和应答等。

ai⁵⁵ja⁵⁵!　　　　哎呀！　　　　o⁵³!　　　　噢！

ei⁵³!　　　　　　哎！　　　　　au⁵⁵ju⁵⁵!　　哎哟！

2. 招呼句

招呼句是在人际交往中见面打招呼时所使用的语句。达让语中的招呼语非常简单，仅用以引起对方注意。招呼语没有固定的表达方式。据我们调查，达让僜人与当地藏语所使用的招呼语几乎一样。例如：

o⁵³!　　　　　　喂！　　　　　ei⁵³!　　　　诶！

三 复句

复句是比单句高一层次的语法单位。达让语的复句由两个或两个以上结构上互不包含，语义上密切相关的小句构成。达让语复句的类型很多，下面分别从语义关系类型和关联手段两个角度进行简要的描写。

（一）联合复句

1. 并列复句

并列复句由两个或两个以上的分句并列组合而成，这些分句叙述相关的几件事情，或说明相关的几种情况，之间没有主次之分。达让语的并列复句一般不需关联词连接，有时用一些连词或副词连接，如 lɯ⁵⁵joŋ⁵⁵（……更）、ha³¹tja⁵⁵moŋ⁵⁵（还）、we⁵⁵a³¹djo⁵⁵（不仅……还）。例如：

e⁵⁵　　je⁵⁵　　haŋ³⁵　　a³¹dzeŋ⁵⁵, a³¹we⁵⁵　　je⁵⁵　　n̠ɯŋ³⁵　　a³¹dzeŋ⁵⁵.
DEM　TOP　1sg　　手镯　　　　那　　TOP　2sg　　手镯

这是我的手镯，那是你的手镯。

ta³⁵wa⁵⁵　ŋ³¹　ge⁵⁵　ha⁵⁵bɯ³¹　a³¹tɯŋ³⁵　a³¹,　kɯ³¹ɕi⁵³　ŋ⁵³　ge⁵³　ha³¹bɯ⁵⁵
达娃　　　家　稻子　收　　　　光　　　　PFV　格西　　家　稻子　收

a³¹tɯŋ³⁵　a³¹.
光　　　　PRES

达娃家的稻子收完了，格西家的稻子还没有收完。

2. 顺承复句

顺承复句，也称连贯复句。几个分句表示连续发生的事情或动作，彼此顺序不能动。达让语的顺承复句多用时间副词表示，如 ha⁵⁵joŋ⁵⁵...ma³¹thu⁵³（先……接着）、bɯ³¹raŋ³⁵...a³¹tja⁵⁵（刚才……现在）、we³¹gɯ⁵⁵lɯn³¹（…）、we³¹gɯi⁵⁵a³¹lɯn³¹（…）、we³¹gɯi⁵⁵a³¹go⁵⁵lɯn³¹（然后）等。例如：

haŋ³⁵　　bo⁵³　plen⁵³ko³¹　tɕe⁵⁵a³¹lɯŋ³⁵　ɕim⁵⁵m⁵⁵　ma³¹ro⁵³　po³¹.
1sg　　　走　　之后　　　　3pl　　　　　　什么　　　说　　　　QUES

我走了以后，他们又说了些什么？

a³¹tja⁵³　rɯn⁵⁵　li⁵³ja³¹go⁵⁵,　a³¹tja³⁵　ka³¹ra³⁵　ma³¹n̠a⁵³　lia⁵⁵na³¹.
刚才　　　太阳　　之后　　　　现在　　　雨　　　　下　　　　PROS

刚才还是晴天，现在又下雨了。

3. 递进复句

由两个有递进关系的分句组成，后一个分句表示意思比前一个分句进了一层。一般来说分句与分句之间顺序较为固定。达让语递进复句有时也采用关联词语。例如：

tɕe⁵⁵ ta³¹ɕin³⁵ ka³¹sɑ⁵⁵ bi³¹joŋ⁵⁵ne³¹ jim³⁵ we⁵⁵a³¹tjauɯ⁵⁵ buɯi³⁵ ka³¹sɑ⁵⁵ tu⁵⁵a³¹.
3sg 唱歌 会 单单 NEG 而且 跳舞 会 MER

他不单会唱歌，而且还会跳舞。

tɕe⁵⁵ mɑ³¹ro⁵⁵ ka³¹sɑ⁵³ bi³¹jo⁵⁵ jim³⁵, we⁵⁵a³¹tjauɯ⁵⁵ ba⁵³ ka³¹sɑ⁵³.
3sg 说 知道 单单 NEG 而且 做 知道

他不但知道怎么说，还知道怎么做。

4. 选择复句

几个分句分别说出几种情况，要求从中选择一种，表示"或此或彼、非此即彼"等意思。达让语用连词khuɯn⁵⁵djuɯŋ⁵³pjeŋ³⁵（或者）、kheŋ⁵⁵tiŋ⁵³...kheŋ⁵⁵tiŋ⁵³（或者……或者）来表示。例如：

kuɯ³¹muɯ⁵³ we³¹ tuɯ³¹kuɯ⁵⁵ ha³¹pei⁵³ mɑ³¹ro⁵⁵ a³¹ kuɯ³¹muɯ⁵³ we³¹
女婿 Dat 话 坏 说 PFV 女婿 CMT

ho⁵³ a³¹ pei⁵⁵go³¹ kuɯ³¹muɯ⁵³ we³¹ duŋ⁵⁵tuɯm⁵⁵ hwa⁵³ɕa⁵³ we⁵⁵n⁵⁵
打 PFV 假如 女婿 DAT 赔礼 后悔 难过

na³¹ ɳu³¹ la⁵³.
DIR ALL EVID

如果说了女婿坏话或者打了女婿，要给女婿赔礼道歉。

a³¹tja⁵³nuŋ⁵³ pa³¹wen³⁵ tɕin⁵⁵ŋa³¹ haŋ³⁵ ŋ⁵³ tiŋ⁵⁵ mɑ³¹tsau⁵³ ke⁵⁵ prai³⁵
今年 钱 挣 1sg 家 头 牛 一 买

ja³⁵ kheŋ⁵⁵ tiŋ⁵³ mɑ³¹roŋ⁵⁵ prai⁵⁵ ja³¹.
PROS 一 头 马 买 PROS

今年挣了钱，我家或者买一头牛，或者买一匹马。

（二）偏正复句

1. 因果复句

因果复句由两个有因果关系的分句组成，分句之间是说明原因和结果的关系。达让语用ko³¹（所以）、we⁵⁵ko⁵⁵（所以）、a³¹ko³¹we⁵⁵（所以）连词来表示。例如：

haŋ³⁵ pei⁵³ta³¹ ke⁵³ja³⁵, we⁵⁵ko⁵⁵ bo⁵³ hwaŋ³¹ jim⁵⁵.
1sg 太 累 所以 去 愿意 NEG

因为我实在太累了，所以不想去了。

ɡa³¹re⁵⁵ a³¹tja⁵⁵ ha³¹na⁵⁵ jim⁵⁵, a³¹ko³¹we⁵⁵ me³⁵ ɡa³¹duɯ⁵⁵ ka³¹ljoŋ³⁵ ja³¹nai⁵³.
车 现在 来 NEG 所以 人 都 等 只好

因为车还没有来，大家只好等着。

2. 假设复句

由两个有假设关系的分句组成，前一个分句假设存在或出现了某种情况，后一个分句说明由这种假设的情况产生的结果。达让语用 $go^{31}bje\eta^{53}$、$bje\eta^{53}$（如果）连词关联两个分句。例如：

$ru\eta^{55}$	pra^{55}	$go^{31}bje\eta^{53}$	η^{55}	$na^{31}po\eta^{35}$	$ha^{55}pɯ^{55}$	bo^{53}	ja^{35}.
太阳	好	如果，	1pl	玉米	收	去	PROS

如果天气好的话，我们就收玉米去。

$ha\eta^{35}$	$wa\eta^{55}$	jim^{55}	$go^{31}bje\eta^{53}$	$ha\eta^{35}$	$ha^{31}ju^{55}$	$n.am^{55}$	$n.u\eta^{35}$	we^{31}	$a^{31}bru\eta^{55}$.
1sg	忙	NEG	如果	1sg	一定			2sg	OBJ	帮

要是我不忙，我一定会帮你的忙。

3. 转折复句

由两个有转折关系的分句组成，几个分句的意思不是顺着前一个分句的意思说下去，而是来一个转折，转到相反的意思上去。达让语用连词 $we^{55}go^{31}mu^{31}$（虽然）、$we^{55}ge^{31}je^{55}$（虽然），$we^{55}jim^{55}go^{31}bje\eta^{53}$（不然）表示转折，有时也只用否定形式表示转折。例如：

$ha\eta^{35}$	bo^{53}	$hwa\eta^{31}$	jim^{53},	$n.a^{53}$	$kja\eta^{55}$	$ma^{31}ro^{55}$	$a^{31}ba^{53}$	jim^{31}.
1sg	去	愿意	NEG	脸	上	说	方便	NEG

虽然我不想去，但是又不方便说。

me^{35}	$ha^{31}pei^{53}$	$pɯi^{55}da^{53}$	$la^{53}ha^{35}la^{53}$	$ka^{31}sa^{53}$	a^{31}	$we^{55}ge^{31}je^{55}$	me^{35}
人	坏	很	狡猾	知道	IMM	虽然	人

dzu^{53}	we^{31}	$la^{53}ha^{31}lau^{53}$	$ha^{31}ne^{53}$	jim^{55}.
聪明	OBJ	欺骗	赢	NEG

虽然坏人很狡猾，但是欺骗不了聪明人。

（三）关联手段

达让语的复句在分句之间使用专用关联成分的不多，大部分复句的分句之间或者借用副词来连接，或者只依赖语义、语用等其他各种类型的关联手段。下面分类举例说明。

1. 运用专用关联成分来连接分句

使用达让语中固有的专用关联词来连接两个分句，这一内容前文已经提及，此处不再赘述。

2. 副词等兼有关联分句的功能

部分复句中，分句与分句之间的关联主要依赖于兼有连接作用的副词、代词以及附加成分等手段的运用。例如：

we^{55}	$ta^{31}pro\eta^{53}tsho\eta^{53}$	we^{55}	$ha^{55}na^{55}$	na^{55}	$li^{53}ja^{31}ko^{55}$	$pɯ^{35}to\eta^{31}$
那	猎人	OBL	进		DIR-rou	之后	又

bo⁵³　　na⁵⁵　　bo⁵³　　　we⁵⁵li⁵³ja³¹ko⁵⁵　a³¹pun⁵⁵pja⁵³　khun⁵⁵　çi³¹na⁵⁵
去　　DIR-rou　DIR-aw　　之后　　　　　野鸡　　　　一　　　拿

a⁵⁵tsa⁵³　ho⁵⁵.
DIR-to　　PFV

那个猎人进来以后又出去了，随后拿回来一只野鸡。

上例中的 li⁵³ja³¹ko⁵⁵（之后）、pɯ³⁵toŋ³¹（又）、we⁵⁵li⁵³ja³¹ko⁵⁵（之后）为时间副词，此处起关联作用。

3. 不适用关联词语，其关联意义主要通过语义或语用环境来表达。例如：

haŋ³⁵　　pei⁵³ta³¹　　ke⁵³ja³⁵,　　bo⁵³　　hwaŋ³¹　　jim⁵⁵.
1sg　　　太　　　　累　　　　去　　　愿意　　　NEG

我太累了，不想去了。

haŋ³⁵　　bo⁵³　　hwaŋ³¹　　jim⁵³,　　n̪a⁵³　　kjaŋ⁵⁵　　ma³¹ro⁵⁵　　a³¹ba⁵³　　jim³¹.
1sg　　　去　　　愿意　　　NEG　　　脸　　　上　　　说　　　　方便　　　NEG

虽然我不想去，但是又不方便说。

第六章 语 料

第一节

语法例句

001 老师和学生们在操场上玩。
   lau³¹ʂi⁵⁵　ma⁵⁵　kwo⁵³tʂa³¹ruɯ⁵⁵　ma⁵⁵　m̥³¹plum⁵⁵　kjaŋ³¹　m̥⁵⁵　ma⁵⁵.
   老师　　CONJ　学生　　　　　CONJ　操场　　　上　　玩　DUR

002 老母猪下了5头小猪崽。
   buɯ³¹lju⁵⁵kru⁵³　ta³¹puɯ⁵⁵　a⁵⁵　　　ma³¹ŋ³⁵　bro⁵³　so³¹.
   母猪　　　　　老　　　小（猪）崽　五　　　生　　　PFV

003 我爸爸教他们的孩子说汉语。
   haŋ³⁵　a³¹pa³⁵　je⁵⁵　tɕe⁵⁵a³¹lɯɯ³⁵　a⁵⁵　we³⁵　khi⁵⁵tu³¹kɯ⁵⁵
   1sg　　爸爸　　TOP　3pl　　　　　　孩子　OBL　汉语
   ma³¹ro⁵⁵　ta⁵⁵hwi⁵³　ja⁵⁵.
   说　　　　教　　　　PRES

004 村子里事事都有人做，人人都很高兴。
   ma³¹tjiŋ⁵⁵　ko³¹　kɯ³¹num³⁵　we⁵⁵　ba⁵³　ja³⁵　ji⁵⁵　ja⁵⁵ko⁵⁵
   村庄　　　　LOC　事　　　　　OBL　　做　　PRES　有　　PRES
   me³⁵ka³¹tju³⁵me⁵⁵　ha⁵⁵ljo⁵⁵　so³¹.
   人人　　　　　　　高兴　　　　PFV

005 咱们今天上山去吧。
   ŋ⁵⁵　a³¹tja⁵³ŋ⁵³　thuɯi⁵⁵ja⁵⁵　bo⁵³　ke³⁵.
   1pl　今天　　　　山　　　　　DIR　　PRT

006 你家有几口人？

　　　　　ȵuŋ³⁵　ŋ³¹　kin⁵³　me³⁵　kɯ³¹ta³⁵ke⁵³　i⁵⁵　jɑ³⁵?
　　　　　2sg　家　里　人　多少　　　　　住　QUES

007　你自己的事情自己做。
　　　　　ȵuŋ³⁵thi⁵³　kɯ³¹nɯm⁵⁵　we⁵⁵　ȵuŋ³⁵thi⁵³　bɑ⁵³　jɑ³⁵.
　　　　　2sg: REFL　事　　　　　OBL　2sg: REFL　做　PROS

008　这是我的手镯，那是你的手镯。
　　　　　je⁵⁵we⁵⁵　hɑŋ³⁵　ɑ³¹tʂen⁵³,　ɑ⁵⁵we⁵⁵　ȵuŋ³⁵　ɑ³¹tʂen⁵³.
　　　　　DEM　　1sg　手镯　　　　那　　　2sg　手镯

009　这些问题他们说自己去解决。
　　　　　je⁵⁵　kɯ³¹nɯm³⁵　we⁵⁵,　tɕe⁵⁵ɑ³¹lɯŋ⁵⁵thi⁵³　lɑ⁵⁵　tɕe⁵⁵ɑ³¹lɯŋ⁵⁵thi⁵³
　　　　　DEM　事情　　　　TOP　3pl: REFL　　　　　说　　3pl: REFL
　　　　　phrɯn³⁵　jɑ³¹　lɑ⁵⁵.
　　　　　解决　　　PROS　EVID

010　他是谁?
　　　　　tɕe⁵⁵　ɕɑ⁵⁵　tjo³¹?
　　　　　3sg　什么　QUES

011　你想吃点什么? 我什么也不想吃!
　　　　　ȵuŋ⁵⁵　ɕim⁵⁵　thɑ⁵³　mjoŋ³¹　ɑ⁵⁵?　hɑŋ³⁵　ɕim⁵⁵mo⁵³　thɑ⁵³　mjoŋ⁵⁵　jim⁵³!
　　　　　2sg　什么　吃　想　　　PRES　1sg　什么　　　吃　想　　　NEG

012　他们从哪儿来的?
　　　　　tɕe⁵⁵ɑ³¹lɯŋ⁵³　hɑ⁵⁵nu⁵⁵　ȵu⁵³　hɑ⁵⁵nɑ⁵³　ki³⁵?
　　　　　3pl　　　　　哪　　　　ALL　　来　　　　PRES

013　你想怎么样?
　　　　　ȵuŋ³⁵　kɯ³¹tɑ³⁵je⁵³　jɑ³¹　we⁵⁵ti⁵³?
　　　　　2sg　怎样　　　　　PROS　想

014　你家有多少头牛?
　　　　　ȵuŋ³⁵　ŋ³¹　ko⁵⁵　kɯ³¹tɑ³⁵ke⁵³　i⁵⁵　jɑ⁵⁵?
　　　　　2sg　家　LOC　多少　　　　　住　QUES

015　客人什么时候到?
　　　　　kɑ³¹rɯ³⁵　kɑ⁵⁵tjɯ⁵⁵　ko⁵⁵　hɑ⁵⁵nɑ⁵³　jɑ³⁵?
　　　　　客人　　　什么（时候）　LOC　来　　　　QUES

016　今天的会就开到这里。

a³¹tja⁵⁵n̯⁵³ tʂhoŋ⁵⁵di⁵⁵ a³¹li⁵⁵ ke³⁵ tʂhu⁵⁵ ke³⁵.
今天　　　会议　　　这样　INCHO　开　INCHO

017 粮食运来后就分给大家了。

ta³¹tha⁵³ glai⁵³dza³⁵ li⁵³ja³¹ko⁵⁵ me³⁵tɕu³⁵ bun⁵³ tja³⁵.
粮食　　　运　　　　后　　　　　人们　　　分　　IMP

018 人家的事情咱们别多管。

me⁵³ kɯ³¹nɯm³⁵ we⁵⁵ ŋ⁵³ gim⁵⁵ ke³⁵.
人家　事情　　　OBL　1pl　管　　PROH

019 这件事我也不清楚，你去问别人吧！

e⁵⁵ kɯ³¹nɯm³⁵ je⁵⁵ haŋ³⁵ mu⁵³ ma³¹tje⁵⁵ kɯ⁵⁵sa⁵³ jim⁵⁵
DEM　事情　　　TOP　1sg　也　清楚　　知道　　NEG

n̯uŋ³⁵ me³¹pɯi⁵⁵ a³¹pɯi⁵⁵ tja⁵⁵!
2sg　别人　　　问　　　IMP

020 今天是2015年10月1日。

a³¹tja⁵³n̯⁵⁵ je⁵⁵ ri³¹dzeŋ⁵³ ka³¹n̯⁵⁵ ha⁵⁵lɯ⁵⁵ma³¹ŋa³⁵ nɯŋ⁵³
今天　　　TOP　千　　　　二　　　　十　　　　五　　　　　年

ra³¹ha⁵⁵lo⁵⁵ kɯ³¹nɯŋ⁵³ ke⁵³.
十月　　　　一　　　　　日

021 那个老太太94岁了，是我年龄的两倍左右。

je⁵⁵ ta³¹pau⁵⁵ we⁵⁵ kɯ³¹nɯŋ⁵³ kɯ⁵⁵n̯iŋ⁵⁵ ha⁵⁵lɯŋ⁵⁵ ka³¹prai⁵⁵ ɕa⁵³ ho³¹,
那个　老太太　　OBL　岁　　　　　　九　　　　　十　　　　　已经　　　变　　PFV

haŋ³⁵ kɯ³¹nɯŋ⁵⁵ tjoŋ³⁵ ka³¹n̯⁵⁵ ta³¹plɯ⁵⁵ ɕa⁵³ ho³¹.
1sg　年龄　　　　COMPR　二倍　　　　左右　　　　変　　PFV

022 山下那群羊有108只。

ta³¹krɯ⁵³ ha⁵⁵la⁵⁵ ko⁵⁵ kɯ³¹tɕi⁵⁵ ta³¹hoŋ⁵⁵ we⁵⁵ ma³¹lum³⁵ke⁵³ tjiŋ³⁵
山　　　　下　　　LOC　羊　　　　群　　　　　OBL　一百　　　　　头

lim³¹ ji⁵⁵ ja⁵⁵.
八　　有　　PRES

023 我排第一，你排第二，他排老末。

haŋ³⁵ je⁵⁵ ha⁵⁵n̯aŋ⁵⁵, n̯uŋ³⁵ je⁵⁵ tɯ³¹poŋ³⁵, tɕe⁵⁵ je⁵⁵ plɯn⁵³.
1sg　TOP　第一　　　　2sg　TOP　第二　　　　3sg　TOP　第三

024 我今天买了一只鸡、两条鱼、三斤肉。

haŋ³⁵ a³¹tja⁵³ŋ̊⁵⁵ je⁵⁵ tju⁵³ bom⁵⁵ ke⁵³ ta⁵⁵ŋa⁵³ bruɯ⁵⁵ ka³¹n⁵⁵ ta³¹bruɯn³⁵
1sg 今天 TOP 鸡 只 一 鱼 条 二 肉

tɕa⁵⁵ma⁵³ ka³¹suɯŋ³⁵ prai⁵⁵ ja³¹.
斤 三 买 PFV

025 这本书我看过三遍了。
e⁵⁵ ta³¹kwo⁵⁵ we⁵⁵ haŋ³⁵ buɯ³⁵ ka⁵⁵suɯŋ⁵³ hwen⁵⁵ li⁵³ja³¹.
DEM 书 OBL 1sg 遍 三 看 PFV

026 你数数看，这圈里有几头猪？
nɯŋ³¹ tsai⁵⁵ koŋ⁵³ne³⁵ je⁵⁵ prum⁵⁵ ko³¹ puɯ³¹lju⁵⁵ tjiŋ⁵³
2sg 数 REP DEM 圈 LOC 猪 头

kuɯ³¹ta³⁵ke⁵³ ji⁵⁵ ja³⁵?
多少 住 QUES

027 这两把雨伞是我的。
je⁵⁵ roŋ⁵⁵kuɯ³¹ ka³¹n⁵⁵ je⁵⁵ haŋ³⁵ a³¹pa⁵³.
DEM 伞 二 TOP 1sg GEN

028 他年年都回家。
tɕe⁵⁵ kuɯ³¹nuɯŋ⁵³ la⁵⁵muɯŋ⁵³ ŋ³¹ kin⁵³ puɯ⁵⁵na⁵⁵.
3sg 年 每 家 里 回

029 他要去街上买肉。
tɕe⁵⁵ ta³¹pun³⁵ prai³⁵ bo⁵³ ja³⁵ la⁵⁵.
3sg 肉 买 DIR PROS EVID

030 我正在山上砍柴。
haŋ³⁵ a³¹tja⁵⁵ je⁵⁵ a³¹poŋ⁵⁵ ko⁵⁵ pruɯ³⁵ tjɯ⁵³ ti³¹.
1sg 现在 TOP 山 LOC 柴 砍 DUR

031 昨天我背粮食去了。
puɯ⁵⁵liŋ⁵³ŋ̊³¹ haŋ³⁵ ta³¹tha³⁵ klai⁵³ ki³¹ ja³¹.
昨天 1sg 粮食 背 DIR PFV

032 你们俩一定要好好地学习。
a⁵⁵ne⁵³ ka³¹n⁵⁵ ha⁵⁵jɯ⁵⁵ljam⁵⁵ ta³¹kwo⁵⁵ bra⁵⁵ tṣai⁵⁵ ma⁵⁵kum³⁵.
2pl 俩 一定 书 好 学 EMPH

033 他们看电影去了。
tɕe⁵⁵a³¹luɯŋ³⁵ tjan³⁵jin⁵⁵ hwen⁵⁵in⁵⁵ bo⁵³ po³¹.
3pl 电影 看 去 DIR

034 他在山上看见过野牛。

tɕe⁵⁵ a³¹poŋ⁵⁵ ko⁵⁵ ta³¹geŋ⁵⁵ hwen⁵⁵tjiŋ⁵ ³koŋ³⁵a³¹ la⁵⁵.
3sg 山上 LOC 野牛 看见 PFV EVID

035 你们今后一定要互相学习，互相帮助，互敬互爱！

a³¹nei³⁵ a³¹mjoŋ⁵³ko⁵⁵ ha⁵⁵jɯ⁵⁵ljam⁵⁵, ha³¹pin³⁵ha³¹tjo⁵³ tɕoŋ³⁵ ka³⁵,
2pl 今后 一定 互相 学习 RECP

ha³¹pin³⁵ha³¹tjo⁵³ a³¹prɯŋ⁵⁵ ka³¹, ha³¹pin³⁵ha³¹tjo⁵³ ru⁵⁵ ka³⁵!
互相 帮助 RECP 互相 敬爱 RECP

036 请你帮他把衣服收起来。

n̺uŋ³⁵ tɕe⁵⁵ tjiŋ⁵³ we⁵⁵we³⁵ ɕi³⁵huɯ⁵³ na⁵⁵ tja⁵³.
2sg 3sg 衣服 OBL 收 DIR IMP

037 地震把新修的路震垮了。

mu³¹la³⁵kɯ³¹n̺im⁵³ ma³¹ko⁵⁵, a³¹lim³⁵ min⁵³en⁵⁵ ba³¹ a⁵⁵we⁵³,
地震 以后 路 新 修 那个

khɯ³¹n̺im⁵⁵ ma⁵⁵tsa⁵³ koŋ³⁵ho³¹.
震 垮 PFV

038 你们俩把鸡杀了。

a⁵⁵ne⁵³ ka³¹n⁵⁵ tju³¹ we³¹ se⁵³ tja³⁵.
2pl 俩 鸡 OBL 杀 IMP

039 你看见那个乞丐了吗？

n̺uŋ³⁵ a⁵⁵we⁵⁵ tha⁴³ma³¹nɯ⁵⁵ we⁵⁵ hwen⁵⁵tjiŋ⁵³ a³¹ja³⁵?
2sg 那个 乞丐 OBL 看见 QUES

040 他笑了。我把他的小孩逗笑了。

tɕe⁵⁵ ma³¹ra³⁵ po⁵³. haŋ³⁵ tɕe⁵⁵ a⁵⁵ we⁵⁵ ruŋ⁵⁵ ha³¹ren³⁵.
3sg 笑 PFV 1sg 2sg 小孩 OBL 逗 开心

041 那个猎人进来以后又出去了，随后拿回来一只野鸡。

we⁵⁵ ta³¹proŋ⁵³tshoŋ⁵³ we⁵⁵ ha⁵⁵na⁵⁵ na⁵⁵ li⁵³ja³¹ko⁵⁵ pɯ³⁵toŋ³¹ bo⁵³
那 猎人 TOP 进 DIR 之后 又 去

na⁵⁵ po⁵³. we⁵⁵li³¹ja³¹ko⁵⁵ a³¹pɯn⁵⁵pja⁵³ khun⁵⁵ ɕi³¹n a⁵⁵tsa⁵³ ho⁵⁵.
DIR DIR 之后 野鸡 一 拿 DIR PFV

042 我亲眼看见那只花狗跳上跳下，可好玩了。

haŋ³⁵ thi⁵³ hwen³⁵tjiŋ⁵³ a³⁵ a⁵⁵we⁵⁵ kwaɯ⁵³ ta³¹pro⁵⁵ we⁵⁵ ha³¹kjaŋ³⁵
1sg 亲自 看见 DUR 那 狗 花 OBL 上

	tu⁵³	na³⁵	ha⁵⁵jau⁵⁵	tu⁵³	na³⁵	roŋ⁵⁵	pra⁵⁵	tuɯŋ⁵³ka³¹	ho³¹.
	跳	DIR	下	跳	DIR	玩	好	非常	PFV

043 朝上背四十里，朝下背五十里。

ha⁵⁵tjo⁵⁵	ȵu⁵⁵	li³⁵	ka³¹prai⁵⁵	ha⁵⁵luŋ⁵⁵	klai⁵³	ja³⁵,	ha⁵⁵jau⁵⁵	ȵu⁵⁵
上	DIR	里	四十	背	PROS		下	DIR

li⁵⁵	ma³¹ŋa³⁵	ha⁵⁵luŋ⁵⁵	klai⁵³	ja³⁵.
里	五十	背	PROS	

044 这个东西拿来拿去太费事了，你就别拿了。

e⁵⁵	ta³¹pruɯ⁵⁵	we⁵⁵	ɕi³¹na⁵⁵tju⁵³ka³¹na⁵⁵	ɕi³¹na⁵⁵pin³⁵ja³⁵	ha⁵⁵wi⁵³ta³¹,
DEM	东西	OBL	拿过来	拿过去	费事

ȵuŋ³⁵	ɕi³¹ha⁵⁵	roŋ⁵⁵	tha⁵³	ja³⁵.
2sg	拿	PROH	PROS	

045 那个穿破衣裳的家伙一会儿过来、一会儿过去的，到底在做什么？

a⁵⁵we⁵⁵	tjiŋ⁵³	me³¹	tjiŋ⁵³	ja⁵⁵	me³⁵	we⁵⁵	tsɯk⁵³ki⁵⁵	ha⁵⁵na⁵⁵na⁵⁵bo⁵³,
那个	衣服	破	穿	PRES	人	OBL	一会儿	过来过去

ɕim⁵⁵	ji³¹ja⁵³we⁵³	ja³¹ki³⁵?
什么	到底	QUES

046 他是藏族，不是回族。

tɕe⁵⁵	la³¹ma³⁵ba³⁵me³⁵	hui³⁵tsu³⁵ba³⁵me³⁵	jim⁵³.
3sg	藏族人	回族人	NEG

047 他们家有三个孩子，一个在学校，一个在家里，还有一个已经工作了。

tɕe⁵⁵a³¹luŋ⁵³	ŋ³¹	kin⁵³	a⁵⁵	ka³¹sɯŋ³⁵	i⁵⁵	ja⁵⁵,	a⁵⁵
3pl	家里	孩子	三		住	PRES	孩子

khɯŋ⁵⁵	je⁵⁵	ta³¹kwo⁵⁵tʂai⁵³	ji⁵⁵	ja⁵⁵,	a⁵⁵	khɯŋ⁵⁵	je⁵⁵	ŋ³¹	kin⁵³
一	TOP	学校	住	PRES	孩子	一	TOP	家里	

i⁵⁵	ja⁵⁵,	khɯ³⁵	toŋ³¹	je⁵⁵	gum³¹ba³⁵	li⁵⁵	ja⁵⁵.
住	PRES	一	还	TOP	工作	做	PRES

048 我们很愿意听爷爷讲故事。

ŋ⁵⁵	na³¹tja⁵³	ha³¹ti⁵⁵	ja⁵⁵we³⁵	tha³⁵rɯŋ³¹	hwaŋ³⁵	a⁵⁵.
1pl	爷爷	故事	OBL	听	愿意	PRES

049 这只狗会咬人。

e⁵⁵	kwaɯ⁵³	we⁵⁵	me³⁵	we³¹	thɯ³¹	a⁵⁵	la³⁵.
DEM	狗	TOP	人	PAT	咬	PRES	EVID

050 她不敢一个人睡觉。

tɕe⁵⁵ kɯ³¹pa⁵³ ŋ⁵³ jau³¹ jim⁵³.
3sg 一个 睡觉 敢 NEG

051 你能来吗？我能来。

ȵuŋ³⁵ ha⁵⁵na⁵⁵ ha⁵⁵nei⁵⁵ bo⁵⁵ sa⁵³? haŋ³⁵ ha⁵⁵na⁵⁵ ha⁵⁵nei⁵⁵ bo⁵³ tje³⁵.
2sg 来 能 DIR QUES 1sg 来 能 DIR EMPH

052 这些人我恨透了。

e⁵⁵ me³⁵tɕu⁵³ we⁵⁵ haŋ³⁵ khɯ⁵⁵mjoŋ⁵⁵ tjiŋ⁵³ a⁵⁵.
DEM 人:PL OBL 1sg 恨 透 PRES

053 达娃家的稻子收完了，但格西家的稻子还没有收完。

ta³⁵wa⁵⁵ ŋ³¹ ge⁵⁵ ha⁵⁵bɯ³¹ a³¹tuŋ³⁵ a³¹, we⁵⁵li³¹ja³¹ko⁵⁵ kɯ³¹ɕi⁵³
达娃 家 稻子 收 光 PFV 但是 格西

ŋ⁵³ ge⁵³ ha³¹bɯ⁵⁵ a³¹tuŋ³⁵ a³¹ jim⁵³.
家 稻子 收 光 PRES NEG

054 我找了一遍又一遍，终于找着了。

haŋ³⁵ ma⁵⁵la⁵³ lja⁵⁵ ma⁵⁵la⁵³ ka³¹tjɯ³⁵ɕi⁵³m⁵⁵ko⁵⁵ ma⁵⁵la⁵³ka³¹tjiŋ³⁵ a³¹.
1sg 找 又 找 最终 找到 PFV

055 你先休息休息，我先试着跟她谈谈。

ȵuŋ³¹ ha⁵⁵joŋ⁵⁵ m⁵⁵ka⁵³, haŋ³⁵ tɕe⁵⁵ we⁵⁵ la⁵³ ha⁵⁵rui⁵⁵kɯn⁵³.
2sg 先 休息 1sg 3sg OBL 说 尝试

056 他们边唱边跳，玩得可高兴了。

tɕe⁵⁵a³¹lɯŋ⁵³ ta³¹ɕin³⁵ja³⁵ tjɯ⁵³ pɯi³¹ tjɯ⁵³ ha⁵⁵ljo⁵⁵ka³⁵ roŋ³⁵ka³¹ a⁵⁵.
3pl 唱 SIM 跳 SIM 开心 玩 PRES

057 吃的、穿的都不愁。

tha⁵³ ja³⁵ tjiŋ³⁵ ja³⁵ ka³¹tjɯ³⁵me⁵⁵ we⁵³ta³¹rɯ⁵⁵ jim³¹.
吃 NMLZ 穿 NMLZ 都 担心 NEG

058 这些猪呢，肥的宰掉，瘦的放到山上去。

e⁵⁵ bɯ⁵³ljɯ⁵⁵ tjiŋ³⁵ ho³¹ we⁵⁵ mɯn⁵³ koŋ³⁵ja³⁵, kau⁵³ɕoŋ³⁵
DEM 猪 肥 NMLZ OBL 宰 PFV 瘦

ho³¹ we⁵⁵ thɯi⁵⁵ja⁵⁵ ma⁵⁵tja⁵³ koŋ³⁵ja³⁵.
NMLZ OBL 山 放 PFV

059 他的脸红起来了。

tɕe⁵⁵ n̥a⁵⁵ ɕi⁵⁵ ɕa⁵³ ho³¹.
3sg 脸 红 变 PFV

060 碗里的饭装得满满的。
wɯn⁵⁵ kin⁵³ ko³¹ ta³¹pɯn³⁵ we⁵⁵ plɯn⁵⁵ tɯŋ⁵⁵ka³¹.
碗 里 LOC 饭 TOP 满 非常

061 山边的雪是白的，山坡上的雪更白，而山顶的雪最白。
thɯi⁵⁵ja³⁵ ka³¹poŋ⁵⁵ a³¹rwai⁵⁵ ljo⁵³, thɯi⁵⁵ja³⁵ ha³¹kum³⁵ a³¹rwai⁵⁵
山 边 雪 白 山 坡 雪
ljo⁵³ jioŋ⁵⁵da⁵³, thɯi⁵⁵ja³⁵ ma³¹la³⁵ a³¹rwai⁵⁵ ljo⁵³ tjɯ⁵⁵ tja³¹.
白 COMPR 山 顶 雪 白 SUPER

062 这把刀好是好，就是太贵了点。
e⁵⁵ ta³¹ra⁵⁵ je³¹ pra³⁵pi⁵⁵pra³⁵ki³¹ we³⁵pi⁵⁵ po⁵³ ka³¹pa⁵³.
DEM 刀 TOP 好是好 就是 贵 太

063 弄坏了人家的东西是一定要赔偿的。
mɯn⁵³ ta³¹prɯ⁵⁵ ma³¹ŋ⁵⁵koŋ⁵³ a⁵⁵ja⁵³, ha⁵⁵jɯ⁵⁵ljam⁵⁵ ta⁵³na⁵⁵ ja³¹.
人家 东西 坏 PFV 一定 赔偿 PROS

064 他经常去北京出差。
tɕe⁵⁵ pɯ⁵³la⁵³m³¹ pei⁵⁵tɕiŋ⁵⁵bo⁵³ a³¹ la⁵³.
3sg 经常 北京 DIR PRES

065 昨天他答应了我的要求，说是明天再来玩。
pɯ⁵⁵ljiŋ⁵³n̥³¹ tɕe⁵⁵ tjiŋ⁵³tjɯ³¹, a³¹su⁵³na⁵⁵ bɯ³⁵toŋ³¹ m̥⁵⁵ na⁵⁵po³⁵
昨天 3sg 答应 明天 又 玩 DIR
ja³¹ la⁵⁵.
PROS EVID

066 我一会儿就回来。
haŋ³⁵ tʂuk⁵³tʂuk³¹ ha⁵⁵na⁵⁵ ti³¹.
1sg 一会儿 回来 DIR

067 村主任可是个好人。
ma³¹tjiŋ⁵⁵a³¹tʂa⁵⁵ me³¹ pui⁵³ɲu³¹ bra⁵⁵.
村主任 人 可是 好

068 这条鱼至少有五斤重。
e⁵⁵ ta⁵⁵ŋa⁵³ je⁵⁵ ka³¹ta⁵⁵la⁵⁵kɯ⁵⁵mu⁵³ ta³¹tɕɯ⁵⁵ ma³¹ŋa³⁵ a⁵⁵
DEM 鱼 TOP 至少 斤 五 有

ja⁵³　　tɯ³¹pui⁵⁵.
PRES　重

069　这条河最多有五米宽。

e⁵⁵　　ma³¹tɕi⁵³　je⁵⁵　kɯ⁵⁵ta⁵⁵la⁵⁵a³¹kɯ⁵⁵mu⁵³　koŋ⁵⁵tʂhi⁵⁵　ma³¹ŋa³⁵
DEM　河　　　　TOP　最多　　　　　　　　　米　　　　　　五

tjaŋ⁵³　a³¹jaŋ⁵⁵.
宽　　　PRES

070　他全家人我都熟悉。

tɕe⁵⁵　ŋ³¹　kin⁵³　me⁵⁵　ka³¹tjɯ⁵⁵me⁵⁵　haŋ³⁵　ka³¹tjɯ³⁵　ka³¹sa⁵³a⁵⁵.
3sg　　家　里　　人　　全部　　　　　　　1sg　　都　　　　　熟悉

071　妈妈不会来了。妈妈还没回来。你别回去了。

a⁵⁵ma⁵³　ha⁵⁵na⁵⁵na⁵⁵　ja³¹　jim³¹　la⁵⁵.　a⁵⁵ma⁵³　ha⁵⁵na⁵⁵na⁵⁵　ho³¹　jim⁵³.
妈妈　　来　　　　　　PROS　NEG　　EVID　妈妈　　来　　　　　　PFV　NEG

ha³¹rɯ⁵⁵ko⁵⁵　ȵuŋ³¹　pɯ⁵⁵na⁵⁵　ha³¹roŋ³⁵tha⁵³　ja³⁵.
还　　　　　　2sg　　回去　　　　PROH　　　　　PROS

072　客人们都在悄悄地议论这件事。

ka³¹rɯ³⁵　ka³¹tjɯ³⁵me⁵⁵　je⁵⁵　kɯ³¹nɯm³⁵　je⁵⁵we⁵⁵　ma⁵⁵ɕa⁵³a⁵⁵　ke⁵⁵ka³¹　a⁵⁵.
客人们　　都　　　　　　　DEM　事情　　　　OBL　　　悄悄地　　　　议论　　　DUR

073　你们究竟来了多少人？

a³¹nei³⁵　ka³¹tjɯ³⁵　me³¹　kɯ³¹ta³⁵e⁵³　ha⁵⁵na⁵⁵?
2pl　　　究竟　　　　人　　多少　　　　来

074　他不去也行，但你不去不行。

tɕe⁵⁵　bo⁵³　a³¹　jim⁵⁵　pi³¹　ɕa⁵³a⁵⁵　ȵuŋ　bo⁵³　a³¹　jim⁵⁵
3sg　　去　　DIR　NEG　　PROS　行　　　2sg　　去　　DIR　NEG

pi³¹　ɕa⁵³　jim³¹.
PROS　行　　NEG

075　这是我的衣服，那是你的，床上摆着的是人家的。

je⁵⁵　haŋ³⁵　tjiŋ⁵³,　we⁵⁵　ȵuŋ³⁵　a³¹pa⁵³,　ta³¹tɕoŋ³⁵　kjaŋ³⁵　tʂho⁵³ho³¹　we⁵⁵
DEM　1sg　　衣服　　那　　2sg　　GEN　　床　　　　　上　　　摆DUR　　　OBL

me³¹pe³⁵　a³¹pa⁵³.
人家　　　GEN

076　猎人打死了兔子。／猎人把兔子打死了。／兔子被猎人打死了。

ta³¹proŋ⁵³tʂhoŋ³¹ huk⁵³ se³¹ we⁵⁵ ri³¹koŋ⁵⁵.
猎人   打   死   PFV   兔子

ta³¹proŋ⁵³tʂhoŋ³¹ ri³¹koŋ⁵⁵ o³¹ ho³¹ se⁵³koŋ³⁵ ho³¹.
猎人   兔子   打   PFV   死   PFV

ri³¹koŋ⁵⁵ we⁵⁵ ta³¹proŋ⁵³tʂhoŋ³¹ huk⁵³ se⁵³ koŋ³⁵ho³¹.
兔子   DAT   猎人   （用棍棒）打 死   PFV

077 他给了弟弟一支笔。
tɕe⁵⁵ pa³¹mroŋ⁵⁵ we⁵⁵ ta³¹kwo⁵⁵a³¹prɯ⁵⁵ khun³⁵ ŋ³¹ ho³¹.
3sg   弟弟   DAT   笔   一   给   PFV

078 妈妈为我缝了一件新衣服。
a⁵⁵ma⁵³ haŋ³⁵ we⁵⁵ tjiŋ⁵³ min⁵³n⁵⁵ khun⁵⁵ ru⁵³ ŋ³¹ ho³¹.
妈妈   1sg   DAT   衣服   新   一   缝   给   PFV

079 学生们用毛笔写字。我用这把刀切肉。
kwo⁵³tʂa³¹tɯ⁵⁵ mau⁵⁵pi⁵⁵ ko⁵³ ta³¹kwo⁵⁵ dzu³¹ a⁵⁵.
学生   毛笔   INST 字   写   PRES

haŋ je⁵⁵ ta³¹ra⁵⁵ ko⁵⁵ ta³¹prun³⁵ ni⁵³ ti³¹.
1sg DEM   刀   INST 肉   切   DUR

080 人们用铁锅做饭。
me³⁵tɕu³¹ je⁵⁵ sai⁵³pu⁵⁵ ko⁵⁵ ta³¹pun³⁵ ma³¹ɲoŋ⁵⁵ a⁵⁵.
人:PL   TOP   铁锅   INST 饭   做   PRES

081 树上拴着两匹马。
ma³¹seŋ⁵⁵ ko⁵⁵ ma³¹roŋ⁵⁵ ka³¹ŋ⁵⁵ ka⁵⁵rɯ⁵³ ho³¹.
树   LOC   马   两   拴   DUR

082 水里养着各色各样的鱼。
ma³¹tɕi⁵³ kin³¹ ko⁵⁵ ta⁵⁵ŋa⁵³ tjɯ⁵⁵a³¹jim³⁵ broŋ³⁵ ho³¹.
水   里   LOC   鱼   各色各样的   养   DUR

083 桌子下躺着一只狗。
ta³¹tɕoŋ³⁵ ha⁵⁵la⁵⁵ ko⁵⁵ kwɑɯ⁵³ khun⁵⁵ raŋ⁵⁵ ho³¹.
桌子   下   LOC   狗   一   躺   DUR

084 山上到山下有三十多里地。
thɯi⁵⁵ja⁵⁵ kjaŋ³⁵ ma⁵⁵ thɯi⁵⁵ja⁵⁵ ha⁵⁵la⁵⁵ ma⁵⁵ li³⁵
山   上   CONJ 山   下   CONJ 里

ka³¹ʂɯŋ³⁵ ha⁵⁵lɯŋ⁵⁵ aŋ⁵⁵.
三 十 有

085 哥哥比弟弟高多了。
a⁵⁵pu⁵³ je⁵⁵ ba³¹mroŋ⁵⁵ tjoŋ³⁵ ka³¹lɯŋ⁵⁵ joŋ⁵⁵.
哥哥 TOP 弟弟 COMPR 高 COMPR

086 小弟跟爷爷上山打猎去了。
ba³¹mroŋ⁵⁵ je⁵⁵ a³¹tja⁵⁵ tjoŋ³⁵ thɯi⁵⁵ja⁵⁵ ta³¹prɯn⁵⁵ma⁵⁵lɯn⁵³ bo⁵³ po³¹.
小弟 TOP 爷爷 COM 山 打猎 去 DIR

087 今天、明天和后天都有雨，爷爷和奶奶都不能出门了。
a⁵⁵tja⁵³n̩³¹ a⁵⁵su⁵³n̩³¹ ha⁵⁵no⁵³n̩³¹ ka³¹ra³⁵ a⁵⁵ ta³¹la⁵³, a³¹tja⁵⁵
今天 明天 后天 雨 有 都 爷爷
ma⁵⁵ a³¹ja⁵⁵ ma⁵⁵ a⁵⁵poŋ⁵³ po⁵³ bra⁵⁵ jim³¹.
CONJ 奶奶 CONJ 野外 DIR 好 NEG

088 买苹果或香蕉都可以。
piŋ⁵⁵kwo⁵⁵ mu³¹ pha³¹dzi⁵⁵ mu³¹ ka³¹tjɯ³⁵mai⁵⁵ ɕa⁵³ ja³⁵.
苹果 CONJ 香蕉 CONJ 都 可以 PROS

089 哎呀！好疼！
a³¹ju⁵⁵, n̥aŋ⁵³ tɯŋ⁵⁵ka³¹ a⁵⁵!
INTER 疼 非常 PRES

090 昨天丢失的钱找到了吗？
pɯ⁵⁵liŋ⁵³n̩³¹ ka³¹ma³⁵ a³¹po³⁵ je⁵⁵ ka⁵⁵tjiŋ⁵³ na⁵³ja³⁵?
昨天 丢失 钱 TOP 找到 QUES

091 他们早已经走了吧？
tɕe⁵⁵a³¹lɯŋ⁵³ ha⁵⁵joŋ⁵⁵ thɯ⁵⁵ na⁵³po³¹?
3pl 早 离开 DIR

092 我走了以后，他们又说了些什么？
haŋ³⁵ bo⁵³ plen⁵³ko³¹ tɕe⁵⁵a³¹lɯŋ³⁵ ɕim⁵⁵m⁵⁵ ma³¹ro⁵³ po³¹.
1sg 走 之后 3pl 什么 说 QUES

093 叔叔昨天在山上砍柴的时候，看见一只大大的野猪。
a⁵⁵pa⁵³a⁵⁵ thɯi⁵⁵ja⁵⁵a³¹ ko⁵⁵ ma⁵³ʂeŋ⁵⁵ tjɯ⁵⁵ a⁵⁵ko⁵⁵ ta³¹me³⁵ tɯ⁵⁵rɯn⁵⁵
叔叔 山 LOC 树 砍 DUR 野猪 大
khɯn⁵³ hwen⁵⁵tjiŋ⁵³ ho³¹.
一 看见 PFV

094 藏族住在上游，纳西族住在下游。

la³¹ma³⁵ba³⁵me³⁵　je⁵⁵　ma³¹tɕi⁵⁵ma⁵⁵thuɯ⁵³,　ji⁵⁵　ja⁵⁵　na⁵³ɕi⁵⁵ba³⁵me³⁵　je⁵⁵
藏族　　　　　　TOP　　上游　　　　　　住　PRES　纳西族人　　　　　TOP

ma³¹tɕi⁵⁵ma⁵⁵noŋ³¹　ji⁵⁵　ja⁵⁵.
下游　　　　　　　住　PRES

095 他不单会说，而且也很会做。

tɕe⁵⁵　ma³¹ro⁵⁵　kɯ³¹sɑ⁵³　tjɯ⁵⁵　ba⁵³　kɯ³¹sɑ⁵³　tjɯ⁵⁵.
3sg　　说　　　知道　　　SIM　　做　　知道　　　SIM

096 是扎西留下，还是卡佳留下？

tʂɑ⁵⁵ɕi⁵⁵　ji⁵⁵tja⁵⁵　ja³¹ja³⁵　kha³¹tɕɑ⁵⁵　ji⁵⁵tja⁵⁵　ja⁵³ja³⁵?
扎西　　　留下　　　QUES　　卡佳　　　　留下　　　QUES

097 虽然我也不想去，但又不便当面说。

haŋ³⁵　bo⁵³　hwaŋ³¹　jim⁵³,　n̩ɑ⁵³kjaŋ⁵⁵　ma³¹ro⁵⁵　ɑ³¹ba⁵³　jim³¹.
1sg　　去　　愿意　　NEG　　脸上　　　　说　　　方便　　NEG

098 因为我实在太累了，所以一点都不想去。

haŋ³⁵　pei⁵³tɑ³¹　ke⁵³ja³⁵,　we⁵⁵ko⁵⁵　bo⁵³　hwaŋ³¹　jim⁵⁵.
1sg　　太　累　　　　　　所以　　　去　　愿意　　NEG

099 如果天气好的话，我们就收玉米去。

rɯn⁵⁵　pra⁵⁵　ko⁵⁵pin⁵³,　ŋ⁵⁵　na³¹poŋ³⁵　ha⁵⁵pɯ⁵⁵　bo⁵³　ja³⁵.
太阳　　好　　　如果　　　1pl　玉米　　　收　　　　去　　PROS

100 我们现在多积肥，是为了明年多打粮食。

ŋ⁵⁵　ɑ⁵⁵tja⁵³　tɯ⁵⁵rui⁵⁵　dɯ³⁵　tʂho⁵³　ɑ⁵⁵　kɑ³¹pɯi³⁵　tɑ³¹tha⁵³
1pl　现在　　积肥　　　多　　放　　　PRES　明年　　　　粮食

dɯ³⁵　ha³¹pɯ⁵⁵　ja³⁵.
多　　收　　　　PROS

第二节

话语材料

一 歌谣

达尼达良

tuɯ³¹la⁵⁵　mu³¹laŋ⁵³　mu³¹laŋ³⁵　ko⁵⁵　ta⁵⁵ni⁵³　la⁵⁵　me⁵⁵　tɕu⁵⁵,
杜莱　　地方　　　地方　　　LOC　达尼　　叫　　人　　PL
在杜莱这个地方叫达尼的人们,
tuɯ³¹la⁵⁵　mu³¹laŋ⁵³　ta³¹koŋ⁵⁵　ko⁵⁵,　ta³¹ni⁵³　la⁵⁵　a⁵⁵we⁵³luɯŋ⁵⁵.
杜莱　　地方　　　河谷　　　LOC　达尼　　叫　　阿外冷
杜莱的河谷里面,叫达尼的阿外冷(家族)。
ta⁵⁵we⁵³　mu⁵¹　tshoŋ⁵⁵waŋ⁵⁵　n̠u⁵³　ta³¹we⁵⁵　je⁵⁵　nim⁵³ma⁵⁵wu⁵⁵.
心　　　TOP　透明　　　　ALL　心　　　TOP　温柔
心啊是透明的,心啊温柔。
ta⁵⁵kruɯ⁵³　thi⁵³　a⁵⁵we⁵⁵luɯŋ⁵⁵　a³¹poŋ⁵⁵　thi⁵³　ta³¹we⁵³　ma⁵⁵.
山　　　　像　　阿外冷　　　　森林　　　像　　心　　　　CONJ
阿外冷家的人像山一样,心像森林一样。
ta⁵⁵ni⁵⁵　luɯŋ⁵⁵　ta⁵⁵ni⁵⁵　luɯŋ⁵⁵　ta⁵⁵ni⁵³　luɯŋ⁵⁵　ta³¹we⁵⁵　je⁵³,　phlaŋ⁵⁵tiŋ⁵⁵
达尼　　PL　　　达尼　　　PL　　　达尼　　PL　　　思想　　　TOP　岩石
thi⁵³　ma³¹tuɯŋ⁵⁵　a⁵⁵n̠o⁵⁵.
像　　硬　　　　　一般

达尼们啊达尼们，达尼们的思想啊，像岩石一般硬。

ta³¹we⁵⁵wu⁵³	ta³¹we⁵⁵wu⁵³	ta⁵⁵ljaŋ⁵³	luŋ⁵⁵	ta⁵⁵we⁵³	je⁵⁵	ta⁵⁵luŋ⁵³dzoŋ³⁵
性格	性格	达良	PL	性格	TOP	水晶

ta⁵⁵thi⁵³ȵoŋ⁵³,	khjɯ⁵⁵a⁵⁵wu⁵⁵	tshoŋ⁵⁵a⁵⁵wu⁵⁵.
一样	亮的	透明的

性格啊性格，达良们的性格啊，像水晶一样，亮亮的透明的。

ma⁵⁵tu³⁵	ça⁵³	ka³¹ru³⁵	ȵoŋ³⁵	ma³¹noŋ³⁵	ça⁵³	ba³¹tça⁵³	ȵoŋ⁵³
北方	谁	客人	2sg	南方	谁	亲戚	2sg

ka³¹tɯ³⁵me⁵⁵	we³⁵	ta⁵⁵we⁵³!
都	PRT	心

北方来的客人你啊，南方来的亲戚你啊！你们的心啊！

na⁵⁵muŋ⁵³	pla⁵³	ta⁵⁵thi⁵³	ȵoŋ⁵⁵	lɯŋ³⁵a⁵⁵we⁵³	we⁵⁵	ta⁵⁵thi⁵³.
火焰	一样	2sg	暖和	想	像	

像火焰一样，（让人）感到暖和。

a⁵⁵we⁵³luŋ⁵⁵	ba³⁵me³⁵	je⁵⁵	tɯ³¹lai⁵⁵	thi³¹	tjɯ⁵³a³¹wu⁵⁵.
阿外冷	家族	TOP	杜莱	像	一样

阿外冷家族啊，杜莱也一样，

ŋ⁵³la⁵⁵muŋ⁵³	pui³⁵tjɯ⁵⁵	toŋ⁵⁵,	ŋ⁵³la³¹muŋ⁵³	ta³¹çin⁵⁵	toŋ⁵⁵	me³⁵	a³¹sen⁵³
天天	跳舞	都	天天	唱歌	都	人	一生

we⁵⁵	ha⁵⁵ljo⁵⁵	a³¹ko⁵⁵	pɯ⁵⁵	tha⁵⁵ti⁵³	tçhi⁵⁵	tha⁵⁵ti⁵³.
TOP	快乐	PRT	走	INTER	走	INTER

天天跳舞，天天唱歌，一生快活。走啊走啊。

（夏电夏讲述）

二 故事

1. 阿加尼和猴子

pui⁵⁵ja⁵⁵	a³¹ti⁵⁵	kjaŋ⁵³	ko⁵⁵	a⁵⁵tça⁵³ni³⁵	ma⁵⁵	ta⁵⁵mim⁵³	ma⁵⁵	a⁵⁵	nuŋ⁵³mroŋ⁵⁵
古代	时候	上	LOC	阿加尼	CONJ	猴子	CONJ	是	兄弟

la⁵⁵	we⁵⁵ko⁵⁵	ta⁵⁵mim⁵³	me³¹	a⁵⁵thi⁵⁵	tjɯ³⁵	a³¹thi³⁵	dzɯ⁵³	a³¹.	we⁵⁵ki⁵⁵
EVID	那时候	猴子	人	像	一样	像	聪明	PRT	但是

ta⁵⁵mim⁵³	me³¹	ja³⁵	a⁵⁵tjaŋ⁵³rai³⁵	ja³⁵	kha³¹ljau⁵⁵ba⁵³	jim⁵⁵	la⁵⁵.	me³⁵	tjɯ³¹	ji⁵⁵
猴子	人	TOP	懒	PFV	种地	NEG	EVID	人	所有	住

ja⁵⁵	we⁵⁵	me³⁵	ta³¹tha⁵³	a⁵⁵pioŋ³⁵	ŋ̍⁵³la⁵⁵muŋ⁵³	tha⁵³	a³¹kau⁵⁵	we⁵⁵ko⁵⁵
NMLZ	TOP	人	粮食	PRT	每天	吃	偷	所以

a⁵⁵tɕa⁵³ni⁵⁵	me³⁵	tau⁵³a⁵⁵	la⁵⁵.	we⁵⁵ko⁵⁵	a⁵⁵tɕa⁵³ni³⁵	je⁵⁵	khu⁵⁵mjoŋ⁵⁵	a⁵⁵.
阿加尼	人	告状	EVID	于是	阿加尼	TOP	恨	PRT

ku³¹ta³⁵ji⁵³	ja³¹ko⁵⁵	tjiŋ³⁵	koŋ³¹ja³¹	ha⁵⁵rwin³⁵	ja³¹	we⁵⁵ki⁵⁵	ha⁵⁵ma⁵³a⁵⁵	ki⁵⁵la⁵⁵
怎么	PFV	赶	PFV	试	PFV	于是	比赛	说

a⁵⁵lai⁵⁵	wuu⁵³	ha⁵⁵ma³⁵	a³¹ke⁵⁵.	ɕa⁵⁵	we³¹ti⁵⁵	a³¹ke⁵⁵	wuu⁵³tjiŋ³¹	a³¹	jim⁵⁵ki⁵³
箭	射	比赛	PFV	谁	射中	PFV	射中	PFV	NEG

ma³¹ʂeŋ³⁵	kjaŋ³⁵	ji⁵⁵	hwa⁵⁵	ja³¹la⁵⁵	wuu⁵³tjiŋ³¹	a⁵⁵mei⁵³m⁵⁵	me³⁵	ma³¹	ji⁵⁵
树	上	住	同意	EVID	射中	如果	人	CONJ	住

ja³¹	la⁵⁵ka³¹la⁵⁵.	we⁵⁵ki⁵⁵	ta³¹pra⁵⁵	ko⁵⁵	phlaŋ⁵³pu⁵⁵	we³¹ko⁵⁵	la⁵⁵ka⁵³.	phlaŋ⁵⁵pu⁵³
PFV	EVID	那时	河岸	LOC	石头	那	EVID	石头

çi⁵³re⁵⁵	ko⁵⁵	ku⁵⁵prau⁵³	ʂaŋ³⁵	kjaŋ³¹	ko⁵⁵	a⁵⁵khu⁵³	na³⁵	ha³⁵ja³¹wuun³⁵	ja⁵⁵we⁵⁵
对岸	LOC	蜘蛛	网	上	LOC	茅草	有	射	PFV

ja³¹la⁵⁵	ma³¹a⁵⁵	a⁵⁵	ta⁵⁵mim⁵³	je⁵⁵	tja⁵⁵a³¹ruŋ⁵³tsai⁵⁵	tja⁵⁵a³¹ruŋ⁵³tsai⁵⁵	wuu⁵³tjiŋ³¹
PFV	找	PRT	猴子	TOP	一发又一发	一发又一发	射中

a⁵⁵la⁵³.	me³⁵	ku³¹ta³⁵	wuu⁵³	tjiŋ⁵³	a³¹	jim⁵³	we⁵⁵kwo⁵⁵	ta⁵⁵mim⁵³	a⁵⁵lai⁵³	je⁵⁵
EVID	人	很多	射	中	PRT	NEG	其实	猴子	弓	TOP

hwu⁵⁵	ko⁵⁵	a⁵⁵lai⁵³	la³¹.	wuu³¹n̠im⁵³	ma³¹koŋ⁵⁵	bra⁵⁵,	pu⁵⁵phjuu⁵⁵	a⁵⁵wai⁵⁵	tjiŋ³⁵
竹子	LOC	弓	EVID	射箭	拉弓	好	箭头	灵活	射

a⁵⁵la⁵³.	me³⁵	a⁵⁵lai⁵³	je⁵⁵	sai⁵⁵	a⁵⁵lai⁵³	khoŋ⁵⁵kim³⁵,	ma³¹koŋ⁵⁵	ha⁵⁵ne⁵³,	wuu⁵³	tjiŋ³¹
EVID	人	弓	TOP	铁	弓	重	厉害	减少	射	中

jim³¹.	we⁵⁵ki⁵⁵	ta⁵⁵mim⁵³	wuu⁵³	tjiŋ³¹	la⁵⁵ho⁵³	ki⁵⁵.
NEG	因此	猴子	射	中	茅草	PFV

古时候阿加尼和猴子是朋友。那时候猴子和人一样聪明。但是猴子非常懒,不种地。他每天偷吃人们的粮食。所以人们跟阿加尼告状。于是阿加尼也恨猴子。他们想怎么才能把猴子赶走呢?于是他们进行了射箭比赛。如果射不中就要去树上住,射中的话就和人们一起住。那时河岸有个石头。对岸石头上的蜘蛛网上有一根茅草。找到要射中的茅草后,猴子射起来是百发百中。但人射了很多次都没射中。其实猴子的弓箭是竹子弓。这种弓容易拉弓,箭头灵活。人的弓箭是铁的,太重,不够厉害,所以就射不中。因此,只是猴子射中了茅草。

a⁵⁵tɕa⁵³ni³⁵	la⁵⁵ha³¹lu⁵³	na⁵⁵ha³¹la⁵⁵	bra⁵⁵	we⁵⁵	tṣai⁵⁵	ja³¹	jim³⁵	a³¹tja⁵⁵	ni⁵⁵tṣai⁵⁵
阿加尼	欺骗	之前	好	之后	算数	PFV	NEG	现在	算数

ki³¹.	ɕi⁵³re⁵⁵	phlaŋ⁵³	kraŋ³⁵	we⁵⁵ko⁵⁵	phlaŋ⁵³	kraŋ³⁵	ke⁵³	wuu⁵³a³¹pruun⁵³	la⁵⁵ha³¹la⁵⁵.
PRT	对面	石头	细缝	LOC	石头	细缝	要	射中	EVID

ta⁵⁵mim⁵³	wuu⁵³	ki³¹la³⁵	a⁵⁵tɕa⁵³ni³⁵	tɕe⁵³	a⁵⁵lai⁵³	ma³¹lã³⁵	ko⁵⁵	thuu⁵⁵ro⁵³	nei⁵³
猴子	射	EVID	阿加尼	3sg	弓	头	LOC	蜡	粘

ma⁵⁵kau⁵³	a⁵⁵la⁵⁵.	ta⁵⁵mim⁵³	je⁵⁵	tja⁵⁵ruuŋ⁵⁵tṣai⁵⁵	wuu⁵³	tja³¹ruuŋ⁵⁵tṣai⁵⁵	phlaŋ⁵³
偷偷	EVID	猴子	TOP	一次次	射箭	一次次	石头

ma³¹ro³⁵	wuu⁵³	a³¹ko⁵⁵	tu⁵³na³¹pi³⁵	ja⁵⁵la⁵⁵.	me³⁵	we⁵⁵	a⁵⁵tɕa⁵³ni³⁵	tɕe⁵³	wuu⁵³pjiŋ³⁵
对面	射	都	跳	EVID	人	TOP	阿加尼	3sg	射

a³¹ɕi⁵³	nei³⁵	koŋ³⁵a³¹.	tuuŋ³⁵a³¹	a⁵⁵lai⁵³	ta³¹puu⁵⁵	o⁵³	ma³¹nei³⁵	koŋ³⁵a³¹.
全	粘	PFV	悬崖	弓	箭	射	粘	PFV

we⁵⁵ka⁵⁵ljo⁵³a⁵⁵	ta⁵⁵mim⁵³	ha³¹nei³⁵	a³¹	jim⁵³.	ɲuŋ⁵⁵	phlaŋ⁵³	kraŋ⁵³	hwen⁵³tjiŋ⁵³
因此	猴子	胜利	PRT	NEG	2sg	石头	细缝	看见

o³¹	jim³⁵	ɕi³⁵?	la⁵³ha³¹ko⁵⁵	a⁵⁵poŋ⁵³	we³⁵	koŋ³⁵	a³¹la⁵⁵!	we⁵⁵	bo⁵³
射中	NEG	QUES	所以	树林	TOP	PFV	EVID	于是	去

we⁵⁵koŋ³⁵	li⁵³	ja³¹mu⁵³	a⁵⁵kau⁵³	na⁵⁵po⁵³	wa⁵⁵	koŋ³⁵a³¹.	ta⁵⁵mim³¹	me³⁵	kha³¹ljau⁵⁵
PFV	住	PFV	偷偷	玉米	掰	PFV	猴子	人	土地

a⁵⁵kau⁵³	na⁵⁵	wa⁵³poŋ³¹	me³⁵tɕu⁵³	a⁵⁵tɕa⁵³ni³⁵je⁵⁵	tau³¹wa⁵⁵	a⁵⁵ɕa⁵³ni³⁵	ta⁵⁵mim³¹
偷偷	摘	掰	人们	阿加尼	TOP	告状	阿加尼	猴子

ma³¹hrai⁵³	ja³¹la⁵⁵,	ɲuŋ³¹	me³⁵	ta³¹tha⁵³	a³¹kau⁵³	tju³⁵	a⁵⁵	tuu³⁵ba³¹niŋ⁵³	ɕi³¹na⁵⁵
找到	EVID	2sg	人	粮食	偷偷	折	PRT	素子	拿回

ja³¹	kuu⁵⁵pi³¹	ja³⁵.	ɲuŋ³⁵	a⁵⁵kau⁵³	pju³⁵a⁵⁵	ku³¹kuu⁵⁵	ruu³⁵m³¹	we⁵⁵ni³¹	ɕi³¹na⁵⁵
PFV	捂	PFV	2sg	偷偷	含	口腔	只能	如果	拿

tjuu³⁵ka³¹la⁵⁵	po³¹na⁵⁵na⁵⁵	ha³¹la⁵⁵	we⁵⁵ko⁵⁵	a⁵⁵tja⁵³	a⁵⁵mim⁵³	ku³¹kin⁵³	ko³¹
全部	回去	EVID	于是	现在	猴子	口腔	LOC

pa³¹ŋ³⁵tuu⁵⁵pa⁵³	ta³¹tha³⁵	puum³¹ruum⁵⁵	we⁵⁵ko⁵⁵	ta⁵⁵mim³¹	puum⁵⁵	ɕa⁵³	a⁵⁵we⁵⁵.
素子	粮食	含	后来	猴子	含	变成	PRT

　　阿加尼就骗猴子说，之前射的不算数，现在才算数。对面的石头有细缝，（我们）要射中石头的细缝。猴子开始射箭。阿加尼则在自己的弓箭上偷偷粘了蜡。猴子一次次射箭，射到对面的石头都跳回来了。阿加尼等人呢，射的全是黏的，箭就粘在了悬崖上。这样猴子就没有胜利。阿加尼就说，你没看见你们没有射中石头细缝吗？所以就到树林里去吧！

猴子住到林子以后还偷偷去人们的地里掰玉米。人们就跟阿加尼告状。阿加尼找到猴子说：你偷人的粮食，你要捂着你的素子拿回去。你只能全部含在口腔里带回去。于是后来猴子口腔有（可以）含粮食的素子。

we⁵⁵mu⁵³ a³¹mjoŋ⁵³ ma³¹tɕi⁵³ ja³¹la⁵⁵ we⁵⁵ko⁵⁵mu⁵³ a³¹pe⁵⁵ me³⁵ tau³⁵ wa³¹la⁵⁵
那里　　后　　　破坏　　PFV　　于是　　　　以后　人们　受气　告状

a⁵⁵tɕa⁵³ni³⁵ we⁵⁵. kuɯ³¹ta³⁵ji³¹ja³¹ko⁵⁵ ta⁵⁵mim⁵³ li⁵⁵ ja³¹ a³¹khjɯ⁵⁵ la⁵⁵? we⁵⁵ko⁵⁵
阿加尼　　PRT　　怎么　　　　　　　　　猴子　　住　远　那　　QUES　　于是

a⁵⁵tɕa⁵³ni³⁵ khɯɯn⁵⁵ mjoŋ⁵⁵ a³¹ko⁵⁵ la⁵³ma³¹nei³⁵ a⁵⁵la⁵⁵ ta⁵⁵mim³¹ a⁵⁵we³⁵ mjoŋ⁵⁵
阿加尼　　　一　　办法　　思考　骗　　　　　PRT　猴子　　　PRT　办法

a⁵⁵tja⁵³ŋ̍³¹ je⁵⁵ ta³¹pra⁵⁵ ko⁵⁵ ta⁵⁵ŋa⁵³ pin³⁵ bo⁵³ la⁵⁵je⁵⁵ ka³¹tjo⁵³na⁵⁵we⁵⁵
今天　　TOP　河岸　LOC　鱼　　捉　去　PFV　　　于是

ta⁵⁵mim³¹ wo⁵⁵ki⁵⁵la⁵³ ha³¹la⁵⁵. po³¹ta⁵⁵, ma³¹tɕi⁵⁵ pin⁵³ ma⁵¹tja⁵³ koŋ³⁵ pluɯm³¹
猴子　　同意　　　　EVID　　去　　水　　捉　　拦住　　PFV　地方

ko⁵⁵ me⁵⁵ ȵu⁵³ ko⁵⁵. a⁵⁵lai⁵³ we⁵⁵ a⁵⁵luɯ⁵³pa³⁵ e³¹ko⁵⁵ ȵu⁵⁵ka³⁵. we⁵⁵ko⁵⁵
LOC　人　DIR　LOC　弓　　TOP　放　　　　　这里　　DIR　　这样

ta⁵⁵ŋa⁵³ pin³⁵ ma⁵⁵tja⁵³ koŋ³⁵a⁵³¹ we⁵⁵rau⁵⁵ koŋ³⁵ ti³⁵ka³¹ a⁵⁵lai⁵³ rau⁵⁵ koŋ³¹
鱼　　捉　　拦住　　PFV　　冲　　PFV　结束　弓　　冲　PFV

ti³⁵ka³¹la⁵⁵ a⁵⁵tɕa⁵³ni³⁵ tɕe⁵⁵ kɯɯ⁵⁵sa⁵³a⁵⁵ tɕe⁵⁵ sai⁵⁵ a³¹lai³⁵ tʂɯɯn⁵³ ja³⁵ tuɯ³¹pɯi⁵³,
EVID　阿加尼　　3sg　知道　　　　3sg　铁　弓　　沉　　PFV　非常

hwɯɯ⁵⁵ a⁵⁵lai⁵³ rau⁵⁵ po⁵³ ʂa⁵³a³¹ko⁵⁵ ma³¹tɕi⁵⁵ ma⁵⁵tja⁵³ rau⁵³ koŋ³⁵a³¹. ta⁵⁵ŋa³¹
竹子　　弓　　　冲　　走　PFV　　水　　拦　　冲　PFV　　鱼

ro⁵³ a³¹tuɯŋ³⁵ li⁵³ja³¹ne³¹, na³⁵muɯn⁵³ prɯɯ⁵³ ta⁵⁵ŋa⁵³ ka⁵⁵ni³¹ la⁵⁵a³¹la⁵⁵ "ȵuŋ³⁵,
捉　完　　　　之后　　火　　　　烧　　　鱼　　叫　　EVID　　2sg

a⁵⁵lai⁵³ ŋ⁵⁵ka³¹ ha⁵⁵lai⁵³ hwen³⁵ jim³¹ po⁵³. ɕi⁵³re⁵⁵ ma⁵⁵la⁵³ na⁵⁵ka⁵³ȵa³¹,
弓　　　我们　　之前　　看　　NEM　去　　对岸　　找　　去

ma³¹tɕi⁵⁵ rau⁵⁵ koŋ³⁵ a³¹ɕi⁵⁵ ja⁵⁵. po⁵³re⁵⁵ ma³¹tɕi³⁵ a⁵⁵wei⁵³ we⁵⁵ kin⁵³ a⁵⁵a⁵³sa³¹
水　　冲　PFV　那里　PFV　去　　　　　水　　漩涡　TOP　里　　找

na⁵⁵a³¹la⁵⁵". we⁵⁵ko⁵⁵ ta⁵⁵mim⁵³ o⁵³n³¹ ti⁵⁵la⁵⁵ po⁵³po³¹ la⁵⁵. tɕe⁵⁵ ta⁵⁵ŋa⁵³
DIR　　　于是　　猴子　　答应　之后　　走　　EVID　3sg　鱼

ha³¹ka⁵⁵ na⁵⁵ka³⁵ n³¹ti⁵⁵ la⁵⁵ha³¹la⁵⁵. tɕe⁵⁵ ta⁵⁵ŋa⁵³ ha³¹ka⁵⁵ na⁵⁵ka³⁵ n³¹ti⁵⁵ la⁵⁵ha³¹la⁵⁵.
烤　　DIR　　DIR　EVID　　　3sg　鱼　　烤　　DIR　　DIR　EVID

ma³¹ɕi⁵⁵re⁵⁵ po⁵³ a³¹ai⁵³ta³¹pɯɯ⁵⁵ ma⁵⁵la⁵³, ba⁵⁵sai⁵³tja⁵⁵ prɯɯ⁵³pɯɯ³⁵ koŋ³⁵a³¹ ŋ³⁵
对面　　　去　　弓箭　　　　　找　　　　蚂蚁　　　　箭筒　　　PFV　　装

a³¹la⁵⁵.	wu⁵³nei³¹	lo⁵³	tu³¹poŋ³⁵khi⁵⁵	ja⁵⁵	ku⁵⁵nei⁵³,	ȵuŋ³¹	hwen³⁵	ko⁵⁵na⁵
EVID	箭	滑索	中间	PFV	到	2sg	看	助词

a⁵⁵lai⁵³ta³¹pu⁵⁵	a⁵⁵sa⁵³	hwuɯ³⁵	koŋ³¹	na⁵⁵ha³¹la⁵⁵.	we⁵⁵	ta⁵⁵mim³⁵	po³⁵a³¹	hwen³⁵
弓箭	有没有	看见	PFV	EVID	这个	猴子	去	看

ja³¹,	ba⁵⁵sa⁵³tai⁵⁵	tjin³⁵	ha³¹ri⁵⁵phlo⁵⁵	koŋ³⁵a³¹.	po⁵³	wa⁵⁵tju⁵³	ma³¹ma⁵³	thi⁵³,
PFV	蚂蚁	身体	掉下	PFV	去	抓	快	DIR

ma³¹tɕi³⁵	ka³¹rwi⁵³	koŋ⁵³	ha⁵⁵la⁵⁵.	we⁵⁵ki⁵⁵	ta⁵⁵mim⁵³	a³¹tja⁵³	wa⁵⁵tju⁵³wa⁵⁵	ça⁵³a³¹we⁵⁵
水	掉	PFV	EVID	所以	猴子	今天	挠痒痒	这样的

we⁵⁵li⁵⁵	wu⁵⁵ko⁵⁵	ha³¹ti⁵⁵.
以后	就是	故事

从那以后，猴子仍然常来搞破坏。于是人们跟阿加尼告状说："我们再也受不了啦。"怎么让猴子住到远处呢？于是阿加尼想出一个办法来骗猴子。他对猴子说，咱们今天去河岸捉鱼吧。于是猴子同意了。去了以后，（阿加尼）先拦住一段河水，再把水放了。把弓箭放在排水的地方。这样捉鱼结束时，弓箭被冲走了。阿加尼知道他的铁弓很沉，竹子弓已经被放的水冲走了。抓完鱼，再用火烧鱼。"你看，我们之前的弓不见了。你们去对岸找吧，水把弓箭冲到那里了。你到漩涡里面找吧。"猴子答应之后就走了。阿加尼则继续烤鱼。猴子去对面找弓箭时，箭筒被装了蚂蚁。到滑索中间的时候，阿加尼说你看看有没有箭。这个猴子去看箭时，蚂蚁就掉在身上。猴子急忙抓挠身体，结果就掉到了水里。因为蚂蚁不停地咬猴子，所以从此就有了猴子不停地挠痒痒的故事了。

ha⁵⁵na³¹la⁵⁵	pa⁵⁵ʂau⁵³tai⁵⁵	thau⁵³	wa⁵⁵tju⁵³wa⁵⁵thi³¹.	ma³¹ɕi	re⁵⁵	lo⁵³	a⁵⁵lai⁵³
去	蚂蚁	咬	挠痒痒	水	对面	滑索	弓

mu³¹	ka³¹tju³⁵	a⁵⁵,	ma³¹tɕi⁵⁵	ha³¹rwi³⁵	a³¹,	hwra⁵³ra⁵⁵	ha⁵⁵na⁵⁵na³¹.	dzoŋ⁵³	a³¹ra⁵⁵,
NEG	都	PRT	水	掉	岸边	掉	回	冷	很

tɕhi³¹na⁵⁵	la³¹	we⁵⁵we³⁵	me³⁵	we⁵⁵	plaŋ⁵³pa⁵⁵	we³¹	na³¹mɯn⁵³	pruɯ⁵³	ha³¹ka⁵⁵
走过来	EVID	之后	人	TOP	石板	TOP	火	烧	下

a⁵⁵ko³¹,	ha³¹tju⁵³	a³¹kwo³⁵.	tɕhu⁵⁵	ka³¹rwo⁵⁵	na⁵⁵mɯn⁵³	luŋ³⁵	na⁵³ha³¹a⁵⁵	e⁵⁵kwo⁵⁵
后	放	后	2sg	快快	火	烤	回来	这里

ti⁵³ti⁵⁵	na⁵⁵ha³¹la⁵⁵."	we⁵⁵	ta⁵⁵mim³¹	ha⁵⁵na⁵⁵na⁵⁵	a³¹thi³⁵,	we⁵⁵ko⁵⁵	a³¹ti⁵³
坐	回来	那	猴子	回来	DIR	以后	坐

tshai⁵⁵	koŋ³¹	a³¹nei³⁵. "a⁵⁵a⁵³"	la⁵⁵	tu³⁵pu³¹	la³¹.	we⁵⁵	tu³⁵	a³¹tja⁵³ŋ̍	ta⁵⁵mim³¹
烫	PFV	PRT 啊啊	叫	跳	PFV	那	跳	今天	猴子

gra⁵³la³¹	gra⁵³la³¹	we⁵⁵ko⁵⁵	ça⁵³	a⁵⁵la⁵⁵.	kɯ³¹sa⁵³pɯm⁵⁵ȵu⁵³	tshai⁵⁵	koŋ³⁵ho³¹	we⁵⁵
喊叫	喊叫	之后	变	EVID	屁股印	烫	PFV	那

a³¹tɕa⁵³ni³⁵　phlaŋ⁵³pla⁵⁵　ma³¹tsai⁵⁵　koŋ³⁵　a³¹la⁵⁵　we⁵⁵ko⁵⁵　li⁵⁵　ɕa⁵³a⁵⁵.　we⁵⁵li⁵³ja³¹je⁵⁵
阿加尼　　　石板　　　　烫　　　　PFV　EVID　之后　　就　变　　　之后
ta⁵⁵mim⁵³　ha⁵⁵na⁵⁵　lja⁵³tɕu⁵³　a³¹jim³⁵,　a⁵⁵lai⁵³　mu³¹a³⁵　ɕa⁵³　koŋ³⁵,　na³¹muɯn⁵⁵
猴子　　　　回来　　　敢　　　　　NEG　　　弓　　　　NEG　　变　PFV　　火
plai⁵³ka³⁵　koŋ³⁵　a³¹.　we⁵⁵ki⁵⁵　me³⁵　a³¹tʂuŋ⁵⁵　a⁵⁵,　me³⁵　a³¹rai⁵⁵　ja⁵⁵　ɕa⁵³　koŋ³⁵a³¹,
烫　　　　　PFV　　PRT　此后　　　人　　躲避　　　　PRT　人　　害怕　　　PFV　变　　PFV
we⁵⁵ko⁵⁵　tamim⁵³　a³¹poŋ⁵⁵　ta⁵⁵mim　ɕa³¹　koŋ³⁵　a⁵⁵la⁵⁵.
之后　　　猴子　　　野外　　　　猴子　　变　　　PFV　　EVID

猴子滑索去对岸后，弓就没有了，掉到水里了。回到岸边后，猴子觉得很冷，走过来之后，看到人放好石板，并在石板下烧着火。阿加尼就招呼道："快快坐这里烤火。"那猴子回来以后就坐下，结果就被烫了，就疼得"啊啊"地叫着跳了起来。这就是今天猴子的叫声。猴子屁股的烫印也是这次阿加尼用石板烫的。之后猴子就不敢回来了，弓也没有了，还被火烫了。从此，猴子就躲避人，害怕人，成了野外的猴子了。

（夏电夏讲述）

2. 格拉平原的故事

bui⁵⁵ja⁵⁵　mla³⁵　khuɯn⁵³　a⁵⁵　we³¹　a³¹muɯŋ⁵⁵　ku⁵⁵la⁵⁵　mla³¹djaŋ⁵³　la⁵⁵la³¹.　ku⁵⁵la⁵⁵
从前　　　地方　一　　　　　有　OBJ　　名字　　　　格拉　平原　　　　EVID　　　格拉
mla³¹djaŋ⁵³　we³¹　a⁵⁵tja³¹n̩　e⁵⁵ta³¹thi⁵⁵　ta³¹groŋ⁵³　jim³¹　khu³¹lai⁵⁵　kjaŋ³⁵　ko⁵⁵　ta³¹sau⁵³
平原　　　　OBJ　　今天　　　这样　　　　　美丽　　　　NEG　　土地　　　　上　　　LOC　草
braŋ³⁵ge³¹　mu³¹　khuɯn⁵³　tjin⁵⁵　hwaŋ⁵³　jim³¹.　ta⁵⁵pui⁵³daŋ⁵⁵　ma⁵⁵　bo³¹ta⁵⁵　ma⁵⁵　mu³¹
根　　　　也　　　一　　　　长　　　愿意　　　NEG　　狮子　　　　　　　CONJ　老虎　　　CONJ　也
tha⁵³tjam³⁵　ma⁵⁵la⁵³　bo⁵³　jim⁵⁵.　je⁵⁵we⁵⁵　mla⁷⁵　ta³¹puɯ⁵⁵　we³¹　ga³¹tju⁵⁵　ha³¹rui³⁵
食物　　　　找　　　　去　　　NEG　　这个　　　地方　　花　　　　　OBJ　都　　　凋
koŋ³¹ho³¹　pja⁵³　we³¹　ha⁵⁵joŋ⁵⁵　ku⁵⁵mu³¹　jim³¹　e⁵⁵go⁵⁵　ha⁵⁵na⁵⁵　ta³¹ɕin⁵³　a³¹li⁵⁵
PFV　　　　鸟儿　OBJ　从来　　　　都　　　　NEG　　这里　　来　　　　唱歌　　　这样
ku³¹nuɯm⁵⁵　ko³¹　mla³¹djaŋ⁵³　kjaŋ³⁵　ko⁵⁵　ma³¹tɕi⁵⁵　mu³¹　khuɯn⁵³　len⁵⁵　jim⁵³
事情　　　　LOC　平原　　　　　上　　　LOC　水　　　　也　　　一　　　　DEM　　NEG
ma³¹tɕi⁵⁵　mu³¹　a⁵⁵jim⁵³　ɕim⁵⁵mu³¹　khuɯn⁵⁵　pu³¹la⁵⁵　ha⁵⁵ne⁵⁵a³¹　jim⁵³.　la³¹　me³⁵tɕu³⁵
水　　　　也　　　NEG　　　什么　　　　一个　　　生长　　　失败　　　　NEG　　EVID　人们
ma³¹tɕi⁵³　tim³⁵　tɕiŋ⁵⁵ŋa³¹ge³¹　la⁵³.　ha⁵⁵joŋ⁵⁵ko⁵⁵　pu³⁵tu³¹　dzau⁵³ma³¹lu⁵⁵　we³¹
水　　　　喝　　　赚　　　　　　　EVID　以前　　　　　多次　　　　如来佛　　　　　OBJ

klum⁵⁵	ma³¹	me³⁵tɕu³⁵	n̥⁵³la⁵³muŋ³¹	dzɑu⁵³ma³¹lu⁵⁵	we³¹	tɕe⁵⁵a³¹luɯŋ³⁵	we³¹	ma³¹tɕi⁵³
祈祷	人们	每天	如来佛		OBJ	3sg:pl	OBJ	水

n̥³⁵tju³⁵ki³¹la⁵⁵	we⁵⁵ho³¹	we⁵⁵pin⁵⁵	me³⁵tɕu³⁵	a³¹tja⁵⁵	rã³⁵	the⁵³	ka³¹ljoŋ³⁵	ho³¹ma³¹go⁵³
赐	盼望	然而	人们	现在	长	去	等	PFV

mu³¹	ma³¹tɕi⁵³	we³¹	tim³⁵	a⁵⁵jim⁵³	da³¹la³¹	min⁵³ha³¹prun⁵³	wa⁵⁵	thuŋ³⁵	ma⁷⁵³
也	水	OBJ	喝	没有	PRT	少年	抓	头发	黑

ko³¹	thuŋ³⁵	ljo⁵³	ɕa⁵³	koŋ³¹ti⁵⁵ka⁵⁵	ka³¹ljoŋ³⁵	wa⁵³	jaŋ⁵⁵a³¹	we³¹	ta³¹pau⁵⁵	ti⁵⁵ka⁵⁵
LOC	头发	白	变	PRT	等	抓	姑娘	OBJ	老人	PFV

ka³¹ljoŋ³⁵	wa⁵³	ka³¹ljoŋ³⁵	dzɑu⁵³ma³¹lu⁵⁵	we³¹	a³¹tja⁵⁵mu⁵³	tɕe⁵⁵a³¹luɯŋ³⁵	we³¹	tu³¹kru⁵⁵
等	抓	PFV	如来佛	OBJ	还是	3:pl	OBJ	话

tha³¹ruŋ⁵⁵	jim³¹	tɕe⁵⁵	me³⁵tɕu³⁵	we³¹	ma³¹tɕi⁵³	kɯ³¹tju⁵⁵	mu³¹	ŋ³⁵	we⁵⁵
听	NEG	3sg	人们	DAT	水	少	也	给	那个

mlã³⁵	we³¹	a³¹tja⁵⁵mu⁵³	ma³¹tɕi⁵³	djin³⁵	khun⁵³	i⁵⁵	jim⁵³.
地方	OBJ	还是	水	条	一	住	NEG

很久以前，有一个地方叫格拉平原。格拉平原并不像今天这样美丽，土地上连一根草都没有长。狮子和老虎也不来找食物。这个地方所有的花都凋谢了，鸟儿从来不到这里歌唱。这是因为，平原上没有一条河。没有了水，什么都不能生长。人们为了能够喝到水，曾经多次向如来佛祈祷。人们每天盼望如来佛能够赐给他们水。可是，人们等了很长时间，还是没有水喝。黑发的少年等到了头发花白，年轻的姑娘等到了老年。如来佛还是没有听他们的话。他一点儿水也没有给人们。那个地方还是一条河也没有。

la³¹	je⁵⁵we⁵⁵	ku⁵⁵la⁵⁵	mla³¹djaŋ⁵³	ha³¹kjaŋ⁵³	ko³¹	a⁵⁵ma⁵⁵wa⁵³	a⁵⁵	min⁵³ha³¹prun⁵³
EVID	这个	格拉	平原	上	LOC	男孩	小	少年

ta³¹groŋ⁵³	khun⁵³	ge³¹a⁵⁵	la³¹muŋ⁵⁵	ge³¹	ta³⁵wa⁵³	la⁵⁵.	tɕe⁵⁵	bɯ⁵⁵lum⁵⁵	ka³¹n̥⁵⁵
漂亮	一	有	名字	有	达瓦	叫	3sg	眼睛	二

pui⁵⁵da³³n̥u⁵³	khju³⁵⁵	la³¹	thuŋ³⁵	we³¹	min⁵³.	ta³⁵wa⁵³	we³¹	hwun³⁵na⁵³a³¹pin⁵⁵
非常	有神	EVID	头发	TOP	黄	达瓦	TOP	虽然

ka³¹luŋ⁵³	jim³¹	tjuŋ⁵⁵	pui⁵⁵da³⁵	pra⁵⁵	la³¹	tɕe⁵⁵	a⁵⁵thu⁵⁵	ma⁵³ba³⁵	im⁵⁵ɕa⁵³	koŋ³⁵a³¹
高	NEG	身体	非常	好	EVID	3sg	从小	父母	失去	PFV

me³⁵nu³⁵ko³¹	ne³¹	ma⁵⁵tʂau⁵³	a⁵⁵ku⁵³	ma⁵⁵nu³¹	i⁵⁵tsa⁵³	tha⁵³	mu³¹	tha³¹	djoŋ³⁵
别人	GEN	牛	放	乞丐	生活	吃	也	吃	饱

jim³¹	na⁵⁵kwo⁵⁵n³¹	mu³¹	len³⁵	tɕe⁵⁵	a⁵⁵	ku⁵⁵tje⁵³	thi⁵³	ta³¹we⁵⁵tja⁵³ho³¹	la³¹	ta³⁵wa⁵³
NEG	穿的	NEG	缓和	3sg	小	时候	从	懂事	NFER	达瓦

ma⁵⁵   mla³¹djaŋ⁵³   ha³¹kjaŋ³⁵   ta³¹pauɯ⁵³   a⁵⁵   tjuɯ⁵³   tjuɯ⁵³   tɕe⁵⁵   ŋ̍⁵³la⁵³muɯŋ³¹   me³⁵tɕuɯ³⁵
CONJ   平原   上   老人   PRT   像   像   3sg   每一天   人们
ma³¹tɕi⁵³   tim³⁵   kuɯ³¹nuɯm³⁵.
水   喝   事情

在这个格拉平原上，有一位漂亮的少年，名叫达瓦。他的两眼炯炯有神，头发是黄色的。达瓦虽然不高，但是身体非常结实。他从小失去了父母，过着帮别人放牛的生活。因为吃不饱，穿不暖，所以，很小的时候就很懂事。达瓦和平原上的老人们一样，他每一天都在思考着人们喝水的事情。

we⁵³   khuɯm⁵³   tuɯm⁵⁵   a⁵⁵   ta³⁵wa⁵³   ma⁵⁵tʂau⁵³   a⁵⁵kuɯ⁵³   ta³¹pauɯ⁵³   haŋ³⁵ba³⁵   khuɯm⁵³
想   一   天   有   达瓦   牛   放   老   爸爸   一
tɕe⁵⁵   we³¹   tuɯ³¹tja³⁵   je⁵⁵we⁵⁵   mla³¹djaŋ⁵³   ha³¹kjaŋ³⁵   ruɯm⁵⁵   we⁵⁵go⁵⁵   ka³¹poŋ⁵⁵ŋ̍oŋ⁵⁵
3sg   TOP   告诉   这个   平原   上   太阳   那   旁边
thuɯi⁵⁵ja⁵⁵   ta³¹dzi³⁵   khuɯm⁵³   a⁵⁵   e⁵⁵   thuɯi⁵⁵ja⁵⁵   e⁵³   am³⁵   ka³¹nũ⁵³   ta³¹dzi³⁵
山   高   一   有   DEM   山   DEM   云   还   高
thuɯi⁵⁵ja⁵⁵   thuɯi⁵⁵ja⁵⁵   ha³¹kjaŋ³⁵   phlaŋ³⁵   tjuɯ⁵³   sai⁵⁵   ma³¹thuɯm⁵⁵   puɯi⁵⁵ja⁵⁵thuɯ⁵⁵   ta³¹sauɯ⁵⁵
山   山   上   石头   像   铁   硬   自古以来   草
khuɯm⁵³   muɯ³¹   puɯ³¹la⁵⁵   jim³¹.   muɯ³¹   a⁵⁵jim³¹   n̍⁵³   ge⁵⁵je³¹   am³⁵   ne³¹   ga³¹djuɯ⁵⁵
一   也   生长   NEG   也   NEG   白天   呢   云   呢   都
liŋ³⁵ɕa⁵³   we³¹   khjuɯ³⁵a⁵⁵   la⁵¹   buɯi⁵⁵ja⁵⁵ha⁵⁵joŋ⁵⁵   ŋ⁵⁵   tja⁵⁵ja⁵⁵   me³⁵tɕuɯ³⁵   la⁵⁵ka³¹a⁵⁵
晚上   OBJ   亮   EVID   从前   我们   祖宗   人们   传说
je⁵⁵we⁵⁵   ta³¹kruɯ³⁵bom³⁵ha³¹la⁵⁵   ŋ̍oŋ⁵⁵a⁵⁵   ma³¹   tɕi⁵⁵loŋ⁵⁵   ka³¹n̍³⁵   kuɯ³¹pa³¹   ã⁵⁵   ha⁵⁵joŋ⁵⁵ko⁵⁵
DEM   山脚   下面   DIR   泉眼   二   个   有   以前
ma³¹tɕi⁵³   ã⁵⁵   khuɯm⁵⁵tjiŋ⁵³   kuɯ⁵⁵sa⁵³a⁵⁵   ã⁵⁵   we⁵⁵pin⁵⁵   wa⁵⁵   hoŋ⁵⁵   ma⁵³   wa⁵⁵
水   有   可能   知道   EVID   可是   挖   PFV   CONJ   挖
hoŋ⁵⁵   ma⁵³phlaŋ³⁵   wa⁵⁵   diŋ⁵⁵a⁵³   buɯ³⁵doŋ³⁵   wa⁵⁵   buɯ³⁵doŋ³⁵   phlaŋ³⁵   khuɯm⁵³   wa⁵⁵
PFV   石头   挖   出来   又   挖   又   石头   一   挖
diŋ⁵⁵a⁵³   a³¹n̍uɯ³⁵   ɕa³¹li⁵⁵ja⁵⁵pie⁵⁵   ma³¹tɕi⁵³loŋ⁵⁵   muɯ³¹   wa⁵⁵   diŋ⁵⁵a⁵³   jim³¹.   la⁵⁵ka³¹
出来   ALL   最后   泉眼   也   挖   出来   NEG   据说
thuɯi⁵⁵ja⁵⁵   ta³¹dzi³⁵   mla³⁵   a³¹baŋ⁵³   dja⁵⁵   jim³¹   ko³¹   khlai³⁵puɯ⁵³hwaŋ³⁵   khuɯm⁵³   ã⁵⁵
山   高   地方   不   远   NEG   LOC   岩洞   一   有
la³¹   je⁵⁵   khlai³⁵puɯ⁵³hwaŋ³⁵   we³¹   puɯi⁵⁵da³⁵   ruɯm⁵⁵jim⁵³   la³¹   ga³⁵a³¹tsa⁵⁵   khuɯm⁵³
EVID   这个   岩洞   TOP   很   深   的   龙王   一

khlai⁵³pu⁵³hwaŋ³⁵ ha³¹la⁵³n̥oŋ⁵⁵ ji⁵⁵ la³¹ tɕe⁵⁵ a³¹tjo⁵³ lum⁵³koŋ⁵⁵ a⁵⁵lai⁵³ta³¹pɯ⁵⁵
岩洞   下面   有   的   3sg   手   里面   弓箭

ɕi³⁵ la³¹ la⁵⁵na⁵³ha³¹pin⁵⁵ ɕa⁵⁵n̥u⁵⁵ khlai⁵³pu⁵³hwaŋ³⁵ khun⁵⁵tjiŋ⁵³ khi⁵⁵ho⁵³ ga³⁵a³¹tsa³⁵
拿   的   如果   谁   岩洞   能够   到达   龙王

a⁵⁵lai⁵³ta³¹pɯ⁵⁵ ɕi³¹a⁵³ thjɯ⁵⁵ja⁵³ ta³¹dzi̠³⁵ a⁵⁵lai⁵³pɯ⁵⁵ khun⁵³ ta³¹rwen⁵⁵o⁵³
弓箭   要来   山   高   箭   一   射

thjɯ⁵⁵ja⁵³ ta³¹dzi̠³⁵ mla³⁵liŋ⁵³kau⁵⁵ ji³⁵. we⁵⁵the⁵³ thjɯ⁵⁵ja⁵³ ha³¹la⁵³n̥oŋ⁵⁵ ma³¹tɕi⁵⁵loŋ⁵⁵
山   高   平地   变   这时   山   下面   泉眼

we³¹ pru⁵⁵dum⁵³ koŋ³⁵tsa⁵⁵ loŋ⁵⁵ ma³¹tɕi⁵⁵ we³¹ kruŋ⁵³a⁵⁵.
OBJ   喷出   PFV   泉眼   水   TOP   凉凉的

有一天，达瓦正在放牛，一位老阿爸告诉他："这个平原上，太阳升起的那一边有一座高山。这座山比云还高，山上的石头像铁一样坚硬。自古以来，一根草也不长，什么东西都没有。白天全是云，晚上金光灿灿。从我们祖辈时候起，人们传说在这座山的脚下有两处泉眼。以前，人们觉得那个地方可能会有水。可是挖呀，挖呀，挖出了一块石头，又挖出了一块石头，最后也没有挖出泉水。据说，离高山不远的地方，有一个岩洞。这个岩洞很深，在洞底住着一个龙王，它的手里拿着弓箭。如果谁能够到达洞底，要来龙王的弓箭，然后对着高山射一箭，高山就会变成平地。这时，山脚下的泉眼就会喷出凉凉的泉水。"

ta³⁵wa⁵³ tɕe⁵⁵ ta³¹paɯ⁵⁵ ha³¹ti⁵⁵ tha³¹tjuŋ⁵³ tɕe⁵⁵ thjɯ⁵⁵ja⁵³ ta³¹dzi̠³⁵ kɯ³¹num³⁵
达瓦   3sg   老人   讲故事   听   3sg   山   高   事情

ha³¹po⁵³te⁵⁵ lum⁵³koŋ⁵⁵ tsho⁵³ la³¹. ta³⁵wa⁵³ tɕe⁵⁵ n⁵³la⁵³muŋ³¹ da³¹we⁵³we⁵⁵a⁵⁵
心   里   放   EVID   达瓦   3sg   每天   想啊想啊

kɯ³¹ta⁵³n̥oŋ⁵⁵ khlai⁵³pu⁵³hwaŋ³⁵ ke⁵⁵ pu⁵³hwaŋ³⁵ ko⁵⁵ leŋ⁵³ ga³⁵a³¹tsa³⁵ a³¹tjo⁵³
怎样   岩洞   LOC   岩洞   LOC   进   龙王   手

ko⁵⁵ a⁵⁵lai⁵³ ma³⁵ a⁵⁵lai⁵³ta³¹pɯ⁵⁵ ɕi³⁵ ko³¹ja³⁵. tum⁵⁵ khun⁵³ ko³¹ a⁵⁵ tɕe⁵⁵
LOC   弓   CONJ 箭   拿   PFV   天   一   LOC   有   3sg

ma⁵⁵tsau⁵³ a⁵⁵ku⁵³ we⁵⁵lum⁵⁵ ta³¹dau⁵³ khun⁵³ ha⁵⁵na⁵³ jim³⁵tsa⁵⁵ tɕe⁵⁵ tum⁵⁵ ŋoŋ⁵⁵
牛   放   时候   老鹰   一   过来   飞   3sg   天   LOC

ta³¹dau⁵³ hwun⁵⁵tjiŋ⁵⁵ ko⁵⁵ ko⁵⁵ ma³¹ro⁵³ ta³¹dau⁵³ a³⁵ ta³¹dau⁵³ nuŋ³⁵ han³⁵ we³¹
老鹰   望   LOC   DRT   说   老鹰   啊   老鹰   2sg   1sg   TOP

ga³⁵a³¹tsa³⁵ ji⁵⁵ja⁵³ mla³⁵ ko³¹ ka³¹tjau³⁵ŋ̍⁵ tha⁵⁵na⁵³. wu³¹li⁵⁵ko⁵⁵ ta³¹dau⁵³ we³¹
龙王   住   地方   LOC   带   去   这样   老鹰   TOP

ŋ̍⁵³la⁵³muŋ³¹	jim³⁵tsa⁵³	ta³⁵wa⁵³	we³¹	ŋ̍⁵³la⁵³muŋ³¹	tɕe⁵⁵	we³¹	klum⁵⁵ma³¹	ka³¹suŋ³⁵
每天	飞	达瓦	TOP	每天		3sg	TOP 祈祷	三

nɯŋ⁵³	ɕa⁵³li⁵³ja⁵³	tum⁵⁵	khun⁵³	ko³¹	a⁵⁵	tum⁵⁵	ko⁵⁵	pɯ³¹dai⁵⁵	pja⁵³	khun⁵³
年	以后	天	一	LOC	有	天	LOC	金	鸟	一

jim³⁵tsa⁵³	tɕe⁵⁵	ta³¹loŋ⁵⁵	ka⁵⁵noŋ⁵³mrum³⁵	e⁵⁵	liŋ⁵³	ko⁵⁵	khju⁵⁵a⁵⁵	ta³¹groŋ⁵³	joŋ⁵⁵
飞	3sg	翅膀	傍晚	TOP	下午	LOC	亮	美	COMPR

tɕe⁵⁵	ta³¹loŋ⁵⁵	pɯ³¹dai⁵⁵	pja⁵³m⁵⁵	khju⁵⁵ta³¹la⁵³	ka³¹n⁵⁵	ɕi⁵⁵	we³¹	sai⁵⁵	ta⁵⁵kwo⁵³
它	翅膀	金	羽毛	发光	二	爪子	TOP	铁	钩

ma³¹thuŋ⁵⁵	joŋ⁵⁵	a³¹.	ha⁵⁵joŋko⁵⁵	ta³⁵wa⁵³	tɕe⁵⁵	pɯ³¹dai⁵⁵	pja⁵³	hwuŋ⁵⁵tjiŋ⁵³
硬		comPR PRT	以前	达瓦	3sg	金	鸟	看见

jim⁵³	we⁵⁵li⁵⁵ja³¹pin⁵⁵	ka⁵⁵ro⁵³	pju⁵³ti⁵³	ka⁵⁵ko⁵⁵	ta³⁵wa⁵³	we⁵⁵	la⁵³tjiŋ⁵⁵	ho³¹	je⁵⁵
NEG	之后	快	跑	快	达瓦	TOP	猜	PFV	DEM

pja⁵³	e⁵⁵	tju⁵⁵	jim³¹	la³¹	tɕe⁵⁵	we⁵³	ge⁵⁵	je³¹	je⁵⁵we⁵⁵	pɯ³¹dai⁵⁵	pja⁵³	we⁵⁵
鸟	TOP	像	NEG	EVID	3sg	想	TOP	DEM	DEM	金	鸟	TOP

tɕe⁵⁵	we⁵⁵	ka³¹tjau³⁵ŋ⁵³	ko⁵⁵	ga³⁵a³¹tsa³⁵	ma⁵⁵la³¹	bo⁵³	ja³¹	ga³⁵a³¹tsa³⁵	a⁵⁵lai⁵³
3sg	想	带	LOC	龙王	找	去	PFV	龙王	弓

we⁵⁵	ɕi³⁵	bo⁵³	ja³¹	ta³⁵wa⁵³	tɕe⁵⁵	pɯ³¹dai⁵⁵	pja⁵³	ta³¹loŋ⁵⁵	ko³¹	ta³¹bi⁵⁵	ja³¹la³¹
TOP	找	去	PFV	达瓦	3sg	金	鸟	翅膀	LOC	拍打	PFV

pɯ³¹dai⁵⁵	pja⁵³	we⁵⁵	jim³⁵	ɕa³¹a⁵⁵	ɕa⁵³ho³¹	ma²ᵒ³	pu⁵³hwaŋ³⁵	lum⁵³koŋ⁵⁵
金	鸟	TOP	飞	起来	黑	QUES	岩洞	里

ti³⁵ka³¹po⁵⁵	pɯ³¹dai⁵⁵.							
钻	金							

达瓦听了老人讲的故事，就把高山的事情放在了心里。达瓦每天都在想，如何进入洞底，怎样才能从龙王手中拿来那张弓和那支箭呢？有一天，他正放牛时，一只白老鹰飞过来。他望着天空中的老鹰，祈祷道："老鹰啊，老鹰！请你把我带到龙王居住的地方去吧！"就这样，老鹰天天飞来，达瓦天天向它祈祷。三年以后，有一天，从天空中飞来一只金鸟。它的翅膀比晚上的霞光还美。它金色的羽毛一直在发光，两只爪子比铁钩还要硬。以前，达瓦从没见过这样的金鸟，所以飞快地奔了过去。达瓦猜到这只鸟和别的鸟不一样。他想让这只金鸟带着自己去找龙王，拿到龙王的弓箭。达瓦拍打了一下金鸟的翅膀。金鸟便飞了起来，钻进了黑黑的岩洞里。

pja⁵³	ma⁵⁵	ta³⁵wa⁵³	ma⁵⁵	tum⁵⁵	ka³¹suŋ³⁵	ja⁵⁵	ka³¹suŋ³⁵	jim³⁵	ma⁵⁵la³¹
鸟	CONJ	达瓦	CONJ	天	三		夜晚	三	飞	山

pu⁵³hwaŋ³⁵ lum⁵³koŋ⁵⁵ pui⁵³e⁵⁵ khju⁵⁵ tsa³¹la⁵⁵ ta³⁵wa⁵³ tɕe⁵⁵ bu⁵⁵lum⁵⁵ hwun⁵³
洞   里面   渐渐   明亮   起来   达瓦   3sg   眼睛   睁

tɕe⁵⁵ ta³¹groŋ⁵³ ta³¹pru⁵³ du³⁵ hwun⁵⁵tjiŋ⁵³ we⁵⁵ a³¹tsa⁵³ ŋ³⁵ we⁵⁵ khju⁵⁵ta³¹la⁵⁵
3sg   漂亮   东西   多   看见   那   宫   房子 TOP   发光

a³¹tsa⁵³ ŋ³⁵ plum⁵³n̯oŋ³⁵ ko⁵⁵ ta³¹hui³⁵ ta³¹groŋ⁵³ khun⁵³ a³¹tsa⁵³ ŋ³⁵ goŋ⁵⁵a⁵⁵ba⁵³
宫   房子 后面   LOC   彩虹   漂亮   一   宫   房子 周围

ma³¹tɕi⁵³ku⁵¹tje⁵³ blum⁵³ ma³¹ a³¹tsa⁵³ ŋ³⁵ ko⁵⁵ da³¹pu⁵⁵ tsai⁵⁵ jim⁵³ ta³⁵wa⁵³
小溪   流   CONJ 宫   房子 LOC   宝贝   数   NEG   达瓦

tɕe⁵⁵ e⁵⁵tɕu³⁵ ta³¹pru⁵³ hwun⁵⁵tjiŋ⁵³ gom⁵⁵ la³¹ we⁵⁵pin⁵⁵ tɕe⁵⁵ e⁵⁵tɕu³⁵ ta³¹pru⁵³
3sg   这些   东西   看见   NEG   EVID 但是   3sg   这些   东西

we⁵⁵ hwen⁵³ jim³¹ ka⁵⁵ro⁵³ ta⁵⁵proŋ⁵³djoŋ³⁵ tɕhi⁵³ ga³⁵a³¹tsa³⁵ tu⁵⁵ru⁵³ga³⁵ ja³¹
OBJ   看   NEG   快   梯子   走   龙王   遇见   PFV

ta³⁵wa⁵³ ke⁵⁵ ga³⁵ heŋ³¹ ŋ³⁵.
龙   TOP   GEN   到达   房子

金鸟和达瓦飞了三天三夜，洞里渐渐明亮起来。达瓦睁开眼睛，看到那宫殿金碧辉煌，一道五色缤纷的彩虹罩在宫殿后山的上空，溪水绕着宫殿哗哗流淌，数不尽的奇珍异宝、楼台亭阁，景色非常美丽。达瓦眼花缭乱，顾不上细细观看，就匆匆地登上了龙宫前的玉石阶梯，急着去见龙王。

khi⁵⁵ho⁵³ ga³⁵a³¹tsa³⁵ we³¹ ta³¹bu⁵⁵ tjuŋ⁵⁵ me³⁵ na³⁵ tjuŋ⁵⁵ m⁵³thu³¹pru³⁵
里面   龙王   TOP   蛇   身   人   脸   身   汗毛

pu³¹dai⁵⁵ tɕe⁵⁵ we³¹ ka³¹luŋ⁵³ ha⁵⁵ne⁵⁵ ho⁵³ hwen⁵³ ta³⁵wa⁵³. tɕe⁵⁵ ga³⁵a³¹tsa³⁵
金   3sg   TOP   高   厉害   PFV   看   达瓦   3sg   龙王

hwun⁵⁵tjiŋ⁵³ we⁵⁵li⁵³ja³¹ko⁵⁵ tɕe⁵⁵ me³⁵tɕu³⁵ ma³¹tɕi⁵³ a⁵⁵jim⁵³ ku³¹num³⁵ ga³⁵a³¹tsa³⁵
看见   后来   3sg   人们   水   NEG   事情   龙王

we³¹. ga³⁵a³¹tsa³⁵ we⁵⁵ tha³¹tjuŋ⁵³ we⁵⁵li⁵³ja³¹ko⁵⁵ ka⁵⁵ro⁵³ thi⁵⁵ n̯uŋ³⁵haŋ³⁵ a⁵⁵lai⁵³
OBJ   龙王   TOP   听见   后来   马上   去   自己   弓箭

tɕe⁵⁵ ŋ³⁵ la³¹ ma³¹ro⁵⁵ je⁵⁵ we⁵⁵ a⁵⁵lai⁵³ n̯uŋ³⁵ ŋ³⁵ we³¹ n̯uŋ³⁵ ka⁵⁵ro⁵³ n³¹
3sg   给   说   弓箭   DEM   2sg   弓箭   2sg   给   OBJ   2sg   马上   家

kin⁵³ lja⁵⁵na⁵⁵ ta³⁵wa⁵³ tɕe⁵⁵ ga³⁵a³¹tsa³⁵ kho⁵³ta⁵⁵nju³¹ la³¹ tɕe⁵⁵ ga³⁵a³¹tsa³⁵ a⁵⁵lai⁵³
里   返回   达瓦   3sg   龙王   谢谢   说   3sg   龙王   弓箭

we³¹ ɕi³⁵ ja⁵⁵ko⁵³ pja⁵³ ha⁵⁵roŋ⁵³plun⁵³ ma³¹roŋ⁵⁵ djoŋ³⁵ ho³¹. pu³¹dai⁵⁵ pja⁵³
OBJ   拿   PFV   鸟   背   马   骑   PFV   金   鸟

we⁵⁵ ta³⁵wa⁵³ ka³¹tjau³⁵ŋ̊⁵³ ko³¹ tɕe⁵⁵ pu⁵³hwaŋ³⁵ lum⁵³koŋ⁵⁵ kɯ³¹tjoŋ⁵³ jim³⁵
TOP 达瓦   带   TOP 3sg 岩洞   里面   短   飞

we⁵⁵li⁵³ja⁵⁵ko⁵⁵ ta³¹tjoŋ⁵⁵ ha³¹kjaŋ³⁵ ȵoŋ⁵⁵ jim³⁵ ta³⁵wa⁵³ tɕe⁵⁵ hwun⁵⁵tjiŋ⁵³ pɯ³¹dai⁵⁵
之后   难   上   面   飞   达瓦   3sg   看见   金

pja⁵³ we⁵⁵ jim³⁵ ma⁵⁵ we⁵⁵ ta³¹tjoŋ⁵⁵ tɕe⁵⁵ ta³¹bren⁵³ ɕoŋ³⁵ ka³¹tjau³⁵ŋ̊⁵³ ka⁵⁵
鸟   TOP 飞   CONJ OBJ   难   3sg   肉   干   带   口

ke³¹ ka⁵⁵ ke³¹ tɕe⁵⁵ we³¹ proŋ³⁵ja³⁵ khlai⁵³pu⁵³hwaŋ³⁵ lum⁵³koŋ⁵⁵ mu³¹ khun⁵³
一   口   一   它   OBJ   喂   岩洞   里   也   一

khju⁵⁵a⁵⁵ hwun⁵⁵tjiŋ⁵³ jim³¹ pɯ³¹dai⁵⁵ pja⁵³ we⁵⁵ na⁵⁵tjoŋ⁵³ a⁵³ thu⁵⁵roŋ⁵³ ka³⁵ɕoŋ³⁵
亮   看见   NEG   金   鸟   TOP   饿   啊   渴   PFV

a⁵³ thi³¹ tɕo⁵³hoŋ³⁵ a⁵³ko⁵⁵ bɯ³⁵doŋ³⁵ ka³¹n⁵⁵ tum⁵⁵ jim³⁵ ma⁵⁵la³¹.
啊   像   忍   之后   又   二   天   飞   PFV

达瓦走进龙宫，只见那龙王蛇身人面，全身长满了金色的汗毛，看上去既威猛又神奇。达瓦见过龙王，把草原上缺水的情况告诉了龙王。龙王听后，慷慨地把神弓神箭送给了他，并祝愿他平安地返回草原。达瓦感谢了龙王的恩赐，捧着神弓神箭，骑上鸟背。金鸟驮着达瓦离开了龙宫，在洞里盘旋了一下，然后艰难地向上飞行。达瓦见它比飞来时吃力了一倍，就将自己节省下来的肉干一口一口地喂给它吃，金鸟吃了肉干，增加了力量，飞得稍微快了一些，可是到了第五天，肉干全喂光了，洞子里还是看不见一点亮光，金鸟忍住饥渴，勉强又坚持了两天。

a³¹mjoŋ⁵⁵ko⁵⁵ rai⁵⁵ ti⁵⁵ kɯ³¹num³⁵ me⁵⁵ klem⁵⁵ ɕa⁵³tiu⁵⁵po³¹ pɯ³¹dai⁵⁵ pja⁵³
最后   怕   GEN   事情   TOP   终于   发生了   金   鸟

we⁵⁵ ha³¹rwi⁵⁵ koŋ⁵³tsa⁵³la⁵⁵ bui⁵⁵ a⁵⁵jim⁵³ tɕe⁵⁵ kɯ³¹ta⁵⁵ bɯ³¹ mu³¹
TOP   坠落   PFV   力气   NEG   3sg   再   也   也

jim³⁵ hwaŋ⁵³ jim³¹ ɕa³¹a⁵⁵ɕa⁵⁵ho⁵³ we⁵⁵the⁵³ ta⁵⁵wa⁵³ tɕe⁵⁵ pui⁵⁵da⁵³ ma³¹tju⁵³ tɕe⁵⁵
NEG   起来   NEG   永远   这时候   达瓦   3sg   非常   着急   3sg

we⁵³ a⁵³. haŋ³⁵ a⁵⁵lai⁵³ta³¹pɯ⁵⁵ mla³¹djaŋ⁵³ ŋ³⁵ khi⁵⁵ho⁵³ jim³¹ we⁵⁵ me³⁵tɕu⁵⁵
想   PRT   1sg   弓箭   平原   给   到达   NEG   那   人们

mu³¹ ma³¹tɕi⁵³ i⁵⁵jim³⁵ tim³⁵ haŋ³⁵ pɯ³¹dai⁵⁵ pja⁵³ we⁵⁵ jim³⁵ ma⁵⁵ ɕa⁵⁵ɕa⁵⁵ho³¹
也   水   没有   喝   1sg   金   鸟   OBJ   飞   DIR   起来

tɕe⁵⁵ we⁵³ ma³¹tju⁵³ ȵuŋ³⁵haŋ³⁵ tɕe⁵⁵ groŋ⁵⁵ ta³¹bi³⁵ haŋ³⁵ we⁵³ haŋ³⁵ je⁵⁵we⁵⁵
3sg   想   着急   自己   3sg   腿   拍   1sg   想   1sg   这个

ka³¹n⁵⁵ dɯ⁵⁵ruŋ⁵⁵ groŋ⁵⁵ ta³¹bren⁵³ bra⁵⁵ tɕe⁵⁵ ka³¹poŋ⁵⁵ ma³¹ro⁵⁵ ka³¹poŋ⁵⁵³¹
二   大   大腿   肉   好   3sg   一边   说   一边

thɯ⁵³krɯ⁵³	lum⁵³koŋ⁵⁵	ta³¹ra⁵³	bre⁵³	dɯ⁵⁵	dza³¹	tɕe⁵⁵	la³⁵	tɕe⁵⁵	ha⁵⁵joŋ⁵⁵	tɯ³¹tɕa⁵³n̠oŋ⁵⁵
腰	里	刀	锋利	抽	3sg	牙齿	3sg	先	右	

groŋ⁵⁵	ta³¹bren⁵³	khuɯn⁵³	gre⁵³	pɯ³¹dai⁵⁵	pja⁵³	we⁵⁵	proŋ³⁵ja³⁵	tha⁵³	tha⁵³
腿	肉	一	割	金	鸟	OBJ	喂	吃	吃

we⁵⁵li⁵³ja³¹ko⁵⁵	ta³⁵wa⁵³	tɯ³¹kjɯ⁵³n̠oŋ⁵⁵	groŋ⁵⁵	ta³¹bren⁵³	khuɯn⁵³	bɯ³⁵doŋ³⁵	gre⁵³
后来	达瓦	左边	腿	肉	一	又	割

pɯ³¹dai⁵⁵	pja⁵³	we⁵⁵	tha⁵³	bra⁵³	ten⁵⁵ka⁵³	a³¹li⁵³	tɯ³¹kjɯ⁵³n̠oŋ⁵⁵	ta³¹bren⁵³	khuɯn⁵³
金	鸟	OBJ	吃	好	PRT	这样	左	肉	一

tɯ³¹tɕa⁵³n̠oŋ⁵⁵	ta³¹bren⁵³	ta³⁵wa⁵³	tɕe⁵⁵	a³¹mjoŋ⁵⁵	li⁵³ja³¹ko⁵⁵	ta³¹bren⁵³	dɯ⁵⁵ruŋ⁵⁵
右	肉	达瓦	3sg	最后	之后	肉	大

ta³¹hro⁵³	gre⁵³	pɯ³¹dai⁵⁵	pja⁵³	we⁵⁵	proŋ³⁵ja³⁵	pɯ³¹dai⁵⁵	pja⁵³	we⁵⁵	ta³⁵wa⁵³
六	割	金	鸟	OBJ	喂	金	鸟	OBJ	达瓦

tɕe⁵⁵	groŋ⁵⁵	ha³¹kjaŋ³⁵	ko⁵⁵	ta³¹bren⁵³	we⁵⁵	gre⁵³	tha⁵³	ko³¹	bɯi⁵⁵	a⁵⁵	na⁵⁵
3sg	腿	上面	LOC	肉	OBJ	割	吃	LOC	力气	有	PAR

we⁵⁵	bɯ³⁵doŋ³⁵	jim³⁵	ma⁵⁵	ɕa³¹a⁵⁵	ɕa⁵³ho³¹	a³⁵wa⁵³	tɕe⁵⁵	ha⁵⁵roŋ⁵³plɯn⁵³
PFV	又	飞	DIR	起来	PFV	鸟	3sg	背

ha³¹kjaŋ³⁵.
上面

最后，可怕的事终于发生了，那只金鸟坠落下来，由于体力耗尽，它再也飞不起来了。这时，达瓦着急起来，心想：如果我不把神弓神箭送到草原，草原将永远缺水，我得想办法让金鸟飞起来。他越想越急，猛然间拍了一下自己的大腿："啊，有办法了，这腿上不就是上好的肉吗？"他一边自言自语，一边从腰里抽出锋利的藏刀，咬紧牙关，先从右腿上割下一块血淋淋的肉喂给鸟吃，吃完了，达瓦又从左腿上割下一块肉，金鸟吃得津津有味，就这样左一块，右一块，一连割下了六大块肉喂给了金鸟。金鸟吃了达瓦从自己腿上割下来的肉，立刻有了力气，又继续飞了起来。

ɕa³¹a⁵⁵ɕa⁵³ho³¹	a³⁵wa⁵³	tɕe⁵⁵	pja⁵³	ha⁵⁵roŋ⁵³plɯn⁵³	ha³¹kjaŋ³⁵	ko⁵⁵	roŋ⁵⁵djoŋ⁵³
起来	鸟	3sg	鸟	背	上面	LOC	骑

khlai⁵³pɯ⁵³hwaŋ⁵⁵	lum⁵³koŋ⁵⁵	khjɯ⁵⁵a⁵⁵	hwɯn⁵⁵tjiŋ⁵⁵	ma⁵⁵la⁵³	ta³⁵wa⁵³	tɕe⁵⁵	a⁵⁵lai⁵⁵
岩洞	里	亮	看见	找	达瓦	3sg	弓箭

ɕi³⁵	tɕe⁵⁵ke⁵⁵	ho³¹	ta³⁵wa⁵³	tɕe⁵⁵	a⁵⁵lai⁵⁵	ɕi³⁵	tɕe⁵⁵	ke⁵⁵ho³¹	mla³¹djaŋ⁵³	ha³¹kjaŋ³⁵
拿	一步	PFV	达瓦	3sg	弓箭	拿	3sg	PFV	平原	上面

ko⁵⁵	me³⁵tɕɯ⁵⁵	me³⁵	khuɯn⁵³	ko⁵⁵	me³⁵	ha⁵⁵lɯŋ⁵⁵	ha⁵⁵tia⁵³	ko³¹	me³⁵	ha⁵⁵lɯŋ⁵⁵
LOC	人们	人	一	LOC	人	十	传	LOC	人	十

me³⁵	lum⁵⁵	ha⁵⁵tia⁵³	ko³¹	du³⁵	me³⁵tɕu³⁵	goŋ⁵⁵a⁵⁵ba⁵³	ha⁵⁵na⁵⁵	tɕe⁵⁵a³¹luŋ³⁵
人	一百	传	PFV	多	人们	周围	来	3pl

ha⁵⁵na⁵⁵	ko⁵⁵	a⁵⁵lai⁵³	ma³¹tɕi⁵³	ka³¹tjau³⁵ŋ⁵³	hwun⁵⁵tjiŋ⁵³	min⁵³ha³¹prun⁵³	we⁵⁵
来	LOC	弓箭	水	带	看	小伙子	TOP

a⁵⁵lai⁵³	a³¹muŋ⁵⁵tso⁵³	kho⁵³ta⁵⁵nju³¹	la⁵⁵po³¹	me³⁵tɕu³⁵	we⁵⁵lum⁵⁵	ta³⁵wa⁵³	we⁵⁵
弓箭	取回	谢谢	PAR	人们	时候	达瓦	OBJ

hwun⁵⁵tjiŋ⁵³	tɕe⁵⁵a³¹luŋ³⁵	we⁵⁵lum⁵⁵	ko⁵⁵	ta³⁵wa⁵³	ka⁵⁵ro⁵³	ɕi⁵⁵	tiu⁵⁵ɕa⁵⁵ho⁵³	tɕe⁵⁵
看见	3pl	时候	LOC	达瓦	快	死	快要	3sg

groŋ⁵⁵	ka³¹n⁵⁵	me⁵⁵	ga³¹tju³⁵	ha⁵⁵rwai⁵³	ɬa⁵⁵ta⁵³	me³⁵tɕu³⁵	pui⁵⁵da³⁵	ta³¹we⁵⁵n̥a³⁵
腿	二	TOP	都	血液	像	人们	非常	伤心

a⁵⁵ko³¹	blai⁵⁵	dap⁵⁵dza⁵³	a⁵⁵la³¹	me³⁵tɕu³⁵	blai⁵⁵	we⁵⁵	ma³¹tɕi⁵⁵tu⁵⁵run⁵⁵	tju⁵³
非常	眼泪	流下	PFV	人们	眼	TOP	大河	像

rui⁵⁵	blum⁵³	ma³¹tɕi⁵³	ta³⁵wa⁵³	tɕe⁵⁵	bui⁵⁵	rui⁵⁵	blum⁵³	ma³¹tɕi⁵⁵	ta³⁵wa⁵³	tɕe⁵⁵
一样	流	河	达瓦	3sg	力气	一样	流	河	达瓦	3sg

bui⁵⁵	a⁵⁵lai⁵³	me³⁵tɕu³⁵	a³¹tjo⁵³	lum⁵³koŋ⁵⁵	ŋ³⁵	we⁵⁵li³¹ja³¹ko⁵³	bu⁵⁵lum⁵⁵	ka³¹n⁵⁵
力气	弓箭	人们	手	里面	给	后来	眼睛	二

blum⁵⁵ma³¹	ko³¹	ɕi⁵⁵	ko⁵⁵.
闭	PFV	死	PFV

达瓦骑在鸟背上，终于见到了洞口的亮光。"达瓦取回神弓来了，达瓦取回神箭来了。"草原上的人们一传十，十传百，无数的牧民从四面八方赶来，他们要来看看开山引水的神弓神箭，更要来感谢取回神弓神箭的英雄。当看见奄奄一息的达瓦和他那血肉模糊的双腿时，人们惊呆了，悲伤的泪水像决堤的江河一样涌流不断。达瓦使尽平生的最后一点力气，将神弓神箭交到乡亲们的手里，然后含笑闭上了自己的双眼。

mla³¹djaŋ⁵³	me³⁵tɕu³⁵	ta³⁵wa⁵³	a⁵⁵lai⁵³ta³¹pu⁵⁵	we⁵⁵	ka³¹tjau³⁵ŋ⁵³	ha⁵⁵na⁵⁵	thju⁵⁵ja⁵³
平原	人们	达瓦	弓箭	OBJ	带	回来	山

bu³¹re³⁵	ta³¹kru⁵⁵bom³⁵	ha³¹la⁵³n̥oŋ⁵⁵	ha⁵⁵na⁵⁵	ta³¹kru⁵⁵phju⁵⁵	a⁵⁵lai⁵³pu⁵⁵	khun⁵³
高	山脚	下面	来	山峰	箭	一

ta³¹rwen⁵⁵o⁵³	me³⁵tɕu³⁵	tum⁵⁵	the⁵⁵	mlã³⁵	the⁵⁵	tu³¹kru⁵⁵	khun⁵³	tha³¹tjuŋ⁵³
射击	人们	天	CONJ	地	CONJ	声音	一	听见

we⁵⁵li⁵⁵the⁵³	mlã³⁵	thi⁵⁵	ma⁵⁵tjin⁵³	thju⁵⁵ja⁵³	ma⁵⁵tjin⁵³	thju⁵⁵ja⁵³	bu³¹re³⁵	ka⁵⁵ro⁵³
这时	地	LOC	摇动	山	摇动	山	高	马上

thi⁵⁵	mla³⁵liŋ⁵³kau³⁵	khun⁵³	le⁵⁵	ko⁵⁵po³¹	thju⁵⁵ja⁵³	ha³¹la⁵³	ko⁵⁵	ma³¹tɕi⁵⁵loŋ⁵⁵
像	平地	一	变	PFV	山	下面	LOC	泉眼

ka³¹n⁵⁵	le⁵⁵	tsa⁵⁵la³¹	ma³¹tɕi⁵⁵duŋ³⁵		ma³¹tɕi⁵⁵loŋ⁵⁵		lum⁵³koŋ⁵⁵	blum⁵³	lum⁵³koŋ⁵⁵
二	出现	PFV	清水		泉眼		里面	流	里面
blum⁵³	tsa⁵⁵la³¹	ka⁵⁵ro⁵³	thi⁵³	ma³¹tɕi⁵³ku³¹tje⁵³		ha⁵⁵joŋ⁵⁵	ho³¹	po³¹la³¹	ma³¹tɕi⁵³
流	PFV	快	DEM	小河		汇	PFV	之后	河水
a⁵³	a⁵⁵we⁵⁵	be⁵³e⁵⁵	blum⁵³	ma⁵⁵	we⁵⁵li⁵³ja³¹ko⁵⁵		me³⁵tɕu³⁵	tha⁵³ja³⁵	bra⁵⁵
小	TOP	慢	流	DRT	后来		人们	吃	好
tiŋ³⁵ja³⁵	bra⁵⁵	tim³⁵ja³⁵	bra⁵⁵	ji⁵⁵ja³⁵	bra⁵⁵	ma³¹tɕi⁵³	i⁵⁵jim⁵⁵	tim³⁵	ku⁵³tsau⁵³
穿	好	喝	好	住	好	水	没有	喝	发愁
a⁵⁵lai⁵³	ɕi³⁵	min⁵³ha³¹prun⁵³	we⁵⁵	bu⁵⁵lum⁵⁵	plum⁵⁵	hwun⁵³	jim⁵³	ɕi⁵⁵	ko³¹a⁵⁵la³¹
弓箭	拿	小伙子	TOP	眼睛	睁	看	NEG	死	EVID
ta³⁵wa⁵³	khen⁵⁵nem⁵⁵ko³¹	ku⁵⁵la⁵⁵	mla³¹djaŋ⁵³	a⁵⁵tja⁵³n̥³¹		ta³¹groŋ⁵³	e⁵⁵ja⁵⁵	thi⁵⁵	
达瓦	由于	格拉	平原	今天		漂亮	这么	一样	
ɕa⁵³ho³¹	mla³¹djaŋ⁵³	ha³¹kjaŋ³⁵n̥oŋ⁵⁵	ta³¹pu⁵⁵	ta³¹sau⁵³	du³⁵	tjin⁵⁵	bo³¹ta⁵⁵	ma⁵⁵	
PFV	平原	上面	花	草	多	长	老虎	和	
ta⁵⁵pui⁵³daŋ⁵⁵	ma⁵⁵	ga³¹tju⁵⁵	ha⁵⁵na⁵⁵	tha⁵³tim³⁵	ma⁵⁵la⁵³	pja⁵³	e⁵⁵go⁵⁵	khi⁵⁵ho⁵³	
狮子	和	都	来	食物	找	鸟儿	这里	到达	
ta³¹ɕin³⁵	ja³⁵	e⁵⁵go⁵⁵	me³⁵tɕu³⁵	a³¹mjoŋ⁵³ko³¹	bra⁵⁵	ke⁵⁵	bra⁵⁵	ɕa⁵³po³¹.	
唱歌	PFV	这里	人们	以后	好	越	好	PFV	

　　草原的人们捧着用鲜血和生命换来的神弓神箭，来到了神山脚下，向山峰射了一箭。只听见天翻地覆般的一声巨响，顿时山崩地裂，神山立刻被削为平地。这时，山脚下出现了两处泉眼，清澈的泉水从泉眼里涌了出来，很快汇成了一条小河，河水向草原缓缓流去。吉祥的泉水流过草原。从此，人们过上了丰衣足食的幸福生活，再也不为草原缺水而发愁烦恼了。而取弓箭的英雄却倒下了，再也睁不开眼睛。正是由于达瓦的贡献，格拉草原才得以像今天这样美丽可爱，草原上牧草都生长，野兽来找食物，大地上百花盛开，鸟儿飞来欢舞歌唱。人们的生活越来越好。

（巴布龙讲述）

3．三兄妹的故事

ha³³joŋ³³	ko⁵⁵	la³⁵ma⁵⁵lan⁵⁵	ko⁵⁵	a³¹tsa⁵³tu⁵⁵ruŋ⁵⁵	kha⁵⁵ni⁵³	ja³¹	tɕe⁵⁵	me⁵⁵jaŋ⁵⁵
从前	LOC	西藏	LOC	国王	一个	有	3sg	妻子
we⁵⁵	kha⁵⁵ljo⁵⁵ba³¹ha³¹nei⁵⁵ja³¹		pui⁵³ta³¹	ta³⁵kroŋ⁵³	ja⁵⁵	me³⁵jaŋ⁵⁵	we⁵⁵	a⁵³ha³⁵pu⁵³
TOP	能干		非常	美丽	有	妻子	TOP	怀孕

wa⁵⁵   ha³⁵lo⁵³kun⁵⁵n̥aŋ⁵⁵   tɕhi³⁵ja⁵⁵   ko⁵⁵   a³¹tsa⁵³tɯ⁵⁵rɯŋ⁵⁵   we⁵⁵   ma⁵⁵ja⁵³   kun⁵³po⁵⁵
九个月   时   LOC   国王   TOP   外面   周边

ja⁵⁵   kɯ³¹num³⁵   tum⁵⁵noŋ⁵⁵   we⁵⁵   kun⁵⁵ha⁵³   la³¹   pu⁵³   a³⁵lun⁵⁵   ko⁵⁵   a³¹tsa⁵³tɯ⁵⁵rɯŋ⁵⁵
DAT   事情   重要   TOP   做   IND   走   之前   LOC   国王

we⁵⁵mu⁵⁵   a⁵⁵tjo⁵⁵   we⁵⁵   ri⁵³wa⁵⁵   ko⁵⁵   ma³¹ro⁵⁵lja⁵⁵   ma³¹ro⁵⁵   la⁵⁵a³⁵.   me³⁵jaŋ⁵⁵
TOP   手   TOP   拉   LOC   一遍又一遍   嘱咐   INTER   妻子

n̥u⁵⁵   haŋ⁵⁵   a⁵⁵   me⁵⁵ʈu⁵³   tɕhi⁵⁵ha⁵³   ko⁵⁵   pu⁵³me⁵⁵ja⁵⁵   a³¹we⁵⁵   daŋ³⁵zi³⁵   tɕhaŋ³⁵
2sg   1sg   孩子   出生   只要   LOC   女仆   楼   顶   LOC

bo⁵³   ha⁵⁵ko⁵⁵   ka⁵⁵raŋ⁵³   wai⁵⁵   ha⁵⁵joŋ⁵⁵   kɯ⁵⁵mu⁵³   ko⁵⁵   ka⁵⁵raŋ⁵³   we⁵⁵   me⁵⁵tju³¹
去   上   鼓   敲   从来   没有   LOC   鼓   TOP   敲

ko⁵⁵m⁵⁵   ha⁵⁵tju³¹   ko⁵⁵m⁵⁵   ɕi³¹kɯ⁵⁵   ka⁵⁵zum⁵⁵   me⁵³jo⁵³   je⁵⁵   ɕi³¹kɯ⁵⁵   ha⁵⁵jo⁵³   je⁵⁵
没有   敲   没有   挂   彩布   从来   NEG   挂   一起   TOP

la⁵⁵na⁵⁵a³¹ko⁵⁵pin³⁵   ha⁵⁵ʈu⁵³   na⁵⁵   ko⁵⁵   ha⁵⁵nu⁵³   ko⁵⁵   ji⁵⁵ti⁵⁵kɯ⁵⁵   ha⁵⁵na⁵⁵na⁵⁵tɯ³¹
无论   什么   地方   LOC   地方   LOC   马上   回来

pɯi⁵⁵po³¹tɯ³⁵   a³¹tsa⁵³tɯ⁵⁵rɯŋ⁵⁵   we⁵⁵   po⁵³a³⁵raŋ³⁵   ɕa⁵³lun³¹   ko⁵⁵   tɕe³⁵   me³⁵jaŋ⁵⁵
又   国王   TOP   不久   离开   LOC   3sg   妻子

we⁵⁵   a⁵⁵   ka⁵⁵sun⁵³   me⁵⁵ja⁵⁵   ka³⁵sun⁵³   mo⁵⁵wa⁵⁵   ga⁵⁵n³⁵   me⁵⁵wa⁵⁵   kun⁵³
TOP   孩子   三   女孩   三   男孩   两个   女孩   一个

pe⁵³ta³¹   ta³¹kroŋ⁵³   kɯ³¹ɕa⁵⁵n̥a⁵⁵   a³¹tsa⁵³tɯ⁵⁵rɯŋ⁵⁵   me⁵⁵jaŋ⁵⁵   we⁵⁵   po³¹jaŋ⁵⁵
非常   漂亮   可爱   国王   妻子   TOP   女仆

we⁵⁵   ta³⁵tsi³⁵   tɕaŋ³⁵   po³¹wa⁵⁵ko⁵⁵   ka⁵⁵raŋ⁵³   ʈu⁵³ke⁵⁵   na⁵⁵loŋ⁵⁵   po³¹jaŋ⁵⁵we⁵⁵
TOP   楼上   去   LOC   鼓   敲   告诉   女仆

po⁵³   je³¹m̥³¹   po⁵³jaŋ⁵⁵   we⁵⁵   ka⁵⁵tsuŋ⁵³mi⁵⁵   ɕi⁵³kɯ³¹   na⁵⁵la⁵⁵   o⁵³   po³¹jaŋ⁵⁵we⁵⁵
去   NEG   女仆   TOP   上面   彩布   挂   IMP   女仆

mu⁵⁵   po⁵³jaŋ⁵⁵   a³¹tsa⁵³tɯ⁵⁵rɯŋ⁵⁵   me⁵⁵jaŋ⁵⁵   we⁵⁵   ɕin⁵⁵mo⁵⁵   ɬa⁵⁵lja⁵⁵   ɕi⁵⁵tsa⁵⁵un⁵⁵pje⁵⁵
NEG   去   国王   妻子   TOP   办法   没有   只能

we⁵³li⁵⁵ja⁵⁵pje⁵⁵   tɕi⁵⁵te⁵⁵   kha⁵⁵ke⁵⁵   kha⁵⁵ke⁵⁵   ɕu⁵⁵ti⁵⁵   ka⁵³po³¹   we⁵⁵luŋ⁵⁵po⁵³
之后   SELF   一 步   一 步   爬   上   这时候

po⁵³jaŋ⁵³   we⁵⁵   a³⁵   ka⁵³sun³⁵   we³¹   tɯ³¹kaŋ⁵⁵   tɯ⁵⁵rɯŋ⁵⁵   kin⁵³   ha⁵⁵pin⁵³   ja⁵⁵ko⁵⁵
女仆   TOP   孩子   三   TOP   陶罐   大   里   装   进

ma⁵⁵tɕi⁵³   kin⁵⁵   ja⁵⁵   koŋ³⁵   a⁵⁵la⁵³   mu³⁵toŋ³⁵   ko⁵³   a⁵⁵   ka³¹sun³⁵   khuŋ⁵⁵   wei³⁵tsa⁵³
河   里   扔   PFV   EVID   又   狗   小   三   只   抱

| ko⁵⁵ | a³⁵tsa⁵³tuɯ⁵⁵ruŋ⁵⁵ | me⁵⁵jaŋ⁵⁵ | ri⁵³luŋ⁵⁵ | pja³⁵ | tsu⁵³ | a⁵⁵la³¹ | a³⁵tsa⁵³tuɯ⁵⁵ruŋ⁵⁵ |
| LOC | 国王 | 妻子 | 床 | 上 | 放 | EVID | 国王 |

| me⁵⁵jaŋ⁵⁵ | we⁵⁵ | ha⁵⁵ljo⁵³a⁵⁵ka⁵³ | a³¹ko⁵⁵ | mɯ³⁵he⁵⁵jo⁵⁵ | ha⁵⁵na⁵³ | a³¹ko⁵⁵ | a⁵⁵ | ɲi⁵⁵ |
| 妻子 | TOP | 高高兴兴 | CONJ | 楼 | 下 | CONJ | 孩子 | 喂奶 |

| ja⁵⁵kuŋ⁵³na⁵⁵ | we³⁵pjan³⁵ | a⁵⁵ | we⁵⁵ | ji⁵³ho⁵⁵joŋ³⁵ | la⁵³ | kwo⁵³ka⁵⁵ | ka⁵⁵sun³⁵ | ne⁵³ |
| 回来 | 可是 | 孩子 | 可是 | | 消失 | 狗 | 三 | 只 |

| waŋ⁵⁵waŋ⁵⁵ | la⁵⁵ | kra⁵³ta³⁵tjo³⁵ | ra³⁵ɕa⁵³ | a³⁵jim⁵⁵ | pɯ⁵⁵ko⁵⁵ | a³⁵tsa⁵³tuɯ⁵⁵ruŋ⁵⁵ | we⁵⁵ |
| 汪汪 | 叫 | 时间 | 长 | NEG | 时间 | 国王 | TOP |

| ma⁵⁵ro⁵⁵ | ȵu⁵⁵waŋ⁵⁵ | ko⁵⁵ | ha⁵⁵na⁵⁵na⁵³ | wa⁵⁵la⁵³ | tɕe⁵⁵ | ha⁵⁵na⁵³na⁵³ | a⁵⁵ko⁵³ | kwaɯ⁵³a⁵⁵ |
| 马 | 骑 | LOC | 回来 | PFV | 3sg | 回来 | 之后 | 小狗 |

| ka⁵⁵sun³⁵ | ne⁵³ | tuŋ³⁵hui⁵³tuŋ³⁵ŋa⁵⁵ | we⁵³sun³⁵ | mja³⁵je⁵⁵ | tɕe⁵⁵ | me⁵⁵jaŋ⁵⁵ | we⁵⁵ |
| 三 | 只 | 看见 | 怀疑 | 妻子 | 3sg | 妻子 | TOP |

| khun³⁵ | ȵaŋ⁵⁵mja⁵⁵o⁵⁵ | ɕi⁵⁵ | a⁵⁵la⁵⁵. | we⁵⁵li⁵³ja⁵⁵pje⁵⁵ | me⁵⁵jaŋ⁵⁵we⁵⁵ | po⁵³ŋ³⁵ | ki³⁵ | to⁵³hoŋ⁵⁵ |
| 一 | 巫婆 | 是 | EVID | 于是 | 妻子 TOP | 监狱 | LOC | 关 |

| a⁵⁵la⁵⁵ | taŋ³⁵we⁵³ha⁵⁵pe⁵³ | po⁵³jaŋ⁵⁵ | we⁵⁵ | a³⁵tsa⁵³tuɯ⁵⁵ruŋ⁵⁵ | me⁵⁵jaŋ⁵⁵ | ɕa⁵³ | khoŋ⁵⁵ | a⁵⁵la⁵⁵. |
| EVID | 黑心 | 女仆 | TOP | 国王 | 妻子 | 成为 | PFV | EVID |

　　从前，西藏有个国王，他有一位非常能干、非常美丽的妻子。妻子怀孕九个月的时候，国王要外出办一件重要的事情。走之前，国王拉着妻子的双手，一遍又一遍地嘱咐："我的爱人，只要我的孩子出生，你就叫女仆到楼顶去，敲那面从来没有敲过的大鼓，挂起那面从来没有挂过的彩布。无论我在什么地方，都会赶回来的。"国王离开不久，他的妻子生下了三个婴儿。两男一女，都非常漂亮可爱。国王的妻子叫女仆上楼敲鼓，女仆不去；叫女仆上楼挂彩布，女仆也不去。国王的妻子没有办法，只能自己一步一步爬上楼。就在这个时候，女仆把三个小娃娃装进大陶罐，扔进大河里；又抱来三只小狗，放在国王妻子的床上。国王妻子高高兴兴下楼来给孩子喂奶。可是，孩子不见了，只有三只小狗汪汪地叫。时间不长，国王骑马回来了。他看见三只小狗，怀疑自己的妻子是一个女妖，然后就把妻子关进了监狱。黑心的女仆就这样成为了国王的妻子。

| ma⁵⁵tɕi⁵³tuɯ⁵⁵ruŋ⁵⁵ | ha⁵⁵la⁵⁵ | ȵoŋ³¹ | ko⁵⁵ | ta⁵⁵ŋa⁵⁵ | lja³⁵ja³⁵ | ta³¹pa⁵⁵ | kɯ⁵⁵ɲi⁵⁵ | ja⁵⁵ |
| 河 大 | 下游 | DIR | LOC | 鱼 | 捕 | 老头儿 | 有 | PFV |

| tɕe⁵⁵ | tum⁵⁵ | ko⁵⁵ | tɕe⁵⁵ | mun³⁵ | a⁵³ha⁵⁵ | tju⁵⁵tju⁵⁵ | ma⁵⁵tɕi⁵⁵ | tɕin⁵⁵u⁵⁵ | ta⁵⁵ŋa⁵³ | lja³⁵ |
| DEM | 天 | LOC | 3sg | 船 | 小 | 划 | 水 | 里 | 鱼 | 打 |

| ma³¹tɕi³⁵ | kja⁵⁵ | kɯ⁵⁵le⁵³ | ta⁵⁵raŋ⁵⁵ | hun⁵⁵ | ta⁵⁵raŋ⁵⁵ | dza⁵³hun³⁵tuŋ⁵³a⁵⁵ | ko⁵⁵ | ka⁵³ro⁵³ |
| 水上 | 上 | 陶罐 大 | 看见 | 大 | 陶罐 | | LOC | 打捞 |

te⁵³ ka⁵³tu⁵⁵wo⁵⁵ tɕi⁵⁵ ja⁵⁵mu⁵⁵a³⁵mu⁵⁵ ja³⁵mu⁵⁵ dza⁵³hun³⁵tuŋ⁵³a⁵ kuŋ⁵³ a³⁵tu³⁵ruŋ⁵⁵
3sg 梦 做 梦 即使 陶罐 里 装

tɕan⁵³ko⁵⁵ kun⁵⁵mja⁵⁵tun⁵⁵ ta³⁵kroŋ³⁵ ka⁵⁵sun³⁵ a⁵⁵ kun⁵³ a⁵⁵ ka⁵⁵sun³⁵ ji⁵³ ja³¹
像 天仙 漂亮 三 孩子 一 孩子 三 有 IND

ta³⁵pa³⁵we⁵⁵ pe⁵³ta⁵⁵ ha⁵⁵lʲu⁵³ tɕe⁵³luŋ³⁵ a⁵⁵we³⁵ mu⁵³gui⁵⁵gui⁵⁵ ŋ³⁵ ki⁵⁵ ka⁵⁵
老头 特别 高兴 3:pl 孩子 抱 家 里 回

ṇun⁵³la⁵³muŋ⁵⁵ tha⁵³pra⁵⁵ja⁵⁵ ma⁵⁵taŋ³⁵ a⁵³tɕi⁵⁵ proŋ³⁵ a⁵⁵la⁵⁵ a⁵³tɕu⁵⁵ khun⁵⁵ke⁵⁵
3pl 好吃的 CONJ 鱼汤 喂 EVID 孩子 一天

khun⁵⁵ke⁵⁵ ʈe⁵³jiʲ³¹ ta⁵⁵dze⁵³ɕa⁵⁵ a⁵⁵la⁵⁵ ta⁵⁵tsu⁵³tu⁵⁵ tu⁵⁵ka³¹ ma⁵⁵tuŋ⁵³ki⁵⁵ko⁵⁵ me⁵⁵
一天 大 长 PFV 村子 全 村 里 人

ka⁵⁵tu⁵⁵ mu⁵⁵ro⁵⁵wa⁵⁵ hwin⁵⁵tiŋ⁵⁵ ta⁵⁵pa⁵³ we⁵⁵ kun⁵³pe⁵⁵ bra⁵⁵ tun⁵⁵koŋ³⁵ ho⁵⁵la⁵³
都 纷纷 看见 老人 OBJ 运气 好 PFV 捡

a⁵³ ka⁵⁵sun⁵⁵ we⁵⁵ ŋ⁵³la⁵⁵muŋ⁵⁵ hun⁵⁵la⁵⁵mun⁵⁵ ta⁵⁵ŋa⁵⁵ lja⁵³pe⁵³ we⁵³lje⁵³pjan⁵⁵
孩子 三 TOP 每天 辛苦 鱼 捕 于是

me kun⁵⁵ ta⁵⁵kra⁵⁵ ʈo⁵³ ta⁵⁵pu⁵³wa⁵³ ha³⁵puŋ⁵⁵ ko⁵⁵ ma⁵⁵sun⁵⁵ ma⁵⁵la⁵³ we⁵³ti⁵⁵ko⁵⁵
人 一 筐子 编 背 树林 LOC 柴火 捡 一会

ha⁵⁵ko⁵⁵ kha⁵⁵ji⁵⁵ kun⁵⁵ ko⁵⁵ ta³⁵so³⁵ ji⁵⁵ja⁵⁵ pra⁵⁵ ji⁵⁵ja⁵⁵. ku⁵⁵hun⁵⁵ khun⁵⁵
去 市场 一 LOC 酥油 换 盐巴 换 天 一

ko⁵⁵ tɕe⁵³a⁵⁵luŋ⁵³ no³⁵we⁵⁵ha⁵⁵pe⁵³ po⁵³jaŋ⁵⁵ we⁵⁵ hun³⁵tiŋ⁵³ a⁵⁵la⁵⁵. ha⁵⁵jo⁵⁵ko⁵⁵
LOC 3pl 黑心 女仆 TOP 看到 PFV 之前

m³⁵hua³⁵a³⁵tsa⁵³ we⁵⁵ me⁵⁵jaŋ⁵⁵ a⁵⁵ta⁵⁵tui⁵⁵ṇu⁵⁵ ni⁵⁵ ṇu⁵⁵ho⁵⁵ ha⁵⁵we⁵⁵ ja⁵⁵ko⁵⁵ je⁵⁵
国王 TOP 妻子 一模一样 像 PFV 心 里 TOP

a⁵⁵ka⁵⁵ ka⁵⁵sun⁵⁵ we⁵⁵ ha⁵⁵jo⁵⁵ko⁵⁵ me⁵⁵jaŋ⁵⁵we⁵⁵ a⁵⁵ta⁵⁵tui⁵⁵ṇu⁵⁵ tɕe⁵³loŋ³¹ we⁵⁵
想 三 TOP 大概 妻子 一模一样 3pl TOP

sen⁵³ koŋ⁵⁵tun⁵³ we⁵⁵liⁱ⁵⁵ja⁵⁵pjan⁵⁵ tɕe⁵⁵ kha⁵⁵tsum⁵⁵ le³⁵ma⁵³ kru⁵⁵ ko⁵⁵ pa³⁵po³⁵
杀 PROS 于是 3sg 布 黑 头 LOC 包

ho⁵⁵ta³¹ tshu³⁵ kjen³⁵ ko⁵⁵ ta³⁵so³⁵phaŋ³⁵ kjen³⁵ ho⁵⁵. phaŋ⁵³ kjen³⁵ ko⁵⁵ te⁵³
PFV 篮子 里 LOC 酥油饼 提 PFV 饼 里 LOC 毒

tsho⁵³ ho⁵⁵ a⁵⁵ ka⁵⁵sun⁵⁵ ma³⁵sun⁵⁵ tu³⁵we⁵⁵ ŋ⁵⁵ ko⁵⁵ ha⁵⁵na⁵³ a⁵⁵la⁵⁵. po⁵³jaŋ⁵⁵
放 PFV 孩子 三 柴火 卖 地方 LOC 来 EVID 女仆

we⁵⁵ la⁵⁵tu⁵⁵po⁵⁵ja⁵⁵ a⁵⁵ ku⁵⁵ɕun⁵³ta⁵³ a⁵⁵ ku⁵⁵tje⁵³ a³⁵ne³⁵ a⁵⁵na⁵³ ʈu⁵⁵waŋ⁵⁵te⁵⁵
TOP 故意 啊 可怜 孩子 小 早晨 起床 仍然

tɯ⁵⁵ma⁵³	jam⁵⁵te⁵⁵.	ha⁵⁵na⁵³	ha⁵⁵na⁵³	ha⁵⁵na⁵³	ha³⁵e⁵⁵	ko⁵⁵	ta³⁵so³⁵phaŋ³⁵
吃	没有	来	来	来	这里	LOC	酥油饼

huŋ⁵⁵nɯŋ⁵⁵tɯ³⁵	tha⁵³pra³⁵tɯ⁵⁵	ni⁵³	kɯ⁵⁵ta⁵⁵ke⁵³	tha⁵³	ni⁵³	ja⁵⁵ke⁵⁵	kɯ⁵⁵ta⁵³ke⁵³.
香	好吃	2pl	多少	吃	2pl	PROS	多少

在大河的下游，有一个打鱼的老头儿。这天，他正划着小船，在河里打鱼。看见一只大陶罐在水上漂过来，连忙把它拿起来。他做梦也没有想到，陶罐里有三个天仙一样漂亮的小娃娃。老头特别高兴，把他们抱回家，每天用好吃的鱼汤喂他们。小孩们一天一天地长大了，又聪明，又漂亮。村里的人都说这老头运气好。三个孩子看见老人天天打鱼，特别辛苦，于是每人编了一只筐子，偷偷地到树林里拣柴火，拿到市场上换点酥油、盐巴。有一天，他们被黑心的女仆看到了。女仆想：这三个孩子，跟国王以前的妻子一模一样，我觉得这三个孩子就是以前那个妻子留下的孩子。要杀死他们。于是，她用黑布包着脑袋，提着一篮酥油饼子，饼子里放了毒，来到三兄妹卖柴火的地方。女仆故意说："啊，可怜的小娃娃，你们早起还没有喝茶吧？来来来，我这里有酥油饼子，又香又好吃。你们想吃多少就拿多少。"

ɕi³⁵	ta⁵⁵	mi⁵³ji⁵⁵	ko⁵⁵	a⁵⁵	ka⁵⁵sɯn³⁵	we⁵⁵	kɯ³⁵ta⁵³	la³¹mu⁵⁵	ɕi³⁵waŋ⁵³wɯn⁵⁵
拿	IND	开始	LOC	孩子	三	TOP	话	什么	无论

a³⁵mju⁵³ko⁵⁵.	po⁵³jaŋ⁵⁵	we⁵⁵	la⁵⁵lja⁵⁵la⁵⁵.	ṇun⁵⁵ma⁵⁵	ko⁵⁵	a⁵⁵	ka⁵⁵sɯn³⁵	we⁵⁵
不要	女仆	OBJ	反复	劝说	LOC	孩子	三	TOP

ta³⁵so³⁵phaŋ³⁵	kɯ³⁵tje⁵³	joŋ⁵⁵kun⁵⁵	ha⁵⁵lja⁵⁵po⁵⁵	we⁵⁵li⁵³ja³⁵ke⁵³	je⁵⁵	a⁵⁵	ka⁵⁵sɯn⁵⁵
酥油饼	小	最	收下	但是	DEM	孩子	三

we⁵⁵	ta³⁵so³⁵phaŋ³⁵	we⁵⁵	tha⁵³	jim⁵⁵	la⁵⁵	ta³⁵po³⁵taŋ⁵⁵	a⁵³lja³ja⁵⁵	ha⁵⁵na⁵⁵na³⁵ko⁵⁵
TOP	酥油饼	TOP	吃	NEG	EVID	老人	等待	回来

ta⁵³ja⁵⁵la⁵⁵	tsho⁵³	a⁵⁵la⁵⁵	liŋ⁵³ko⁵⁵	ta³⁵pa⁵⁵we⁵⁵	ha⁵⁵na⁵⁵na⁵⁵	a³⁵ko⁵⁵	ka⁵⁵ke⁵³	tha⁵⁵
暂时	放	EVID	晚上	老人	回来	PFV	口	吃

thai³⁵	khoŋ³⁵	a⁵⁵la⁵⁵.	ma⁵⁵ro³⁵	ɕi³¹le⁵⁵	m⁵⁵ɕa⁵³	koŋ⁵⁵	a⁵⁵la⁵⁵.	a⁵³	ka⁵⁵sɯn³⁵
毒	PFV	EVID	话	说	NEG	能	EVID	孩子	三

we⁵⁵	re⁵⁵	koŋ⁵⁵.	a⁵⁵la⁵⁵	tɕe⁵³luŋ⁵⁵	a³⁵tɯ⁵⁵	khi⁵⁵	a⁵⁵la⁵⁵	wɯn⁵⁵	me³⁵	we⁵⁵tiŋ⁵³
TOP	害怕	PFV	EVID	3pl	地方	去	EVID	只要	人	看见

ho³⁵wa⁵⁵	a³¹hu⁵⁵a⁵⁵	ta³⁵pa⁵⁵we⁵⁵	ɕi⁵⁵li⁵³ja⁵⁵ko⁵⁵	a⁵⁵sɯn⁵⁵na⁵⁵	a⁵⁵jam⁵⁵ki⁵⁵	ja⁵⁵	a⁵⁵la⁵⁵.
PFV	问	老人	起死	回生	能不能	PFV	EVID

kun⁵⁵	mja⁵ku⁵⁵ni⁵⁵	ja⁵⁵	we⁵⁵la⁵⁵	je⁵⁵	te⁵⁵ja⁵³a³⁵re⁵³	lja⁵⁵ho⁵³	te⁵⁵ja⁵⁵	we⁵⁵	kun⁵⁵ṇaŋ⁵⁵
一	仙女	有	之后	DEM	距离	远	山	TOP	九

ɕu⁵⁵pu⁵⁵	ha⁵⁵ko⁵⁵	the⁵⁵ja⁵³	ta³⁵koŋ⁵³	kin⁵⁵ko⁵³	ta³⁵koŋ⁵³	ta³¹pu⁵³	a⁵⁵ma⁵⁵	ko⁵⁵	kin⁵⁵ko⁵³
雪	翻过	山	美丽	里面	美丽	花	满满	LOC	里

pu³⁵te⁵³	pja³⁵	ku⁵⁵ni⁵⁵ja⁵⁵	je⁵⁵	pu³⁵te⁵³pja³⁵	a⁵⁵muɲ⁵⁵we⁵⁵	m³⁵ti³⁵lin⁵⁵	ja⁵⁵.
金鸟		居住	PROS	金鸟	叫	敏笛林	PROS

tɕhu³¹mɯ³¹	thaŋ³⁵	tɕe⁵⁵	a³¹pa³⁵	lei³⁵tɕhe⁵dzi⁵³	gɯ⁵⁵ba³¹	ɕi³¹.	di³¹ɕa³¹e³¹	ma³¹ro⁵⁵
出来	请	3sg	阿爸	重新	复活	能	大哥	说

a³¹ɕa³⁵	ni⁵⁵ka³¹n⁵⁵	a³¹a³¹lam³¹	mi⁵³	haŋ⁵⁵	a³¹lam³¹	pu³⁵te⁵³pja³⁵	mi³⁵ti⁵⁵lin⁵⁵
到	2dl	回去	IMP	1sg	现在	金鸟	敏笛林

ȵɯ³¹a³¹	kha⁵⁵tshi⁵⁵	je⁵⁵ho⁵⁵	mɯ³¹dzu³¹thu³¹	min³⁵ti⁵⁵lin⁵⁵	tɕhim³³	a³¹di⁵⁵	khom³¹
请	PRES	PFV	说着	敏笛林	居住	峡谷	DAT

bo⁵⁵	ja⁵⁵	ma⁵⁵tham³⁵	pa³⁵lo⁵⁵	ȵɯ³¹a³¹	a³¹lam³¹	ko⁵⁵	mɯ³¹tɕu³¹	thɯ³¹ȵɯ³⁵	tha⁵⁵
去	PFV	雪山	九	翻过	时	LOC	门		高

a³¹guŋ⁵³	thi⁵⁵zam⁵⁵	when	ja³¹	a³¹ban⁵⁵	thi⁵⁵tsha⁵⁵	ȵɯ³¹	ko⁵⁵	tsha⁵⁵	khem⁵³	a³¹ȵe⁵⁵
CONJ	大	看见	PFV	门	外	DIR	LOC	老人	一	坐

tɕhim³⁵	ljo⁵⁵	a³¹laŋ⁵⁵	tsha⁵⁵	a³¹hu³⁵a⁵⁵	a³¹ȵe⁵⁵	tɕhim³⁵	a³¹dzo⁵⁵	na⁵⁵	a³¹laŋ⁵⁵	ja⁵⁵?
头发	白	是		他问		2pl	哪里	DAT	去	PRES QUES

ɕa³¹na³¹	bo³⁵li⁵⁵	haŋ⁵⁵	min⁴⁵ti⁵⁵lin⁵⁵	ȵɯ⁵⁵bu³¹	e⁵⁵ɕi⁵⁵kha⁵⁵	thu³¹	thi⁵⁵ba⁵⁵	ba³³ja⁵⁵
大哥	回应	1sg	敏笛林	请	峡谷	去	老头儿	头

guŋ³¹	la⁵³u³¹lje⁵⁵	min⁵³ha³¹prau⁵⁵	haŋ³⁵	tɕhuŋ³¹	a³¹sa⁵⁵	khe⁵³ȵɯm⁵³	tshaŋ³¹thi⁵⁵
摇	劝说	小伙	我	这里	LOC	年	百

ɕi³¹zom⁵⁵	tɕhuŋ³⁵	haŋ³⁵	a³¹dzo⁵⁵	ȵɯ³¹a³¹	ha⁵⁵lja⁵⁵kuŋ⁵⁵	sun⁵³guŋ³¹	sa⁵⁵a³¹
过去	PFV	我	鸟	迎请	客人	许多	看到

di³⁵tɕhi⁵⁵	kha³¹ȵɯ³¹a³¹	luŋ⁵⁵	dzo⁵⁵	dzo⁵⁵	a³¹daŋ³¹	ba⁵⁵ljaguŋ⁵⁵	tɕha³⁵a³¹	dzo³⁵.
他们	全都		石头	或者	泥土		变成	PFV

ȵɯ³¹a³¹	a³¹ȵen⁵⁵	me⁵⁵	ta⁵⁵bu³¹	tha³⁵	a³¹laŋ⁵⁵	jim⁵⁵	ȵuŋ³¹	e³⁵	ba⁵⁵sui³¹	kha⁵⁵
活着	回去	人	从来	几乎		NEG	2sg	DEM	最好	走

ŋ³¹phu³¹	u³¹lja³¹	haŋ³⁵	lam³¹	rai⁵⁵	pja³⁵.	thom⁵³u³¹li³⁵	a⁵⁵khi³⁵	na⁵⁵thaŋ⁵⁵	ȵɯ³¹a³¹
大哥	说	我	不	怕	鸟	迎请	一定	IMP	3sg

ŋ³¹phu³¹iu⁵⁵	ȵɯ³⁵m⁵⁵	zaŋ⁵⁵bu³¹	o⁵⁵di⁵⁵	huaŋ⁵³a⁵⁵	ka³¹n⁵⁵	ko⁵⁵	tshi³¹	pa⁵⁵phi⁵⁵	thi³⁵ɕi³¹
走着走着	累	愈发	不容易	门	第二	LOC	到	大哥	蹲

ha⁵⁵la³⁵	guŋ⁵⁵ŋ³¹	pu⁵⁵.	ɕen⁵⁵	tsha⁵⁵	lam³⁵taŋ⁵⁵	tha³⁵kha⁵⁵	gen³⁵li⁵⁵	a³¹khi³⁵	thi⁵⁵.
下	休息	IND	DEM	下	坏	大哥	石头	变成	PFV

buŋ⁵⁵ n̠ɯŋ⁵⁵ ho³⁵ljo⁵⁵. a⁵⁵joŋ⁵⁵ ma⁵⁵ ba³¹the³⁵ ma⁵⁵ ŋ⁵³ kun⁵³ ko⁵⁵ raŋ³⁵the⁵³
又　　2sg　　一下　　　妹妹　CONJ　哥哥　CONJ　家　里　LOC　长

ka³¹ljoŋ³⁵ a³¹. ta³¹tsa⁵⁵joŋ⁵⁵ we⁵⁵ ha⁵⁵na⁵⁵ lja⁵³ja³¹ jim⁵⁵ a⁵⁵joŋ⁵⁵ we⁵⁵ la⁵⁵ ba³¹thi³⁵
等　　　　PORS　大哥　　　　　TOP　回来　　PFV　NEG　二哥　　TOP　说　妹妹

noŋ³¹ ŋ⁵³ kun⁵³ ji⁵⁵ tja⁵⁵tja⁵⁵ haŋ³⁵ po⁵³ a³¹ko⁵⁵ ta³¹tsa⁵⁵joŋ⁵⁵ we⁵⁵ ma³¹la⁵³ na⁵⁵
2sg　家　里　等　PROH　　1sg　去　时候　　大哥　　　　OBJ　找　DIR

po³¹ we⁵⁵li⁵³ja³¹ko⁵⁵ mi³¹ti³⁵lin³⁵ pja⁵³ we⁵⁵ tɯ⁵⁵ka³¹tjau⁵⁵tɯ⁵⁵ we⁵⁵pin⁵⁵ ta³¹tsa⁵⁵joŋ⁵⁵
去　然后　　　敏笛林　　鸟　TOP　　　同时　　　　可是　大哥

tɯŋ³⁵ tɯ³⁵ka³¹ kɯ³¹tɯ⁵⁵ɕim⁵⁵ kha⁵³lɯŋ⁵⁵ kɯ⁵⁵lu⁵⁵ ka³¹sɯŋ³⁵ je⁵⁵ ha³¹poŋ⁵ke³¹ khi⁵⁵
一样　像　　不容易　　　门　　　第　　三　TOP　外面　　　去

ja⁵⁵ko⁵⁵ phla⁵³poŋ³⁵ koŋ³⁵ ko⁵⁵ a³¹khi⁵³ kin³⁵ ja³¹la⁵⁵ we⁵⁵pin⁵⁵ khɯ³¹lai⁵⁵ lin³⁵ koŋ³¹.
PFV　墙　边　LOC　靠　去　PFV　于是　土　变　PFV

pa³¹thi³⁵ we⁵⁵ ŋ⁵³ kun⁵³ ko³¹ raŋ³⁵ thi⁵³ kɯ³¹ljoŋ³⁵a³¹. nim³⁵ ka³¹n³⁵ we⁵⁵ ha⁵⁵lja⁵⁵
妹妹　TOP　家　里　LOC　长时间　等　　　哥哥　　二　TOP　回来

jim³¹. we⁵⁵li⁵⁵ja³¹ pa³¹thɯ³⁵ we⁵⁵ ma⁵⁵la⁵³ po⁵⁵ ja⁵⁵ ma³¹tju⁵³ a³¹. we⁵⁵ko⁵⁵
NEG　然后　妹妹　TOP　找　去　PROS　准备　PROS　同时

me³¹ti³⁵in³⁵ pja⁵³ we⁵⁵ ka³¹tjau⁵⁵ tjɯ⁵⁵ ja³¹la⁵⁵ tɕe⁵⁵ me³¹ khun³⁵ thɯ⁵³ ja⁵⁵
敏笛林　　鸟　TOP　时间　　同样　请　3sg　人　一　白天　晚上

kɯ³¹ta⁵⁵ke⁵³ tɕhi⁵⁵ ja³¹ko⁵⁵. tɕe⁵⁵ kha⁵⁵lɯŋ⁵³ kɯ⁵⁵lu⁵⁵ khun³⁵toŋ³¹ khi⁵⁵ ja³¹ko⁵⁵
多少　　　走　PROS　3sg　门　　第　　一　　走　PFV

we⁵⁵li⁵⁵ja³¹ kha⁵⁵lɯn⁵⁵ kɯ⁵⁵lu⁵⁵ ka³¹sɯn³⁵ khi⁵⁵ ja³¹ko⁵⁵ ta³¹pu⁵⁵ khun³⁵ tɯ⁵⁵ru⁵³ka³⁵
然后　　门　　第　　二　走　PFV　老太太　一　遇见

a³¹la⁵⁵ tɕe⁵⁵ thum⁵⁵pru³¹ kin⁵³ ko⁵⁵ la³⁵ khun⁵⁵ mo⁵³ho⁵³ jim³¹. tɕe⁵⁵ a³¹hu³⁵a³¹.
EVID　3sg　嘴　里　LOC　牙　一　PFV　NEG　3sg　问

kn³¹ljo⁵³a³⁵ tja³⁵ lɯ⁵⁵noŋ⁵³ po⁵³ a³¹jim⁵³? pa³¹thi³⁵ we⁵⁵ lu⁵⁵ haŋ³⁵ ha³⁵min³¹ ma³¹la⁵³
小姑娘　　你　　哪儿　去　QUES　妹妹　TOP　说　1sg　哥哥　找

na⁵⁵ po⁵³ je³¹ e⁵⁵ti³¹ mi³¹tɕi³⁵lin⁵⁵ pja⁵³ we⁵⁵ ka³¹tjao³⁵ po⁵³ ja³¹ e⁵⁵ti³¹. ta³¹pu⁵⁵
DIR　去　PROS　同时　敏笛林　　鸟　OBJ　请　去　PROS　同时　老太太

we⁵⁵ kɯ⁵⁵ru⁵⁵ keŋ³⁵lja³¹ a³¹ko⁵ la³¹ ka³¹ljo⁵⁵a³⁵ haŋ³⁵ we⁵⁵ e⁵⁵ko⁵⁵ kɯ⁵⁵nɯŋ⁵⁵
TOP　头　摇　PROS　说　姑娘　1sg　TOP　这里　年

ma³¹lɯm³⁵ nɯŋ⁵⁵ ji⁵⁵ ja³¹ ko⁵⁵ me⁵³ tɯ³¹thi⁵³ hwen³⁵tjiŋ³⁵ a³¹ mi³¹ti³⁵lin³⁵ pja⁵³
一百　　PFV　住　PFV　LOC　人　很多　看见　　　　PROS　敏笛林　鸟

第六章 语料

233

we⁵⁵ ren³⁵a³¹ khuŋ³⁵ke³¹ kuŋ³⁵ke³¹ a³¹lim³⁵ ko⁵⁵ ɕi⁵⁵ a³¹ tuŋ⁵⁵a³¹ mim³¹ ka³¹n⁵⁵
TOP 找   一个   一个   路   LOC 死   PFV 包括   哥哥   两

we⁵⁵ mu³¹ tɕu³⁵ka³¹ khuŋ³⁵ je⁵⁵ phlaŋ³⁵ lin³⁵ koŋ⁵⁵a³¹ khuŋ⁵⁵ je⁵⁵ khlai⁵³ lin³⁵
OBJ 也   一样   一个   TOP 石头   变   PFV   一个   TOP 土   变

koŋ³⁵a³¹. haŋ³⁵ noŋ³⁵ we³¹ tu⁵⁵me⁵⁵ti noŋ³¹ pu⁵⁵na⁵⁵ tɕa³¹. pa³¹thui³⁵ we⁵⁵ nim⁵⁵
PFV   1sg   2sg   OBJ 劝   2sg   回去   PROH   妹妹   TOP 哥哥

we⁵⁵ ka³¹n⁵⁵ ku³¹num⁵⁵ ku⁵⁵sa⁵⁵ a³¹ko⁵⁵ tu⁵⁵joŋ⁵⁵ta⁵³khu joŋ⁵⁵ ɕa⁵³ a³¹la⁵⁵. a³¹pu⁵⁵
TOP 两   事情   知道   之后   勇敢   COPR   变   EVID   老太太

we⁵⁵ tɕe⁵⁵ we⁵⁵ la⁵⁵lja⁵⁵ɕe³¹ jim⁵⁵ hwen⁵⁵tjiŋ⁵³ a³¹ko⁵⁵ tɕe⁵⁵ we⁵⁵ na⁵³ tjiŋ⁵³ khuŋ³¹
TOP 3sg   TOP 动摇   NEG   看见   之后   3sg   TOP 给   PFV   一

hwen³⁵ ja³¹ko⁵⁵ tɕhi⁵³tu⁵⁵thi⁵³ lja⁵³tu⁵⁵thi⁵³ ja³¹la⁵⁵ wu³¹li⁵³ko⁵⁵pie⁵⁵ a⁵⁵lim⁵ ha⁵³na⁵⁵na⁵⁵ja³¹
线   团   一边走   一边扔   PFV   这样   路   回来

hwen³⁵tjiŋ⁵³ na⁵⁵ja³¹la⁵⁵. pa³¹thu³⁵ we⁵⁵ tɕhi⁵³ja⁵⁵tɕhi⁵³ja⁵⁵ ke³¹ta⁵⁵ke³¹ ja³¹ ku⁵⁵mu⁵³
看见   DIR   妹妹   TOP 走啊走啊   多么   PROS 累

na⁵³ja³¹ jim³¹ ke³¹ta⁵⁵ke⁵⁵ ku⁵⁵ja³¹ ku⁵⁵mu³¹niŋ⁵⁵ jim³¹. a³¹mjoŋ⁵³ko³¹ tɕe⁵⁵ ku³¹tu⁵³
停   NEG   多么   困   睡   NEG   最后   3sg   终于

ɕim⁵⁵ko³¹ ta³¹koŋ⁵⁵ ta³¹kroŋ⁵³ khi⁵³ ja³¹. ta³¹koŋ⁵⁵ kin⁵³ ko⁵⁵ thu⁵⁵ja⁵⁵ a³¹ khuŋ⁵⁵
LOC   峡谷   美丽   走   PFV   峡谷   里   LOC 山   小   一

a³¹. we⁵⁵ kjaŋ⁵³ ko⁵⁵ ta³¹pu⁵⁵ pla⁵⁵ ho³¹. pu⁵⁵ kjaŋ⁵³ ko⁵⁵ pja⁵³ khuŋ⁵⁵
PROS TOP   上   LOC 花   满   PROS   花   上   LOC   鸟   一

ten³⁵ ho³¹.
站   PROS

开始的时候，三个孩子怎么说都不想要。后来，女仆说了又说，三个孩子才收下了一个最小的酥油饼子。但是，这三个孩子都没有吃这个酥油饼子，他们要放着给老人打鱼回来吃。晚上，老人回来以后吃了一口就中毒了，不能说话了。三个孩子吓坏了。他们去了很多地方，看到人就打听能不能让老人起死回生。有一位仙女说："从这里再翻过九座雪山，有一座峡谷长满鲜花，峡谷里住着一只金鸟。这只鸟叫作敏笛林。把它请出来，就能让你们的阿爸复活。"大哥说："你俩回去吧，我现在就去请敏笛林鸟。"说完，向敏笛林居住的峡谷走去。他翻过第九座雪山的时候，看见一个又高又大的门。门外边坐着一个老头儿，头发花白。老头儿问："小伙子，你到什么地方去呀？"大哥说："我到峡谷里去请敏笛林鸟。"老头摇了摇头，劝道："小伙子，我在这里已经一百多年了。我看到许多来请敏笛林鸟的人。他们都变成了石头，或者变成了泥土，没有一个活着回去的。"大哥说："我不怕，我要把敏笛林鸟请出来！"他走着走着，越来越累，好不容易到了第二道门边，大哥想蹲在地上休息一会儿。这下坏了！大哥马上变成了一块石头。二哥和小妹妹在家里等了很久，都没见大哥回来。二哥说："妹妹，你留在家里吧，我去找找大哥，同时把敏笛林鸟请回来。"可是，二哥跟大哥一样，好不容易走到第三道门的外面，太困了，在墙边靠了一会儿，结果他变成了土。小妹妹在家等了很久，两个哥哥一直没有回来。她准备去找哥哥，同时去请敏笛林鸟。她独自一人，不知走了多少个白天，走了多少个夜晚。她进了第一道门，又进了第二道门，当她来到第三道门的时候，遇到一个很老的老太太。她嘴里一颗牙齿都没有。她问，"小姑娘，你这是要到哪里去呀？"妹妹说："我去找我的哥哥，还要请敏笛林鸟。"老太太摇了摇头，说："小姑娘，我在这里一百多年了，看到许多许多请敏笛林鸟的人，一个个都死在路上。你的两位哥哥也一样，一个变成了石头，一个变成了土堆，我劝你还是回去吧！"小妹妹听说两位哥哥的事情，变得更加勇敢了。老太太看见她非常坚决，便送给她一个大线团，叫她一边走，一边扔，这样，就能找到回来的路。小妹妹走呀，走呀。再累，她也不肯停下来；再困，她也不睡觉。最后，她终于进了那座美丽的峡谷。峡谷里有座长满鲜花的小山，一只小鸟儿站在鲜花上。

je⁵⁵　pja⁵³　we⁵⁵　ren⁵³　tuɯ³¹poŋ³⁵　ta⁵⁵thi⁵⁵　khi⁵⁵　a³¹we⁵⁵　puɯi⁵⁵tai⁵⁵　pja⁵³　we⁵⁵
DEM　鸟　TOP　太阳　光　意义　亮　DEM　金　鸟　TOP

mi³¹ti³⁵lin³⁵　la⁵⁵.　pja⁵³　a⁵⁵　we⁵⁵　a⁵⁵me⁵⁵ja³¹a⁵⁵　we⁵⁵　hwen³⁵tjin⁵³　a³¹ko⁵⁵　ta³¹we⁵⁵
敏笛林　EVID　鸟　小　TOP　小姑娘　OBJ　看见　时候　心

kin⁵³　ko³¹　puɯi⁵⁵ta³¹　ha⁵⁵ljo⁵⁵　a⁵⁵　ta³¹khu⁵⁵　me⁵⁵ja³¹a⁵⁵　noŋ⁵⁵　je⁵⁵　to³¹pu⁵⁵　ha⁵⁵na⁵⁵
里　LOC　非常　开心　PROS　厉害　小姑娘　2sg　TOP　第一　来

haŋ³⁵　toŋ⁵³.　çim⁵⁵　kuɯ³¹num³⁵　noŋ⁵⁵　a³¹　ma³¹ro⁵⁵　ne³¹.　pa³¹thu⁵⁵　a⁵⁵　we⁵⁵
1sg　PFV　什么　事情　2sg　PROS　说　请　妹妹　小　TOP

mi³¹ti³⁵lin³⁵　pja⁵³　we⁵⁵　la⁵⁵　tɕe⁵⁵　pa³⁵　we⁵⁵　ma⁵⁵bra³¹na⁵⁵huŋ³¹　na⁵⁵.　mi³¹ti³⁵lin³⁵
敏笛林　鸟　TOP　去　3sg　爸爸　OBJ　救治　请　敏笛林

pja⁵³　we⁵⁵　puɯi³¹ta³¹　ta³loŋ⁵³　ɯa³¹tjaŋ³⁵　a³ko⁵⁵,　ba³¹the³⁵　paŋ³⁵tjaŋ⁵³　tjoŋ⁵³　a³¹ko⁵⁵,
鸟　TOP　金色　翅膀　展开　时候　妹妹　肩膀　上　时候

la⁵⁵　pa³¹the³⁵　ja³⁵　po⁵³　ke³⁵la³¹.　pa³¹thi³⁵a⁵⁵　we⁵⁵　mi³¹til³⁵in³⁵　puɯi³¹tai⁵⁵　pja⁵³
说　妹妹　TOP　走　PROH　小妹妹　TOP　敏笛林　金　鸟

we⁵⁵we³⁵　ka³¹tjau³⁵　a³¹ko⁵⁵　ha⁵⁵jioŋ⁵⁵　ko⁵⁵　na⁵³　lja⁵³　we⁵⁵we³⁵　ka³¹su³⁵　a³¹.
OBJ　带　时候　之前　LOC　线　扔　TOP　沿着　PROS

kha³¹lun³⁵　khun⁵⁵　ba³⁵　a³¹ko⁵⁵　kun⁵⁵to⁵¹　ba⁵⁵　a³¹la⁵³　a³¹lim³⁵　puɯ⁵⁵na⁵⁵　po⁵⁵　ti³¹
门　第一　跨　之后　第二　跨　EVID　路　回去　去　DIR

puɯ⁵⁵tai⁵⁵	pja⁵³	we⁵⁵	nim³⁵	ka³¹n⁵⁵	we⁵⁵we³⁵	a³¹seŋ⁵⁵	na⁵⁵	ji³¹koŋ⁵⁵	a³¹la⁵⁵.	a⁵⁵
金	鸟	TOP	哥哥	两	OBJ	生命	DIR	PFV	EVID	孩子

ka³¹sɯŋ³⁵	we⁵⁵	ŋ⁵³	kun⁵³	khi⁵⁵	a³¹ko⁵⁵	tɯ⁵⁵rɯŋ⁵⁵	khɯn⁵⁵	we⁵⁵	tɕe⁵⁵	a³¹lɯŋ³⁵
三	TOP	家	里	到	时候	大	一	TOP	3sg	一起

pa³⁵	we⁵⁵	a³¹seŋ⁵⁵	na⁵⁵	je⁵⁵koŋ⁵³	a³¹la⁵⁵.	mi³¹ti³⁵lin³⁵	puɯ⁵⁵tai⁵⁵	pja⁵³	we⁵⁵	praŋ⁵³toŋ³⁵
爸爸	OBJ	生命	会	PFV	EVID	敏笛林	金	鸟	TOP	与

tju³¹ka³⁵	ta³¹thei⁵⁵thei³¹.	ba³¹	we⁵⁵	tjiŋ³⁵	kjaŋ³¹	ko⁵⁵	tjoŋ⁵³	po³	ma³¹ro⁵⁵a⁵⁵	a³¹pa³⁵
一样	刚才	老爸	TOP	身体	上	LOC	落	去	说	爸爸

tjoŋ⁵⁵na⁵⁵nei³⁵.	pa³⁵	we⁵⁵	ta³¹ hrɯ⁵⁵	ha⁵⁵ puɯ⁵³	kjaŋ³¹	ko⁵⁵	raŋ⁵⁵	ho³¹	pe⁵³e⁵⁵	ko⁵⁵
起来	爸爸	TOP	席子	破	上	LOC	长	PROS	慢慢	LOC

ma³¹tɕin⁵³	a³¹tjo³⁵	ka³¹n⁵⁵	tsa⁵³	a³¹ko⁵⁵	tja⁵⁵ke⁵³	ha⁵⁵ȵoŋ³⁵	po³¹	ma³¹ro⁵⁵	a⁵⁵	haŋ³⁵
伸	手	两个	伸	时候	哈欠	打	去	说	到	1sg

e⁵⁵	pɯ³⁵n⁵³	na³¹	we⁵⁵	ŋ⁵³	men⁵⁵	koŋ³⁵	a³¹tjur³⁵	a³¹.	a³¹tja⁵³	haŋ³⁵	ta⁵⁵ŋa⁵³	lja⁵⁵
DEM	觉	一	TOP	水	时间长	PFV	过头		PROS	现在	1sg	鱼	打

po³¹ti⁵⁵.	ta³¹pɯ⁵⁵	we⁵⁵	ɕi⁵⁵	li³ja³ko⁵⁵	a³¹seŋ⁵⁵na³¹	kɯ³¹nɯm³⁵	we⁵⁵	me³⁵	khɯn⁵³
去	老人	TOP	死	起	回生	事情	TOP	人	一

ko⁵⁵	ha⁵⁵lɯŋ⁵⁵	kɯ⁵⁵sa⁵³	me³⁵	ha⁵⁵lɯŋ⁵⁵	kɯ³¹sa⁵³.	a³¹mjoŋ⁵³ko⁵⁵	a³¹tsa⁵³tɯ⁵⁵rɯŋ⁵⁵
LOC	十	知道	人	十	知道	然后	国王

krɯ⁵⁵na³¹	kin⁵³	ko⁵⁵	tha³¹	tiŋ⁵³	na³¹la⁵⁵.
耳朵	里	LOC	听	到	DIR

这只小鸟和阳光一样的亮，这就是金鸟敏笛林。小鸟看见姑娘，心里很感动很开心，说："厉害的姑娘呀，你是第一个来到我身边的人。有什么事，你就说吧！"小妹妹就请金鸟救救她的爸爸，敏笛林鸟展开金色的翅膀，落在小妹妹的肩膀上，说："妹妹，走吧。"小妹妹带着敏笛林金鸟，循着之前扔下的毛线，跨过一道门，又跨过一道门。在回去的路上，金鸟也救活了两个哥哥。三个孩子回到家里，一件大事就是救醒他们的爸爸。敏笛林金鸟跟刚才一样，落在他们爸爸的身上，说道："老阿爸，起来啦！"老阿爸躺在破席子上，慢慢地伸展着双手，打了一个哈欠，说："我这一觉真的睡过头了，该打鱼去啦！"老人起死回生的事，一传十，十传百，最后传到了国王的耳朵里。

a³¹tsa⁵³tɯ⁵⁵rɯŋ⁵⁵	we⁵⁵	we⁵⁵	lɯŋ⁵⁵hwaŋ⁵³	ja³¹jim⁵⁵	la³¹.	we⁵⁵ko⁵⁵	ta³¹pau⁵⁵	ma⁵⁵
国王	TOP	TOP	相信	NEG	EVID	于是	老人	CONJ

a⁵⁵	ka³¹sɯŋ³⁵	we⁵⁵	tɕe⁵⁵	toŋ⁵³	ha⁵⁵na⁵⁵	a³¹la⁵⁵.	mi³¹ti³⁵lin³⁵	puɯ⁵⁵tai⁵⁵	pja⁵³
孩子	三	TOP	3sg	见	来	EVID	敏笛林	金	鸟

we⁵⁵	a³¹tsa5tɯ⁵⁵ruŋ³⁵	hwen³⁵tjiŋ⁵³	ja³¹ko⁵⁵	a⁵⁵	ka³¹sɯŋ³⁵	kɯ³¹nɯm³⁵	we⁵⁵
TOP	国王 看见	时候	孩子	三		事情	OBJ

a³¹tsa⁵³tɯ⁵⁵ruŋ³⁵	we⁵⁵	ha³¹tja⁵⁵	a³¹la⁵⁵.	a³¹tsa⁵³tɯ⁵⁵ruŋ³⁵	we⁵⁵	ɕim⁵⁵	ka³¹tju³⁵	kɯ⁵⁵sa⁵³
国王	TOP	告诉	EVID	国王	TOP	什么	都	知道

a⁵⁵la⁵⁵.	tɕe⁵⁵	ha⁵⁵joŋ⁵⁵	me⁵⁵jaŋ⁵⁵	we⁵⁵	po⁵³	ŋ³¹	kin⁵⁵	ko⁵⁵	ha⁵⁵na⁵⁵na⁵⁵	ji⁵⁵	ja³¹.
EVID	3sg	之前	妻子	OBJ	去	房	里	LOC	来	DIR	请

pu⁵³jaŋ⁵⁵	ha⁵⁵na⁵⁵	po⁵³	ni⁵³	koŋ³⁵a³¹	tjiŋ⁵⁵	koŋ³¹	a³¹la⁵⁵.	ha³¹pɯŋ⁵⁵	a⁵⁵	ka³¹sɯŋ³⁵
女仆	来	去	鼻子	PFV	割掉	PFV	EVID	野外	孩子	三

ma⁵⁵	ta⁵⁵ŋa⁵³	lja⁵⁵	ta³¹pu³⁵	we⁵⁵	a³¹tsa⁵³tɯŋ³⁵	a³¹lɯŋ⁵⁵pa⁵³	ji³¹	ja³¹la⁵⁵.	a³¹mjoŋ³⁵ko⁵⁵
CONJ	鱼	打	老人	OBJ	国王	一起		住 PFV	之后

tɕe⁵⁵	a³¹lɯŋ³⁵	tim³⁵ja³¹	mo⁵³	a³¹	tha³⁵ja³⁵	mo⁵³	a⁵⁵	kɯ⁵⁵ja³¹	mo³¹a⁵⁵	ɕa⁵³	a³¹la⁵⁵.
3:pl	喝的	好	PROS	吃的	好	PROS	穿的	好	变	EVID	

国王有点不相信，就让老人和他的三个孩子来见他。敏笛林金鸟见到国王以后，把三个孩子的事情告诉了国王。国王什么都知道了。他把原来的妻子从监狱里请出来。女仆被割掉鼻子，赶到没有人居住的森林里。三个孩子和打鱼的老人跟国王一起生活，喝的好，吃的好，穿的也好。

（巴布龙讲述）

4．智斗巫婆

pɯi⁵⁵ja⁵⁵	a³¹ko⁵⁵	mlã³⁵	khun⁵⁵	na³⁵mɯŋ⁵⁵	we⁵⁵	tɕaŋ⁵⁵ɕu⁵³	la⁵⁵	la³¹la³¹	je⁵⁵
古时候	之前	地方	一	名字	TOP	江秀	叫	EVID	DEM

mlã³⁵	ko⁵⁵	kjaŋ³¹	ko⁵⁵	ta³¹puɯ⁵⁵	gwak⁵⁵	khun⁵⁵	ji⁵⁵	ja³¹la⁵⁵.	tɕe⁵⁵	a³¹mɯŋ⁵⁵
地方	LOC	上	LOC	老	巫婆	一	住	EVID	3sg	名字

we⁵⁵	tɕe³⁵wa³¹tʂun⁵⁵	la⁵⁵	a³¹la⁵⁵.	tɕe⁵⁵	ȵ⁵³la⁵³mɯŋ³¹	khɯn⁵⁵ȵim⁵⁵	tɯ⁵⁵tju⁵³	a⁵⁵lɯŋ⁵³pa³¹
TOP	杰瓦珍	叫	EVID	3sg	每天	鬼	小	一起

ji⁵⁵	ja³¹ko⁵⁵	me⁵⁵	we³⁵	tha⁵³	a³¹la⁵⁵.	kɯ³⁵sa⁵³er³¹waŋ³⁵	we⁵⁵	me³⁵we⁵⁵we⁵⁵	je⁵⁵
住	PROS	人	TOP	吃	EVID	格萨尔王	TOP	人民	OBJ

khɯ⁵⁵ȵim⁵⁵	we⁵⁵	se⁵³	koŋ³⁵	ja³¹la⁵⁵.	kɯ³⁵sa⁵³er³¹waŋ³⁵	ma³¹roŋ⁵⁵	we⁵⁵	kɯ³¹ta⁵⁵mu⁵³
鬼	OBJ	杀	PFV	EVID	格萨尔王	马	TOP	怎么

je⁵⁵we⁵⁵tɕiŋ⁵⁵	ho³¹	jim⁵⁵.	a³¹mjoŋ⁵³ko⁵⁵	khɯ⁵⁵ȵim⁵⁵	ta³¹puɯ⁵⁵	we⁵⁵we³⁵	se⁵³tɕiŋ⁵⁵a³¹
追上	PFV	NEG	之后	鬼	老	TOP	杀死

| jim⁵⁵ | la³¹. | a³¹mjoŋ⁵³ko⁵⁵ | ku³⁵sa⁵³er³¹ | we⁵⁵ | tum⁵⁵ | kjaŋ³¹ | khi³⁵ | a³¹ko⁵⁵. | je⁵⁵ |
| NEG | EVID | 之后 | 格萨尔 | TOP | 天 | 上 | 去 | 之后 | DEM |

ku³¹num³⁵ we⁵⁵we³⁵ ha³¹tja³⁵ na⁵⁵ ji⁵⁵ja³¹la⁵⁵. tɕam⁵³ma³¹lu⁵⁵ we⁵⁵ je⁵⁵ ku³¹num³⁵
鬼 TOP 告诉 PFV EVID 如来佛 TOP DEM 鬼

je⁵⁵ tha³¹tjiŋ⁵³ li⁵⁵ja³¹ko⁵⁵ tum⁵⁵jaŋ⁵⁵ a³¹hui³⁵tsa⁵⁵ a³¹ko⁵⁵ me³⁵ mla³¹ ko⁵⁵ ha⁵⁵na⁵⁵a³¹
TOP 听到 之后 仙女 派 之后 人 地方 LOC 来

ha⁵⁵pui⁵³ we⁵⁵we³⁵ se⁵³ koŋ³⁵ a³¹la⁵⁵. me³⁵tɕu³⁵ we⁵⁵ ha⁵⁵ru⁵³ na⁵⁵poŋ³⁵ a³¹
坏人 OBJ 杀 PFV EVID 人们 TOP 拯救 来 PROS

tum⁵⁵jaŋ⁵⁵ we⁵⁵ tɕam⁵³ma³¹lu⁵⁵ tu³¹ku⁵⁵ tha³¹ruŋ⁵⁵ a³¹ko⁵⁵ je⁵⁵ mla³⁵ ko⁵⁵ tɕaŋ⁵⁵ɕu⁵³
仙女 TOP 如来佛 话 听 之后 DEM 地方 LOC 江秀

la⁵⁵ je⁵⁵ mla³¹ ko⁵⁵ ha⁵⁵na³¹ a³¹ko⁵⁵ a³¹muŋ³⁵ je⁵⁵ pai³⁵ma³¹tso⁵³ la³¹tso⁵³ a⁵⁵.
叫 DEM 地方 LOC 来 之后 名字 TOP 白玛措 叫 PFV

we⁵⁵li³¹ja³¹pin⁵⁵ tɕam⁵³ma³¹lu⁵⁵ we⁵⁵ khu⁵⁵ȵim⁵⁵ ta³¹puu⁵⁵ we⁵⁵we³⁵ a⁵⁵ju³⁵wa³⁵ ka³¹suŋ³⁵
与此同时 如来佛 TOP 鬼 老 TOP 儿子 三

me⁵⁵ ja³¹la⁵⁵. nuŋ⁵⁵mroŋ⁵⁵ ka³¹suŋ³⁵ ke⁵⁵suŋ³⁵ we⁵⁵ be⁵³e⁵⁵ ta³¹tsai⁵⁵ ɕa⁵⁵la⁵⁵.
生 EVID 兄弟 三 成长 PFV 慢慢地 大 变 EVID

me³⁵ khun⁵³ ruŋ⁵⁵tsai⁵⁵ tɕhi⁵³a³¹ne⁵⁵ba³¹ko³¹nei³⁵a⁵³. pui⁵⁵ta³¹ ta³¹khu³¹ la⁵⁵. tɕe³¹luŋ³⁵
人 一 每 能干 非常 勇敢 EVID 3PL

pai³⁵ma³¹tso⁵³ we⁵⁵ mejaŋ⁵⁵ ka³¹tjao⁵⁵ a⁵⁵. we⁵⁵li³¹ja³¹pin⁵⁵ raŋ³¹ ɕa⁵³ a³¹jim⁵⁵
白玛措 TOP 妻子 取 PFV 然而 长 变 NEG

ku⁵⁵thi³¹ ta³¹tsai³¹jɔŋ⁵⁵ ma⁵⁵ ta³¹tsai⁵⁵jɔŋ⁵⁵ ha⁵⁵la⁵⁵ khun³⁵to³¹ we⁵⁵ ɕi⁵⁵ koŋ³⁵
LOC 老大 CONJ 老大 下 都 TOP 死 PFV

a³¹la⁵⁵. a⁵⁵jɔŋ⁵⁵khun³⁵ton³¹ we⁵⁵ ta³¹wai⁵⁵na⁵⁵ koŋ³⁵ a³¹la⁵⁵ kru⁵⁵ kjaŋ³¹ ko⁵⁵ tshuk⁵³
EVID 小兄弟 TOP 伤心 PFV EVID 头 上 LOC 虱子

tu³¹thi⁵³ ji³⁵ koŋ⁵⁵ a³¹la⁵⁵. ku⁵⁵ȵi³¹ khun⁵⁵ ko⁵⁵ a⁵⁵jɔŋ⁵⁵ tɕe³¹ ma⁵⁵ me⁵⁵jaŋ⁵⁵
满 长 PFV EVID 天 一 LOC 老三 3sg CONJ 妻子

we⁵⁵ ma⁵⁵ a⁵⁵luŋ³⁵ ba³¹thui⁵⁵ja⁵⁵ po⁵³ a³¹ku⁵⁵ ma³¹tsau⁵³ ne³¹ka³⁵. thui⁵⁵ja⁵⁵
TOP CONJ 一起 做 山 去 顶 牛 放 山

kjaŋ⁵³ ko⁵⁵ tɕe⁵⁵ pai³⁵ma³¹tso⁵³ we⁵⁵ kru⁵⁵ kjaŋ³¹ ko⁵⁵ tshuk⁵³ rwo⁵⁵ a³¹la⁵⁵
上 LOC 3sg 白玛措 OBJ 头 上 LOC 虱子 抓 EVID

rwo⁵³ a⁵⁵ rwo⁵³ a⁵⁵ thi³¹ tɕe⁵⁵ plai⁵⁵ we⁵⁵ mo³¹ we⁵⁵ na⁵⁵ kjaŋ³¹ ko⁵⁵
抓 PROS 抓 PROS 时候 3sg 眼泪 TOP 丈夫 TOP 脸 上 LOC

pha⁵⁵ta⁵⁵pha⁵⁵ta⁵⁵	tau⁵³	a⁵⁵la⁴⁵.	a⁵⁵joŋ⁵⁵	we⁵⁵	ha⁵⁵ljo⁵⁵	ho³¹	jim⁵⁵	ko⁵⁵	ma³¹ro⁵⁵	a⁵⁵
啪嗒啪嗒	滴	EVID	老三	TOP	高兴	PFV	NEG	LOC	说	PROS

wu⁵⁵li⁵⁵ke³¹	ŋoŋ⁵⁵	hwaŋ⁵⁵	a³¹jim⁵⁵	pin⁵⁵	ro⁵³	ja⁵⁵	çim⁵⁵	ja³¹ko⁵⁵	kro⁵³	thi³¹.
既然	2sg	愿意	NEG	PROH	捉	PROS	为什么	LOC	哭	PROS

me⁵⁵jaŋ³¹a⁵⁵	we⁵⁵	ka⁵⁵ro5thi³¹	la⁵⁵	haŋ⁵⁵	je⁵⁵	ku³¹num³⁵	we⁵⁵	mlaŋ⁵³	ko⁵⁵	ŋoŋ³⁵
妻子	TOP	赶快	说	1sg	TOP	事情	TOP	伤心	LOC	2sg

wu⁵⁵tjau⁵⁵pin⁵⁵	a⁵⁵tja⁵³n̩³¹	çi⁵⁵	koŋ³⁵	bo⁵³te³¹.	haŋ³⁵	ŋoŋ³⁵	ku³¹num³⁵	ko⁵⁵	ta³¹we⁵⁵n̩a³⁵
可能	今天	死	PFV	去	1sg	2sg	事情	LOC	伤心

a³¹ko⁵⁵	plai⁵⁵	tau⁵⁵	thi⁵³.	a⁵⁵joŋ⁵⁵	we⁵⁵	rai⁵⁵	ha³¹tu³⁵	koŋ³⁵	a³¹ko⁵⁵	a³¹hu³⁵³¹	ŋoŋ³⁵
之后	眼泪	脱	DIR	老三	TOP	害怕	吃惊	PFV	之后	问	2sg

çim³⁵ko⁵⁵	haŋ³⁵	mo⁵³	ta³¹tsai⁵⁵joŋ⁵⁵	ka³¹n̩⁵⁵	we⁵⁵	ta³¹thi⁵³	çi⁵⁵	koŋ³⁵	ja³¹ja³⁵.	a⁵⁵ma⁵³wa³¹
为什么	1sg	也	大哥	两	TOP	一样	死	PFV	EVID	儿子

a⁵⁵	we⁵⁵	a⁵⁵me⁵⁵jaŋ³¹a⁵⁵	we⁵⁵we³⁵	çim⁵⁵	ku³¹num³⁵	ma⁵⁵ro⁵³	ma³¹tju⁵⁵	a³¹la⁵⁵.
小	TOP	妻子	OBJ	什么	事情	说	清楚	EVID

a⁵⁵me⁵⁵jaŋ³¹a⁵⁵	n̩a⁵⁵	we⁵⁵	plai⁵⁵	ku³¹tuŋ⁵⁵	tçe⁵⁵	ma³¹wa³⁵	n̩a⁵⁵	hwen³⁵	koŋ³⁵	a³¹ko⁵⁵
妻子	脸	TOP	眼泪	全	3sg	丈夫	脸	看	PFV	之后

a³¹hu³⁵a⁵⁵	ŋoŋ³⁵	ku³¹li³⁵tçim³¹	ku³¹num³⁵	je⁵⁵	ka³¹sa⁵³mjoŋ³⁵	a³¹ja³⁵	ŋoŋ³⁵	je⁵⁵
问	2sg	真的	事情	TOP	知道	QUES 啊	2sg	TOP

ku³¹num³⁵	we⁵⁵	haŋ³⁵	we⁵⁵	ka⁵⁵ro⁵³	ha³¹tja⁵³	hoŋ³⁵na⁵⁵.	tçe⁵⁵	ma³¹tjo⁵³tju³⁵thi⁵³
事情	OBJ	1sg	OBJ	说	告诉	PROS	3sg	急切

ma⁵⁵ro⁵³	a⁵⁵.	a⁵⁵me⁵⁵jaŋ⁵³a⁵⁵	we⁵⁵	la⁵⁵	ça⁵³po³¹tu³⁵	a³¹tja⁵³liŋ³¹	haŋ³⁵	ŋoŋ³⁵	we⁵⁵
说	PROS	妻子	TOP	说	好吧	今晚	1sg	2sg	OBJ

mla³¹	khun⁵⁵	ka³¹tjo⁵³	ŋoŋ³⁵	thi⁵³	hwuŋ⁵⁵	tja³¹.
地方	一带	2sg	亲自	看	去	

很久之前，有一个叫江秀的地方。在这个地方，有一个会念经的老巫婆。她的名字叫杰瓦珍。她整天同小妖们一起吃人。格萨尔王曾想为民除掉这一祸害，但格萨尔王的马怎么也追不上她，最后，也没能杀死老巫婆。后来，格萨尔回到天上汇报了此事。如来佛听到这件事情以后，就派一位仙女来到人间，想除掉这一大害，拯救人们。仙女听了如来佛的话，来到江秀这个地方，取名叫白玛措。与此同时，如来佛让老巫婆生下了三个儿子。三个兄弟慢慢长大成人，每一个人都非常勤劳，非常勇敢。他们娶白玛措为妻。然而，不久以后，老大和老二都死了。老三因为太伤心，头上长满了虱子。有一天，老三和妻子一起上山去放牛。在山上，他让白玛措给他捉头上的虱子。捉着、捉着，她的眼泪啪嗒啪

嗒地落到丈夫的脑门上。小儿子不高兴地说："既然你那么不愿意，就别捉了，为什么要哭？"她急忙说道："我不是因为这个，而是因为你今天可能会死去。我是为你而伤心落泪的。"小儿子很吃惊，问："你是什么意思？我也会像两位哥哥一样死去吗？"小儿子让她把事情说清楚。她全是泪水，盯着丈夫的脸，问道："你真的想知道这件事情吗？""当然啦，请你快点儿告诉我吧！"他急切地说。她说：那好，今晚我带你去一个地方，你自己亲自看看吧。

we⁵⁵li⁵⁵ja³¹ko⁵⁵ tɕe⁵⁵ a⁵⁵joŋ⁵⁵ we⁵⁵ mla³¹ khun⁵⁵ ko⁵⁵ ka³¹tjau³⁵ a³¹ko⁵⁵ we⁵⁵
之后   3sg   老三   OBJ 地方 一   LOC 领   时候   DEM

mla³⁵ we⁵⁵ ma³¹tɕi³¹ ka³¹suŋ³⁵ plum⁵⁵ we⁵⁵ plum³⁵ ko⁵⁵ ma³¹suŋ³⁵ ka³¹suŋ³⁵
地方 LOC 水   三   汇合   DEM 汇合 LOC 树   三

pla⁵⁵ ho³¹. tɕe⁵⁵ a³¹thu⁵⁵ we⁵⁵ ma³¹wa³⁵ we⁵⁵ ma³¹suŋ⁵⁵ kru⁵⁵ kjaŋ⁵⁵ tjiŋ⁵⁵ ho³¹.
长   DUR 3sg 绳子   OBJ 老三   OBJ 树   顶   上   拴   PFV

a³¹tɕin⁵³ ɕi³⁵ koŋ⁵⁵ a³¹ko⁵⁵ tɕe⁵⁵ a³¹tjo⁵³ kjaŋ⁵⁵ tɕek⁵⁵ a³¹. tɕe⁵⁵ we⁵⁵ ha⁵⁵tja⁵⁵
戒指   拿   PFV 之后   3sg 手   上   带   PFV 3sg OBJ 告诉

a⁵⁵ ŋoŋ⁵⁵ ɕim⁵⁵ ku³¹nuŋ³⁵ hwen⁵⁵tjiŋ⁵³ a³¹ ku⁵⁵mu⁵³ ma³¹tju³⁵ ji⁵⁵ ma⁵⁵kum³¹
说   2sg 什么 事情   看见   PFV NEG   惊慌   IMP 只要

klum⁵⁵ ta⁵⁵la³¹ ko⁵⁵pin⁵⁵ ɕa⁵³po³¹tu³⁵. ma³¹ro⁵⁵ a³¹tuŋ³⁵ po³⁵thi³¹ po⁵³po³¹. raŋ⁵⁵ ɕa³¹
祈祷   一直   就   可以   说   PFV   走   DIR   长   变

a³¹jim⁵⁵ pu⁵⁵ko⁵⁵ pui⁵⁵ŋoŋ³¹ gra⁵³a⁵⁵ ta⁵⁵thi⁵⁵ tha³¹tiŋ⁵³a³¹. je⁵⁵ tu³¹gu⁵⁵ we⁵⁵
NEG   又   四面   叫   传来   听见   DEM 声音   TOP

kro⁵³ a⁵⁵ta⁵⁵thi³⁵ ma³¹ra³¹ a⁵⁵ta⁵⁵thi⁵⁵ ma³¹roŋ⁵⁵ gra⁵³ a⁵⁵ta⁵⁵thi⁵⁵ kwok³¹ gra⁵³ a⁵⁵ta⁵⁵thi⁵⁵
哭声 像   笑声   像   马   叫   像   狗   叫   像

je⁵⁵ tu³¹gu⁵⁵ we⁵⁵ ɕim⁵⁵ ku⁵⁵sa⁵⁵ a⁵⁵jim³¹. we⁵⁵thi⁵⁵ je⁵⁵ ma³¹suŋ⁵⁵ we⁵⁵ ha⁵⁵la⁵³
DEM 声音   TOP 什么 知道   NEG   接着   DEM 树   TOP 下面

ko⁵⁵ na³¹men⁵⁵ ku⁵⁵tju⁵³ ha³¹pla⁵⁵ tsa⁵³. na³¹men⁵⁵ we⁵⁵ ka⁵⁵waŋ⁵⁵ ko⁵⁵ ta³¹pru⁵⁵
LOC 火   小   火堆   PFV   火   TOP 周围   LOC 东西

du³⁵praŋ⁵⁵ a⁵⁵ho³¹. je⁵⁵ ta³¹pru⁵⁵ e⁵⁵tɕu⁵³ ha³¹pin³⁵ha³¹tjo⁵³ ma³¹koŋ⁵⁵ ka³¹a⁵³ pu³⁵pa⁵⁵
许多   PFV   DEM 东西   DEM   互相   拉扯   DUR   一会儿

me³¹ li⁵⁵na³¹ pu³⁵pa⁵³a⁵⁵ ta³¹tau⁵³ lin⁵⁵na³¹ je⁵³ja⁵⁵ ta³¹pru⁵⁵ e⁵⁵tɕu⁵³ ja⁵⁵ ku³¹sa⁵³
人   变   一会儿   鹰   变   也   东西   DEM   PFV 知道

a⁵⁵jim³¹. a⁵⁵tja⁵³ŋ³¹ ɕa⁵⁵ po⁵³ a³¹ me³¹ se⁵³ po⁵⁵ ja³¹. a⁵⁵joŋ⁵⁵ we⁵⁵ je⁵⁵
NEG   今天   谁   去   PFV 人 杀   去   QUES 老三   TOP DEM

tu³¹ku⁵⁵ je⁵⁵we³⁵ ku³¹sa⁵³ a³¹. tɕe⁵⁵ hwen³⁵ ma³¹kau³⁵ a³¹ko⁵⁵ wa⁵³ je⁵⁵ tu³¹ku⁵⁵
声音   PAT   知道   PFV 3sg   看   仔细   PFV   哇   DEM 声音

ma³¹ro⁵⁵	we⁵⁵we³⁵	tɕe⁵⁵	ma⁵³	tju³⁵a³¹	tɕe⁵⁵	gum³⁵	tu⁵⁵ruŋ⁵⁵	khun³⁵	kjaŋ³¹	ko⁵⁵
说话	TOP	3sg	妈妈	原来	3sg	木箱	大 一	上		LOC

ti⁵⁵ho³¹	ȵa⁵⁵	je⁵⁵	ɕi³⁵plai⁵⁵	ta⁵⁵la³⁵	phju⁵⁵	ka³¹luŋ⁵³	ka³¹n⁵⁵	kjaŋ³¹	ko⁵⁵	ka³¹tju³⁵
DUR	脸	TOP	红色	牙	尖	长	两	上	LOC	全

me⁵⁵	harai⁵³	ku³¹tɯŋ³⁵.	we⁵⁵	ȵa⁵⁵	we⁵⁵	ma³¹kau⁵⁵	me³¹	rai⁵⁵	ja³¹.	a³¹tja⁵³liŋ³¹
人	血	新鲜	DEM	脸	TOP	非常	人	下	PFV	今晚

je⁵⁵	ȵuŋ³⁵	me³¹	se⁵³	po³⁵	ja³¹	ɕa⁵³a³¹.	me³¹	pra⁵⁵tjin³¹	hwen⁵³	jim⁵⁵	me³¹	khun⁵⁵
TOP	2sg	人	杀	去	IMP	PFV	人	清楚	看	NEG	人	一

we⁵⁵	la³¹	a³¹ne³⁵	we⁵⁵	ta³¹rɯ⁵⁵	no⁵⁵mu³¹	haŋ⁵⁵	ha⁵⁵joŋ⁵⁵	thu⁵⁵	ma³¹tju⁵⁵	koŋ³⁵
TOP	说	2:PL	TOP	担心	NEG	1sg	之前	已经	准备	PFV

li⁵⁵ja³¹	haŋ³⁵	a³¹tja³⁵	ɕi³⁵	po⁵³	ma³¹ro⁵⁵	a³¹tɯŋ³⁵	pi³¹thi⁵³	tɕe⁵⁵	kum³¹	tu⁵⁵ruŋ⁵⁵
然后	1sg	现在	拿	去	说	PFV	刚	3sg	木箱	大

we⁵⁵	tjoŋ⁵³	a³¹ko⁵⁵	tʂha⁵⁵tʂha⁵⁵tʂha⁵⁵	la⁵⁵	pju³⁵	koŋ³¹ti⁵⁵ja³¹ko⁵⁵.	raŋ³¹ɕa⁵³	a³¹jim⁵⁵
PAT	骑	时候	嚓嚓嚓		叫	跑 PFV	长	NEG

thi⁵³	tɕe⁵⁵	pɯ⁵⁵toŋ³¹	pju⁵⁵	na⁵⁵	tsa⁵³ko⁵⁵	ha⁵⁵joŋ⁵⁵	ti⁵⁵	plum⁵⁵	ko³¹	ti³¹	ji⁵⁵na⁵⁵.
时候	3sg	又	跑	DIR	PFV	原来	坐	地方	LOC	坐	来

ka³¹pɯn⁵⁵	tɕɯ³¹tɕa⁵⁵	ha⁵⁵wu⁵⁵	ku³¹tɯŋ⁵⁵	plum⁵³	a³¹	khu⁵⁵mjoŋ⁵⁵	a³¹ko⁵⁵	gra⁵³
脸颊	两边	汗	大	滴	DUR	生气	时候	叫

phlo⁵⁵	a³¹	haŋ³⁵	ma³¹tjo⁵⁵	a³¹tɯŋ³⁵	koŋ³⁵	li⁵⁵ja³¹ko⁵⁵	a³¹tja⁵³liŋ³¹	ko⁵⁵	haŋ³⁵	a³⁵ju³¹wa³⁵
喊	道	1sg	准备	完	PFV	之后	上午	LOC	1sg	小儿子

we⁵⁵	ta³¹ɕa³⁵	ho⁵³	we⁵⁵a³¹tja⁵⁵	ka⁵⁵ta⁵⁵noŋ³¹	hwen⁵⁵tjin⁵⁵	a³¹jim⁵⁵	ke³¹.	a⁵⁵pɯi⁵³
PAT	做记号	PFV	现在	怎么	看见	NEG	QUES	坏

me⁵⁵ja³¹a⁵⁵	we⁵⁵	pai⁵⁵ma³¹tsho⁵³	tɕe⁵⁵	we⁵⁵	ha⁵⁵mo⁵⁵	koŋ³¹a³¹	ɕi⁵⁵ja⁵⁵.	tɕe⁵⁵	ka⁵⁵tsum⁵³
女人	TOP	白玛措	3sg	TOP	藏	PFV		CAUS	3sg 布

rai⁵³	ɕi⁵⁵	ja³¹ko⁵⁵	tja³¹	khɯ⁵⁵ȵiŋ⁵⁵	a³¹wɕ³¹po⁵⁵	we⁵⁵lji⁵⁵ja³¹ko⁵⁵	tsai⁵⁵	ja⁵⁵	tum⁵⁵
黑	拿	PFV	抖	九	PFV	之后	念经	开始	天

ma⁵⁵	khu³¹lai⁵⁵	ja³⁵	haŋ³⁵	a⁵⁵ju⁵³wa³⁵	we⁵⁵	ka⁵⁵ro⁵⁵	ha⁵⁵na⁵⁵na⁵⁵	a³¹la⁵⁵.	khu⁵⁵ȵim⁵³
CONJ	天	啊	1sg	小儿子	TOP	快	来	EVID	鬼

ta³¹pɯ⁵⁵	we⁵⁵	pɯ⁵⁵ku⁵³	khun⁵⁵	a³¹wɕ⁵⁵po⁵⁵	ko³¹.	a⁵⁵joŋ⁵⁵	tjin³⁵	kjaŋ³¹	ko⁵⁵
老	TOP	抖	一	PFV	去 LOC	老三	身子	上	LOC

ka³¹rɯi⁵⁵	we⁵⁵	ku³¹tju⁵³	khun³⁵	ka³¹a⁵³.	a³¹mjoŋ⁵³ko³¹	ku³¹pa⁵³	a³¹nei⁵³	khun⁵⁵
绳子	TOP	解开	一	PFV	最后	绳子	节	一

luk⁵⁵	ho³¹la⁵⁵	a³¹tsa⁵³	a³⁵	ha⁵⁵joŋ⁵⁵ko⁵⁵	ṇoŋ³⁵	a⁵⁵ju⁵³wa³⁵	ta³¹tsai⁵⁵joŋ⁵⁵	ma⁵⁵	a⁵⁵joŋ⁵⁵
剩下	PFV	大王	啊	之前	2sg	儿子	大儿子	CONJ	二儿子

ma⁵⁵	we³⁵	çi³⁵	ja³¹ko⁵⁵	ŋ⁵³	we⁵⁵	tha⁵³	a³¹	je⁵⁵ti³¹.	a³¹tja⁵³liŋ³¹	je⁵⁵	çim³⁵
CONJ	TOP	拿	PFV	1pl	PAT	吃	PFV	IMP	今晚	TOP	怎么

ja³¹ko⁵⁵	a⁵⁵joŋ⁵⁵	we⁵⁵	pju³⁵	koŋ³⁵a³¹	je⁵³ti³¹	ku⁵⁵ṇim⁵³a⁵⁵	we⁵⁵	ha⁵⁵ljo⁵⁵	ho³¹	jim⁵⁵
让	小儿子	TOP	跑	PFV	IMP	小鬼	TOP	开心	PFV	NEG

ko⁵⁵	ma³¹ro⁵⁵a⁵⁵	a³¹mjoŋ⁵⁵	ku⁵⁵ṇim⁵³	ta³¹pu⁵⁵	ma⁵⁵	ku⁵⁵ṇim⁵³a⁵⁵joŋ⁵⁵	we⁵⁵tçu⁵⁵
LOC	说道	最后	鬼	老	CONJ	小鬼	PL

mau⁵⁵tsau⁵³	khun⁵⁵	ro⁵³	a³¹ko⁵⁵	tha⁵³	koŋ³⁵	a³¹la⁵⁵.
牛	一	抓	PFV	吃	PFV	EVID

之后,她把老三领到了一个地方。那个地方是三水汇合的地方,旁边长着三棵树。她用自己的带子将丈夫捆在一棵树顶上,取下戒指,戴在他的手上,告诉他:"你不管见到什么事情,都不要惊慌,只要一直祈祷就是了。"说完就走了。不一会儿,四面传来了奇怪的叫声。这个声音又像哭声,又像笑声,又像马嘶,又像犬吠,这声音不知道是什么。接着,就在这棵大树下,燃起了一个小火堆,在火堆周围有许多东西。这些东西互相拉扯,一会儿像人,一会儿又像鹰,不知道是什么。"今天是谁去杀人?"老三知道这个声音。他仔细一看。天哪!原来说话的是他母亲。她坐在一个大木箱上,脸是红色的,两颗长长的尖牙上都是鲜红的血。那张脸特别吓人。"今天晚上应该是您去杀人了。"一个看不清模样的人说。"你们不用担心。我早已准备好了,我现在就去拿!"刚说完,她就骑着那木箱"嚓嚓嚓嚓"地跑了。一会儿,她又跑回来,坐在原来的地方,两颊滴着汗水,愤怒地嚷道:"我已经准备好了!今天上午,我给我的小儿子打上了记号。现在怎么看不见他了?一定是那个可恶的坏女人白玛措把他藏起来了。"她拿出了一块黑布,抖了九下,开始念咒:"天啊!地啊!让我的小儿子快点儿出来啊!"老巫婆每抖一次,老三身上的绳结就解开一个,最后只剩一个绳结了。"大王啊,之前你可以把你的大儿子和小儿子都拿来让我们吃,今天晚上怎么让老三跑掉了?"小怪们不开心地说。最后老巫婆和小怪们抓来了一头牛,把它吃掉了。

a⁵⁵joŋ⁵⁵	we⁵⁵	je⁵⁵	ku³¹num³⁵	je⁵⁵	ku³¹sa⁵³	li⁵⁵ja³¹ko⁵⁵	rai⁵⁵	ja³¹ko⁵⁵	muŋ⁵⁵koŋ³¹
老三	TOP	DEM	事情	DEM	知道	之后		害怕	LOC 昏

ti⁵⁵	ka³¹po⁵⁵.	pai³¹ma³¹tso⁵³	tçe⁵⁵	ku³¹tu⁵³çi³¹	jim⁵⁵	ko⁵⁵ne³¹	tsuk⁵³sa³¹	koŋ³⁵na⁵⁵tsa³¹
DIR 去		白玛措	3sg	容易	NEG	CAUS	醒	PFV

tçe⁵⁵	pulum⁵⁵	hwen⁵⁵	na⁵⁵a³¹	tum⁵⁵	ko⁵⁵	tshoŋ³¹tju	ça⁵³	ho³¹la⁵⁵	we⁵⁵lum⁵⁵ko⁵⁵
3sg	眼睛	看	睁开	天	LOC	亮		变 PFV	那时

khu⁵⁵ṇim⁵⁵	we⁵⁵	hwen⁵⁵tjiŋ⁵³	ja³¹pa⁵⁵	jim⁵⁵	ça⁵⁵	ho³¹la⁵⁵	ta⁵⁵pliŋ⁵³ko⁵⁵	ku³¹num³⁵
鬼	PAT	看见	已经	NEG	变	PFV	昨晚	事情

we⁵⁵	a³¹tja⁵⁵mo³¹	tɕe⁵⁵	ɲa⁵⁵pɯm³¹	ko⁵⁵	liŋ³⁵	ta³¹la⁵⁵	a³¹.	tɕe⁵⁵	khɯ⁵⁵mjoŋ⁵⁵	a⁵⁵ɲoŋ⁵⁵
TOP	现在	3sg	脑子	LOC	里	持续 DUR		3sg	生气	又

kɯ⁵⁵ta³¹	rai⁵⁵	a⁵⁵ɲoŋ⁵⁵	kɯ⁵⁵ta³¹	tɕe⁵⁵	pai³⁵ma³¹tso⁵³	we⁵⁵	ma³¹thɯŋ⁵⁵	kɯi⁵⁵	ho⁵³la³¹
非常	害怕	又	非常	3sg	白玛措	PAT	紧紧	搂	DUR

kro⁵³	tjɯ³⁵	ma³¹ro⁵⁵	a⁵⁵	we⁵⁵pin⁵⁵ŋ⁵⁵	je⁵⁵	khɯ⁵⁵ɲim⁵⁵	toŋ³⁵a⁵⁵lɯŋ⁵⁵	pa³⁵	ji⁵⁵
哭	边	说	道	原来	DEM	鬼	一起	干活	住

ti⁵⁵ti⁵⁵a³¹.	ɲoŋ⁵⁵	haŋ³⁵	we³¹	a³¹pɯm⁵⁵	a³¹	kɯ³¹nɯm³⁵	ko⁵⁵	je⁵⁵lɯm⁵⁵	ko⁵⁵	ɕi⁵⁵
PFV	2sg	1sg	TOP	帮助	PFV	事情	LOC	这次	LOC	死

ja³¹	jim⁵⁵	a³¹mjoŋ⁵³pin⁵⁵	e⁵⁵ta³¹thi⁵⁵	kɯ³¹nɯm³⁵	pra⁵⁵a⁵⁵	ɕɯ⁵³.	ŋ⁵⁵	ka³¹n⁵⁵
PFV	NEG	可是	下次	事情	好	NEG	1pl	两

me⁵⁵jaŋ⁵⁵mawa³⁵	we⁵⁵	a³¹sɯŋ⁵⁵	me⁵⁵pɯn⁵³	ka³¹tjɯ³⁵	ja³¹.	ɕa⁵³mu⁵⁵po³¹	ɲoŋ³¹	haŋ³⁵
夫妻	TOP	永远	分	开	PFV	不会的	2sg	1sg

tɯ³¹kɯ⁵⁵	we⁵⁵	pra⁵⁵	tha³¹rɯŋ⁵⁵	a³¹pin⁵⁵	haŋ³⁵	ɲoŋ³⁵	we⁵⁵	ɕim⁵⁵	ba⁵³	na³¹la⁵⁵	ti⁵⁵ke³¹
事情	TOP	好	听	只要	1sg	2sg	TOP	什么	做	来	然后

ɲoŋ³¹	ɕim⁵⁵	pa⁵³	a³¹pin⁵⁵	haŋ³⁵	ji⁵⁵ti⁵⁵	ɲoŋ³⁵	rai⁵⁵	nom⁵⁵	po⁵³	kɯ³¹n̊	raŋ³¹pra⁵⁵
2sg	什么	做	之后	1sg	在	2sg	害怕	NEG	去	天	长

ɕa⁵³	li⁵⁵ja³¹ko⁵⁵	khɯ⁵⁵ɲim⁵⁵	ta³¹pɯ⁵⁵	jaŋ⁵⁵	tɕe³⁵wa³¹tsɯn⁵⁵	we⁵⁵	a⁵⁵joŋ⁵⁵	we⁵⁵	tɕe⁵⁵
变	之后	鬼	老	女	杰瓦珍	PAT	老三	PAT	3sg

pɯm³¹	kra³⁵	a³¹ko⁵⁵	ma³¹ro⁵⁵	a⁵⁵	ɲoŋ⁵⁵	ka⁵⁵ro⁵³	ta⁵⁵sau³⁵	kɯ³¹phrɯm³⁵	ma³¹tjo⁵⁵
身边	叫	之后	说	道	2sg	快	酥油	奶渣	准备

a³¹ko⁵⁵	ma³¹roŋ⁵⁵	tjin⁵⁵	ti⁵⁵ka³¹	a³¹ko⁵⁵	ta³⁵tsi⁵⁵to⁵⁵	ko⁵⁵	ta⁵⁵na⁵³tɕa³⁵	ji⁵⁵ke⁵⁵	la⁵⁵
之后	马	骑	PFV	之后	达孜多	LOC	茶叶	换	IMP

a⁵⁵joŋ⁵⁵	we⁵⁵	po⁵³	tjoŋ³⁵	ja³¹ko⁵⁵	pai³⁵ma³¹tsho⁵³	we⁵⁵	a³¹pa⁵³	jim⁵⁵ta⁵⁵	tɕe⁵⁵	pɯi⁵⁵tai⁵⁵
老三	TOP	去	骑	之后	白玛措	TOP	放心	NEG	3sg	非常

a⁵⁵tɕin⁵³	tɕe⁵⁵	we⁵⁵	ha⁵⁵tɕuk⁵³	a³¹.	tɕe⁵⁵	ma³¹ro⁵⁵	li⁵³ja³¹ko⁵⁵	pɯi⁵³lja³¹pɯm³⁵toŋ³¹
戒指	3sg	TOP	戴上	PFV	3sg	说	之后	又一遍

ma³¹ro⁵⁵	a³¹	haŋ³⁵	ɲoŋ³⁵	we⁵⁵	je⁵⁵tɕu³¹	ta³¹prɯ³⁵	hwɯŋ⁵⁵ti⁵⁵	we⁵⁵	ha⁵⁵ma⁵⁵	hwa⁵³
说	道	1sg	2sg	TOP	这些	东西	看见	TOP	丢	NEG

ɲoŋ³⁵	me³¹pɯi⁵⁵	ta³¹pɯm³⁵	tha⁵³	hwa³¹	me³¹pɯi⁵⁵	kha⁵⁵sɯm³⁵	kɯ⁵⁵	hwa³⁵	me³¹pɯi⁵⁵
2sg	别人	东西	吃	NEG	别人	衣服	穿	NEG	别人

tɯ³¹kɯ⁵⁵	we⁵⁵	tjin⁵⁵	hwa³¹.	a⁵⁵joŋ⁵⁵	we⁵⁵	ta³¹tsi⁵⁵to⁵⁵	khi⁵⁵	ja³¹ko⁵⁵	me⁵⁵ja⁵³a⁵⁵
话	TOP	听	NEG	老三	TOP	达孜多	到	之后	女人

| ma⁵⁵wa⁵³a⁵⁵ | tuɿ³¹thei⁵³ | ji⁵⁵ja³¹ | ju⁵⁵ | ha³¹tin⁵⁵ | a³¹ | ta5na⁵³tɕa³⁵ | ha³¹tin⁵⁵ | a³¹ | we⁵⁵lija³¹ko⁵⁵ |
| 男人 | 很多 | PFV | 酒 | 敬 | PFV | 茶叶 | 敬 | PFV | 之后 |

| me⁵⁵ja³¹a⁵⁵ | tɕe⁵⁵ | we³¹ | la⁵⁵ | n̩oŋ³⁵ | a³¹tɕin⁵³ | tɕhin⁵⁵ | we⁵⁵ | haŋ³⁵ | we⁵⁵ | haŋ³⁵ |
| 女人 | 3sg | TOP | 说 | 2sg | 戒指 | 戴 | TOP | 1sg | TOP | 1sg |

| ke⁵⁵a⁵⁵n⁵⁵ | tɕuk⁵³ | jin⁵⁵tjo⁵⁵ | la⁵⁵. | tɕe⁵⁵ | ɕim⁵⁵ | khun⁵⁵ | we⁵³ | ho³¹jim⁵³. | we⁵⁵lija³¹ko⁵⁵ |
| 几天 | 借 | 带 | EVID | 3sg | 什么 | 一 | TOP | PFV | 因此 |

| ta³⁵tsi⁵⁵to⁵⁵ | khuɿ⁵⁵n̩im⁵⁵ | a⁵⁵ | we⁵⁵tɕu³¹ | ho³¹mo⁵³ | tɕe⁵⁵ | we⁵⁵ | ha⁵⁵puɿi⁵³ | je⁵⁵ |
| 达孜多 | 鬼 小 | PL | PROS | 3sg | PAT | 伤害 | TOP |

| pra⁵⁵jim³¹ | we⁵⁵pin⁵⁵ | tɕe⁵⁵ | ŋ⁵³kwun⁵⁵ | po⁵³ | na⁵⁵ | we⁵⁵ | a³¹na⁵⁵ | a³¹ko⁵⁵ | a⁵⁵me⁵⁵ja³¹a⁵⁵ |
| NEG | 但是 | 3sg | 家里 | 去 | DIR | TOP | 会 | 时候 | 姑娘 |

| ta³¹kroŋ⁵³ | khun⁵⁵ | a³¹pjɯ⁵⁵ | tɕhi⁵³ | tsa⁵⁵ | a³¹la⁵⁵. | a⁵⁵joŋ⁵⁵ | we⁵⁵ | ma³¹roŋ⁵⁵ | kjaŋ⁵³ | ro⁵³ |
| 漂亮 | 一 | 跑 | 来 | PFV | EVID | 老三 | TOP | 马 | 上 | 扶 |

| ha³¹toŋ⁵³ | a⁵⁵la⁵⁵. | we⁵⁵lum⁵⁵ko⁵⁵ | a⁵⁵joŋ⁵⁵ | we⁵⁵ | tɕe⁵⁵ | we⁵⁵ | tɕe⁵⁵ | ta³¹kroŋ⁵³ | la⁵⁵we⁵⁵ |
| 上 | EVID | 这时 | 老三 | TOP | 3sg | TOP | 3sg | 漂亮 | EVID |

| ho³¹ko⁵³. | tɕe⁵⁵ | ma³¹roŋ⁵⁵ | tjoŋ⁵³ | ti⁵⁵ko⁵⁵ | tɕe⁵⁵ | we⁵⁵ | ro⁵³ | ɕɯ⁵⁵a³¹. | we⁵⁵ko⁵⁵ |
| PFV | 3sg | 马 | 骑 | 时候 | 3sg | TOP | 扶 | IMP | 于是 |

| a⁵⁵me⁵⁵ja³¹a⁵⁵ | we⁵⁵ | a⁵⁵joŋ⁵⁵ | we⁵⁵ | hwen⁵⁵tjiŋ⁵³ | ho³¹ | jim⁵⁵ | ko⁵⁵ | thai⁵⁵ | tum³¹ | we⁵⁵ |
| 姑娘 | TOP | 老三 | TOP | 看见 | PFV | NEG | LOC | 毒 | 粉 | TOP |

| we³⁵ | ma³¹roŋ⁵⁵tjiŋ³⁵ | kjaŋ³¹ | ko⁵⁵ | puk⁵³ | so⁵⁵po³¹. | a³¹mjoŋ⁵³ko⁵⁵ | a⁵⁵joŋ⁵⁵ | we⁵⁵ | thai³⁵ |
| 马 | 背 | 上 | LOC | 撒 | PFV | 最后 | 老三 | TOP | 中毒 |

| a³¹ko⁵⁵ | ɕi⁵⁵ | koŋ³⁵ | a³¹la⁵⁵. |
| 之后 | 死 | PFV | EVID |

　　老三知道了这件事情以后，吓得昏死过去。白玛措好不容易才让他苏醒过来。当他睁开眼睛时，天快亮了。这时，已经看不见那些鬼了。但是，昨天晚上的事情一直浮现在他的眼前。他又生气，又害怕，紧紧搂着白玛措，哭着说："原来我们都和魔鬼居住在一起。由于你的帮助，我这次没有死，可下次就没有这么好运了。我们夫妻俩就要永远分离了。""不会的，只要你听我的话，我让你做什么，你就做什么。我在，你不需要害怕！"几天之后，老巫婆杰瓦珍把老三叫到身边，说道："你赶快准备酥油、奶渣、赶着马，到达孜多去换些茶叶。"老三要走了，白玛措不安地将自己的金戒指给他戴上。她说了一遍又一遍："我给你的这些东西不能丢。不能吃别人的食物，不要穿别人的衣裳，不要相信别人的话。"老三到了达孜多，许多男女给他敬酒、献茶，甚至有的姑娘对他说："把你的戒指借给我戴几天吧。"他都没理睬。因此，达孜多的小妖们不能伤害他。但他回家的那天早上，

一个漂亮的姑娘跑过来，要把老三扶上马。这时，老三觉得她很漂亮，就让她扶自己上了马。那姑娘在老三看不到的时候，把毒粉撒在马背上。最后老三中毒死去了。

a⁵⁵joŋ⁵⁵ we⁵⁵ ɕi⁵⁵ li³¹ja⁵³a³¹mjoŋ⁵³ ko⁵⁵ pai³⁵ma³¹tso⁵³ we⁵⁵ n̥⁵³la⁵³muŋ³¹ thuɯ⁵⁵ja⁵⁵
老三 TOP 死 之后 LOC 白玛措 TOP 每天 山

ta³¹tsi³⁵ kjaŋ³¹ po⁵³ a³¹ko⁵⁵. na³¹muŋ⁵⁵ ha³¹puɯ⁵⁵ ma³¹ gluɯ³¹ ma⁵⁵ we⁵⁵ n̥⁵³
顶 上 去 之后 火 烧 CONJ 祈祷 CONJ DEM 天

ko⁵⁵ tɕe⁵⁵ thuɯ⁵⁵ja⁵⁵ ta³¹tsi³⁵ kjaŋ³¹ tje³⁵tjin³⁵ ho³¹ko³¹. tja⁵⁵ko⁵⁵ hwen⁵⁵tjiŋ⁵³ a³¹.
LOC 3sg 山 顶 上 站在 PROS 远处 看见 PFV

ma³¹roŋ⁵⁵ tjiŋ⁵⁵ja³¹ me³⁵ tɕhi⁵³ ja³¹. tɕe⁵⁵ ka⁵⁵ro⁵⁵ po⁵³ a³¹ko⁵⁵ ha⁵⁵ru⁵⁵ po⁵³ a⁵⁵.
马 赶 人 来 PFV 3sg 赶快 去 PFV 迎接 去 PFV

tɕe⁵⁵ ma³¹roŋ⁵⁵ kru⁵⁵ ti⁵⁵tjiŋ⁵³ a³¹ko⁵⁵ ma³¹roŋ⁵⁵ a⁵⁵ plai⁵⁵ n̥⁵³tau⁵⁵ tsa⁵³ko⁵⁵. kru⁵⁵
3sg 马 头 碰到 之后 马 小 眼泪 掉 PFV 头

kuɯm⁵⁵ma³¹ko⁵⁵ po⁵³ koŋ³⁵po³¹ tɕe⁵⁵ ka⁵⁵ro⁵³thi³¹ ɕim⁵⁵ ka³¹tjur³⁵ ku⁵⁵sa⁵³ koŋ³⁵a³¹.
低 走 PFV 3sg 赶快 什么 所有 明白 PFV

pai³⁵ma³¹tso⁵³ we⁵⁵ ja⁵⁵mu³¹ n̥⁵³mu³¹ pju⁵³ a³¹ko⁵⁵ ma³¹wa³⁵ ɕi⁵⁵ pluɯm⁵⁵ ma³¹ko⁵⁵
白玛措 TOP 白天 晚上 跑 DUR 丈夫 死 地方 找到

khi⁵⁵ ja³¹la⁵⁵. a⁵⁵joŋ⁵⁵ thuɯŋ⁵⁵ we⁵⁵ ta³¹tau⁵⁵ tha⁵³ a³¹tuɯŋ³⁵ti⁵³ koŋ³⁵ a³¹la⁵⁵. ha⁵⁵ri³¹poŋ³⁵
到 EVID 老三 身体 TOP 老鹰 吃 完 PFV EVID 骨头

khuɯn⁵⁵ne³¹ luk⁵⁵tja³⁵ ho⁵³ la⁵⁵. ta³¹tau⁵³ khuɯn⁵⁵ we⁵⁵ ri³¹poŋ³⁵ we⁵⁵ tuɯm⁵³ pruɯm⁵⁵
一 剩下 PFV EVID 老鹰 一 TOP 骨头 TOP 嘴 里

ko⁵⁵ tjuɯ⁵⁵ ho³¹ tɕe⁵⁵ jim⁵⁵ tju⁵⁵ja³¹je⁵³ ja⁵⁵ko⁵⁵ pai³⁵ma³¹tsho⁵³ we⁵⁵ ri³¹poŋ³⁵
LOC 叼 PFV 3sg 飞 刚刚 时候 白玛措 TOP 骨头

we⁵⁵we³⁵ ja⁵⁵ na⁵⁵ a³¹ko⁵⁵ kɯi⁵ ho⁵³na⁵⁵ a³¹mjoŋ⁵³ko⁵⁵ tɕe⁵⁵ tuɯm⁵⁵n̥oŋ⁵⁵ po⁵³
OBJ 抢 来 时候 抱着 DUR 之后 3sg 天上 去

a³¹ko⁵⁵ dau⁵³ po⁵³ a³¹. ma³¹tɕi⁵⁵ kin⁵³ ka³¹toŋ³⁵ po⁵³a³¹ko⁵⁵ a³¹pruɯŋ⁵⁵ na⁵⁵ a³¹la⁵.
时候 告状 去 PFV 水 里 龙王 去 帮助 去 EVID

me³⁵ ka³¹tjuɯ⁵⁵ a³¹pruɯŋ⁵⁵ a³¹ko⁵⁵ pai³⁵ma³¹tsho⁵³ tɕe⁵⁵ khuɯ⁵⁵n̥im⁵⁵ ja⁵⁵we³⁵ a³¹toŋ⁵³
人 大家 帮助 时候 白玛措 3sg 鬼 PAT 打仗

ha⁵⁵nei³⁵ koŋ³⁵ a³¹la⁵⁵. pai³⁵ma³¹tsho⁵³ we⁵⁵ a⁵⁵joŋ⁵⁵ ri³¹poŋ³⁵ we⁵⁵ hwuɯn³⁵tiŋ⁵³
失败 PFV EVID 白玛措 TOP 之后 骨头 PAT 看见

na⁵⁵ a³¹ko⁵⁵ a⁵⁵joŋ⁵⁵ we⁵⁵ kuɯ³¹tuɯ⁵⁵ ɕi⁵³ a³¹suɯŋ⁵⁵ na⁵⁵ a³¹la⁵⁵ me⁵⁵jaŋ⁵⁵ ma³¹wa³⁵
DIR s时候 老三 TOP 终于 死 活 DIR EVID 妻子 丈夫

ka³¹n⁵⁵	me⁵⁵	ŋ⁵³	kin⁵⁵	po⁵³na⁵⁵ka³¹po⁵³	la⁵⁵.
两	人	家里	回去		EVID

　　老三死了以后，白玛措每天都去高山的山顶，烧香祈祷。这天，她站在山顶，望见远处赶马回来的人。她速速前去迎接。她碰到了马头，马掉下几滴泪水，低头走了。她马上明白了一切。白玛措日夜不停地跑到丈夫死亡的地方。老三的身体已被老鹰吃了，只剩下一节骨头。一只老鹰将骨头叼在嘴里。它刚要飞，白玛措就把骨头夺下来，抱在怀里。后来，她到天上去告状，到水里找龙王帮助。在大家的帮助下，白玛措打退了老巫婆。白玛措找回来了老三的骨头。老三终于复活。夫妻两人回家去了。

（巴布龙讲述）

5. 老人与麻雀

ha⁵⁵joŋ⁵⁵a³¹go⁵⁵	me³⁵ta³¹pɑɯ⁵⁵	kun⁵⁵	i⁵⁵	a³¹	puɯi⁵⁵da⁵⁵	duŋ⁵³	ga³⁵	la⁵³.
从前	老人	一	有	PFV	很	穷	PRES	EVID

kha³¹ljau⁵⁵	ku³¹duŋ⁵³	ma³¹tsau⁵⁵	djuŋ³⁵	ka³¹suɯŋ³⁵	raŋ⁵⁵	kjaŋ⁵⁵	go³¹	kun⁵⁵	kha³¹ljau⁵⁵
地（一块）	仅	牛（总称）	只	三	躺	上	LOC	一	地（一块）

aŋ⁵⁵	la⁵³.	leŋ³⁵	ta³¹tjau⁵⁵	khi⁵⁵	na⁵⁵	a³¹	me³⁵ta³¹pɑɯ⁵⁵	ta³¹plai⁵⁵	kuɯ³¹duŋ⁵³
有	EVID	暖和	时间	到	DIR	PFV	老人	种子	仅

kha³¹ljau⁵⁵	kjaŋ⁵⁵	ta³¹plai⁵⁵	tin⁵³	a³¹la⁵³.	kuɯ³¹prai⁵³	ta³¹rau³⁵	jim³⁵	dza³¹	a³¹
地（一块）	里	播种	PFV	EVID	麻雀	群	飞	DIR-to	PFV

la⁵³.	ta³¹plai⁵⁵	kuɯ³¹duŋ⁵³	we⁵⁵	tha⁵³a³¹duŋ⁵⁵	goŋ³⁵	a³¹la⁵³.	me³⁵ta³¹pɑɯ⁵⁵	we⁵⁵
EVID	种子	仅	TOP	吃完	PFV	EVID	老人	TOP

bu³¹doŋ⁵³	mo³¹hwa⁵⁵	ta³¹plai⁵⁵	ha³¹ŋa³⁵	dza³¹	a³¹bo⁵³.	kuɯ³¹ŋ⁵³	ka³¹n⁵⁵	a³¹go⁵⁵
又	富人	种子	借	DIR-to	PFV	天	二	后

kuɯ³¹prai⁵³	bu³¹doŋ⁵³	jim³⁵	na⁵⁵	dza³¹	la⁵³.	ta³¹plai⁵⁵	we⁵⁵	tha⁵³	a³¹duŋ⁵⁵	goŋ³⁵
麻雀	又	飞	ROU	DIR-to	EVID	种子	TOP	吃	完	PFV

bo³¹	la⁵³.	me³⁵ta³¹pɑɯ⁵⁵	we⁵⁵	bu³¹doŋ⁵³	mo³¹hwa⁵⁵	ta³¹plai⁵⁵	ha³¹ŋa³⁵	na⁵⁵
DIR	EVID	老人	TOP	又	富人	种子	借	DIR

dza³¹	a³¹	la⁵³.	ta³¹plai⁵⁵	tin⁵³a³¹go⁵⁵	bu³¹doŋ⁵³	hu³¹tjuŋ⁵⁵	kuɯ³¹prai⁵³	ta³¹rau³⁵
DIR	PFV	EVID	播种	后	又	看见	麻雀	群

jim³⁵	na⁵⁵	dza³¹	tɕe⁵⁵	ta³¹plai⁵⁵	we⁵⁵	tha⁵³	a³¹	la⁵³.	e⁵⁵bu³⁵	kun⁵⁵	go³¹
飞	ROU	DIR-to	他	种子	TOP	吃	PFV	EVID	这次	一	LOC

me³⁵ta³¹pau⁵⁵	we⁵⁵	tɕe⁵⁵luŋ³¹	a³¹li⁵⁵	gu⁵³du³¹ka⁵⁵	jim⁵⁵	a³¹	la⁵³.	phlaŋ³⁵	kun⁵⁵
老人	TOP	他们	再三	忍受		不	PFV EVID	石头	一

di⁵⁵lui⁵³	a³¹	la⁵³.	ku³¹prai⁵³	we⁵⁵	lja⁵³	bo³¹	la⁵³.	ku³¹prai⁵³	we⁵⁵	rai⁵³
举	PFV	EVID	麻雀	TOP	扔	DIR	EVID	麻雀	TOP	怕

goŋ³⁵	a³¹go⁵⁵	hu⁵⁵la⁵⁵la⁵⁵	jim⁵⁵	goŋ³⁵	bo³¹	la⁵³.
PFV	后	呼啦啦	飞	PFV	DIR	EVID

从前有一个老人，非常穷困，只有一块能卧下三头牛的土地。天气暖和了，老人把仅有种子撒到地里，可一群麻雀飞来，把种子都吃光了。老人只好去和富人借种子，可第二天播种后，又一群麻雀飞来，又把种子吃光了。老人再一次去和富人借种子。老人在自己的地里把种子撒下去，不一会儿就看到有一群麻雀飞过来，吃他的种子。这次老人忍无可忍，捡起一块石头，向麻雀砸过去，麻雀受惊呼啦啦飞走了。

ku³¹prai⁵³	ta³¹loŋ⁵⁵	ɕi⁵⁵	kun⁵⁵	lu³¹mun⁵⁵	ɕi⁵⁵	kun⁵⁵	i⁵⁵	ja³¹	la⁵³.	me³⁵ta³¹pau⁵⁵
麻雀	翅膀	红	一	尾巴	红	一	有	PFV	EVID	老人

bo⁵³	a³¹	hu³¹tjuŋ⁵³	a³¹	groŋ⁵³	we⁵⁵	wa⁵³ɕa⁵⁵	goŋ³⁵a³¹	la⁵³.	ta³¹	we⁵⁵lim⁵⁵
走	PFV	看见	PFV	腿	TOP	受伤	PFV	EVID	和	气

me³⁵ta³¹pau⁵⁵	ku³¹prai⁵³	we⁵⁵	a³¹tjo⁵³	ka⁵⁵kjan⁵⁵	go³¹	tsho⁵³	a³¹	la⁵³.	we⁵⁵n⁵⁵na³¹
老人	麻雀	TOP	手掌	里	LOC	放置	PFV	EVID	难过

ma³¹ro⁵⁵	a³¹	ku³¹prai⁵³	a⁵⁵	ku³¹prai⁵³	a⁵⁵	ŋuŋ³⁵	haŋ³⁵	we³¹	ha³¹we⁵⁵a³¹	jim⁵⁵
说	PFV	麻雀	小	麻雀	小	你	我	OBJ	讨厌	NEG

dza³¹	goŋ³⁵	bo⁵⁵.	ŋuŋ³⁵	ɕim⁵⁵ken⁵⁵neŋ⁵⁵	haŋ³⁵	ta³¹plai⁵⁵	tha⁵³	goŋ³⁵	ta³¹la⁵⁵.
DIR	PFV	INCHO	2sg	为什么	我	种子	吃	PFV	REP

ku³¹prai⁵³	we⁵⁵	ma³¹ro⁵⁵	a³¹	wu³¹li⁵⁵	jim⁵⁵	a³¹	wu³¹li⁵⁵	jim⁵⁵	a³¹	la⁵³.	haŋ³⁵
麻雀	TOP	说	PFV	那样	不是	PFV	那样	不是	PFV	EVID	1sg

tum⁵⁵	ruŋ³⁵tsai⁵⁵	ta³¹plai⁵⁵	tha⁵³	goŋ³⁵	jim⁵⁵	la⁵³.	haŋ³⁵	a³¹tja⁵⁵ŋ⁵³	bu³⁵khun⁵⁵
天	每天	种子	吃	PFV	不是	EVID	1sg	今天	第一

ha³¹na⁵⁵	tju⁵³	la⁵³.	haŋ³⁵	ŋuŋ³⁵	ta³¹plai⁵⁵	bra⁵⁵	kun⁵⁵	tha⁵³	goŋ³⁵	bo³¹la⁵³.
来	MER	EVID	1sg	2sg	种子	粒	一	吃	PFV	DIR

老人走过去，看见有一只红翅膀、红尾巴的小麻雀，腿被自己砸伤了。善良的老人把小麻雀放到手心，难过地说："小麻雀啊，小麻雀，你不能怪我，谁叫你天天来吃我的种子呢。"小麻雀说："不是的，不是的。我不是天天来吃您的种子，今天是我第一次来，我只吃了您一粒种子。"

me³⁵ta³¹pau⁵⁵	we⁵⁵	ta³¹we⁵⁵n⁵⁵	na⁵⁵	go³¹.	ku³¹prai⁵³	we⁵⁵	ŋ³⁵	go³¹	ben⁵⁵na⁵⁵
老人	TOP	心	内疚	DIR-to	麻雀	TOP	家	LOC	回

di³¹ga³⁵   a³¹   la⁵³.   ta³¹poŋ⁵³   ku³¹duŋ⁵³   ɕi³⁵   dza³¹   go³¹   ku³¹prai⁵³   we³¹   ŋ̊³⁵
PFV   PFV   EVID   糌粑   仅   拿   来   DIR-to 麻雀   DAT   给

a³¹   la⁵³.   pra⁵⁵   tɕe⁵⁵   hwi⁵⁵hoŋ⁵⁵   a³¹   la⁵³.   ku³¹ŋ̊⁵³   ka³¹n⁵⁵   a³¹go⁵⁵,   ku³¹prai⁵³
PFV   EVID   好   它   照顾   PFV   EVID   天   二   后   麻雀

wa⁵³po⁵⁵   pra⁵⁵   a³¹   la⁵³.   ha³¹tja⁵⁵moŋ⁵⁵   jim³⁵   ha³¹ne⁵⁵   goŋ³⁵   ɕa⁵³   a³¹   la⁵³.
伤口   好   PFV   EVID   还   飞   可以   PFV   变   PFV   EVID

bu³¹doŋ⁵³   me³⁵ta³¹pau⁵⁵   kru⁵⁵   kjaŋ⁵⁵   djoŋ⁵³   a³¹   la⁵³.   bu³¹doŋ⁵³   me³⁵ta³¹pau⁵⁵
又   老人   头   上   骑   PFV   EVID   又   老人

khu³¹liŋ⁵⁵pa³⁵   kjaŋ⁵⁵   djoŋ⁵³   a³¹   la⁵³.   ku³¹ŋ̊⁵³   ka³¹suŋ³⁵   go³¹,   ku³¹prai⁵³   we⁵⁵
肩膀   上   骑   PFV   EVID   天   三   LOC   麻雀   TOP

ta³¹plai⁵⁵   bra⁵⁵   kun⁵⁵   dju⁵⁵   a³¹go⁵⁵   me³⁵ta³¹pau⁵⁵   a³¹tjo⁵⁵   ka⁵⁵kjan⁵⁵   tsho⁵⁵   a³¹
种子   粒   一   叼   后   老人   手掌   里   放置   PFV

la⁵³.   ma³¹ro⁵⁵   a³¹   la⁵³   haŋ³⁵   ŋuŋ³⁵   ta³¹plai⁵⁵   ka³¹tsum⁵³   bra⁵⁵   kun⁵⁵   tha⁵³
EVID   说   PFV   EVID 1sg   2sg   种子   青稞   粒   一   吃

dza³¹bo⁵⁵,   haŋ³⁵   ŋuŋ³⁵   ta³¹plai⁵⁵   lwo⁵⁵pu⁵³   bra⁵⁵   kun⁵⁵   da⁵³na⁵⁵   di⁵⁵   la⁵³   la⁵³.
DIR   1sg   2sg   种子   萝卜   粒   一   还   ROU   IMM   EVID

ma³¹ro⁵⁵   a³¹duŋ⁵⁵a³¹go⁵⁵   ku³¹prai⁵³   jim³⁵   goŋ³⁵   bo³¹   la⁵³.
说   完后   麻雀   飞   PFV   DIR   EVID

老人很内疚，便把小麻雀带回家，把仅有的糌粑拿出来给小麻雀吃，细心地照料它。两天以后，小麻雀的伤好了，又可以飞来飞去了，一会儿落在老人头上，一会儿落到老人肩上。第三天，小麻雀衔来一粒种子放到老人手心，说："我吃了你一粒青稞种子，还您一粒萝卜种子。"说完，小麻雀飞走了。

me³⁵ta³¹pau⁵⁵   we⁵⁵   lwo⁵⁵pu⁵³   ta³¹plai⁵⁵   kun⁵⁵   tɕiŋ⁵⁵   a³¹   pui⁵⁵da⁵⁵   ha³¹ljo⁵⁵
老人   TOP   萝卜   种子   一   获得   PFV 很   高兴

a³¹   la⁵³,   kha³¹ljau³⁵   kjan⁵⁵   go³¹   li³⁵   a³¹   la⁵³.   we⁵⁵   ljon⁵⁵   go³¹   tjun³⁵   ka³¹ra³⁵
PFV   EVID   地（一块）   里   LOC   种   PFV   EVID   那   傍晚   LOC   开   雨

kun⁵⁵   ma³¹ŋa⁵³   a³¹   la⁵³   a³¹su⁵³ŋ̊⁵³   a³¹na⁵⁵   go³¹   kha³¹ljau⁵⁵   kjan⁵⁵   khi⁵³a³¹
一   下   PFV   EVID 明天   早晨   LOC   地（一块）   里   到

hweŋ⁵⁵   a³¹   la⁵³.   kha³¹ljau⁵⁵   kjan⁵⁵   go³¹   ku³¹tje⁵³   e⁵⁵   lei⁵³ji⁵⁵   khun⁵⁵   a⁵³   a³¹
看见   PFV   EVID   地（一块）   里   LOC   小   的   嫩芽   一   出穗   PFV

la⁵³,   ta³¹djuŋ³⁵   na³⁵na³⁵   ka³¹n⁵⁵   lei⁵³   ji⁵⁵   la⁵³   a³¹la⁵³.   me³⁵ta³¹pau⁵⁵   we⁵⁵
EVID   肥树   叶片   二   嫩   出穗   PFV   EVID   老人   DEM

lwo⁵⁵pu⁵³	ma³¹tɕi⁵³	lou⁵³	a³¹tɯ³¹ri⁵⁵	tsho⁵³	a³¹	la⁵³.	lwo⁵⁵pu⁵³	lei⁵³ji⁵⁵	kɯ³¹ŋ̍⁵³
萝卜	浇	PFV	肥料	放置	PFV	EVID	萝卜	嫩芽	天

kun⁵⁵	kɯ³¹ŋ̍⁵³	kun⁵⁵	a³¹suŋ⁵⁵	a³¹	la⁵³,	ta³¹pro³⁵	kun⁵⁵	ta³¹pɯ⁵⁵	a³¹	la⁵³.
一	天	一	生长	PFV	EVID	花	一	开花	PFV	EVID

ta³¹plai⁵⁵	ha³¹pɯɯ³⁵	ta³¹tjau⁵⁵	khi⁵³	a³¹	la⁵³,	me³⁵ta³¹pauu⁵⁵	we⁵⁵	lwo⁵⁵pu⁵³	kun⁵⁵
种子	收获	时候	到	PFV	EVID	老人	TOP	萝卜	一

ha³¹prau⁵³	dza³¹	a³¹	la⁵³.	du³¹ruŋ⁵³	dju⁵⁵ga³⁵	a³¹	tɕan⁵⁵twi⁵⁵pu⁵³	djoŋ³¹	a³¹
拔	DIR-to	PFV	EVID	大	相同	PFV	铝锅	COMPR	PFV

la⁵³.	ha³¹ljo⁵⁵	the³¹rum⁵³	bum³⁵	tjau⁵³	kɯ³¹	tja⁵³goŋ³⁵	ja³¹la⁵³.
EVID	高兴	嘴	盖	上	PFV	不	EVID

老人得到一粒萝卜种子非常高兴,把它种在地里。当天晚上下了一场雨,第二天早上老人到地里一看,土里长出一株幼苗,有两片肥嫩的叶子。老人给萝卜浇水施肥,小萝卜苗一天天长高长大,开出一朵小花。到了丰收的时候,老人挖出一个大得像铝锅一样的萝卜,高兴得合不拢嘴。

me³⁵ta³¹pauu⁵⁵	we⁵⁵	lwo⁵⁵pu⁵³	ŋ³⁵	go³¹	a³¹bu⁵⁵	na⁵⁵	di³¹	ga³⁵la⁵³.	kɯ³¹ŋ̍⁵³
老人	TOP	萝卜	家	LOC	扛	ROU	TER	EVID	天

ruŋ³⁵tsai⁵⁵	ta³¹tjau⁵⁵	aŋ⁵⁵	ma³¹mju⁵⁵	go³¹	hwen⁵⁵	ja³¹	hwen⁵⁵	a³¹	ba⁵³	ja³	ba⁵³
每天	时间	有	后	LOC	看	PFV	看	PFV	摸	PFV	摸

a³¹.	lwo⁵⁵pu⁵³	we⁵⁵	gu³¹ta³¹mu³¹	tha⁵³	hu⁵⁵jim⁵⁵	la⁵³.	ta³¹plai⁵⁵	mo³¹hwa⁵⁵	we³¹
PRES	萝卜	TOP	却	吃	舍得不	EVID	种子	富人	DAT

da⁵³	a³¹	ta³¹tjau⁵⁵	khi⁵³,	me³⁵ta³¹pauu⁵⁵	we⁵⁵	ka³¹tsum⁵³	ta³¹plai⁵⁵	da⁵³	na⁵⁵
还	PROS	时候	到	老人	TOP	青稞	种子	还	ROU

ja³¹	aŋ⁵⁵	jim⁵⁵	la⁵³.	we⁵⁵	a³¹	we⁵⁵	a³¹go⁵⁵	lwo⁵⁵pu⁵³	du³¹ruŋ⁵⁵	mo³¹hwa⁵⁵
NMLZ	有	没	EVID	想	PFV	想	后	萝卜	大	富人

we³¹	ŋ̍³⁵	djen⁵⁵	tiŋ⁵⁵	a⁵⁵we⁵⁵	ho⁵³	la⁵³.	we⁵⁵lui⁵³a³¹go⁵⁵	lwo⁵⁵pu⁵³	peŋ⁵⁵	kun⁵⁵
Dat	给	同意	答应	想	MER	EVID	然后	萝卜	嘭	一

ga⁵³	dza³¹	goŋ³⁵	ka³¹n⁵⁵	ɕa⁵³	a³¹	ga⁵³	goŋ³⁵	bo³¹	la⁵³.	lwo⁵⁵pu⁵³	ŋu³¹
裂开	DIR-to	PFV	二	变	PFV	裂开	PFV	DIR	EVID	萝卜	从

kjan⁵⁵	go³¹	a⁵⁵jaŋ⁵⁵	kun⁵⁵	tɕhi⁵³	dza³¹	la⁵³.	a⁵⁵jaŋ⁵⁵	the³¹rum⁵³	bum³⁵phju⁵⁵tu⁵⁵
里	LOC	女孩	一	走	DIR	EVID	女孩	嘴	噘嘴

lui⁵³a³¹	me³⁵ta³¹pauu⁵⁵	a³¹hu³⁵	a³¹	la⁵³,	a³¹tja⁵⁵	a⁵⁵	ŋuŋ³⁵	ɕim⁵⁵ken⁵⁵neŋ⁵⁵	haŋ³¹
PFV	老人	问	PFV	EVID	祖父	TOP	你	为什么	我

me³⁵pei⁵⁵	we³¹	ŋ̍³⁵	goŋ³⁵	di³¹ga³⁵	la⁵³.
别人	DAT	送	PFV	TER	EVID

老人把萝卜扛回家，每天一有时间都看一看，摸一摸，舍不得把萝卜吃掉。到了还富人种子的时候，老人没有青稞种子可以还。想来想去，决定把大萝卜给富人。这时，萝卜"嘭"的一声裂成了两半，从里面走出一个小姑娘，小姑娘噘着嘴问老人："老爷爷，你为什么要把我送给别人呢？"

me³⁵ta³¹ pau⁵⁵bur⁵⁵pa⁵⁵a³¹ a³¹hu³⁵ goŋ³⁵ bo³¹ la⁵³, ɳuŋ³⁵ ɳuŋ³⁵ ça⁵⁵ ja³⁵la⁵³
老人　　突然　　　　问　PFV　DIR EVID 你　你　谁　疑问语气

la⁵³? lwo⁵⁵pu⁵³ kjan⁵⁵ go⁵⁵ ɳu³¹ha³¹na⁵⁵ ja³¹ a⁵⁵jaŋ⁵⁵ la⁵³: a³¹tja⁵⁵ a⁵⁵ ɳuŋ³⁵
EVID 萝卜　　里　　LOC 从来　　　NMLZ 女孩　　说　祖父　TOP 你

rai⁵³ ja³¹la⁵³, haŋ³⁵ a⁵⁵ la⁵⁵mu³¹ pru⁵⁵jaŋ⁵⁵ la⁵³, a³¹tja⁵⁵ta³¹tjau⁵⁵ ɳuŋ³⁵ tçhi⁵³
怕别 EVID　我　TOP 拉姆　神　　　EVID 现在　　　　　你　走

ha³¹ne⁵⁵ ja³¹ ba⁵³ ha³¹ne⁵⁵ a³¹tja⁵⁵ ta³¹tjau⁵⁵ ɳuŋ³⁵ duŋ⁵³ a³¹ hweŋ⁵⁵ a³¹l a⁵³,
可以　PRES 做　可以　现在　　时间　　你　穷　PRES 看　PFV EVID

haŋ³⁵ ɳuŋ³⁵ we³¹ ta³¹pru⁵³ du⁵³ ŋ³⁵ noŋ⁵⁵ di⁵⁵ la⁵³. la⁵³ a³¹duŋ⁵⁵ di³¹ga³⁵,
我　你　Dat 东西　多　给　要　DUR EVID 说　完　　TER

me³⁵ta³¹pau⁵⁵ we³¹ ŋ³⁵ we⁵⁵ ta³¹me⁵⁵ ha³¹pei⁵⁵ tju⁵⁵ ŋ³⁵ du³¹ruŋ⁵⁵ ça⁵³ goŋ³⁵
老人　　　　TOP 房屋 TOP 旧　　坏　　少　房屋 大　变　PFV

di³¹ga³⁵ bo³¹. ŋ³⁵tu³¹wã⁵⁵ go³¹ ma³¹tsau⁵³ ku³¹tçi⁵³ tsi³⁵ ma³¹roŋ⁵⁵ ta³¹hoŋ⁵⁵
TER　DIR-aw 院子　　　LOC 牛（总称）山羊　　骡子　马　　群

ɳu³¹ i⁵⁵ bo³¹ goŋ³⁵ a³¹la⁵³. a⁵⁵jaŋ⁵⁵ hu³¹tjuŋ⁵³jim⁵⁵ la⁵³. me³⁵ta³¹pau⁵⁵ we⁵⁵
ALL 有　DIR PFV EVID　女孩　　看不见　　　EVID 老人　　　TOP

a³¹mju⁵⁵ go³¹ pui³¹da⁵⁵ mo³¹hwa⁵⁵ ça⁵³ goŋ³⁵ a³¹la⁵³.
将来　LOC 很　　富　　　变　PFV EVID

老人一惊说："你，你是谁？"从萝卜里出来的姑娘说："老爷爷，你别害怕，我是拉姆神女。看到您这么善良、勤劳却如此穷苦，我要送一些礼物给您。"说着老人的小破屋变成了崭新的大房子，院子里有成群的牛羊和骡马。小姑娘不见了。老人过上了富足的生活。

（巴布龙讲述）

6．恶毒的王后

pui⁵⁵ja⁵⁵a³¹ti⁵⁵ ko⁵⁵ ka⁵⁵la⁵⁵waŋ⁵⁵pu³¹ la³¹ a³¹tsa⁵³ khɯn⁵⁵ ji⁵⁵ ja⁵⁵ tçe⁵⁵ me⁵⁵jaŋ⁵⁵
从前　　　　LOC 嘎拉旺布　　　叫　国王　一　　住　PROS 3sg 妻子

je⁵⁵	ni⁵⁵ma³¹ci³¹soŋ⁵⁵	la⁵⁵	a³¹	khuɯn⁵⁵	ka³¹tjau³⁵	a³¹la⁵⁵.	tɕe⁵⁵	me⁵⁵jaŋ⁵⁵	we⁵⁵
TOP	尼玛赤松	叫	PFV	一	娶	EVID	3sg	妻子	心

ta³¹we⁵⁵	we³⁵.	ŋ⁵³la⁵⁵muŋ⁵⁵	ha³¹poŋ⁵³	nju⁵⁵	kuum³¹pa⁵³ja³¹	po⁵³	koŋ³⁵a³¹.	ŋ⁵³	me³⁵ja³¹
坏	PAR	每天	山	边	玩水	去	PFV	家	NEG

ha⁵⁵ljo⁵⁵	a⁵⁵.	ŋ³¹	kin⁵³ko⁵⁵	tjin⁵³	ji³⁵ne³⁵	ŋ⁵³	kin5ko⁵⁵	ji⁵⁵	ja⁵⁵.	we⁵⁵li⁵⁵ja³¹pin⁵⁵
喜欢	PROS	家	里	边	NEG	家	里	住	PROS	因此

ŋ³¹	kin⁵³ko⁵⁵	me⁵⁵jaŋ⁵⁵	we⁵⁵	ni⁵⁵ma³¹ci³¹soŋ⁵⁵	we⁵⁵	tɕe⁵⁵	tuɯi⁵ja⁵⁵ji³¹ja⁵⁵.
家	里	妻子	TOP	尼玛赤松	TOP	3sg	掌管大权

从前，有一个叫嘎拉旺布的国王，他娶了一个叫尼玛赤松的妻子。他的妻子是个心地最坏的女人。国王经常到外地去办事，也喜欢游山玩水，很少在家里住。因此，在家里她的妻子尼玛赤松掌管大权。

puɯ⁵⁵	khuɯn⁵⁵	ko⁵⁵	a³¹tsa⁵³	we⁵⁵	me³⁵	juɯr³¹kjuɯ⁵³	ka³¹tjau³⁵	a³¹ko⁵⁵	ha³¹poŋ⁵⁵	ko⁵⁵
又	一	LOC	国王	TOP	人	几个	带着	PROS	野外	LOC

ta³¹pruɯn³⁵ma⁵⁵luɯn⁵³	la⁵⁵.	a³¹tsa⁵⁵	kwak⁵³	ta³¹pruɯn⁵³	tuŋ⁵⁵	ja³¹we⁵⁵	hwen⁵⁵tiŋ⁵³	ja³¹
打猎	EVID	国王	狗	打猎	完	PFV	看见	PFV

jim⁵⁵	la³¹.	me³⁵tɕu⁵⁵	ma³¹tju⁵³	tjuɯ⁵⁵ti⁵⁵	ta³¹pruɯn⁵³ja³¹	kwak⁵³	ma⁵⁵la⁵⁵	po⁵³	a³¹.
NEG	EVID	人们	着急	PFV	打猎	狗	找	去	PROS

tɕhi³¹	ti⁵⁵ka³⁵	a³¹ko⁵⁵	thuɯi⁵⁵ja³⁵	poŋ⁵³	khi⁵⁵	a³¹ko⁵⁵	tɕe⁵⁵a³¹luɯn⁵⁵	kwak⁵³ta³¹pruɯn³⁵
到	之后	时候	山	边	走	时候	3pl	猎狗

tjiŋ³⁵ja³¹	kroŋ⁵³poŋ⁵³	hwin⁵⁵tiŋ⁵³	ja³¹la⁵³.	tɕe⁵⁵a³¹luŋ⁵³	kwak⁵³	kroŋ⁵³poŋ⁵³	mjoŋ⁵⁵thi⁵³
看见	脚印	看见	EVID	3pl	狗	脚印	沿着

tɕhi⁵³ti³⁵ka³⁵	a³¹ko⁵⁵	ha³¹poŋ⁵⁵	kin³¹ko⁵⁵	ha⁵⁵na⁵⁵	a³¹la⁵⁵.	je⁵⁵	mu³¹laŋ³⁵	e⁵⁵ko⁵⁵	ŋ⁵³
走到	时候	树林	里	来	EVID	DEM	地方	这里	房子

ɑ⁵⁵	khuɯn⁵⁵	a³¹	kwɑk⁵³	kroŋ⁵³poŋ⁵³	we⁵⁵	ŋ⁵³	kha⁵⁵luŋ⁵³	khi⁵⁵ja³¹kin⁵⁵	ka³¹ma³⁵
小	一	有	狗	脚印	TOP	房子	门口	到	消失

koŋ³¹	ti⁵⁵ka³¹ho⁵⁵.
PFV	渐渐

有一次，国王带着几个人在野外打猎。国王的猎狗不见了。人们着急地去找猎狗。走到山脚下，他们发现有狗的脚印。顺着狗的脚印，他们走到了茂密的森林中。这个地方有一座小房子。狗的脚印在房子的门口消失了。

ŋ³¹	kin⁵⁵ko⁵⁵	me⁵⁵jaŋ⁵⁵ma³¹wa³⁵	khuɯn⁵⁵	ji⁵⁵	ho³¹.	tɕe⁵⁵	ka³¹n⁵⁵	me⁵³ha³¹pruɯn⁵³
房子	里	夫妇	一	住	PROS	3sg	二	年轻

ja³¹a³¹rau⁵⁵ ta³¹tjau⁵³ ko⁵⁵ a⁵⁵me⁵⁵ ha³¹nei³⁵ ja³¹ jim³¹. ta³¹pau⁵⁵ we⁵⁵ja³¹ko⁵⁵
年轻 时候 LOC 孩子 怀孕 PFVNEG 年老 LOC 却

ne⁵⁵a⁵⁵ me⁵⁵ja³¹ a⁵⁵ pui⁵⁵ta³¹ ta³¹kroŋ⁵⁵ khun⁵⁵ me⁵⁵ho³¹. ta³¹pau⁵⁵ka³¹n⁵⁵ we⁵⁵ a⁵⁵
生 女 孩子 非常 漂亮 一 PFV 老两口 TOP 孩子

we³⁵ a³¹muŋ⁵⁵ je⁵⁵ la⁵⁵mu³¹ la⁵⁵a³¹la⁵⁵. ta³¹pau⁵⁵ we⁵⁵ ka³¹n⁵⁵ tɕe⁵⁵ we⁵⁵ pui⁵⁵ta³¹
OBJ 名字 OBJ 拉姆 EVID 老 OBJ 二 3sg TOP 非常

ha⁵⁵jiu⁵⁵ a⁵⁵la³¹. tɕe⁵⁵ kru⁵⁵ theŋ⁵⁵ we⁵⁵ me⁵⁵kun⁵⁵ tju⁵³ ka³¹wuŋ⁵³ tju⁵³. tɕe⁵⁵
喜欢 PROS 3sg 头 发 TOP 黑 又 长 又 3sg

plum⁵⁵ we⁵⁵ pui⁵³ta³¹ hwun⁵⁵ bra⁵⁵ la⁵⁵. ma³¹tjiŋ⁵⁵ kin⁵³ me³⁵ we⁵⁵ tɕe⁵ we⁵⁵
眼睛 TOP 非常 看 好 EVID 村 里 人 TOP 3sg TOP

tum⁵⁵ja⁵⁵la⁵⁵ we⁵⁵ koŋ³⁵ho³¹.
仙女 TOP PFV

小房子里住着一对老夫妇。他俩年轻时从没有生过小孩子，但年老的时候却生下了一个十分漂亮的小女儿。老两口给她取名叫拉姆。老两口十分喜欢她。她的头发又黑又长。她的眼睛十分好看。村里人把她当成仙女。

ta³¹prun³⁵kwak⁵³ ma⁵⁵la⁵³ a⁵⁵ lum⁵⁵ko⁵⁵ a³¹tsa⁵⁵ ma⁵⁵ pu⁵³we⁵⁵tɕu⁵⁵ ŋ⁵³ a⁵³
猎狗 找 PROS 时候 国王 CONJ 仆人们 房子 小

a⁵⁵ kha⁵⁵luŋ³⁵pum⁵⁵ khi⁵⁵ a³¹ko⁵⁵ gra³⁵ a⁵⁵ we⁵³lum⁵⁵koŋ⁵⁵ me³⁵ ji⁵⁵ ti⁵⁵
PROS 门口 来 时候 喊 PROS 里面 人 住 PROS

ja³⁵? kha³¹luŋ⁵⁵ po⁵⁵ tsa⁵⁵ nei³⁵. ta³¹pau⁵⁵ we⁵⁵ ka³¹n⁵⁵ ka⁵⁵ro⁵⁵ thi³¹ a⁵⁵me⁵⁵ja³¹a⁵⁵
QUES 门 来 开 IMN 老 TOP 二 快 去 姑娘

we³⁵ ha⁵⁵mo⁵⁵ koŋ³⁵po³¹. ta³¹pau⁵⁵ we⁵⁵ ka³¹n⁵⁵ kha³¹luŋ⁵⁵ po⁵⁵ po³¹ jim⁵⁵. a³¹tsa⁵⁵
OBJ 藏 PFV 老 TOP 二 们 去 DIR NEG 国王

we⁵⁵ kha⁵⁵luŋ³⁵ ku⁵⁵lo⁵⁵pum⁵⁵ ko⁵⁵ ta³¹tjau⁵⁵ raŋ³⁵thi⁵³ ka³¹jioŋ³⁵ a³¹. ɕa⁵⁵ me³¹
TOP 门 门口 LOC 时间 长 等待 PROS 谁 人

khun⁵⁵ kha³¹luŋ³⁵ po³⁵ bo³¹ jim³¹. pu⁵³we⁵⁵tɕu⁵⁵ kha³¹luŋ⁵⁵ we⁵⁵ pren⁵⁵ pu³⁵koŋ³¹
一 门 DIR 来 NEG 仆人们 门 TOP 使劲 推开

ti⁵⁵ a³¹ko⁵⁵ tɕe⁵⁵a³¹luŋ⁵⁵ ŋ⁵³ kin⁵³ khi³⁵ja³¹ko⁵⁵ kwauk⁵³ ta³¹prun³⁵ ma⁵⁵la⁵³ ja⁵⁵we⁵³
PFV LOC 3pl 屋 里 来 狗 打猎 找 PROS

kwauk⁵³ ta³¹prun³⁵ hwen⁵⁵tjiŋ⁵³ ja³¹jim⁵⁵ ŋ⁵³ kin⁵³ ko⁵⁵ a⁵⁵ me⁵⁵ja³¹a⁵⁵ pui⁵⁵ta³¹
狗 打猎 看见 NEG 屋 里 LOC PROS 姑娘 非常

ta³¹kroŋ⁵⁵ khun⁵⁵ ji⁵⁵ ho³¹. a³¹tsa⁵⁵ we⁵⁵ we⁵³ ja³¹je⁵⁵ je⁵⁵ we⁵⁵ me⁵⁵ja³¹a⁵⁵ we⁵⁵
美丽 一 住 PFV 国王 TOP 想 PROS DEM TOP 姑娘 TOP

puɯ⁵⁵ta³¹	ta³¹kroŋ⁵⁵	la⁵⁵.	we³¹ho³¹.	tɕe⁵⁵a³¹luŋ⁵⁵	pu⁵⁵na⁵⁵	tju⁵⁵ja³¹	ji⁵⁵ja³¹	ko⁵⁵
非常	漂亮	EVID	PROS	3pl	回	之前	住地	LOC

a³¹tsa⁵³	we⁵⁵	ta³¹pau⁵⁵	ka³¹n⁵⁵	we⁵⁵	pa³¹wen³⁵	tsho⁵³	ho³¹ti	a³¹la⁵⁵.	we⁵⁵li⁵⁵ja³¹ko⁵⁵
国王	TOP	老人	二	OBJ	钱	放	PFV	EVID	之后

a⁵⁵me⁵⁵ja³¹a⁵⁵	we⁵⁵	ka³¹tjau³⁵	koŋ³¹	ti⁵⁵ka³¹.	ŋ⁵³	kin⁵⁵	pu⁵³na⁵⁵	a³¹lim³⁵	ko⁵⁵	a³¹tsa⁵⁵
姑娘	TOP	带	PFV	DIR	家	里	回	路	LOC	国王

we⁵⁵	ta³¹we⁵⁵	we⁵³	a⁵⁵	a⁵⁵me⁵⁵ja³¹a⁵⁵	we⁵⁵	ŋ⁵³	kin⁵⁵	ta³¹tiau⁵³	na⁵⁵	ti³⁵	a³¹ko⁵⁵
TOP	心	想	PROS	姑娘	OBJ	家	里	带	DIR	PFV	时候

haŋ³⁵	me⁵⁵jaŋ⁵⁵	we⁵⁵	tɕe⁵⁵	we³⁵	kɯ⁵⁵rɯ⁵⁵	pu³¹tu⁵⁵	haŋ³⁵	mu⁵³	bra⁵⁵	ji⁵⁵	ja³¹
1sg	妻子	TOP	3sg	TOP	嫉妒	非常	1sg	也	好	住	PFV

kau⁵⁵li⁵³.	wu⁵⁵li⁵⁵	we⁵⁵tjiŋ⁵³	a³¹ko⁵⁵	a³¹tsa⁵⁵	we⁵⁵	pu⁵³	ka³¹a⁵⁵ta⁵⁵	we⁵⁵	tu³¹pra⁵⁵ta⁵⁵
安静	于是	想到	这里	国王	TOP	仆人	几个	OBJ	亲近

ka³¹tjau³⁵	ho³¹.	ŋ⁵³	kin⁵⁵ko⁵⁵	ta³¹pru³⁵	po⁵³ja³¹	ta⁵⁵we⁵⁵	ka³¹tjau³⁵	ɕi³⁵	koŋ³¹	tjiu⁵⁵
带	PFV	屋里	东西	值钱	所有	都	那	PFV	别的

ka⁵⁵ŋ⁵⁵	puɯ⁵⁵	ko⁵⁵ŋ³¹	pu⁵⁵	toŋ³¹ɕa⁵³	a³¹na³¹.	a⁵⁵li⁵⁵ja⁵⁵	a³¹ko⁵⁵	ka⁵⁵la⁵⁵waŋ⁵³pu³¹	we⁵⁵
地方	又	房子	又	变	PFV	之后	时候	嘎拉旺布	TOP

tɕe⁵⁵	ŋ³⁵	we⁵⁵	thi⁵⁵po⁵³	ha³¹ti⁵⁵	koŋ³⁵a³¹.
3sg	房子	OBJ	走	离开	PFV

找猎狗的时候，国王和仆人们走到这座小房子的门口，喊道："喂，里面有人吗？开开门吧。"老两口赶紧把姑娘藏了起来。老两口没有打开门。国王在门口等了很长时间，但谁也没有来开门。仆人们使劲儿推开门。他们进屋寻找猎狗时，没有看到猎狗，却看到屋内住着一个十分漂亮的姑娘。国王觉得这个姑娘长得特别漂亮。他们要回家时，国王给两位老人留下了不少金银，然后带走了姑娘。在回家的路上，国王心想：把姑娘带回家里，我的妻子会嫉妒她，我也会不得安宁。想到这里，国王带着几个亲近的仆人，从家里取走了一点值钱的东西，在别的地方建立家庭。就这样，嘎拉旺布离开了他的家。

kɯ⁵⁵nuŋ⁵⁵	ra³¹bra⁵⁵	ɕa⁵³li⁵⁵ja³¹	ko⁵⁵	ka⁵⁵la⁵⁵waŋ⁵⁵pu⁵³	a³¹tsa⁵³	ma⁵⁵	la⁵⁵mu⁵	ma⁵⁵
年	几	之后	LOC	嘎拉旺布	国王	CONJ	拉姆	CONJ

me³¹puɯ³⁵	mla⁵³ko⁵⁵	ko⁵⁵	ŋ⁵⁵	ta³¹kroŋ⁵³	khun⁵⁵	ta³¹rɯ³⁵	a⁵⁵la⁵⁵.	la⁵⁵mu⁵³	we⁵⁵
别的	地方	LOC	房子	漂亮	一	盖	EVID	拉姆	TOP

a³¹tsa⁵³	a⁵⁵	ma⁵⁵wa⁵³a⁵⁵	khun⁵⁵	me³⁵ja³¹	khun⁵⁵.	a³¹tsa⁵³	we⁵⁵	a⁵⁵ju⁵³wa³⁵	a³¹muŋ³¹
国王	孩子	男孩	一	女孩	一	国王	TOP	男孩	名字

san⁵⁵tsu⁵⁵	la⁵⁵	tso⁵³	a⁵⁵,	a⁵⁵jaŋ⁵⁵	we⁵⁵	a³¹muŋ⁵⁵	we⁵⁵	ke⁵⁵saŋ⁵⁵	la⁵⁵	a³¹la⁵⁵.
桑珠	叫	放	EVID	女孩	TOP	名字	OBJ	格桑	叫	EVID

la⁵⁵mu³¹ we⁵⁵ me³⁵ bra⁵⁵ tɕe⁵⁵ ta³¹we⁵⁵ mu⁵³ bra⁵⁵. tɕe⁵⁵ n⁵³la⁵⁵muŋ⁵⁵ me³⁵tɕu³¹
拉姆　　TOP　人　　好　　3sg　心　　　　也　　好　　3sg　每天　　　　人们

we⁵⁵ tha⁵⁵ja³⁵ ŋ³⁵ a⁵⁵, tjim³⁵ja³⁵ ŋ³⁵ a. me³⁵tɕu³¹ tɕe⁵⁵ we⁵⁵ pui⁵⁵ta³¹ bra⁵⁵
OBJ　吃的　　　给　PROS　喝的　　　给　PROS　人们　　　sg　心里　非常　好

ji⁵⁵ja³⁵. a⁵⁵me³⁵ja³¹a⁵⁵ ku⁵⁵saŋ⁵⁵ we⁵⁵ ku⁵⁵nuŋ⁵⁵ lim⁵⁵nuŋ⁵⁵ khi⁵⁵ ja³¹ko⁵⁵ a⁵⁵ma⁵⁵wa³¹a⁵⁵
PROS　女孩　　　　　格桑　　　TOP　八　　　　岁　　　　到　　时候　男孩

we⁵⁵ ke³¹nuŋ⁵⁵ ta⁵⁵hro⁵³ khi⁵⁵ ja³¹ko⁵⁵ a³¹tsa⁵³ ha⁵⁵joŋ⁵⁵ me⁵⁵jaŋ⁵⁵ we⁵⁵ ni³⁵ma³¹tsisoŋ⁵⁵
TOP　岁　　　　六　　　　到　　时候　　国王　　以前　　　妻子　　　TOP　尼玛赤松

we⁵⁵ a³¹tsa⁵³ we⁵⁵ ku³¹num³⁵ we⁵⁵we³⁵ ku³¹tsa⁵³ koŋ³⁵ a³¹la⁵⁵. ni³⁵ma³¹tsisoŋ⁵⁵ we⁵⁵
TOP　国王　　　TOP　事情　　　　OBJ　　　　知道　　　PFV　EVID　尼玛赤松　　　　TOP

pui⁵⁵ta³¹ khu⁵⁵mju⁵⁵ ho³¹, tɕe⁵⁵ ta³¹prun⁵³ma⁵⁵luŋ⁵³ja⁵⁵ me³⁵ ka³¹sum⁵⁵ we⁵⁵ ka³¹ko⁵⁵
非常　　　嫉妒　　　　PFV　3sg　打猎　　　　　　　　　人　三　　　　　OBJ　叫

tɕe⁵⁵pum⁵⁵ ku³¹ra³⁵ a³¹ko⁵⁵ ma³¹ro⁵⁵ a⁵⁵ na³¹ne³⁵ po⁵³ a³¹ko⁵⁵ la⁵⁵mo³¹ma⁵⁵
3sg　　　　跟前　　LOC　说　　　PROS　你们　去　LOC　拉姆　　　CONJ

tɕe⁵⁵ a⁵⁵ ka³¹n³⁵ we⁵⁵ se⁵³ koŋ³⁵ je⁵⁵ ha⁵⁵na⁵⁵na⁵⁵ ti⁵⁵ko⁵⁵ tɕe⁵⁵a³¹luŋ⁵⁵ ha³¹po⁵³
3sg　孩子　二　　TOP　杀　PFV　TOP　回来　　　　时候　　3pl　　　　　心脏

tju⁵³ we⁵⁵ haŋ³⁵ we⁵⁵ ŋ³⁵. ta³¹prun⁵³ma⁵⁵luŋ⁵³ ka³¹sɯŋ³⁵ we⁵⁵ ŋ⁵³ khi⁵⁵ na⁵⁵
都　　TOP　1sg　OBJ　给　　猎人　　　　　　　　　三　　　　　TOP　屋　到　回

li⁵³ja³¹ko⁵⁵ ma³¹ro⁵⁵ ka³¹a⁵⁵ e⁵⁵je⁵⁵ me³⁵ ta⁵⁵tju³¹ pra⁵⁵ we⁵⁵ ku³¹ta⁵⁵nu⁵³ se⁵³
之后　　　　说　　　　商量　　DEM　　人　都　　　好　　TOP　怎么　　　　杀

tɕu³⁵ja³¹? ni³⁵ma³¹tsi³¹soŋ⁵⁵ tɕe⁵⁵thi⁵³ ne³¹e⁵⁵ kle⁵⁵tɕim³¹.
QUES　　　尼玛赤松　　　　　　3SELF　　　真正　　妖精

几年之后，嘎拉旺布国王和拉姆在别的地方盖了一座漂亮的房子。拉姆为国王生下了一男一女。国王给男孩取名叫桑珠，女孩取名叫格桑。拉姆是个好人。她的心很好，常常给百姓吃的、喝的。人们非常尊敬她。当女孩格桑长到八岁、男孩长到六岁时，国王以前的妻子尼玛赤松知道了国王的事情。尼玛赤松十分气愤。她把三个猎人叫到跟前说道："你们去把拉姆和她的两个孩子给我杀死，回来时，把他们的心脏给我。"三个猎人回到自己的家，商量道："我们怎么敢杀这么好的人呢？尼玛赤松自己才是一个真正的妖精。"

raŋ³¹ ɕa³¹ jim⁵⁵ ko⁵⁵ ta³¹prun⁵³ma⁵⁵luŋ⁵³ja³¹ me³⁵ ka³¹sɯŋ³⁵ we⁵⁵ kalawaŋ⁵³pu³¹
长　　　变　　NEG　LOC　打猎　　　　　　　　　人　　三　　　　　TOP　嘎拉旺布

a³¹tsa³⁵ puŋ⁵³ko⁵⁵ ha⁵⁵na⁵⁵. tɕe⁵⁵a³¹luŋ⁵⁵ ma³¹ro⁵⁵ a⁵⁵ tɕe⁵⁵a³¹luŋ⁵⁵ ɕim⁵⁵ ku³¹num³⁵
国王　　　跟前　　来　　　　　3pl　　　　　说　　　PROS　3pl　　　　　什么　事情

| ko⁵⁵ | je⁵⁵ko⁵⁵ | ha⁵⁵na⁵⁵ | ti⁵⁵ | tɕe⁵⁵a³¹luŋ⁵⁵ | la⁵³ma³¹tsɯ⁵⁵ | a⁵⁵ | ³¹mjoŋ⁵³ko⁵⁵ | a³¹tsa⁵³ |
| LOC | 现在 | 来 | 到 | 3pl | 提醒 | PROS | 今后 | 国王 |

| a³¹tsa⁵³me⁵⁵jaŋ⁵⁵ | a³¹ne³⁵ | a⁵⁵ | ka³¹n⁵⁵ | pra⁵⁵ | ji⁵⁵tju³¹na⁵³ | tɕe⁵⁵a³¹luŋ⁵⁵ | we⁵⁵ | ka³¹suŋ³⁵ |
| 王后 | 2pl | | 孩子 | 二 | 好 | 安全 | 3pl | TOP | 三 |

| a³¹lim⁵³ | pɯ⁵⁵na⁵⁵lɯm⁵⁵ | ko⁵⁵ | ha³¹poŋ⁵⁵ | kwak⁵⁵ | ka³¹suŋ³⁵ | se⁵³ | koŋ³⁵a³¹, | tɕe⁵⁵a³¹luŋ³⁵ |
| 路 | 回去 | LOC | 野 | 狗 | 三 | 杀 | PFV | 3pl |

| ha³¹pu⁵⁵tjiɯ⁵⁵ | we⁵⁵ | phren³⁵ | ja³¹ko⁵⁵ | ni³⁵ma³¹tsi⁵³soŋ⁵⁵ | we⁵⁵ | ŋ³⁵ | a³¹. | ni³⁵ma³¹tshi⁵³soŋ⁵⁵ |
| 心脏 | OBJ | 掏出 | PFV | 尼玛赤松 | OBJ | 给 | PROS | 尼玛赤松 |

| we⁵⁵ | hwun³⁵ | ja⁵⁵ | thi³¹ | kɯ⁵⁵sa⁵³ | koŋ³⁵ho³¹. | e⁵⁵ | ha³¹po⁵³tje⁵³ | we⁵⁵ | me³⁵ | ja³¹ba⁵³ |
| TOP | 看 | PFV | 之后 | 知道 | PFV | DEM | 心脏 | TOP | 人 | GEN |

| jim⁵⁵. | tɕe⁵⁵ | khe⁵⁵mjioŋ³⁵ | ja³¹ko⁵⁵ | ta³¹prun⁵³ma⁵⁵lɯn³¹ja³⁵ | me³⁵ | ka³¹suŋ³⁵ | we⁵⁵ | tjiŋ⁵⁵ |
| NEG | 3sg | 生气 | PFV | 打猎 | 人 | 三 | TOP | 看见 |

| koŋ³⁵ | po³¹. |
| PFV | 去 |

不久，三个猎人来到嘎拉旺布国王跟前。他们说了自己为什么来到这里。他们提醒道："以后，国王、王后和你们的两个孩子要注意安全。"他们三人在返回途中杀死了三只野狗，并掏出了它们的心脏交给了尼玛赤松。王后尼玛赤松一看就知道这不是人的心脏。她很气愤地赶走了三个猎人。

| ha⁵⁵lo⁵⁵ | khoŋ⁵⁵ | ra³¹ | pra⁵⁵ | ça⁵³li⁵⁵jia⁵³ | ko⁵⁵ | ni³⁵ma³¹thsi⁵³soŋ⁵⁵ | ta³¹we⁵⁵ | kin⁵³ | ko⁵⁵ |
| 月 | PFV | 长 | 好 | 之后 | LOC | 尼玛赤松 | 心 | 里 | LOC |

| we⁵³ | ta³¹la⁵⁵ | ho³¹ | a³¹tsa⁵³ | me⁵⁵jaŋ⁵⁵ | min⁵³n⁵⁵ | ma⁵⁵ | a⁵⁵ | ka³¹n⁵⁵ | we⁵⁵ | se⁵³ |
| 想 | PFV | PFV | 国王 | 妻子 | 新 | | CONJ | 孩子 | 二 | OBJ | 杀 |

| koŋ³⁵ja³¹la⁵⁵ | we⁵⁵ho³¹. | a³¹mjoŋ⁵³ko⁵⁵ | tɕe⁵⁵ | khɯ⁵⁵nim⁵⁵ | ka³¹n⁵⁵ | khun⁵⁵ | ren³⁵ | ja³¹la⁵⁵. |
| PFV | 一直 | 最后 | 3sg | 魔鬼 | 二 | 一 | 请 | PFV |

| ni³⁵ma³¹thsi⁵³soŋ⁵⁵ | tɕe⁵⁵ | khɯ⁵⁵nim⁵⁵ | ka³¹n⁵⁵ | ma⁵³a⁵⁵ju⁵³wa⁵⁵ | me³⁵ | a³¹suŋ³⁵ | we⁵⁵we³⁵ |
| 尼玛赤松 | 3sg | 魔鬼 | 二 | 孩子 | | 人 | 三 | OBJ |

| se⁵³ | koŋ³⁵ | je⁵⁵ja³¹la⁵⁵ | la⁵⁵mu³¹ | tɕe⁵⁵ | kɯ³¹sa⁵³ | khɯ⁵⁵nim⁵⁵ | we⁵⁵ | tɕe⁵⁵ | a⁵⁵ | ka³¹n⁵⁵ |
| 杀 | PFV | EVID | 拉姆 | 3sg | 知道 | 魔鬼 | TOP | 3sg | 孩子 | 二 |

| we⁵⁵ | se | koŋ³⁵ | po³¹ja³¹, | pja⁵³ | lin³⁵ | koŋ³⁵a³¹. | tum⁵⁵ | kjaŋ³¹ | jim³⁵ | koŋ³⁵ | a³¹la⁵⁵. |
| OBJ | 杀 | PFV | 去 | 鸟 | 变 | PFV | 天 | 上 | 飞 | PFV | EVID |

| khɯ⁵⁵nim⁵⁵ | we⁵⁵ | ɕim³⁵ | ba⁵³ | ja³⁵ko⁵⁵ | a³¹mjoŋ⁵³ko⁵⁵ | khɯ⁵¹nim⁵⁵ | we⁵⁵ | a³¹pa⁵³ | jim⁵⁵ |
| 魔鬼 | TOP | 办法 | 有 | NEG | 最后 | 魔鬼 | TOP | 无奈 | NEG |

ko⁵⁵	tɕe⁵⁵a³¹luŋ⁵³	a³¹tsa⁵³	we⁵⁵we³⁵	po⁵³	ŋ³⁵tin⁵⁵	rwo⁵³	la⁵⁵a⁵⁵.	a⁵⁵	ka³¹n⁵⁵	ta³¹tsi³⁵
LOC	3pl	国王	TOP	监狱	抓	EVID	孩子	二		高

tui⁵⁵ja⁵⁵	pui⁵⁵ja³¹a³¹	ko⁵⁵	ha⁵⁵tsa⁵³	koŋ³⁵ja³⁵.	we⁵⁵ko⁵⁵	ba³¹thi³⁵ta³¹tsai³⁵joŋ⁵⁵	ke³⁵saŋ⁵⁵
山	悬崖	LOC	扔	PFV	这时	姐姐	格桑

we⁵⁵	tu⁵⁵ruŋ⁵⁵	tu⁵⁵ka⁵³	ma⁵⁵ro⁵³	a⁵⁵	a⁵⁵min³¹ma³⁵	ni⁵⁵ma³¹tshi³¹soŋ⁵⁵	ta³¹we⁵⁵	ha⁵⁵pui⁵³
TOP	大	声音	说		道	弟弟 尼玛赤松	心	坏

we⁵⁵	ŋ⁵⁵	we⁵⁵	puŋ³ja³⁵	ji⁵⁵ja⁵⁵.	a³¹tja⁵⁵mo³¹	tɕe⁵⁵	ka³¹ɕa⁵⁵ŋ⁵³	a⁵⁵	ka³¹en⁵⁵	je⁵⁵
TOP	1pl	TOP	分开	PFV	现在	3sg	可怜	孩子	二	TOP

se⁵³	koŋ³⁵ja³⁵	ji⁵³ja⁵⁵	khu⁵⁵nim⁵⁵	tu⁵⁵ruŋ⁵⁵	we⁵⁵	ku⁵⁵saŋ⁵⁵	gra⁵³	tu³¹ku⁵⁵	tha⁵⁵tjiŋ⁵³
杀	PFV	PFV	魔鬼	大	TOP	格桑	喊	大	听见

a⁵⁵ko⁵⁵	tɕe⁵⁵	we⁵³	ja³¹je⁵³	je⁵⁵	a⁵⁵	ka³¹n⁵⁵	je⁵⁵	ka³¹ɕa⁵⁵ŋ⁵³	ta³¹we⁵⁵	ko⁵⁵
时候	3sg	心	PROS	DEM		孩子	二	DEM	可怜	心	LOC

khu⁵⁵nim⁵⁵	tu⁵⁵ruŋ	we³¹	la⁵⁵	a³¹tja⁵³n³¹je⁵³	ŋ⁵⁵	ka³¹n⁵⁵	a⁵⁵	ka³¹n⁵⁵	we⁵⁵	a³¹hui⁵³
魔鬼	大	TOP	说	今天	1pl	二	孩子	二	PAT	放

koŋ³⁵.	tja³¹tjɯ⁵³.	khu⁵⁵nim⁵⁵	a⁵⁵a⁵⁵	we⁵⁵	la⁵⁵	ɳoŋ³⁵	ku⁵⁵ta⁵⁵	ta³¹we³¹	ti⁵⁵ho³¹,	haŋ³⁵
PFV	一起	魔鬼	小	TOP	说	2sg	怎么	想	PFV	1sg

pren⁵⁵	je⁵⁵	a⁵⁵ma⁵³a⁵⁵	we³⁵	se⁵³	koŋ³⁵ja³⁵	tu³¹pui⁵⁵	khu⁵⁵ɳim⁵³	tu⁵⁵ruŋ⁵⁵	we⁵⁵
反正	TOP	男孩	PAT	杀	PFV	一定	魔鬼	大	TOP

a⁵⁵me⁵⁵ja³¹a⁵⁵	we³⁵	a³¹hui⁵³	koŋ³⁵a³¹	khu⁵⁵nim⁵³	a⁵⁵a³¹	we⁵⁵	a⁵⁵ma⁵⁵wa⁵³a⁵⁵	we³⁵
女孩	PAT	放	PFV	魔鬼	小	TOP	男孩	PAT

pui⁵⁵ja⁵⁵	ha³¹la⁵⁵	ha⁵⁵tsa⁵³	koŋ³⁵a³¹.	we⁵⁵lum⁵⁵	ko⁵⁵	ta³¹tau⁵⁵	khuŋ⁵⁵	jim³¹tsa⁵³
悬崖	下	扔	PFV	这时	LOC	老鹰	一	飞

a³¹ko⁵⁵	ta³¹loŋ³⁵	ko⁵⁵	a⁵⁵ma³¹wa³⁵	we⁵⁵	ro⁵³tɕiŋ⁵⁵	koŋ³⁵a³¹	we⁵⁵li⁵⁵ja³¹ko⁵⁵	tɕe⁵⁵
这时	翅膀	LOC	男孩	PAT	接住	PFV	然后	3sg

ma³¹seŋ³⁵ɕi⁵³	du³⁵	a⁵⁵	ha³¹poŋ⁵⁵khin⁵³	ko³¹	tsho⁵³	koŋ³⁵a³¹	we⁵⁵pin⁵⁵	je⁵⁵	we⁵⁵
果实	多	PROS	树林	里	放	PFV	原来	DEM	TOP

ta³¹tau⁵⁵	we⁵⁵	tɕe⁵⁵	ma³¹	ha³¹tjɯ³⁵	ho³¹	tjɯ³⁵	a³¹.	we⁵⁵li⁵⁵ja³¹pin⁵⁵	saŋ⁵⁵tʂu⁵⁵	we⁵⁵
老鹰	TOP	3sg	妈妈	变	PFV	变	PFV	之后	桑珠	TOP

ha³¹poŋ⁵³	lim³⁵	ko³¹	ta⁵⁵mim³¹tuŋ⁵⁵	a⁵⁵lum⁵⁵	ba³⁵tsa⁵³	ka³¹suŋ³⁵	ji⁵⁵ne³¹	ka³⁵	a³¹la⁵⁵.
树林	里面	LOC	猴子	一起	做活	生活	住		PROS	EVID

几个月后，尼玛赤松心里一直想杀死国王的新王后和两个孩子。最后，她请来了两个魔鬼。尼玛赤松让两个魔鬼去杀死他们母子三人。拉姆知道魔鬼要来害死自己和两个孩子，

就变成了鸟,然后飞上了天空。魔鬼无奈。他们把国王抓进监狱中,并把两个孩子带到高山上,扔下悬崖。这时,姐姐格桑大声地说:"弟弟,狠心的尼玛赤松拆散了我们。现在,她还要杀死我们这两个可怜的小孩。"大魔鬼听到格桑的喊叫声后,他觉得这两个小孩很可怜,便对小魔鬼说:"今天,我俩放走这两个孩子吧。"小魔鬼说:"我不管你是怎么想的,反正我要杀死这个男孩。"大魔鬼放走了小姑娘,小魔鬼把男孩扔下了悬崖。在这个时候,一只老鹰飞过来用翅膀接住了男孩,然后把他送到有很多野果的森林中。原来这只雄鹰就是他母亲变的。从此,桑珠在森林中跟猴子一起居住了三年。

thui⁵⁵ja⁵⁵ hala⁵⁵ ko⁵⁵ tɕa³¹khau⁵⁵ khun⁵⁵ ji⁵⁵ ja³¹la⁵⁵. je⁵⁵ mu³¹la³⁵ ko⁵⁵
山　　　下　　LOC　国家　　一　　住　EVID　DEM　地方　LOC

a³¹tsa⁵³ we⁵⁵ ɕi⁵⁵ koŋ³⁵a³¹ lim³⁵ ku⁵⁵nuŋ⁵⁵ ɕa⁵³ a³¹la⁵⁵. a³¹tja⁵⁵ e⁵⁵ mu³¹la³⁵
国王　TOP　死　PFV　　八　　年　　　PFV　EVID　现在　DEM　地方

tɕa³¹khau⁵⁵ we⁵⁵ a³¹tsa⁵³ ru⁵⁵ ja⁵⁵ a³¹tja⁵⁵mo³¹ ka³¹the⁵⁵ ja³⁵ jim⁵⁵ pru⁵⁵. tɕe⁵⁵a³¹luŋ⁵⁵
国家　　TOP　国王　合适的　　现在　　　　选　PFV　NEG　ROPS　3pl

tja³¹ a⁵⁵ khun⁵⁵ ma⁵⁵la⁵³ a³¹. a⁵⁵ we⁵⁵ je⁵⁵ mu³¹la³⁵ ko⁵⁵ a³¹tsa⁵³ ji⁵⁵
现在　孩子　一　　找　PRES　孩子　TOP　DEM　地方　LOC　国王　住

ja³¹la⁵⁵. kwauk⁵³ khun⁵⁵ ji⁵⁵ ja³¹ we⁵⁵ a³¹tsa⁵³hala⁵⁵we⁵⁵tɕu³¹ we⁵⁵ ha³¹tja⁵⁵ a⁵⁵
PROS　巫师　　一　　住　PRES　TOP　大臣　　　　　PAT　告诉　说

ha³¹poŋ⁵³luɯm⁵⁵ kin³¹ ko⁵⁵ a⁵⁵ma⁵⁵wa⁵⁵ lim³¹ nuŋ⁵⁵ ɕa⁵³a³¹ khun⁵⁵ ji⁵⁵ ja⁵⁵.
树林　　里　　LOC　男孩　　　　八　岁　PFV　一　　住　PRES

a³¹tja⁵⁵ je⁵⁵ tɕe⁵⁵ ta⁵⁵mim⁵³ a⁵⁵luŋ⁵³ ba³⁵ ji⁵⁵ ja⁵⁵. tɕe⁵⁵ je⁵⁵ a³¹ne³⁵ a³¹tsa⁵³
现在　TOP　sg　猴子　　一起　　生活　住　PRES　3sg　TOP　2pl　国王

ji⁵⁵ja³⁵ ɕa⁵³ ja³⁵. a³¹tsa⁵³hala⁵⁵we⁵⁵tɕu³¹ ka³¹rauthi³¹ me³⁵a³¹tum⁵⁵a⁵⁵ ha³¹poŋ⁵⁵
住　　成为　PROS　大臣　　　　　　赶快　　　组织人马　　　树林

bo⁵³ a³¹ko⁵⁵ a⁵⁵ma⁵⁵wa⁵³a⁵⁵ we⁵⁵we⁵⁵ ma³¹la⁵⁵ bo⁵³ ja³¹la⁵⁵. we⁵⁵li⁵⁵ja³¹pin⁵⁵ lim³¹
去　时候　　男孩　　　PAT　找　　去　PROS　　于是　　　　八

nuŋ⁵³ saŋ⁵⁵tsu⁵⁵ we⁵⁵we⁵⁵ mu⁵³la³¹ ko⁵⁵ a³¹tsa³⁵ ɕa⁵³ a³¹la⁵⁵. ku⁵⁵saŋ⁵⁵ a⁵⁵me⁵⁵ja³¹a⁵⁵
岁　格桑　TOP　地方　LOC　国王　成为　EVID　格桑　姐姐

we⁵⁵ a³¹tja⁵⁵ ku⁵⁵ta⁵⁵ ɕa⁵³ a³¹ sa⁵⁵? khu⁵⁵nim⁵³ tu⁵⁵ruŋ⁵⁵ we⁵⁵ tɕe⁵⁵ we⁵⁵
TOP　现在　　怎么　变　PRES　QUES　魔鬼　　大　　TOP　3sg　PAT

a⁵⁵hui⁵³ koŋ³⁵ li³¹ja³¹ko⁵⁵ tɕe⁵⁵ ŋ⁵³la⁵³muŋ³¹ ŋ³¹ toŋ³⁵ ruŋ⁵⁵tsai⁵⁵ tha⁵³ja³¹ ɕi³⁵
放　CAUS　之后　3sg　每天　　　房子　洞　数　　吃的　拿

po³¹ a⁵⁵. tɕe⁵⁵ ŋ⁵³la⁵⁵muŋ³¹ ta³¹pun³⁵ mu⁵³ tha³¹ tjoŋ³⁵ jim³¹ tjiŋ³⁵ja³¹ mu³¹
去　PRES　3sg　每天　　　　饭　　　也　吃　饱　NEG　穿的　也

pra⁵⁵	a⁵⁵jim³¹.	ku³¹	ŋ53	ko⁵⁵	tɕe⁵⁵	ŋ³¹	toŋ⁵⁵	kha⁵⁵luŋ⁵³	ku⁵⁵lu⁵⁵	ha⁵⁵na⁵⁵	a³¹ko⁵⁵	
好	NEG	一	天	LOC	3sg	房子	栋	门	口	来	时候	
ta³¹pun³⁵	a³¹ɕi³⁵	koŋ³⁵a³¹.	je⁵⁵	ŋ³¹	tei⁵⁵ja⁵⁵	je⁵⁵	ta³¹we⁵³	pra⁵⁵.	tɕe⁵⁵a³¹luŋ⁵⁵			
饭	拿	PFV	DEM	家	主人	TOP	心	好	3pl			
a³¹hu³⁵a⁵⁵	ka⁵⁵lju⁵³a³⁵	n̩oŋ³⁵	a³¹muŋ³⁵	ɕim⁵⁵	la⁵⁵a³¹?	n̩oŋ³⁵	ŋ³¹	je⁵⁵	ha⁵⁵noŋ⁵⁵	ko⁵⁵		
问	孩子	2sg	名字	什么	叫	2sg	家	DEM	哪儿	LOC		
ji⁵⁵	di⁵⁵?	n̩oŋ³⁵	ma³¹ba³⁵	ji⁵⁵	ja⁵⁵	ja³⁵?	ku⁵⁵saŋ⁵⁵	we⁵⁵	ha³¹tja⁵⁵	a⁵⁵	haŋ³⁵	
住	PRES	2sg	爸妈	住	PRES	QUES	格桑	TOP	回答	说	1sg	
je⁵⁵	ku⁵⁵saŋ⁵⁵	la⁵⁵.	ma³¹ba³⁵	je³⁵	me³¹pui⁵³	ko⁵⁵	ma³¹tɕi⁵⁵	koŋ³⁵a⁵⁵.	haŋ³⁵	je⁵⁵		
TOP	格桑	叫	爸妈	TOP	别人	LOC	杀害	PFV	1sg	TOP		
tha⁵³ja³¹	ɕi³⁵	we⁵⁵ja³¹ko⁵⁵	ji⁵⁵	ti⁵⁵	me³⁵.	je⁵⁵	ŋ⁵³	tei⁵⁵ja⁵⁵me³⁵	we⁵⁵	tɕe⁵⁵	we⁵⁵	
吃的	拿	之后	住	PRES	人	DEM	房子	主人	TOP	3sg	TOP	
tha⁵³ja³⁵	ku³¹tju⁵³	ŋ³¹ŋ³⁵	a³¹ko⁵⁵.	we⁵⁵li⁵⁵ja³¹ko⁵⁵	la⁵⁵	n̩oŋ⁵⁵	je⁵⁵	mu³¹la³⁵	ko⁵⁵			
吃的	一点儿	给	时候	之后	说	2sg	DEM	地方	LOC			
tha⁵³ja³⁵	ɕim⁵⁵	pui⁵⁵mu⁵³	a³¹ɕi³⁵	tɕiŋ⁵³ɕu⁵⁵.	ra⁵⁵ɕi³¹	ko⁵⁵	tɕa³¹khau⁵⁵	khuŋ⁵⁵	ji⁵⁵ja³¹			
吃的	什么	多	拿	得到	前面	LOC	国家	一	住			
a³¹tsa⁵³	we⁵⁵	ta³¹we⁵⁵	pui⁵³ta³¹	bra³⁵	me³⁵.	n̩oŋ³⁵	we⁵⁵	mu³¹laŋ³⁵	ko⁵⁵	po⁵³	a³¹pin⁵⁵	
国王	TOP	心	非常	好	人	2sg	TOP	地方	LOC	去	时候	
ta³¹tha⁵³	duu²⁸⁵	a³¹ɕi⁵⁵	tɕiŋ⁵⁵	bom³¹.	a⁵⁵me⁵⁵ja³¹a⁵⁵	we⁵⁵	ŋ⁵³	tei⁵⁵ja⁵⁵	we⁵⁵	ta³¹hui⁵³		
吃的	很多	拿	到	PFV	姑娘	TOP	房子	主人	OBJ	指点		
ja³⁵mjoŋ⁵⁵thi⁵³	a³¹tsa³⁵	ji⁵⁵ja³⁵	plum⁵³	ha⁵⁵na⁵⁵	tuu³¹ku⁵⁵	tuu⁵⁵ruŋ⁵⁵	thi³¹	gra³⁵	a⁵⁵			
按照	国王	住	地方	来	大	声音	地	叫	说			
lum⁵⁵	koŋ⁵⁵	me³⁵	ji⁵⁵	ti⁵⁵ja⁵⁵	haŋ³⁵	we⁵⁵	ka³¹ɕa⁵⁵ŋ⁵³	tha⁵⁵	na³¹!	a³¹tsa⁵³	a⁵⁵	
里面	LOC	人	住	PRES	1sg	TOP	可怜	吃的	给	国王	小	
we⁵⁵	a⁵⁵me⁵⁵ja³¹a⁵⁵	gra⁵⁵	tha⁵⁵tiŋ⁵³	a³¹ko⁵⁵	tɕe⁵⁵	ba³¹thi³¹	ta³¹tsai³⁵joŋ⁵⁵	we³⁵	we⁵³tjŋ⁵³			
TOP	姑娘	喊	听见	时候	3sg	亲生	姐姐	OBJ	想到			
na³¹.	tɕe⁵⁵	ka⁵⁵ro⁵³thi³¹	me³⁵	a⁵⁵hui³⁵	a³¹ko⁵⁵	a⁵⁵me⁵⁵ja³¹a⁵⁵	we³⁵	ŋ⁵³	tuu⁵⁵ruŋ⁵⁵			
DIR	3sg	赶快	人	派	时候	姑娘	PAT	房子	大			
kin⁵³	ko⁵⁵	ha⁵⁵na⁵⁵na³¹	la⁵⁵	a³¹tsa⁵³	we⁵⁵	tɕe⁵⁵	we⁵⁵	tha⁵³ja³⁵	ta³¹tjm⁵⁵	lim⁵⁵ta⁵⁵		
里	LOC	来	叫	国王	TOP	3sg	TOP	吃的	很多	给		
tuu³¹thi⁵³	ŋ²⁵⁵	a³¹.	we⁵⁵li⁵⁵ja³¹ko⁵⁵	a³¹hu³⁵a³¹	tɕe⁵⁵	ha⁵⁵joŋ⁵⁵	ko⁵⁵	ku³¹ta³⁵	ɕa⁵³tsa³⁵.			
很多	给	PRES	之后	问	3sg	之前	LOC	什么	是			

kɯ⁵⁵saŋ⁵⁵	ta³¹pum³⁵	tha⁵³	a³¹tɯŋ³⁵	li⁵⁵ja³¹ko⁵⁵	a³¹tsa⁵³	a⁵⁵	we³⁵	ma³¹ro⁵⁵	a⁵⁵	ȵoŋ³⁵
格桑	饭	吃	完	之后	国王	小	TOP	说	到	2sg

je⁵⁵	haŋ³⁵	ba³¹thi³⁵	ta³¹tsai⁵⁵joŋ⁵⁵	kɯ⁵⁵saŋ⁵⁵	tjur⁵⁵	a³¹.	haŋ³⁵	je⁵⁵	ȵoŋ³⁵	mim³¹a⁵⁵joŋ⁵⁵
TOP	1sg	亲生	姐姐	格桑	叫	是	1sg	TOP	2sg	弟弟

saŋ⁵⁵tʂu⁵⁵.	kɯ⁵⁵saŋ⁵⁵	krɯ⁵⁵	ha³¹tjau⁵⁵	koŋ³⁵a³¹	hwen³⁵	ja³¹	pui⁵⁵tai⁵⁵	ta³¹plo⁵⁵	kjaŋ³¹
桑珠	格桑	头	抬	PFV	看见	PRES	金	宝座	上

a³¹tsa⁵³	a⁵⁵	di⁵⁵	ho³¹	we⁵⁵	kɯ³¹li⁵⁵dʑim³⁵	tɕe⁵⁵	mim³¹	tju⁵⁵ka³¹.	mim⁵³ba³¹thi³⁵
国王	小	坐	PRES	TOP	果真		3sg	弟弟	真的 姐弟

ka³¹n⁵⁵	tu⁵⁵ru⁵³ka³⁵	li³¹ja³¹ko⁵⁵	ha⁵⁵jio⁵³ka³⁵	koŋ³¹	ti⁵⁵ho³¹.	ta³¹we⁵⁵	tu⁵⁵	na³⁵	koŋ³¹
二	相见	之后	开心	PFV	又	心	都	难受	PFV

ti⁵⁵ho³¹.	tɕe⁵⁵a³¹lɯŋ⁵⁵	a⁵⁵lɯŋ³	ba³¹a⁵⁵ 5	gui³ka³¹	ho³¹ko⁵⁵.	kro⁵³phlo⁵⁵	a³¹.	tɕe⁵⁵a³¹lɯŋ⁵⁵
又	3sg	一起	做	拥抱	PFV	哭	PRES	3pl

ha³¹pin³⁵ha³¹tjau⁵³	tɕe⁵⁵a³¹lɯŋ⁵⁵	kɯ³¹num⁵⁵	we⁵⁵	la⁵⁵ta⁵⁵	ka³¹a⁵⁵.	a³¹mjoŋ⁵⁵li³¹ja³¹ko⁵⁵
互相	3sg	事情	TOP	倾诉	互相	之后

kɯ⁵⁵saŋ⁵⁵	a⁵⁵me⁵⁵ja³¹a⁵⁵	we⁵⁵	mim³¹a⁵⁵joŋ⁵⁵	ŋ⁵³	kun⁵³	ko⁵⁵	ji⁵⁵	ja³¹.	kɯ⁵⁵nu⁵³raŋ³¹
格桑	姑娘	TOP	弟弟		房里	LOC	住	PFV	不久

bra⁵⁵	ɕa⁵³li⁵⁵ja³¹ko⁵⁵	ni³⁵ma³¹tʂi⁵³son⁵⁵	we⁵⁵	la⁵⁵mu³¹	a⁵⁵ju⁵³wa³⁵	we⁵⁵	mu⁵³la³¹	pui⁵⁵
好	之后	尼玛赤松	TOP	拉姆	儿子	TOP	地方	别的

mu⁵³la³¹	ko⁵⁵	a³¹tsa⁵³	ji⁵⁵	ja⁵⁵	kɯ³¹sa⁵³	a³¹.	tɕe⁵⁵	we⁵³	ja³¹je⁵⁵	ka⁵⁵ro⁵³thi³¹	tɕe⁵⁵
地方	LOC	国王	住	PRES	知道	PROS	3sg	TOP	想	很快	3sg

we⁵⁵	se⁵³	koŋ³⁵	a³¹jim⁵⁵	ko³¹pin⁵⁵	tɕe⁵⁵	kɯ⁵⁵tui⁵⁵kɯ⁵⁵la⁵⁵	ha⁵⁵na⁵⁵	a³¹ko⁵⁵	tɕe⁵⁵
TOP	杀	PFV	NEG	如果		3sg	早晚	来	时候	3sg

we³⁵	a³¹toŋ⁵³	na⁵⁵	po⁵³te³⁵	we⁵⁵li⁵⁵ja³¹pin⁵⁵	tɕe⁵⁵	ma³¹tjau³⁵	a³¹ko⁵⁵	saŋ⁵⁵tʂu⁵⁵	we⁵⁵
TOP	攻打	来	DIR	之后		3sg	准备	时候	桑珠	PAT

a⁵⁵toŋ⁵³	ja³¹	we⁵⁵ho³¹.	saŋ⁵⁵tʂu⁵⁵	a³¹tsa⁵³	we⁵⁵we³⁵	sɛ⁵³	koŋ³⁵	ja³¹la⁵⁵	ni³⁵ma³¹tshi³¹son⁵⁵
攻打	PROS	PROS	桑珠	国王	TOP	杀	PFV	EVID	尼玛赤松

we⁵⁵	tɕa³¹khau⁵⁵	ta³¹jin⁵⁵	a⁵⁵ja³¹me⁵⁵	ɕi³⁵	ja³¹ko⁵⁵,	saŋ⁵⁵tʂu⁵⁵	we⁵⁵	a³¹toŋ⁵³	a⁵⁵.
TOP	国家	粮食	武器	那	PFV	桑珠	PAT	攻打	PROS

saŋ⁵⁵tʂu⁵⁵	a³¹tsa⁵³	we⁵⁵	ha⁵⁵joŋ⁵⁵tur⁵⁵	kɯ³¹sa⁵³	a⁵⁵	ni³⁵ma³¹tsi³¹son⁵⁵	we⁵⁵	tɕe⁵⁵	we⁵⁵
桑珠	国王	TOP	之前	知道	PFV	尼玛赤松	想	3sg	PAT

a⁵⁵toŋ⁵³	ja³¹.	tɕe⁵⁵	ta³¹tha⁵⁵	ma⁵⁵	ge³¹ha⁵⁵rɯ⁵⁵	ma³¹tjo⁵⁵	li⁵³ja³¹	kɯm⁵⁵	ba⁵³a³¹.
攻打	PROS	3sg	粮食	CONJ	武器	准备	之后	迎接	战争

259

a³¹toŋ⁵³　ka³⁵ja³¹　ma³¹tjo⁵³　a⁵⁵.　raŋ⁵⁵ɕa⁵³a³¹　jim⁵⁵　ko⁵⁵　saŋ⁵⁵tʂu⁵⁵　ma⁵⁵　ni³⁵ma³¹tshi⁵³soŋ⁵⁵
攻打　迎接　准备　PROS　长时间　NEG　LOC　桑珠　CONJ　尼玛赤松

ma⁵⁵　ha³¹poŋ⁵⁵　kin⁵³　ko⁵⁵　a⁵⁵toŋ⁵³　ka³⁵,　tɕe⁵⁵a³¹luɯ⁵⁵　ha³¹pin⁵⁵ha³¹tjo⁵⁵　se⁵³ka³⁵
CONJ　树林　里　LOC　打仗　互相　3pl　互相　杀害

ka³¹a⁵⁵　se⁵³pai⁵³hai⁵⁵　du⁵³⁵　ɕi⁵⁵　ja³¹la⁵⁵.　a³¹mjoŋ⁵³ko⁵⁵　saŋ⁵⁵tʂu⁵⁵　a³¹tsa⁵³　we⁵⁵　ha⁵⁵joŋ⁵⁵
互相　士兵　多　死　PFV　之后　桑珠　国王　TOP　之前

pin⁵⁵　tu³⁵ka³¹　tɕe⁵⁵　thai⁵⁵　a⁵⁵lai⁵³　ko⁵⁵　ni³⁵ma³¹tʂhi³¹son⁵⁵　we⁵⁵　o⁵³　se⁵³　koŋ³⁵a³¹.
来　冲　3sg　毒　箭　LOC　尼玛赤松　PAT　射　死　PFV

tɕe⁵⁵a³¹luɯ⁵⁵　pren³⁵a⁵⁵toŋ⁵³ka³⁵　a³¹we⁵⁵　wu⁵⁵li⁵ko⁵⁵　tuŋ⁵³　koŋ³⁵　a³¹la⁵⁵.
3pl　战争　TOP　之后　完　PFV　EVID

　　山脚下有一个国家。这个地方的国王去世了八年。现在，这个国家还没有选出一个合适的国王。他们正在寻找某个孩子，让孩子做这个地方的国王。一个巫师告诉大臣们：＂在树林中有一个八岁的男孩。现在他跟猴子一起居住。他可以做你们的国王。＂大臣们立即组织人马，到森林里，去寻找那个男孩。于是，八岁的桑珠当上了那个地方的国王。格桑姑娘现在怎么了样呢？大魔鬼放走她后，她每天挨家挨户去要饭。她每天吃不饱，穿不好。有一天，她来到一户人家门口要饭。这家主人心很好。他们问：＂孩子，你叫什么名字？你的家在哪里？你有没有父母？＂格桑回答道：＂我叫格桑，父母被别人害死了。我是要饭过日子的人。＂这位主人给了她一点食物，然后说道：＂你在这个地方要不到多少食物。前面有个国家。国王是一个心地善良的人。你去那个地方，可以要到很多食物。＂姑娘按照这位主人的指点来到国王住的地方，大声地喊道：＂里面的人啊！可怜可怜我吧！＂小国王听到姑娘的喊叫声，想起了自己的姐姐。他马上派人把姑娘叫到家中的大厅里。国王给了她很多吃的东西，然后问了她以前的经历。格桑吃完饭后，小国王说道：＂您是我的格桑姐姐吧，我是您的弟弟桑珠呀。＂格桑抬头一看，坐在宝座上的小国王真的是自己的弟弟。姐弟俩见面后，又开心又难过。他们拥抱在一起，大哭起来。他们互相叙述他们的事情。从这以后，格桑姑娘生活在弟弟的家里。几年后，尼玛赤松又知道了拉姆的儿子在别的地方当国王。她想：如果不早点儿杀死他，他早晚会来报复自己。于是，她准备攻打桑珠，杀死桑珠国王。尼玛赤松拿了国家所有的钱。她攻打了桑珠国王。桑珠国王早已想到尼玛赤松会来打他，他备好粮食和枪，准备迎战。不久，桑珠和尼玛赤松在森林里发动了战争。他们互相残杀，死了很多士兵。最后，桑珠国王冲上了前方。他用毒箭射死了尼玛赤松。他们的战争也就这样结束了。

we⁵⁵thi³¹　saŋ⁵⁵tʂu⁵⁵　a³¹tsa⁵³　we⁵⁵　pu⁵³　ka³¹tjau³⁵　a³¹ko⁵⁵　ni³⁵ma³¹tʂhi⁵³soŋ⁵⁵
接着　桑珠　国王　TOP　仆人　带　时候　尼玛赤松

ŋ⁵³　kun⁵³　ko⁵⁵　tjŋ³⁵　ti⁵⁵ka³¹.　tɕe⁵⁵　ba³¹　kɯ⁵⁵li⁵tɕim³¹　we⁵⁵　hwen⁵⁵　tjiŋ⁵³　a⁵⁵.
房子　里　LOC　冲　PFV　3sg　爸爸　亲生　PAT　看见　间　PFV

we⁵⁵pin⁵⁵　ba³⁵　we⁵⁵　ma³¹kau⁵⁵kau⁵⁵　ɕa³⁵　ho³¹.　tɕe⁵⁵　ka⁵⁵rau⁵³thi³¹　ɕi⁵⁵　tju⁵⁵　ja³¹la⁵⁵.
之后　爸爸　TOP　瘦　　　　变　PFV　3sg　快　　死　去　PFV
saŋ⁵⁵tʂu⁵⁵　a³¹tsa⁵³　we⁵⁵　ma³¹ro⁵⁵　a⁵⁵　a³¹ba³⁵,　haŋ³⁵　je⁵⁵　n̥oŋ³⁵　a⁵⁵ju⁵³wa³⁵.　saŋ⁵⁵tʂu⁵⁵
桑珠　国王　TOP　说　　到　爸爸　isg　TOP　2sg　儿子　桑珠
ni³⁵ma³¹tʂhi⁵³soŋ⁵⁵　we⁵⁵　haŋ³⁵　se⁵³　koŋ³⁵　li³¹ja³¹.　a³¹tja⁵³　n̥⁵⁵　haŋ³⁵　ha⁵⁵na⁵⁵　a³¹ko⁵⁵
尼玛赤松　　　　PAT　1sg　杀　PFV　以后　　今天　1sg　来　时候
n̥oŋ³⁵　we⁵⁵　ha⁵⁵ru⁵³　na⁵⁵　koŋ³⁵a³¹.　we⁵⁵li⁵³ja³¹pin⁵⁵　saŋ⁵⁵tʂu⁵⁵　a³¹tsa⁵³　we⁵⁵　tɕe⁵⁵
2sg　PAT　接　　DIR　PFV　　　之后　　　　桑珠　　国王　TOP　3sg
ba³⁵　we⁵⁵we³⁵　bra⁵³ko⁵⁵　ŋ⁵³　kwuun³⁵　ka³¹tjau⁵³　a⁵⁵la⁵⁵.
爸爸　PAT　　顺利　　　房子　里　　带　　　EVID

　　接着，桑珠国王又带上仆人冲到了尼玛赤松的家里，找到了自己的亲生父亲。这时，父亲已经很瘦了，他马上就要死了。桑珠国王说道："爸爸，我是您的儿子桑珠。尼玛赤松已经被我杀死了。今天我是来接您的。"就这样，桑珠国王顺利地把父亲接到自己的家里。

（巴布龙讲述）

三　讲述

1．达让僜人的一天

a³¹m⁵⁵ɕi⁵³　ta³¹pɯ⁵⁵　a³¹ta³¹tjau⁵⁵　khi⁵³　ja³¹go³¹,　na³¹bõ³⁵　ta³¹plai⁵⁵tin⁵³　ta³¹tjau⁵⁵
桃子　　开花　　时光　　　到　时候　　玉米　　播种　　　时候
khi⁵³　ja³¹.　a³¹na⁵³　tjoŋ⁵³　a³¹go³¹,　ha⁵⁵joŋ⁵⁵　ma³¹tsau⁵³　proŋ³⁵　di⁵⁵　we⁵⁵li⁵³ja³¹go³¹
到　PRES　早晨　起床　PFV　先去　　牛（总称）喂　PRES　然后
bur³¹ljɯ⁵⁵　proŋ³⁵　di⁵⁵,　tju⁵³proŋ³⁵　di⁵⁵.　we⁵⁵li⁵³ja³¹go³¹,　ŋ³⁵　ka³¹dju⁵⁵　me³⁵　a³¹lɯŋ⁵⁵
猪　　喂　PRES　喂　PRES　然后　　　　家　全部　　人　一起
pa⁵⁵a³¹a³¹na⁵³ta³¹pẽ³⁵　tha³¹　di⁵⁵.　ta³¹pẽ³⁵　tha⁵³　duŋ⁵⁵　a³¹go³¹　kha³¹ljau⁵⁵　ka³¹ljaŋ⁵³a³¹bu⁵⁵
早饭　　　　　　　吃　PRES　饭　　吃　　完　PFV　地（一块）犁扛
a³¹go³¹　ma³¹tsau⁵³　ka³¹tjau⁵⁵　a³¹go³¹　kha³¹ljau⁵⁵　bo⁵³　di⁵⁵.　ma³¹wa⁵³a⁵⁵　ha⁵⁵joŋ⁵⁵
PFV　牛　　　地（一块）去　　地　　去　PRES　男人　　先
ka³¹ljaŋ⁵³　di⁵⁵,　ka³¹ljaŋ⁵³　a³¹duŋ⁵⁵li⁵³　ja³¹go³¹　a³¹põ³⁵　ka³¹tjau⁵⁵　di⁵⁵.　ma³¹tsau⁵³
犁　PRES　犁　　　完　　　　后栅栏　引　　PRES　牛
ha³¹na⁵⁵　du⁵³　na⁵⁵la⁵³　ka³¹　tjo⁵³　di⁵⁵.　duŋ⁵⁵　li⁵³ja³¹go³¹,　me³⁵jaŋ⁵⁵a⁵⁵　me³⁵　ka³¹n⁵⁵
来　　断　ROU　EVID　堵　PRES　完　后　　　　女人　　　人　二

djuu⁵⁵ ta³¹plai⁵⁵ tin⁵³ a³¹. kuu³¹n̥⁵³ djuu⁵⁵ go³¹ kha³¹ljau⁵⁵ duu³¹ruŋ⁵⁵ khun⁵⁵
每 种子 播种 PRES 天 每 LOC 地（一块） 大 一
tin⁵³duŋ⁵⁵ a³¹. ta³¹pẽ³⁵ tha⁵³ ta³¹tjau⁵⁵ khi⁵³ ja³¹go³¹ n̥³⁵ kjan⁵⁵ bo⁵³ na⁵⁵ di⁵⁵,
播种 PRES 饭 吃 时候 到 后 家 里 去 ROU PRES
tha³¹ djoŋ³⁵ li⁵³ja³¹go³¹ n̥⁵³ di⁵⁵. n̥⁵³ li⁵³ja³¹go³¹ buu³¹doŋ⁵³ kha³¹ljau⁵⁵ bo⁵³ di⁵⁵.
吃 饱 之后 睡 PRES 睡 后 又 地（一块） 去 PRES
kha³¹ljau⁵⁵ kuu³¹n̥⁵³ ge⁵³ ba⁵³ a³¹go³¹, ruŋ⁵⁵ luŋ⁵⁵ a³¹go³¹ n̥³⁵kjan⁵⁵ bo⁵³ na⁵⁵
地（一块） 天 助词 做 PFV 太阳 落下 PFV 家里 去 ROU
di⁵⁵. me³⁵jaŋ⁵⁵ we⁵⁵ ljoŋ⁵⁵ta³¹peŋ³⁵ ma³¹djoŋ⁵⁵ a³¹. haŋ³⁵ je⁵⁵ ma³¹tsau⁵³ proŋ³⁵
PRES 妻子 TOP 晚饭 准备 PRES 我 TOP 牛（总称） 喂
di⁵⁵ buu³¹ljuu⁵⁵ proŋ³⁵ di⁵⁵. ta³¹pẽ³⁵ tha⁵³ li⁵³ja³¹go³¹ guu⁵³ ja³¹go³¹ n̥⁵³ bo⁵³
PRES 猪 喂 PRES 饭 吃 后 累 后 睡 走
goŋ³⁵a³¹. e⁵⁵ we⁵⁵ haŋ³⁵ kuu³¹n̥⁵³ ge⁵³ ma⁵⁵go⁵⁵.
PFV DEM TOP 我 天 PAR asp

　　桃花开的时候，去播种玉米。早晨起床先去喂牛，喂喂猪，然后全家人一起吃饭。吃完早饭，男人扛着犁，牵着牛去地里。种地的时候，先犁地，然后放上栅栏。再把牛引过来。女人们两个人一起去播种，播种完去吃饭。吃饱之后就睡上一觉，然后再去播种。太阳下山的时候，妻子开始准备晚饭，我喂喂牛，喂喂猪就开始吃饭。吃完饭我觉得很累，就睡着了。

（巴布龙讲述）

2．达让僜人的发展

de⁵³ja³¹ la³¹ma³⁵ mlã³⁵ he³⁵kjaŋ³¹ko³¹ ba³⁵me³⁵ a⁵³ha³⁵ khun³¹tɕi³⁵ mei³¹pe⁵⁵
僜人 藏族 地 少数 民族 AUX 一 其他
ba³⁵me³⁵ to³¹tjuu³⁵ka³¹ te³⁵ba³⁵me³⁵ n̥uu³¹ŋa³¹ tje³¹mi⁵⁵ŋa³¹ mo³¹a³¹ tha⁵⁵ja³¹ mo³¹a³¹
民族 与……一样 僜人 自己 生活 有 生产 有
ha³¹ti⁵⁵ mo³¹a³¹ mo³¹ko³¹. ha³¹juŋ⁵⁵ ko³¹ te³⁵pa³¹mei³¹ je³¹ ha³¹puŋ⁵⁵ ko³¹
故事 有 TAM 过去 AUX 僜人 AUX 森林 LOC
thjuu⁵⁵ja⁵³ dja⁵⁵ ko³⁵ ja³¹ma³¹ ko³¹, ta³¹za⁵⁵ ko³¹ ka⁵⁵ljaŋ⁵³ tji³⁵ ja³¹ ko³¹
山 远 LOC 原始 LOC 刀 LOC 犁 种 做 AUX
na³¹men⁵⁵ pruu³¹ a³¹ko³¹ na³¹bon³⁵ leŋ⁵⁵ ma³¹go⁵³. ta³¹tha⁵³ khuŋ⁵⁵ a⁵⁵jem⁵⁵
火 烧 AUX 玉米 栽 PRES 粮食 够 NEG

mu³¹ko³¹　ta³¹bren³⁵ma⁵⁵lɯŋ⁵³　na³⁵　ma³¹sɯŋ⁵³　ha³¹pɯŋ⁵⁵　ta⁵⁵na⁵³　ma⁵⁵la⁵³ko³¹
TAM　打猎　　　　　　　叶子 树　　或者　菜　　野

tha⁵³.　a³¹tja⁵⁵ja⁵⁵　te³⁵ba³⁵me³⁵　je³¹　tur³¹juŋ⁵⁵je⁵⁵　khlai³¹pre³⁵　kjaŋ³¹　ko⁵⁵　ji⁵⁵　a³¹,
吃　　现在　　　　僜人　　　　TOP 多数　　　　平地　　　　上　　LOC 住 PROS

sai⁵⁵　ta³¹pru⁵⁵　ku³¹təŋ³¹　ma³¹ko⁵³　wa³¹.　tɕe⁵⁵ja⁵⁵lɯŋ³⁵　kha³¹ljau⁵⁵　mi⁵³mba³¹ko³¹,　na³¹bon³⁵
铁　　东西　　　制作　　　工具　　使用　3pl　　　　　　　田　　　开垦　　　　玉米

ljuŋ⁵⁵ŋa⁵³　kja⁵⁵khu⁵³　jo⁵³　n̠a⁵⁵plum⁵⁵　tur³¹ruŋ³⁵　sum³⁵　ku³¹lju⁵⁵　wo⁵⁵li³¹ja³¹ko³¹　ta³¹na³¹
种　　　　旱稻　　　谷子　薏米　　　　鸡爪谷　　　芋头　　黄豆　　　等等　　　　　　菜

tju⁵⁵je³¹tjur³¹a³¹　ta³¹plai⁵⁵　tjum³¹　ŋo³¹.
各种各样　　　　种子　　　种　　 PAR

僜人是西藏边境地区的一个少数民族。与其他民族一样，僜人有着自己的故事和生活方式。过去，僜人都居住在深山老林里，用刀耕火种的生产方式种植玉米。粮食不够时，就狩猎或者吃树叶和野菜。现在，僜人绝大多数已搬到山下平地上居住，使用铁器工具。他们开垦了田地，种植玉米、旱稻、谷子、薏米、鸡爪谷、芋头、黄豆，还种各种蔬菜。

ha³¹joŋ⁵⁵　ko⁵⁵　de⁵³ja³¹　ha³¹pum⁵⁵　kjin³¹　ko³¹　ji⁵⁵　a³¹,　ta³¹plai⁵⁵　tjiŋ³¹　ja³¹
以前　　　LOC　僜人　　　森林　　　里　　LOC 住　PFV 种子　　种　　做

ku⁵⁵sa⁵³a⁵⁵　tur³¹juŋ⁵⁵je⁵⁵　ta³¹ra⁵⁵　pja³¹　na³¹mun⁵⁵　pru³¹ŋa⁵⁵　ko³¹　ta³¹plai⁵⁵　tjiŋ³¹
会　　　　多数　　　　　刀　　AUX 火　　　　AUX　　　　AUX 种子　　种

ŋa³¹　de⁵³ja³¹　kha³¹ljo⁵⁵pa³¹ja³¹　ma³¹ko⁵⁵　du³⁵　a⁵⁵jem⁵⁵,　ta³¹ra⁵⁵　ma⁵⁵　ma³¹sɯŋ⁵⁵
TAM　僜人　　生产　　　　　　工具　　　多　　NEG　　　　刀　　　AUX　木头

ta⁵⁵ko⁵³　ne³¹　ã⁵⁵,　pui³¹　ma³¹ko³¹　a⁵⁵jim⁵⁵　ma³¹ko³¹.　ta³¹ra⁵⁵　a⁵⁵jim⁵⁵　te³⁵ba³⁵me³⁵
工具　　AUX 有　其他　工具　　　NEG　　　工具　　　　刀　　　NEG　　　僜人

ŋe³¹　kha³¹ljo⁵⁵pa³¹ja³¹　ne³¹　ma³¹ko⁵⁵　jo³¹　ma³¹ko³¹.　tei⁵⁵ja⁵⁵we⁵⁵　n̠u³⁵ja³¹　tjiŋ⁵⁵the⁵³mo³¹
AUX 生产　　　　　　AUX 工具　　　AUX 工具　　　重要　　　　　做　　　　AUX

a³¹kɯ⁵³tju³⁵ja³⁵　ma³¹ko³¹　we³¹ko³¹　ma⁵⁵wu³¹　a⁵⁵tøu⁵⁵　ma⁵⁵wɯk³¹tjiŋ³¹plum³¹　ma³¹ko³¹.
自卫　　　　　工具　　　而且　　　男人　　　PL　　装饰品　　　　　　　　工具

以前，僜人住在森林里，会种植粮食，大部分是刀耕火种。僜人的生产工具不多，有刀子和一些木制的农具，没有其他的农具。刀子不光是僜人的主要生产工具，也是重要的自卫工具，而且是男人们的一种装饰品。

de⁵⁵pu⁵⁵ja⁵⁵　ko⁵⁵　tjin⁵³　je³¹　tur³¹juŋ⁵⁵je⁵⁵　ta³¹tsha³⁵　ko⁵⁵　tjo³¹ho³¹,　n̠uŋ³⁵haŋ³⁵te³¹
僜人　　　　GEN 衣服　TOP 多数　　　　麻　　　　GEN 做　　　自己

pa³¹　n̠u³⁵aŋ⁵³te³¹　ma³¹ko⁵³　wa³⁵.　tɕe⁵⁵a³¹lum³⁵　ha⁵⁵juŋ⁵⁵　ko⁵⁵　ta³¹tsha³⁵　ku³¹ta⁵⁵te³¹thek³⁵
制作　自己　　　　使用　　　PRES 3pl　　　　　以前　　　LOC 麻　　　　原来

tjuk³⁵ŋa³¹wo³⁵je³¹thek³⁵　ma³¹ko⁵³ a³¹,　a³¹mju⁵⁵ge³¹　ta³¹tsha³⁵　we³⁵　tju³⁵jem⁵³tju³⁵a³¹
本身　　　　　　　　色　PRES　后来　　　　麻　　　TOP　各种各样

ku³¹tən³¹　ma³¹to³¹　ho³¹　la⁵⁵na⁵³bje³¹　ha⁵⁵juŋ⁵⁵　ma⁵⁵to⁵³　ja³¹,　ma⁵⁵to⁵³　ja³¹　ne³¹
有　　　　颜色　　　PFV　通常　　　　　　先　　　　颜色　　做　　　　颜色　　做　　后

kha³¹tsum⁵⁵　tjo³¹　ja³¹.　ma⁵⁵to⁵³　ja³¹　ta³¹pru⁵⁵　wei³⁵　te⁵⁵ja³¹je³¹　ma³¹suŋ⁵³ko³¹　ta³¹suk⁵³
布　　　　　织　　做　　　颜色　　　做　　东西　　　　AUX　　主要　　　　树皮　　　　　植物

ha³¹rei³¹　wei⁵⁵li³¹ja³¹pjen⁵⁵　ta³¹rau⁵³,　a³¹sen⁵⁵me⁵⁵mo³¹　we³¹lja⁵⁵jiŋ⁵⁵.
根　　　　或者　　　　　　　　藤条　　　　永远　　　　　　　　不变

　　　僜人的衣服多数是麻织品，是自产自用的。他们以前使用的麻线原色，后来把麻线染成各种各样的颜色。一般是先染色再织布。染色的东西主要是树皮、植物的根或者藤条，永不褪色。

kha³¹dʐum⁵⁵　tjo⁵³　ma³¹go⁵³　ku³¹tju⁵⁵　ma³¹seŋ⁵³poŋ³⁵　ta³¹khrun⁵⁵　ma⁵⁵　ta³¹pi⁵⁵
布　　　　　织　　工具　　　少　　　　　木头　　　　　　棍子　　　　　CONJ　木板

ne³¹　a⁵⁵.　de³⁵pa⁵⁵me³⁵　kha³¹dʐum⁵⁵　tjo⁵³　lem⁵⁵je⁵⁵　khun⁵³　ja³¹　ke⁵³ȵu⁵⁵
AUX　有　僜人　　　　　　布　　　　　　织　　机　　　　　TOP　　一　　　NMLZ

je⁵⁵　ma³¹seŋ⁵³　bru⁵⁵　ka³¹n⁵⁵　ko³¹　khu³¹lai³⁵　kjaŋ³⁵　ko³¹　thu⁵³ko³¹　kha³¹dʐum⁵⁵
TOP　木头　　　　棵　　二　　　　TOP　土地　　　上　　　LOC　固定　　　　布

tjo⁵³　lem⁵⁵　khun⁵³　doŋ³⁵　ȵu⁵⁵　tjo⁵³　ja³¹　me³⁵　je⁵⁵　thu⁵³kru⁵³　kjaŋ³⁵　ko³¹
织　　机　　　一　　　又　　　DIR　织　　　NMLZ　人　　TOP　腰　　　　　上　　　LOC

tin³⁵　ho³¹.　e⁵⁵ku³¹nɯŋ⁵⁵　ta³¹tjo⁵³　ko³¹　tje³⁵me³⁵　ja³¹　tha⁵³　ja³¹　ka³¹dɯ³⁵ha³¹tju³⁵ɕa⁵³
捆　　MER　年　　　　　　　几　　　　OBJ　人　　　　　AUX　吃　　AUX　都

ma³¹go³¹　a³¹tja⁵⁵　me³⁵　du³⁵　joŋ³⁵　je⁵⁵　ta³¹tsha³⁵　ma³¹ko⁵⁵　jom³¹　ku³¹tɕi⁵³m⁵⁵
PPES　　　现在　　　人　　多　　COMPR　TOP　麻　　　　　物品　　　AUX　　羊毛

ko³¹　na⁵³　kha³¹dʐum⁵⁵　ku³¹deŋ⁵⁵　ku⁵⁵ka⁵³　we⁵⁵li⁵³ja³¹ko⁵⁵　dai⁵⁵　ji⁵⁵　blem⁵⁵mlã³⁵
TOP　线　棉布　　　　　　全　　　　都　　　　后来　　　　　　　　僜人　　住　　地方

we³¹　te³⁵ka³¹pa⁵⁵　mu³¹　dzoŋ⁵³　te³⁵ka³¹pa⁵⁵mu⁵³　tai⁵⁵　we⁵⁵li⁵³ja³¹ko⁵⁵　tai⁵⁵　kha³¹dʐum⁵⁵
TOP　会　　　　　　NEG　冷　　　不会　　　　　　　　热　　后来　　　　　　　热　　布

ba³⁵me³¹　khun⁵³　a⁵⁵　ma³¹go³¹.
僜人　　　　一　　　有　　PRES

　　　织布工具不多，有几根木棍和窄木板。僜人把织布机的一端用两个小木桩固定在地上，把织布机的另一端拴在织布人的腰间。织布人坐在地上，把线拉平拉紧，然后织布。最近几年，生活水平提高了，现在大多数人都不用麻织品或羊毛做成的线做衣服。因为僜人居住的地方既不会太冷，也不会太热，所以僜人的民族服装只有一种。

pe⁵⁵khɯn⁵⁵to³¹la⁵⁵	na⁵³a³¹pin⁵⁵	dai⁵⁵	pa³¹wɯn³⁵	a⁵⁵	we⁵⁵ne³¹	mo³¹hwɑ⁵³
另外	现在	僜人	银	DAT	想	富

tsai⁵⁵a⁵⁵	a³¹ɕi⁵⁵tju³¹plum³¹	tsai⁵⁵a⁵⁵	ma³¹go³¹.	me³¹khɯn⁵³	pa³¹wɯn³⁵	ã⁵⁵	ja³¹
数	装饰品	数	PRES	一	钱	有	NMLZ

dai⁵⁵	me⁵⁵ja³¹a⁵⁵	khen⁵⁵	we³¹	hweŋ⁵³la⁵³meŋ³⁵	pa³¹wɯn³⁵	dɯ³⁵the⁵³	ne³¹	ho³¹.
僜人	女人	每	TOP	戴	银	多	AUX	MER

dai⁵⁵	me⁵⁵ja³¹a⁵⁵	ma³¹wa³¹a⁵⁵	khoŋ⁵⁵tju³³ta³⁵pa⁵⁵we⁵⁵tɕo⁵³	sum³¹pui⁵³	dɯ⁵⁵rɯŋ⁵⁵	lo⁵⁵
僜	女人	男人	常年	耳环	大	戴

ho⁵³	tɕe⁵⁵a³¹lɯŋ³⁵	we⁵³	sum³¹pui⁵³	dɯ⁵⁵rɯŋ⁵⁵	lo⁵⁵	ho⁵³	ko³¹	pui⁵⁵da³⁵	hwen⁵³
MER	他们	想	耳环	大	戴	MER	LOC	很	看

brɑ⁵⁵	a³¹.	dai⁵⁵	ta³¹pɑɯ⁵⁵	khɯn⁵³we³¹	pui⁵⁵da³⁵	ha⁵⁵ljo⁵⁵	wa⁵³	gru⁵³ta⁵⁵pei³¹
好	TAM	僜人	老妇	很	喜欢	AUX PAR	头	非常

la⁵³we³³	sum³¹pui⁵³	khɯn³¹.	ma³¹jaŋ⁵⁵	pɯ⁵⁵na⁵⁵po³¹	dai⁵⁵pa⁵⁵m³⁵	we⁵⁵	kɯ³¹phlɯn³⁵
叫	耳环	一	门	出去	僜人	TOP	包

rɑ⁵⁵ja³¹	we⁵⁵	ha⁵⁵ljo⁵⁵	tɕe⁵⁵a³¹lɯŋ³⁵	pa³¹wɯn³⁵	ŋe⁵³	khɯn⁵⁵tju⁵³	khɯn⁵⁵tju⁵³
挎	PRES	喜欢	3pl	银	钱	一个	一个

kɯ³¹phlɯn³⁵	da⁵⁵hwen⁵³	kjaŋ³⁵	ko³¹	rɯ⁵³tso³¹	we⁵⁵li⁵³ja³¹ko⁵⁵	kɯ³¹phlɯn³⁵	kjaŋ³⁵	ko³¹
包	缝	上	LOC	银币	后来	包	上	LOC

dɯ³⁵en⁵³dɯ³⁵a⁵³	ha⁵⁵	tju³⁵	ho⁵³	pui⁵⁵da³⁵	hwen⁵³	brɑ⁵⁵.
各种各样	有	织	MER	很	看	好

另外，僜人把银饰看作富有的标记。一个有钱的僜人妇女常常戴很多银饰，非常美丽。僜人的成年男女都戴比较大的耳环，他们认为大的耳环是非常好看的。僜人老年妇女非常喜欢戴耳环。出门的时候，僜人总喜欢带一个挎包。他们将银币一个一个地缝在包带上，而且挎包上有各种各样的图案，非常好看。

（巴布龙讲述）

参考文献

陈其光 1994 汉藏语声调探源，《民族语文》第6期。

丁邦新、孙宏开 2001《汉藏语同源词研究》，南宁：广西民族出版社。

戴庆厦 1987 论景颇族的支系语言——兼论语言和社会的关系，《民族研究》第3期。

戴庆厦 2002 关于汉藏语语法比较研究的一些理论方法问题，《中央民族大学学报：哲学社会科学版》第2期。

戴庆厦 2005 汉藏语并列复合词韵律词序的类型学特征——兼论汉藏语语法类型学研究的一些认识问题，《吉林大学社会科学学报》第3期。

戴庆厦 2012《景颇语语法》，北京：中国社会科学出版社。

戴庆厦、孙艳 2003 四音格词在汉藏语研究中的价值，《汉语学习》第6期。

戴庆厦、李洁 2007 汉藏语被动句的类型学分析，《中央民族大学学报：哲学社会科学版》第1期。

黄树先 1997 古文献中的汉藏语前缀~*a-，《民族语文》第6期。

江荻 2002（a）《藏语语音史研究》，北京：民族出版社。

江荻 2002（b）《藏语语音史研究》，北京：民族出版社。

江荻 2005（a）《义都语研究》，北京：民族出版社。

江荻 2005（b）藏语拉萨话的体貌、示证及自我中心范畴，《语言科学》第4期。

江荻 2006 现代藏语动词的句法语义分类及相关语法句式，《中文信息学报》第20期。

江荻、李大勤、孙宏开 2013《达让语研究》，北京：民族出版社。

金理新 2005 汉藏语的完成体后缀-s，《民族语文》第2期。

李大勤 2000 "X着（O）"的语法意义及"·着"的状态化功能，《世界汉语教学》第4期。

李大勤 2001（a）藏缅语人称代词和名词的"数"——藏缅语"数"范畴研究之一，《民族语文》第5期。

李大勤 2001（b）"WP呢？"问句疑问功能的成因试析，《语言教学与研究》第6期。

李大勤 2001（c）"关系化"对"话题化"的影响——汉语话题结构个案分析，《当代语言学》第3期。

李大勤 2002《格曼语研究》，北京：民族出版社。

李大勤 2003（a）崩如语概况，《民族语文》第5期。

李大勤 2003（b）《"Vs前多项NP句"及汉语句子的语用构型分析》，北京：语文出版社。

李大勤 2004《苏龙语研究》，北京：民族出版社。

李大勤 2005 苏龙语概况，《民族语文》第1期。

联合国教科文组织教科文组织濒危语言问题特别专家组，范俊军、宫齐、胡鸿雁译 2006 语言活力与语言濒危，《民族语文》第3期。

吕佳、李大勤 2012 格曼语动词题元结构及在句子中的映射，《民族语文》第4期。

马学良、胡坦、戴庆厦 1994《藏缅语新论》，北京：中央民族学院出版社。

马学良 1991《汉藏语概论》，北京：北京大学出版社。

蒋颖 2013《大羊普米语》，北京：中国社会科学出版社。

蒋颖 2007 汉藏语名量词起源的类型学分析，《中央民族大学学报：哲学社会科学版》第2期。

孙宏开 1980《门巴、珞巴、僜人的语言》，北京：中国科学出版社。

孙宏开 1994 再论藏缅语中动词的人称范畴，《民族语文》第4期。

孙宏开 2005 少数民族语言规划的新情况和新问题，《语言文字应用》第1期。

孙宏开 2006 汉藏语研究中的一些问题，《语言科学》第5期。

孙宏开 2014 从语言的性质和功能看保护濒危语言的必要性和可能性，《民族翻译》第2期。

孙宏开 2015 跨喜马拉雅的藏缅语族语言研究，《民族学刊》第28期。

孙宏开、胡增益、黄行 2007《中国的语言》，北京：商务印书馆。

宋金兰 1995 汉藏语是非问句语法形式的历史演变，《民族语文》第1期。

邢向东 2002《神木方言研究》，北京：中华书局。

邢向东 2005 陕北晋语沿河方言的指示代词及其来源，《陕西师范大学学报（哲学社会科学版）》第2期。

徐杰 2001《普遍语法原则与汉语语法现象》，北京：北京大学出版社。

徐烈炯 2009《生成语法理论》，上海：上海教育出版社。

袁家骅 1981 汉藏语声调的起源和演变，《语文研究》第2期。

张斌 1998《汉语语法学》，上海：上海教育出版社。

张斌（主编）2010《现代汉语描写语法》，北京：商务印书馆。

张江华 1989 僜人的原始宗教及其社会影响，《西藏民族大学学报(哲学社会科学版)》第2期。

赵元任 1979《汉语口语语法》，北京：商务印书馆。

《中国语言学》工作委员会 2008《中国语言学》第一辑，济南：山东教育出版社。

中国社会科学院民族研究所 1990《僜人社会历史调查》，昆明：云南人民出版社。

朱德熙 1982《语法讲义》，北京：商务印书馆。

宗晓哲、刘洁、李大勤 2017 松古扎话的语音特点，《语言研究》第4期。

Benedict, Paul K. 1972 *Sino-Tibetan: A Conspectus.* Cambridge University Press.

Brown, Rev. N. 1837 Comparison of Indo-Chinese languages. *Journal of the Asiatic Society of Bengal.* Vol. vi.

Robinson, W. 1856 Notes on the languages spoken by the Mi-shmi. *Journal of the Asiatic Society of Bengal.* Vol. xxiv.

George, A. Grierson 1909 *Linguistic Servey of India* Vol. I. Delhi:Gian Publishing House.

Matisoff, J.A. 2003 *Handbook of Proto-Tibeto-Burman: System and Philosophy of Sino-Tibetan Reconstruction.* University of California Press.

Thurgood, G., Randy J. Lapolla 2003 *The Sino-Tibetan Languages.* Routledge.

调查手记

自第一次接触达让语,到现在已经有四个年头了,随着语保项目逐渐接近尾声,那些调查的片段也不断地闪现在眼前。

2014年,我们调查团队第一次前往西藏。那时,西藏对我来说充满了神秘感。调查路上蓝天白云、高原雪山,无一不让我兴奋无比。不过,事情总不是一帆风顺的。我们在从林芝市区前往察隅县的途中,遭遇了泥石流,道路完全堵塞,无法继续前行,最终只得入住一个简陋的木屋。直到现在,我还清晰记得当时和同门一起在昏暗的灯光下学习国际音标的场景。那时,李大勤老师告诉我们田野调查会带给我们一种新的生活方式,它会让我

察隅县下察隅镇　察隅县下察隅镇农场宾馆 /2014.7.30/ 宗晓哲 摄

们对生活进行反思，从而获得更多的人生启示。历经一个星期，我们终于到达了目的地察隅县下察隅镇。来到这里，我瞬间就被眼前的一切吸引了。满眼苍翠，云雾缭绕，墨绿色的原始森林在云雾中若隐若现，远远望去，俨然就是一片仙境。

或许正是这样一个物华天宝、人杰地灵的地方，让我们感觉在这里发生的一切都那么出乎意料的美好。来到这里的第二天，我们便开始寻找发音人。由于李大勤老师曾经到这里进行过调查，于是我们便追随着他十几年前的记忆，一同前往沙琼村，寻找我们第一位发音人晓明龙老师。可是，当我们到达沙琼村时，才惊愕地发现村子里仅有寥寥数人，我们走访了很多家，却始终未见他的身影。正当我们感慨时机不对，准备离开时，忽然听到背后传来一阵呼喊声。转身一看，原来那人正是我们苦苦寻找的晓明龙老师。那一刹那，我的心里不由得激动万分。有时候，缘分真的很奇妙。晓明龙老师的到来对我们后来的工作起到了关键的作用。他为我们团队介绍了许多优秀的发音人，其中巴布龙老师和夏电夏老师都为我们日后的调查工作做出了巨大的贡献。

2015年、2016年因实施"中国语言资源保护工程·西藏察隅达让语"项目的需要，我们有了再次前往察隅县进行调研的机会。这两次调研，因路途非常顺利，我们有了更多的时间与精力去深入了解达让僜人的日常生活，全面调查他们的语言和文化。可是，在调查中令我们感到痛心疾首的是达让语正徘徊在消亡的边缘。由于现代文明的快速发展，僜人

达让语摄录场景　察隅县下察隅镇农场宾馆 /2016.7.12/ 刘宾　摄

的语言正逐步受到优势语言的侵蚀。而且在达让语中还流传着一定数量的口头文化作品，这些作品涵盖了神话、故事、歌谣、传说等内容，清晰地体现出僜人认识世界的方式以及他们的文化体系。遗憾的是，这些项目目前还未得到系统的整理和深入的挖掘，就已经随着时代的发展悄悄地流失了。

与第一次调研不同，后两次调研中，我们不仅要进行达让语纸笔调查，同时还要进行音视频的摄录工作。语保工程采用了新型调查方式，也对我们音视频的质量提出了新要求。可是下察隅镇地处偏远，镇里的条件极其有限，为了达到项目的要求，我们总会急中生智，想出一些"可笑"办法。我们尝试过用棉被降噪、用电灯泡补光，甚至为了维护一个安静的环境，经常爬到屋顶驱赶那些停在房顶上的鸟。现在想想，那段调查时光真的很令人难忘！

调查的日子是艰辛的，但也是幸福的。在调查的这段日子中，我们与发音人们同吃同住，建立了极为深厚的感情。我们的主要发音人夏电夏老师和巴布龙老师是两位非常优秀的发音人。他们都是土生土长的达让僜人，无论条件多么艰苦，都会努力配合我们完成工作。还记得，在音视频摄录过程中，为了降低噪音，我们只得关闭窗门。天气炎炎，在完全封闭的环境下，汗珠顺着夏电夏老师的脸颊一滴滴淌下来，可是他却从未有过一句抱怨。他淡定地告诉我们说只要能完成任务，再苦再累他都心甘情愿。这些话虽然朴实，但却一直温暖着我们的心。在语料搜集过程中，由于要收录至少五万字材料，所以我们三十天如一日，每天都工作八个小时，任务繁重时还会在晚上加班加点。夏天的察隅气候炎热，蚊虫很多，再加上这里条件艰苦，没有空调，因此我们的调查时光几乎都是在大汗淋漓中度过的。可是巴布龙老师依然非常愉快地加入到了这次工作之中。他说："只要能把我们的语言记录下来，让更多的人了解我们，不论工作多么繁重，我都愿意承担，因为这是我的责任，也是一名达让人的义务与使命。"

四年的时间，转眼过去。如今临近项目结束，西藏语言调查的点点滴滴都像一个个电影的画面，不停地闪现在我们的脑海中。即使是现在，我也经常会想起在下察隅镇上的那种生活，那些在调查中与发音人一起聊天、喝茶、欢笑不止的日子。可以说记忆中这每一幅画面都让我充满了幸福和感激，正是这一次次的田野经历教会了我什么叫作真正的语言调查，什么叫作真正的民族尊重与包容。感激生命里能够有这样的机会与僜人一起生活，愿他们永远幸福安康！

后　记

从最初接触达让语到现在，一晃已经4年的时间了。2014年在恩师李大勤先生的指导下，我第一次了解到达让语，并于同一年暑假到达西藏林芝察隅县，展开了长期的调查。

与我合作的发音人是下察隅镇新村的夏电夏、沙琼村的巴布龙和晓明龙。夏电夏是个乐观、爽朗的大叔。调查过程中，他为我们详细介绍了达让僜人的生活情况，给我们讲述了很多达让僜人的故事。值得一提的是，夏电夏老师家中修建了一座僜人民俗陈列馆，其中收藏了几百种僜人传统的工具、用具和服饰。这个陈列馆将僜人生活生动形象地呈现给了我们，为我们了解他们的文化提供了极大的便利，本书中民俗文化词的照片大都拍摄于这个陈列馆。在此我要向夏电夏老师及其家人表示衷心的感谢！与夏老师不同，我们另外一位发音人巴布龙老师却是个腼腆可爱的大叔。至今我依然可以清晰地记得他那憨厚可掬的笑容。巴布龙老师是个极有耐心的发音人，他为我们的语料转写工作做出了极大的贡献。由于工作繁重，我们常常一坐就是四五个小时，但巴布龙老师从未有过抱怨，一直不厌其烦地重复着各种句子和词语。非常感谢巴布龙老师对我的帮助，他的付出让我感激不尽！2016年由于大部分团队成员要前往墨脱县进行调研，因此我只能和一位师弟留下，独自完成调查。在这段时间里，藏族小姑娘昌西一直陪伴着我，我们白天一起调研，晚上一起聊天，她的存在使那段时光充满了很多美好的回忆。除了发音人，其他的僜人朋友对我们也非常友善，他们请我们到家中做客，为我们精心准备饭菜，这使我深深感受到了达让僜人的热忱和善良。

本课题的诞生，还得益于中国社会科学院民族学与人类学研究所江荻教授的启发。在调查和写作中，江荻教授的著作对我帮助极大，在此真挚地感谢江荻教授对本书的指导和帮助！恩师李大勤先生作为本书作者之一，对课题的敲定、设计以及进度安排等都贡献良多，近来他在百忙之中抽出许多时间对本书全稿进行了审阅和修改。值此书稿完成之际，我要向李大勤老师郑重地道一声：谢谢您！

最后，还要感谢我的同门刘宾、孟佳仪、林鑫、谢颖莹，他们帮我整理语料，调整格式，还为书稿的修改提出了不少建设性的意见。此外，中国传媒大学2017级语言学及应用语言学硕士杜青参与了第四章的改写，中央民族大学中国少数民族语言文学学院曲世锋博士、藏学研究院2016级博士生普华、2017级硕士生三木旦参与了语料转写工作，特此说明并表示感谢。我的家人也对我的工作给予了极大的理解与支持。他们知道我肩负着较为繁重的教学科研任务，在我多次前往西藏的调研中，他们从没有责怪我不常回家探望，反而一再宽慰我，让我安心工作。

总而言之，这本书稿是我的老师、同门、家人以及可爱的达让僜人心血的共同结晶，是大家的团结努力才换来了今天这一丰硕的果实。

谨以此书献给我深爱的达让僜人！

宗晓哲
2018年5月